工程硕士系列教材

现代管理概论

司有和　编著

科学出版社

北京

内 容 简 介

　　本书共分 8 章。第一章为绪论，概括介绍现代管理学的基本概念、特征、功能和学科结构，简要介绍了管理学发展的历史。第二章至第六章，按照"计划、组织、人员配备、领导、控制"五大管理职能，集中介绍了现代管理学理论中最基本的知识。第七章为信息管理工作，介绍了信息管理的基本概念、信息管理原则和信息化方面的知识，这是现代管理理论最新、最重要的分支学科，普遍适用于企业管理、行政管理、学校管理等所有管理活动之中。第八章为管理者自我提高的管理，介绍了管理者自我管理的基本概念、自我提高的内容和方法。本书不仅在五大管理职能的阐述中别具一格、深入浅出，而且在信息管理、管理者自我管理方面总结了已有的研究成果，提出了独树一帜的看法，具有很强的实用性，在已有的管理学著述中尚未见到如此论述。

　　本书是专门为在校的非管理类专业研究生和工程硕士编写的"现代管理概论"课程教材，内容符合 20～30 个学时的教学要求，也可供各类企业、政府机关、学校等单位在职干部学习现代管理学基本知识时使用。

图书在版编目(CIP)数据

现代管理概论/司有和编著 . —北京:科学出版社,2006
(工程硕士系列教材)
ISBN 978-7-03-016745-3

Ⅰ. 现… Ⅱ. 司… Ⅲ. 管理学-研究生-教材 Ⅳ. C93

中国版本图书馆 CIP 数据核字(2006)第 000087 号

责任编辑:巴建芬 邓 静 / 责任校对:李奕萱
责任印制:徐晓晨 / 封面设计:耕者设计工作室

科 学 出 版 社出版
北京东黄城根北街 16 号
邮政编码: 100717
http://www.sciencep.com

北京京华虎彩印刷有限公司 印刷
科学出版社发行 各地新华书店经销

*

2006 年 4 月第 一 版 开本:B5(720×1000)
2015 年 12 月第五次印刷 印张:21 1/4
字数:402 000

定价:49. 00 元
(如有印装质量问题,我社负责调换)

前　言

本书是根据作者在重庆大学给全校非经济管理类专业的研究生和工程硕士讲授"现代管理概论"课程的讲稿整理、编撰而成的。

管理学作为一门科学，已经有了上百年的历史。在我国，现代管理理论进入高等学校的课堂，也有 30 多年了。在管理学的发展过程中，管理学理论的社会指导意义越来越明显。当年，从亚当·斯密、泰勒等一大批管理学先驱们开始，管理学初期的理论为工业化的发展做出了巨大贡献。今天，在信息社会、全球经济一体化的环境下，现代管理理论在信息化的发展进程中，正发挥着更大的作用。如今，谁也不能否认现代管理理论对于管理实践的指导作用。

正是基于现代管理理论的这一作用，国内许多大学的研究生院（部）陆续给在校的理科、工科、人文社会科学等非经济管理类专业的研究生和工程硕士开设现代管理概论性的课程，给研究生们讲授最基本的现代管理学知识。很明显，这对于提高研究生和工程硕士的就业能力和他们将来的工作能力，以及无论是今后从事管理工作，还是从事研究工作，都是有好处的。

作者所在的重庆大学，从 1999 年上半年开始给非经济管理类专业的硕士研究生进修班开设"现代管理概论"课，作者是任课教师之一。从 2001 年至今，转为给非管理类专业的硕士研究生和工程硕士开设公共必选课。每年上半年是给工程硕士讲，下半年是给一年级的研究生讲，已经讲了 5 年共 10 次了。学生十分欢迎此课程，不仅硕士研究生、工程硕士全部选修，有的非管理类专业的博士生也选修此课，许多学生还嫌课时太少。

但是，在授课过程中，作者始终未能找到合适的教材。因为现有的关于管理学概论的教材都是面向管理类本科专业的，管理类专业的研究生一般都不上管理概论课，而是学习更加细化的管理类课程，诸如：管理学理论的发展与现状、战略管理、企业管理、人力资源管理等。这些课程的教材对于非经济管理类专业的研究生和工程硕士显然是不合适的。目前在国内还没有见到专为非经济管理类专业的研究生和工程硕士编写的管理概论课教材。

无奈之下，作者只好从现有的管理专业使用的教材中选择。考虑到教学对象的特殊性，课时有限，只有 20～30 学时，教学目的主要是让学生了解最基本的现代管理学知识，作者就在已有的管理学教材中选择了"管理学原理"类的教材。即使如此，仍旧不能尽如人意，不是知识体系不合适，过于专业，就是内容太多，讲不完，有的内容结构还不合理。

因此，作者早就萌生了要编一本专门供这类学生学习的教材。可以说，非经济管理类专业的研究生和工程硕士教学工作的需要是编写本教材的直接原因。

此外，编写本教材的初衷还有一个，那就是在 7 年的教学实践中，接触到将近 30 种"管理学原理"类的教材，深感国内管理学教材中存在许多问题。作者这里说的问题，有的可能属于学术观点的分歧，但是也确有我认为是明显的错误，仍旧在一版一版地印刷发行。

比如，在管理的定义上，相当多的管理学教材都将管理定义为"协调他人的活动"，是"筹划、组织和控制一个组织或一组人的工作"，把"自我管理"排斥在管理的定义之外，这显然是错误的。

再如，关于管理的任务，解释成"以尽可能少的支出（包括人力、物力、财力等），去实现既定的目标"，这也明显是错误的。因为，这里没有涉及时间的支出，在脱离时间支出的情况下，谈"尽可能少的支出"是没有意义的，在许多情况下，随着完成既定目标的时间要求的不同，"尽可能少的支出"是不一样的。

再比如，许多教材中都有"正确决策的基本要求"、"管理沟通的障碍包括主观障碍、客观障碍和沟通方式障碍"等说法，也是不合适的。因为符合书中所说的"决策的基本要求"只能说是符合决策的规律，是科学的，但是符合规律的决策并不一定是正确的，因为决策的标准会因为决策者的个人价值系统的不同而不同，所以只能说是"科学决策的基本要求"；至于沟通的障碍，当我们从主观、客观的角度来分析问题时，只可能有两种情况，不可能在主观、客观之外还有第三种情况。说沟通有三种障碍显然是一种低级错误。这里表现出来的好像仅仅是语言表达的毛病，其本质实际上是对管理学概念的理解没有深入到位。

还有，关于信息管理的知识，且不说许多管理教材中没有信息管理的内容，也不说有的教材把信息管理的内容放在管理的控制职能中介绍，是对信息管理在现代管理中的作用没有深刻理解，仅就这些教材所阐述的信息管理的内容，就非常陈旧甚至是错误的。

例如，早在 1995 年，美国前国家公共服务署首席信息官托马斯·巴克霍尔兹在 *Information Proficiency* 一书中就指出"信息是一种需要管理的资源"（该书在 2000 年就有了中文版）；而在 20 世纪 80 年代畅销全世界的美国著名社会学家约翰·奈斯比特的《大趋势》更是明确地指出："没有控制和没有组织的信息不再是一种资源，它倒反而成为信息工作者的敌人。"可是，那些在 2004 年出版的管理学教材中还在说："信息是组织的一种资源"。至于在"信息管理的任务"的标题下只介绍信息管理的类型，在"管理信息系统"的标题之下只介绍计算机的四个发展阶段，不仅是文不对题，而且是非常陈旧的知识内容。

诸如此类，还有许多，就不在这里一一罗列了。因此，作者很想有一个机会，能够详细地、全面地表达自己对管理学的认识和观点。这确实是编写本教材的又一个重要原因。

科学出版社欣然接受出版本书，不仅解了我在"现代管理概论"课教学中没有对口合适教材的燃眉之急，而且满足了我多年来想在管理学领域表达我对现代管理理论认识的夙愿。

本教材从"在现代管理理论方面给学生一个总体印象"的理念出发，按照管理的五大职能构建全书框架体系，介绍现代管理学最基本的知识，所以全书除第一章介绍基本概念之外，第二章至第六章介绍了管理的"计划、组织、人员配备、领导和控制"五大职能。在介绍这五大管理职能时，从广义的组织出发，不局限于企业管理，并尽可能地将现代管理学领域的最新成果纳入其中。

鉴于信息管理和其他常规管理是并存一体的，信息管理在常规管理中的作用越来越大，加上近十年来信息管理的理论和方法发展迅速，信息化已经融入我们的所有工作和生活之中，我们管理者应该把信息管理的新成果用到自己的日常管理中去，提高自己的管理水平，因此本书专门增加了"信息管理工作"一章。

鉴于在管理者提高的路径中，不论是培训、深造、提拔、职务轮换等，可以有很多方法，但是这都仅仅是给管理者的提高提供了良好环境，都只是外因，外因是条件，内因才是根本，外因通过内因起作用，所以管理者管理水平的提高，归根结底是管理者的自我提高。因此本书增加了一章"管理者自我提高的管理"。

本教材与国内已经出版的管理学概论类的教材、著作相比较，在指导思想、内容范围、结构体系、写作特点等方面表现出以下独有的特点：

首先，本教材明确申明是为非管理类的研究生和工程硕士编写的现代管理知识概论性的教材，知识内容和结构符合非管理类专业的研究生和工程硕士学习管理学基本知识的需要；内容符合 20～30 个学时的教学要求。同时，其中有些章节，诸如管理学理论发展史、信息管理的原则、管理者自我管理的知识，可供学生在课后阅读使用。

其次，本教材考虑到非管理类的研究生和工程硕士生对于管理学的知识是初次接触，在介绍管理学的基本概念时，除了用通俗浅显的语言进行严密表述之外，还十分注意从多个角度进行阐述，将已有的同类教材中对同一概念的不同表述进行比较分析，以求得正确的结论。比如，关于"管理"的定义，关于"管理的任务"的表述，关于计划的"限定因素原理"，关于"管理者的知识素质"的观点等。

最后，本教材不只是现有的管理学知识的汇编，也不迷信国内外一些管理学大家的著作，敢于直陈自己的看法，同时还将作者根据自身管理实践和对管理学理论的研究所获的成果写入了教材。因此本教材实际上是作者关于管理学理论研究成果的总结。

本教材敢于直接联系当代社会中的企业管理、行政管理、学校管理中的热点、难点问题进行阐述，直接使用海湾战争中的美国政府控制新闻信息的实例，阐述管理的社会特性，解释不存在绝对的新闻自由的管理学原因；直接使用近几年发生的尽人皆知事例阐述管理学的基本原理。全书有 8 章，标有编号的案例和练习中的案例就多达 49 个。教材内容表述中的案例还不在其内。

本教材敢于针对一些权威性的说法表述自己的看法，或者纠正目前管理学教材中存在的、不属于学术观点分歧性质的明显错误，诸如，关于沟通障碍种类的说法，关于反馈控制回路的表述，关于管理与领导、管理者与领导者区别和联系的表述，关于木桶原理与计划工作原理关系的表述，关于人员配备与人力资源管理关系的表述，关于信息就是资源的表述，关于信息管理的内容和方法、关于管理者素质、修养、能力的表述等。这些方面都是作者近年来管理学理论研究的成果。

本教材还注意从已有理论出发拓展管理学理论在我国实际应用的范围，诸如，根据计划的许诺原理，进一步拓展到管理者必须遵守"许诺"；根据目标的层次性特征，进一步拓展到企业管理者对环境层和对员工层的不同管理理念；根据决策类型的理论，进一步拓展到根据不同类型特征确定决策的重点；根据领导工作的命令一致原理，进一步拓展到"前后一致，不朝令夕改；左右一致，不因人而异；范围一致，不越权指挥；多人一致，不各行其是"的四个一致原理等。这些方面也都是作者近年来管理学理论研究的成果。

本书可供 20～30 学时的教学使用。课时较少时可将某些章节作为阅读内容。

本书的出版，首先要感谢科学出版社的编辑对本书的关心和所付出的劳动。其次要感谢重庆大学研究生院对本书出版的大力支持。第三要感谢国内管理学界同仁，所参考的文献除附于书后的一部分图书之外，其他图书和相关论文不能一一列出，敬请见谅。

司有和

2006 年元旦

于重庆大学松林坡

目　　录

第一章　绪　　论

第一节　管 理 概 述

一、管理的含义

1. 管理的通俗含义

"管理"一词，在日常工作和生活中我们会脱口而出，但是许多人对其具体的含义并不十分清楚。比如，我们经常说的"管理财务"、"管理生产"，指的是负责某一项工作；而"管理图书"、"管理宿舍"，则包含有保管、照料的意思；至于"管理牲口"、"管理犯人"，就包括有强制性约束的含义了。虽然在上述三种情形里，使用的是相同的"管理"两个字，其实际含义却不一样。

2. 当前管理学中关于"管理"定义的局限性

管理学中关于管理的定义，至今还没有统一的说法。经济学家认为，管理是一种经济资源；政治学家认为，管理是一种职权系统；社会学家认为，管理是一个阶级和地位系统；心理学家则认为，管理是使人们适应于组织的过程。定义者们从自身的研究领域出发给出不同的定义，从他们各自的角度来看是恰当的，但是，从管理作为一门独立的学科来看，这些定义都有一些局限性。下面略举几例做一分析：

1) 定义："管理就是决策"。

这是大家都非常熟悉的一个关于管理的定义。但是，它没有能够将所有的"管理内容"覆盖在其定义的范畴之内。

因为决策是在若干个待选的方案中经过比较后选择一个方案的过程。管理具有五大职能：计划、组织、人员配备、领导、控制。在制定计划的时候，我们可能制定了好几个计划方案，然后经过比较之后选择其中一个计划方案，这个过程是计划决策。在研究组织机构设置的时候，我们可能制定了好几个组织机构方案，然后经过比较之后选择其中一个方案，这个过程是组织决策。在人员配备、沟通联络或工作出现偏差的时候，我们也可能制定了好几个人员配备方案、沟通方案或纠正偏差的方案，然后经过比较之后选择其中一个方案，这个过程是人员配备决策、领导决策或控制决策。从这个意义上说，"管理就是决策"是合适的。

确实，在实施管理五大职能的过程中都存在决策，但是，这五大职能的具体内容并不只是决策。

在计划职能中，首先要了解自身情况，获取环境信息，预测未来条件，要制定目标，要研究实现目标的具体措施和途径，只有这些工作做过了，才可能产生出方案来。这些工作不做，就没有方案产生，那么，选择方案的过程（决策）就不会存在。很显然，这些工作不是决策。

在组织职能和人员配备职能中，要设计好组织机构体系，就必须研究组织的目标、分解组织的目标；要配备适当的人力资源，就要设法招聘、培训和考核。这些工作做好了，才可能产生出机构设置方案和人员配备方案。这些工作不做，就没有方案产生，那么，选择方案的过程（决策）也不会存在。显然这些工作不是决策。

在领导职能中，要了解员工信息，要了解各个部门信息；在控制职能中，要了解偏差信息，分析偏差原因，只有这些工作做好了，才可能产生出激励方案和控制方案供决策者选择。这些工作不做，决策就不会存在，而这些工作不是决策。

更何况决策说的只是选择方案的过程，选择结束，决策过程即已终止，并不包括方案的实施，方案本身并不是决策，方案的实施也不是决策。经过决策选定的方案，无论是计划方案，还是组织机构设置、控制方案，都需要具体实施。很显然，实施这些方案的过程也是管理。

可见，"管理就是决策"的定义，把上述这些管理工作排斥在管理学的定义之外了。这个定义的范畴窄了。

2）定义："管理是由一个或更多的人来协调他人的活动，以便收到个人单独所不能收到的效果而进行的活动"。

这个定义强调管理是一种人类的社会活动，很好。但是，它认为管理只是"协调他人的活动"，是不妥当的。因为管理的对象包括他人（组织）和自己。一个优秀的管理者，总是首先管理好自己，然后才有效地管理别人。管不好自己的人是管不好别人的。因此，这个定义把自我管理漏掉了，定义的范畴同样是窄了。

3）定义："管理就是计划、组织、控制等活动的过程"。

这个定义认为管理是一种人类社会活动的过程，并且指出了管理的计划、组织、控制的职能，很精辟。但是，它忽视了管理是一种有目标的行为，没有目标的管理是盲目的管理。因此，这个定义漏掉了管理所必备的要素，其内涵范畴同样是窄了。

4）定义："管理是通过计划、组织、控制、激励和领导等环节来协调人力、物力和财力等资源，以期更好地达成组织目标的过程"。

在这个定义中，第一涉及"目标"，第二涉及"人力"，可以认为包括自我，这都是比较合适的。第三，提到了"计划、组织、控制、激励和领导"，和一般教材中管理职能的提法是基本一致的，但是定义中却说是"环节"，"环节"是阐述过程时使用的概念，把职能说成是管理过程中的几个环节是不妥的。此外，定义中提到"人力、物力和财力等资源"，显然涉及面小了，把"信息、时间"漏掉了。可见，这个定义的内涵范畴同样是窄了。

　　5）定义："管理是由专门机构和人员进行的控制人和组织的行为，使之趋向预定目标的技术、科学和活动"。

　　在这个定义中，"专门机构和人员"说的是管理主体，"控制人和组织的行为"说的是管理客体对象：个人和组织，是包含了自我管理在内的，"使之趋向预定目标"包含了管理的目标要素，"活动"点明了管理的社会属性。这些内容都是正确的、合适的。但定义说管理是"技术"和"科学"，就不恰当了。

　　管理本身只是一种"社会活动"。管理具有科学性，管理活动是有规律的，描述管理活动规律的理论体系是管理科学，管理本身不是科学；在管理活动中人类总结提炼出来的管理的规则体系是管理技术，管理本身不是技术。这个定义说："管理是……技术、科学和活动"，把管理学、管理规则都定义到管理中来了，显然这个定义的范畴过宽了。

　　3. 管理的科学定义

　　要给管理下一个确切的定义，应该从对管理实际过程的分析入手（图 1.1）。

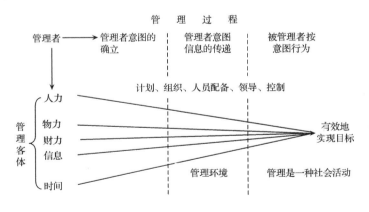

图 1.1　管理概念示意图

　　国内有些管理学教材将管理的过程表述为"计划、组织、领导、控制"，这并不妥当。字面上看起来，好像也可以，先是制定计划，然后建立组织，配备人员，接着就是领导，出现偏差后就进行控制，甚至有的教材中说控制是上一阶段管理工作的结束、下一阶段管理工作开始的承前启后环节。其实不然，"计划、组织、领导、控制"是管理的职能，它们并没有先后之分，它们同时存在、贯穿于管理的全过程。

比如，在制定计划的时候，当发现计划方案不合适时，管理者马上会修订计划方案。这是在实施控制职能。

组织职能中的人员配备、领导职能中的激励等工作，都需要有计划地进行。就是在组织工作和领导工作中，也需要实施计划职能。任何一个组织的人员管理中，总要涉及选人、用人、评人、育人和留人。其中的"选人、评人、育人"，属于人员配备职能；"用人"，实际上属于领导职能；"留人"，就属于控制职能了。

管理的过程，简单地说是："制定计划—实施计划—总结工作，制定新的计划"。仔细分析，这个过程的本质是："管理是管理者将自己的意图变为被管理者行为的过程"。

从图 1.1 可以看出，首先，管理必须有管理者，即管理主体；其次，是管理客体，即管理对象；然后，管理必须有目标；管理具有五大职能；管理是一种社会活动，管理总处在一定的环境之中，管理是一个过程。如果管理的定义能够把这七个方面全部包括进去，就比较恰当了。于是，本书有如下定义：

管理是人类在一定的环境下为了实现某一确定目标对管理对象不断地计划、组织、人员配备、领导和控制的实践活动的全过程。

二、管理的要素

管理的要素，从不同的角度可以做出不同的论述。

1. 管理要素的客体构成观

这种观点认为，管理的要素指的是组成全部管理客体对象的各个部分。先是有"三要素论"，认为管理的要素就是"人、财、物"。后来有人提出"五要素说"，认为管理的要素是"人力、物力、财力、时间、信息"。

20 世纪 90 年代前后，国外又有人提出简称为"七个 M"的七要素说，具体内容如下：

1）Men：工作评价，人事管理，人力开发，组织模式等。

2）Money：财务管理，预算，成本控制，成本效益分析等。

3）Method：生产计划，质量管理，系统分析等。

4）Machine：工厂布置，工艺装备，保养与安全等。

5）Material：物料采购，运输，仓储，验收，保管等。

6）Market：市场需求预测，市场导向分析，销售策略等。

7）Morale：领导，人际关系，公共关系，工作效率等。

这些说法虽然不同，但是基本上还都是指管理的客体对象，只不过是把管理客体对象划分得越来越细而已。但是，实际的管理工作中，要完成一个管理过程，并不仅仅涉及管理对象，还要涉及管理者、管理工具、管理媒介和外部环境。因此，管理要素的客体构成观，尚不能全面反映管理过程。

2. 管理要素的过程观

在管理要素客体构成观的基础上，人们进一步思考管理的过程，提出了管理要素过程观。20世纪90年代，我国学者中曾有人提出"九要素说"，认为管理的要素包括"机构体制、政策与法律、管理者、信息、被管理者、财、物、时间、效率"。

"九要素说"虽然涉及管理的过程，把"人"区别为管理者和被管理者，但是，没有明确地提出管理媒介，更没有提到管理环境，而其中的"信息、被管理者、财、物、时间、效率"都可以归并为管理客体，"机构体制、政策与法律"也都属于管理工具的范畴。

根据上述分析，管理的过程表现为六大要素：第一，管理总是由管理者实施并完成的，即管理者，这是管理主体；第二，管理总是有具体的管理对象，包括被管理者、物力资源、财力资源、时间资源和包括技术在内的信息资源，这是管理客体；第三，有管理主体、管理客体，就有连接二者的媒介，这是管理信息；第四，任何管理都要借助于工具，包括管理机构、管理法规、操作工具等，这是管理工具；第五，所有的管理中，管理者都有自己具体的宗旨和目标，这是管理目标；第六，任何一种管理总是在一定的外界环境下进行的，包括行业、原材料供应基地、人力资源、资金资源、市场、技术环境、政治经济形势、政府、社会文化等。关于外部环境的内容，本书在第三章第一节中再作介绍。

简言之，管理要素的过程观认为，管理的要素包括："管理主体、管理客体、管理媒介、管理工具、管理目标、外部环境"。

3. 管理要素的层次观

上述两大类管理要素的基本观点，有一个共同的不足，就是假设各个管理要素在管理实践中产生的作用是相同的。但是，实际上并不是如此，管理的各个要素在功能上和在实际运转中并不是简单的并列的关系，而是有着主次轻重的层次关系。因此，简单地对管理客体或对管理过程进行罗列清单式的研究并不能很好地为管理工作服务。管理要素的层次观认为：

管理要素的第一层次，是管理者对自身的管理，即自我管理。只有有了成功的自我管理，才可能管好别人。

管理要素的第二层次，是管理者对客体中人（被管理者）的管理。只有有了对被管理者的成功管理，才可能完成全部管理任务。

管理要素的第三层次，是管理者对其他非生命要素的管理。

在所有的管理要素中，管理者的自我管理是管理工作能否成功的前提。管理者自己不明白的事，是不能明白、正确地指导被管理者实施的，"以其昏昏，使人昭昭"，是不行的。古人云："其身正，不令则行；其身不正，虽令不从。"可见，管理者不能对自己实施良好的管理，他所启动并操控的管理过程必定会出现许多混乱乃至失败。

管理的第二层次要素也不可轻视，它是所有管理过程成功实施的充分条件。因为再高明的管理者，不可能一个人完成所有的管理任务。正如我们在管理的定义中所指出的：管理的本质是管理者将自己的意图变为被管理者行为的过程。也就是说，管理者的管理任务，是通过被管理者的实际行为去完成的。

被管理者是"人"，有着管理者同样所具有的生理、心理特征，任务完成的质量取决于被管理者的情绪、责任感、利益关联程度和做好某一工作的能力。管理者在沟通、激励过程中任何一个方面的疏忽，都可能导致被管理者情绪的变化，以致影响任务完成的质量。关于这一点，本书在第四章中还会详细论述。

三、管理的任务

关于管理的任务，国内的管理学教材中也有不同的表述。有学者认为："管理的基本任务在于通过制定和实施组织的目标，取得良好的业绩和效益。"还有学者认为："管理作为一项工作的任务就是设计和维持一种体系，使在这一体系中共同工作的人们能够用尽可能少的支出（包括人力、物力、财力等），去实现它们既定的目标。"

这两种说法都有欠妥当的地方。

前一种说法认为，管理的基本任务，在于取得"良好"的业绩和效益。"良好"一词的限定并不合适。

因为肯定不会是只要有一点业绩和效益就算是良好，应该有一个"良好"的标准，达到这个标准才能称之为"良好"。那么，问题便出现了，对于那些虽然有一点业绩但是还没有达到良好标准的管理工作该如何评价呢？我们总不能说因为它还没有达到"良好"标准，就说它没有完成管理的任务。应该说，这种管理者还是完成了管理任务，只不过它们完成得不够"良好"就是了。可见，"良好"与否是任务完成好坏的标志，不是任务本身的标志。

后一种说法认为，管理的任务是"用尽可能少的支出（包括人力、物力、财力等）"去实现目标。这里脱离时间来谈最少的支出是没有意义的。因为任何任务的完成，支出的多少总是与时间相联系的。

比如，一堆土石方，如果用 10 个人来手挖、肩抬，十天可以完成；如果用人工装车，一辆卡车来运输，两天可以完成；如果用挖掘机和自卸汽车，半天就可以完成。在这里，第一个方案显然是"最少的支出（包括人力、物力、财力等)"。第三个方案显然是最大支出的方案。但是，如果我们需要在半天完成这一工作，我们就只能采用第三个方案了。如果用"尽可能少的"标准来衡量，就要使用第一个方案，那样的话，是完成了"管理的任务"，实际的工作任务却没有完成。

所以，管理的任务在于设计并维持一个系统，使之在确定的时间内用尽可能少的支出去实现既定的目标，取得一定的业绩和效益。

四、管理的职能

"职能"一词，指的是人、事物或机构所普遍具备的作用。管理职能指的是普遍存在于管理工作过程各个环节中的那些作用。管理的作用如同生产力中的软件，只有通过管理才能将劳动者、劳动资料和劳动对象这三个要素合理地组织起来，加速生产力的发展。关于管理职能的内容，管理学领域内并不统一。

早期的管理理论一般认为，管理有计划、执行和控制三大基本职能。法国著名管理学家法约尔早在他 1916 年出版的《工业管理与一般管理》中就提出：管理活动包括计划、组织、指挥、协调和控制五项职能活动。美国管理学家古利克认为，管理有七项职能：计划、组织、人事、指挥、协调、报告、预算。美国管理学家孔茨认为，管理的五项职能是：计划、组织、人员配备、领导、控制。国内学者则有计划、组织、领导、控制的四职能说（图 1.2）。

古利克七职能说：	计划	组织	人事	指挥 协调	报告 预算
法约尔五职能说：	计划	组织		指挥 协调	控制
孔 茨五职能说：	计划	组织	人事	领导	控制
国内的四职能说：	计划	组织		领导	控制

图 1.2 管理职能比较图

从图 1.2 我们可以清楚地看出，关于管理的职能虽然有不同的说法，但是其本质还是一致的。首先，指挥、协调本来就是领导职能的组成部分，而且领导职能的内涵比指挥、协调还要大，就是说"领导"已经包容了指挥、协调的内容。其次，报告和预算仅仅是控制的两个手段，"控制"也已经包容了报告和预算的内容。至于组织和人事的关系，本来在"组织"职能中就包含有"人事"，分开来是两项职能，合并起来是一项职能。本书采用孔茨的五职能说来构建全书的框架。

五、管理的二重性

管理的二重性是哲学范畴的概念，是指管理同时具有自然属性和社会属性。

因为任何社会生产都既是在由物质条件决定的生产方式下进行的，又同时在由社会条件决定的生产关系下进行的。因此，任何社会生产过程都具有二重性，那么对生产过程的管理也就具有二重性：一方面是与生产力相联系的管理的自然属性，另一方面是与生产关系相联系的管理的社会属性。

1. 管理的自然属性

管理应该是和人类同时诞生的。因为人类一经诞生，一方面每一个人类个体都要安排自己的行为，对自己进行管理；另一方面就必须参加社会生产活动，需要协调各自的行为，这需要对群体进行管理。管理的这种属性，是伴随着人类自身的产生和生产力、社会化大生产的出现而自然产生的。

即使在今天也是这样。一个小孩子，当他开始形成自我意识之后，很快就会自然产生自我管理的意识。我们许多家长在解释自己的孩子为什么不听父母的话时，总会说这是孩子的一种逆反心理。那么为什么会产生逆反心理呢？原因很简单，因为孩子要自己管理自己。

随着人类社会化大生产的规模、复杂程度的日益提高，协调群体中每一个体的行为、共同劳动、提高劳动效果的管理工作水平也随之提高。

可见，管理的自然属性具体体现在管理活动本身的技术性方面。管理与其他生产性活动的共同点使它们都具有技术性，以解决在管理中如何有效地指挥和组织生产的问题，即管理工作中的一系列具体的方法和技术。没有这些方法和技术，管理目标就不可能实现。

2. 管理的社会属性

由于人类一经诞生，就有了人类社会。在不同的社会形态中有着各种不同的生产关系。在人类社会化大生产中自然产生的管理活动，也就必然处于某一生产关系之中，必然在管理活动中体现出生产资料占有者指挥劳动、监督劳动的意志。这种"管理是管理者意志的体现"的属性就是管理的社会属性。

管理的社会属性具体体现在管理活动中管理者的态度性问题。诸如，为什么进行管理，依据什么样的原则和原理来管理，建立哪些维护生产关系的原则、制度和组织形式等。

在管理学发展过程中，最初人们更多地看重管理的自然属性，典型的代表是泰勒的科学管理思想。随着人们对管理性质认识的深化，管理的社会属性渐渐引起人们的重视，这以"霍桑实验"为转折点。

比如，在 20 世纪 80 年代先后出现的两次学潮中，有一个很典型的论点是："在中国没有新闻自由"。稍有政治常识的人都知道，世界上不存在绝对的新闻自由。巴黎的世界人权宣言中明确地指出：每个国家的公民都应该享有言论、集会、集社和新闻自由，但是必须同时承担滥用自由的责任。而判断是否"滥用"自由的标准，就是看你的行为是否违背了这个国家的法律。如果一个国家的公民，他的行为已经违背了这个国家的法律，那就属于滥用自由，这个国家就必然不允许其继续行为。而一国的法律究其本质是国家统治者管理国家的工具，是国家管理者意志的体现。

比如，一向宣扬绝对新闻自由的美国，在这次阿富汗战争、伊拉克战争中对新闻媒体的控制和对某些新闻记者的处置就非常严格，全然不顾那新闻自由的招牌。其实，这也不难理解，因为美国的法律不允许它们的记者有违背美国法律的行为，是美国国家管理者意志的体现。

如今，管理的社会属性方面已经在管理科学中得到了相当充分的体现，组织行为学、管理伦理学、管理社会学、管理法学等学科的出现就是有力的说明。

3. 管理的自然属性和社会属性是辩证统一的

（1）二者是相互联系、相互依赖的

管理的自然属性与社会属性是形式与内容的关系。由于任何管理活动总是在一定的社会、历史和文化背景下产生和发挥作用的，所以管理的自然属性都体现了管理的社会属性；相应的，管理的社会属性只有通过自然属性或者通过与自然属性的相互作用才可能显现出来，才能实现生产关系所规定的内容，否则管理就是空谈。

（2）二者是相互推动、相互制约的

一方面，管理的自然属性总是要求有与之相适应的一定的社会属性，从而对管理的社会属性方面提出一定的要求，并在社会属性无法满足其要求时产生一定的反作用。另一方面，由于管理的社会属性是应自然属性的要求而产生的，所以，也必然对其作用产生指导、制约作用。

当二者相互适应时，就会产生相互推动的作用，从而极大地促进管理的有效性，对管理结果产生一种放大作用。反过来，当管理的社会属性不能支持管理的自然属性时，如滞后或过于超前时，不仅其自然属性的作用会受到制约，其社会属性所表达的愿望与理想也无法充分地得以实现。

历史的经验一再证明，当管理的自然属性得到了相对充分的发展而管理的社会属性发展滞后时，管理活动常常受到劳动者的抵抗而无法发挥最优效果；当管理的社会属性方面过于超前而自然属性发展却滞后时，管理的社会属性就会一再遭到劳动者的嘲讽而无法实际发挥作用。

在西方管理理论引入我国之初，国内曾经出现过类似的两和现象：一是在较为发达的城市中，由于最先接触现代管理思想，过于简单地强调管理的自然属性，未能充分地注意发展中国家特有的管理的社会属性，结果很快就因劳动者的顽强抵抗而发生了危机。二是在一些落后地区，由于教条化地强调了现代管理的社会属性方面，而未能在管理的自然属性方面充分发展，也导致了管理效果不佳。有的虽然在开始时，短期内成功地应用管理的自然属性创造了不凡的效益，但随着企业和企业中人的发展，管理的社会属性方面未能紧紧跟上，管理者仍旧沿用开始时的自然属性管理，结果难以避免被淘汰的结局。

（3）二者交替发展，推动管理水平的提高

在某一社会形态下，管理的自然属性与社会属性处于相互适应状态时，管理处于最佳水平状态。但是，二者通常是处于一种不相适应的状态，这也正是借助于管理的自然属性与社会属性不断地交替发展、推动管理水平不断地提高的客观规律。

当二者处在不相适应状态时，如果是自然属性的发展超前于社会属性的发展，此时，自然属性的有效性必然受到削弱，而自然属性方面问题的产生根源，恰恰是社会属性，是社会属性下一步要发展的方向和具体方面。如果自然属性的发展滞后于社会属性的发展时，社会属性方面则会引导自然属性向前发展，同时，社会属性中的许多内容也会直接或间接地转化为自然属性中的内容。

例如，在企业管理中，当社会属性的发展超前于自然属性的发展时，比如"客户是永恒上帝"的理念就可直接成为自然属性中的一部分，也就是在企业的各个环节都会自觉地以客户需求为工作导向。同样，当自然属性发展超越社会属性发展时，比如事关企业员工的大事决策不经过员工讨论，员工就会起而抗议，而抗议的内容正是此阶段社会属性应解决的问题。

总之，管理的二重性——自然属性与社会属性，犹如生产力与生产关系、内容与形式的关系一样，具有对立统一的辩证性质。管理的发展正是在管理的二重性交替发展、不断适应的过程中进行的，从原来的不适应到暂时的适应，管理就向前发展一步；当新的不适应再次出现时，又引发出新一轮的适应过程。如此循环往复，把管理不断地推向新的高度。

六、管理实践中科学性与艺术性的结合

管理作为人类社会实践的活动过程，存在着一系列基本的客观规律。这是人类在管理实践中，经过无数次的失败和成功，总结、提炼、归纳并从中抽象出来的，是反映管理活动过程的客观规律和一般方法。人们使用这些理论和方法，可以指导自己的管理实践，可以实现人们根据理论预测的预期结果，并且可以在实践中进一步得到验证。这就是管理的科学性。

管理的实践告诉我们，一个管理者，没有管理理论的指导，那只能靠碰运气，只能凭直觉进行判断，最多也不过凭经验决策，并不能保证管理活动的成功。这正是管理科学性社会功能的体现。没有管理理论的指导，管理是难保成功的。

但是，管理的实践也告诉我们，仅仅停留在阐述管理客观规律的书面条文上，只知道背诵管理原理和公式，也是不能保证管理活动成功的。管理者在管理实践中，必须发挥积极性、主动性和创造性，因地制宜、因人而异地将管理理论

知识与具体的管理活动相结合，灵活机动地根据不同的实际情况，选择管理原理，进行适当的管理。这就是管理的艺术性。

美国管理学家韦里克和孔茨在他们合著的《管理学：全球化视角》一书中指出："管理实践是一门艺术，而指导这种实践活动的、系统的知识，则可以被称之为一门科学。在这一点上，科学和艺术不是相互排斥而是互为补充的。"

综上所述，有效的管理必然是管理的科学性和艺术性的完美结合。

案例 1.1 重庆市渝州管理学院组织教师到远离重庆的贵州黄果树风景区旅游，在到达目的地的第二天早晨，原定 8 时开车，可是到了 8 时还有两人未到，等了 15 分钟，仍旧没有来，领队就决定开车，并说："集体行动，必须遵守纪律，不遵守纪律者一切后果自负。"

在这个案例中，我们不能说领队的处理就一定是错误的。因为管理学的客观规律告诉我们，在集体行动时，集体中的每一个成员都必须自觉地遵守纪律。领队说"集体行动，必须遵守纪律，不遵守纪律者一切后果自负"是符合管理学规律的。就是说，领队的处理具有科学性。

但是，一般人也都会想到，领队的处理并不是唯一的处理办法。因为这两个未能按时到达的老师究竟是什么原因，管理者并不清楚，不能说"不遵守纪律"是唯一的原因，会不会有其他原因，他们此时是否需要别人的帮助等，都不明确。尤其是在远离重庆的贵州山区，如果把他们甩下了，他们有没有条件回重庆等，都是管理者应该考虑到的。比如，派人去寻找，或者留一个人在此等待，都是既不影响大家的行动，也表示出管理者的人文关怀，都是很可取的办法。从这一点来说，领队的处理就不具备管理的艺术性了。

管理的科学性和艺术性相结合的观念，可以促使人们既注重管理理论的学习，又不忽视在实践中灵活运用管理理论。

第二节 管理学概述

一、管理学的含义

管理学是一门系统地研究管理活动的基本规律和一般方法的科学。

管理观念和管理实践是和人类社会同时诞生的。但是，管理作为一门科学来研究则始于近代。近百年来，随着社会的不断进步，管理的社会作用越来越为人们所重视，从而促使人们更加全面、系统、深入地研究管理活动，使管理学不断地得到充实和发展。

从管理学发展史上各个学派的理论来看，他们大都把研究对象主要集中在组织、人及其行为、组织管理绩效等方面。

正是这些确定的、为管理学所独有的研究对象，加上丰富的管理学理论体系，保证了管理学作为一门独立学科的客观存在。

这一点，对于我国格外具有重要意义。在改革开放以前，由于"左"的思潮的影响，曾经不承认管理学是一门科学，甚至被说成是唯心主义的学问。

今天，管理学已经为绝大多数人们所承认和接受，成为指导我们建设社会主义市场经济、构建和谐社会的有力的理论武器之一。

二、管理学的特点

1. 一般性

一般性是描述管理学研究对象的特征。"一般"，是和"个别"相对应的哲学概念。个别，是指单个的、特殊的事物，也指事物的个性。一般，是许多个"个别"事物所属的一类事物，也指事物的共性。

管理学作为一门科学，区别于其他部门管理学、分支管理学，它的研究对象是诸如企业管理、公共管理、旅游管理、学校管理、医院管理等所有管理活动中都具备的那些共性的规律，即一般的规律。其他各类专门管理，都需要以管理学的一般原理为基础来加以学习和研究，管理学是它们共同的理论基础。

2. 综合性

综合性是描述管理学内容和方法的特征。管理活动的复杂性、多样性决定了管理学内容的综合性。每一个管理活动的进行和最终解决，都会涉及心理学、人类学、社会学、生理学、伦理学、数学、法学、计算机科学等许多学科的理论知识。所以，管理学总是针对管理实践中所存在的各种活动，在人类已有的知识宝库中，不分门类地全面搜索对自己有用的内容，并进行扩展和创新，以便更好地为人类的管理实践服务。

管理活动的必要性和管理活动覆盖领域的广泛性决定了管理学研究方法的综合性。管理学由于自身发展的需要，它必须综合运用现代社会科学、自然科学和技术科学的研究方法，才可能解决在管理实践中遇到的各种各样的问题。

3. 历史性

历史性是描述管理学发展的特征。管理学的理论体系不是一蹴而就的、一下子就十分完善和正确的。它经历了一个从发生到发展、逐步完善的漫长的历史过程。管理学理论是对前人管理实践的总结、扬弃和发展，不了解管理的历史，不进行管理历史的考察，就很难理解建立管理学的依据。

4. 实践性

实践性是描述管理学社会作用的特征。它表现为两个方面：一是管理学理论对社会的作用，只有通过管理者的实践才能发挥出来；二是管理者实施管理学理论的管理能力只有通过实践才能得到提高。

正因为如此，管理科学家和优秀管理者并不是一回事。管理既有科学的规律可循，又有艺术的运用之妙。管理科学家的职责是探寻管理的科学规律，以帮助管理者更好地实现目标。但其本身并不一定就是优秀的管理者。正如体育科学家绝大多数并非运动健将，文学系的毕业生并不一定就是文学家一样。因此，社会各界对管理科学家的期望应当恰如其分，也不应随便给一些政府官员或企业家戴上管理科学家的桂冠。

5. 不确定性

不确定性是描述管理学应用结果的特征。在自然科学领域，只要给出足够的条件，按照一定的法则进行操作，就可以得到确定的结果，并且与操作者无关，不同地区、不同年龄、不同性别的人，只要会操作同样的理论，它们就会得到相同的结果。研究结果的可重复性（"确定"得可无数次重复）成为自然科学领域里验证新学科理论是否正确的唯一方法。

管理学则不然，在已知条件基本相同的情况下，运用相同的管理理论进行管理，会得到不同的管理结果，甚至会产生截然相反的结果，即管理学理论的应用结果是不确定的。

这是因为影响管理效果的因素太多，许多因素是没法预知的；许多因素即使预先已经知道，也是无法精确测量的。因此，也就无法判断两个管理单位的要素条件是否完全一样，尤其是管理者和被管理者作为人，他的心理因素是复杂、多变的，也就无法判断两个管理单位的管理者和被管理者的心理因素是否一样。那么也就自然难以得到相同的应用结果。

三、现代管理学的学科结构

国家自然科学基金委员会管理科学部主任成思危教授在他的论文《管理科学的现状与展望》中指出，关于管理学的学科结构，国内外有各种各样的划分方法，在国家自然科学基金委员会组织编写的管理科学学科发展战略调研报告中，将管理科学的学科体系划分为基础理论性学科、技术方法性学科与实际应用性学科三类，从管理科学产生和发展的过程看来，现代管理科学的学科结构可以归纳为三个基础和三个层次。

1. 管理学的三个基础

管理科学的三个基础是数学、经济学和心理学。

数学是管理科学中数量分析方法的基础，最常使用的是统计学、组合数学、数学规划、随机过程、离散数学和模糊数学等。其中，统计学包括数理统计、回归分析及非参数统计等，组合数学主要研究存在性、计数、构造及优化等问题，数学规划包括线性规划、非线性规划、整数规划、动态规划及目标规划等。

经济学是管理科学中各类决策的出发点和依归，最常使用的是理论经济学、应用经济学和计量经济学等。理论经济学主要包括微观经济学和宏观经济学，应用经济学的门类很多，如工业经济学、劳动经济学、管理经济学、产业经济学、区域经济学及国际经济学等。

心理学是研究人的心理活动和行为表现的科学。它是管理科学中研究人际关系、调动人的积极性的依据。最常使用的是工业心理学、社会心理学及认知心理学等。

2. 管理学的三个层次

管理科学的三个层次是管理基础、职能管理和战略管理。

管理基础是管理中带有共性的基础理论和基本技术，主要包括管理数学、管理经济学、管理心理学、管理会计学、管理组织学及管理史学等。

职能管理是将管理基础与特定的管理职能相结合，如计划管理、财务管理、人事管理、生产管理、营销管理、科技管理、国际贸易管理及公共行政管理等。

战略管理包括战略的制定和实施。它不但要以管理基础和职能管理为基础，还要包括政治学、法学及社会学等多方面的知识。

第三节　管理学发展简史

管理活动与人类同生，源远流长。自从有了人类社会，就有了丰富的管理实践。在漫长的历史中，人类不断地积累和总结，逐步地加深对管理规律的认识。管理科学作为人类文明的产物，一直随着时代、实践和科学的发展而发展。

一、早期的优秀管理实践

这一时期，指的是从人类社会产生，人们结成了一定的社会关系，有了集体劳动的分工、协作等早期管理实践开始，到 18 世纪这一历史阶段。

这一阶段的特征是，人类仅仅为了谋求生存而进行各种社会活动，自觉或不自觉地进行着管理活动和管理的实践。虽然其范围是极其广泛的，但是从未对管理活动本身的重要性和必要性加以认识，并提出某些见解。仅有的管理知识是代代相传或从实践经验得来的，人们凭经验去管理，尚未对经验进行科学的抽象。也就是说，管理实践早于管理理论。

这一阶段的优秀管理实践，主要表现在两个方面，一个是大型工程的组织，另一个是国家的治理。

在大型工程组织中，诸如埃及金字塔、巴比伦古城和中国的万里长城，在当时的技术条件下，如此宏伟、浩大的工程，足以生动证明人类的管理水平和组织能力，是人类历史上伟大的管理实践。

国家治理中最著名的有古罗马帝国和秦始皇统一中国。

古罗马帝国从一个城市发展成为世界帝国，在公元 2 世纪取得了统治欧洲和北非的成功，并延续了几个世纪的统治，在很大程度上归功于其执政者采用的卓越的组织管理形式，采用按地理区域划分基层组织，并在此基础上采用有很高效率的职能分工，在各级组织中配备参谋人员，从而使专业人员和下级能够参与制定决策的过程，但又不破坏指挥的统一。

秦始皇统一中国，也是一个伟大的管理实践。他确立中央集权制，和罗马帝国一样按地理区域划分基层组织，实施郡县制，建立一整套的行政管理机构，并统一文字，统一车轨、道宽，统一度量衡。中国地域辽阔，语音差距很大，为什么自古以来能够保持一个统一的国家，极为重要的原因之一就是文字相同。而统一的中国文字就是从秦始皇开始的。

目前知道的，有关管理思想的最早文字记载是《圣经》中关于希伯来（今以色列）人的故事。古希腊哲学家苏格拉底的著作《对话录》论述了管理的普遍性。早期的一些著名的管理实践和管理思想大都散见于埃及、中国、意大利等国的史籍和许多宗教文献之中，诸如我国古代的《孟子》、《孙子》以及秦始皇修改的《法经》。

二、管理学理论的萌芽

这一时期，指的是从 18 世纪到 19 世纪末，人们对管理活动的规律不仅有了一定的认识，而且在军事、经济、政治、行政等某些领域或某些环节，还提出了某些新的见解。

这一阶段的特征，主要是人们虽然有了一些关于管理规律的见解，但水平较低，缺乏系统的、全面的研究，只是一些零碎的研究，而且这些见解也只是散见于一些历史学、哲学、社会学、经济学、军事学等著作之中。这说明 19 世纪以前还没有形成一个比较完整的管理学理论体系。

这一阶段的管理学理论的萌芽，主要表现在四个方面：

1. 亚当·斯密《国富论》的管理思想

1776 年，英国著名经济学家、资产阶级古典政治经济学的杰出代表亚当·斯密（Adam Smith）在他的《国富论》首先提出了劳动按职能进行分工的思想。

他认为，分工包括劳动的地域分工、劳动的组织分工和劳动的职业分工。分工可以简化操作，可以使操作熟练，可以节约劳动时间。他分析了劳动分工的经济效益，提出了生产合理化的概念。

2. 查尔斯·巴贝奇的管理思想

1832 年，英国著名数学家查尔斯·巴贝奇（Charles Babbage）出版了《机器与制造业经济学》。他在亚当·斯密劳动分工理论的基础上，进一步提出专业化分工的思想。他认为，实行专业化分工，不同工序的复杂程度不同，可雇用不同的工人，付不同的工资。此外，还对机器与工具的使用、时间使用、批量生产、均衡生产、成本记录等问题进行了深入的研究，并强调注重人的因素，鼓励工人提出合理化建议等。

3. 詹姆斯·瓦特和马修·博尔顿的管理思想

1796 年，蒸汽机发明者瓦特的儿子詹姆斯·瓦特（James Watt）和他的合作者马修·博尔顿（Mathew Boulton）两人接管了苏霍制造厂，并开始改革该厂的管理。

他们在苏霍制造厂按照利用机器的要求来分工，制定作业标准，实行零部件生产标准化；采用比较切合实际的工资支付办法；建立详细的生产记录制度，计算每台机器的产量、成本、利润，实现完善的成本核算等。当代管理中出现的许多问题，他们都遇到过，并努力加以解决，只是当时还没有系统化为一门科学。

4. 罗伯特·欧文的管理思想

空想社会主义代表人物、英国的罗伯特·欧文（Robert Owen）为了证明其政治主张，进行了纽兰纳克（Newlanark）试验和新协和村（New Community）试验。在试验中，他十分重视工人的福利，实行减少劳动时间（10.5 小时），禁止使用童工（9 岁以下），提高工人工资，免费供应午餐，建设工人住宅区、商店、幼儿园等，并注重对工人的行为教育。

欧文的试验最终虽然未能获得成功，但是他的管理实践和管理思想对管理学的形成做出了贡献，现代管理行为学派公认欧文为其先驱者之一。

除了上面四个具有代表性的管理思想之外，还有英国经济学家安德鲁·尤尔、威廉·杰文斯、查尔斯·杜平、丹尼尔·麦卡勒姆等人的管理思想。

以上管理学先驱们的管理思想虽然各不相同，但是他们都有一个共同的特征：解决的都是现代管理问题，所提出的管理思想仅仅是一些零星的思想，没有形成系统的管理理论。

三、管理学理论的形成

从 19 世纪末到 20 世纪初，是管理学正式形成的时期。随着生产力的发展和科学技术的进步，人们对管理的科学认识不断丰富和具体，从而逐渐地形成了管理理论，管理学作为一门科学才真正蓬勃地兴起。

19 世纪末，当管理科学形成独立学科时，泰勒等人强调的是科学管理，其中心是以科学方法提高劳动生产率，以实现雇主的低成本要求与工人的高工资要求之间的平衡，着重从工业工程和经济学的角度来观察和分析各种物质因素。20 世纪 20 年代开始，乔治·埃尔顿·梅约（George Elton Mayo）等人则着重于研究人的因素，研究人的本性和需要、行为的动机，尤其是生产中的人际关系。

这一时期管理理论的特征，主要表现为系统的论证、抽象的表述、专门的著作。

1. 古典科学管理理论

科学管理理论是 20 世纪初在西方工业国家影响最大、推广最普遍的一种管理理论。典型的代表人物是被称为"科学管理之父"的美国的弗雷德里克·泰勒（Frederick W. Taylor）。因此，这一管理思想又被称之为"泰勒制"。

科学管理理论的"精髓"在于要求劳资双方共同进行一次思想观念的转换。因为雇主关心的是降低成本，工人关心的是提高工资。现在的关键，在于双方应该认识到，只有通过科学地管理，提高劳动生产率，双方才可以达到各自的目的。从而把劳资双方各自的注意力从盈余量的分配转到为增加盈余量的共同努力上来，变互相指责、怀疑和对抗，为相互合作。

科学管理理论的最终目的是谋求最高的生产效率。他使雇主得到最大的利润，使工人得到最高的工资，并借此提高工人进一步扩大再生产的兴趣和积极性。为达此目的，泰勒提出了用科学管理代替旧的传统管理。他认为，完善的管理，虽然是无形的，但是比有形的设备更宝贵。把科学的方法运用于一切管理活动之中，使管理制度化，建立明确的规定、条例，而不是寻找"超人"来管理。

泰勒提出的科学管理方法包括两大类：作业管理方法和组织管理方法。作业管理方法主要有：作业标准化、选择和培训第一流的工人、实施差别计件工资制。组织管理方法主要有：设立专门的计划部门、实施职能工长制、采用例外原则。

（1）作业标准化

泰勒认为，必须用科学的方法对工人的操作方法、使用的工具、使用时间以及作业环境进行规范，消除各种不合理的因素，把各种最好的因素结合起来，形成作业标准。泰勒一方面大量采集工人多年积累的经验和技艺，进行慎重的收集、记录和整理，另一方面进行各种实际操作的试验，收集数据，寻找最好的操作模式。其中，最著名的是在米德维尔钢铁公司进行的"金属切削试验"，持续26年，书写试验报告2万多份，总费用达15万美元，取得了有关车床、刨床、钻床和铣床在车速、进刀、材料等方面的丰富资料，为进行高速和精密切削提供了科学的依据。

作业标准化方面的工作主要有：

一是作业方法标准化。采用动作和时间研究的方法，对工人作业的每一个动作和每道工序的时间进行具体测定，寻找多余的和不合理的动作，并将其删去，进而把最经济、效率最高的动作集中起来，确定出作业方法标准。

二是作业工具标准化。在著名的"铲铁试验"中，发现每铲重量为21磅①时，生产效率最高。根据这一结论，按照各种物料的不同，设计出每铲都能铲21磅的各种不同尺寸的铁铲。此外，还设计出适用于不同工种的标准化的十字镐、铁锹等工具。

三是作业环境标准化。主要是对作息时间的合理搭配、作业环境的合理布置等，都制定出统一的标准。

四是日工作量标准化。根据标准的作业方法、标准的工具和标准的作业环境，并采用熟练的工人，确定每个工人一天必须完成的工作量标准。泰勒称之为"合理的日工作量"，从而改变过去由工人自由确定日工作量的状况。

（2）选择和培训第一流工人

泰勒的"第一流工人"是一种相对的概念。他认为，人具有不同的禀赋和才能，只要工作对他适合，就能使他成为第一流工人。比如，身强力壮的人，干重活是第一流的，但干精细活就不一定是第一流的；而心灵手巧的女工虽然不能干重活，但干精细活却是第一流的。因此，"非第一流工人"指的是那些在体力或智力上，不适合于干分配给他们工作的人，或者是不愿努力工作的人。

基于这一点，泰勒认为，管理者的责任在于为工人找到最合适的工作，并培训他成为第一流的。管理者必须经常地、长期地仔细研究每个工人的特点、性格和工作成绩，发现他们的局限性和发展的可能性，然后，有系统地训练、帮助和教育他们，尽可能使他们承担所能胜任的最高的、最有兴趣的和最有利的工作。泰勒在贝瑟利恩钢铁公司进行的搬运生铁试验中，就采用科学方法对工人进行训练，消除装运动作中多余的和不合理的部分，并将作息时间合理地搭配以减少疲劳，结果工人的生铁搬运量从日装运12.5吨普遍提升到了47.5吨。

---

① 1 lb（磅）＝0.453 592kg。

（3）差别计件工资制

泰勒认为，工资、奖金制度直接影响工人的劳动积极性。传统的工资、奖金制度是按工厂或部门中生产总成果计算的，工人平均分配，忽视了每个工人贡献大小的不同，而奖金到年终分配，失去了及时刺激的作用。

泰勒研究后，提出了计件工资制，包含三方面内容：

一是通过工时研究，由工厂定额制定部门设计、制定出一个定额或标准。把工作分解为各项要素，并为每一要素制定出定额。这样就把定额的制定，从以估计和经验为基础，改变为以科学为基础。

二是采用"差别计件制"。按照工人是否完成其定额而采取不同的工资率。如果没有完成定额，则按"低"工资率付酬，一般为正常工资率的80%，如果超额完成定额，则全部生产都按"高"工资率付酬，一般为正常工资率的125%。

三是工资支付的对象是工人而不是职位，即根据实际工作表现，而不是根据工作类别来支付工资。

这种计件工资制度虽然使雇主的工资支出增加了，但由于生产率的提高大于工资的提高幅度，所以对雇主是有利的。

（4）设立专门的计划部门

泰勒认为，企业需要建立专门的组织机构来研究科学管理方法，从事全部计划工作和发出命令。将计划职能独立出来，与执行职能分立。他规定计划部门的主要任务：一要进行调查研究，包括劳动时间和工时试验研究，搜集工人的经验、技能，归纳出规则和规律等；二要制定出定额和标准化的操作方法及工具等；三要制定出详细的计划，并向各部门和工人发布完整的书面指示和命令；四是对计划、标准的执行情况进行比较，实施有效的监督和控制。现场管理者和工人对于计划部门下达的指示和命令，不得任意更改。

（5）职能工长制

泰勒主张职能管理，将管理工作细分，使所有管理者只承担其中一份工作，即只承担其中某一项职能的管理工作。他根据实际情况将原来一个工长的工作细分为八份，由八个职能工长承担。他们分属于计划和执行部门，并根据其职权范围直接向工人发出命令。

泰勒认为，这个制度能减少对职能工长的培训时间和相应的费用，能使其职责更加明确，有利于提高生产效率。同时，由于作业计划已由计划部门拟定，操作方法和工具也都标准化，车间现场的职能工长只需进行指挥监督，既利于避免管理的混乱，又利于低工资的工人从事比较繁杂的工作，可以降低整个企业的生产费用。

但是，一个工人同时接受几个职能工长的多头领导，恰恰容易引起混乱，所以这种职能工长制未得到推广。但泰勒这种职能管理的思想为以后的职能部门的建立和管理专业化提供了重要的参考。

(6) 采用例外原则

泰勒认为，规模较大的企业不能只依据职能原则来进行组织管理，还必须采用一种全新的控制制度：例外原则，即企业的高级管理者把一般的日常事务授权给下级管理者去处理，而自己只保留对例外事项的决策和监督权，如有关企业重大政策的制定和重要的人事任免等。此原则后来成为组织管理理论中的一个重要的原则，成为超大型组织管理模式"事业部制"的基础。

泰勒作为科学管理理论的奠基者是毫无疑问的，但正确地说，在这一领域还有很多的卓有成效的学者。他们有的是泰勒的合作者，有的是泰勒的追随者，正是由于他们对科学管理理论的理解、支持和传播，特别是经过他们的努力才得以使科学管理理论的内容更加充实和完善。在他们当中最有代表性的是亨利·甘特、弗兰克·吉尔布雷斯、哈林顿·埃默森等人。

2. 古典管理组织理论

在科学管理理论产生和发展的同时，欧洲则产生了古典管理组织理论，其代表人物是法国的亨利·法约尔（Henry Fayol）。

法约尔管理思想的代表作是他在 1916 年出版的《工业管理和一般管理》一书。由于他不仅有长期管理大企业的经验，而且还担任过法国陆军大学和海军学校的管理学教授，晚年又创立研究机构，推广自己的管理思想，这些条件使他得以将研究对象建立在企业组织整体基础之上。所以，他认为，他的管理思想不仅适用于企业，也适用于军政机关和宗教组织。

法约尔的管理思想概括起来主要有以下几点：

(1) 企业基本活动的理论

法约尔认为，任何企业都存在六种基本活动：①技术活动，包括生产、制造和加工；②营业活动，包括购买、销售和交换；③财务活动，包括资金的筹集和运用；④安全活动，包括设备维护和职工安全等活动；⑤会计活动，包括编制财产目录、制作资产负债表、成本核算和统计；⑥管理活动。

(2) 企业管理活动的理论

法约尔认为，管理活动仅仅是企业活动的一种。但是管理活动处于核心地位。企业本身需要管理，其他五项基本活动也需要管理。而管理活动包括计划、组织、控制、指挥和协调五大职能要素。

(3) 十四条管理原则

法约尔根据自己的管理实践，总结出闻名世界管理学界的十四条管理原则：

一是专业分工。劳动专业化必然导致分工。分工是各种组织运转的必要条件，可以提高劳动的水平和效率。

二是职权和职责。职权是管理者发号施令的权力，职责是管理者行使职权时必须承担的责任。

三是纪律。这是一种约束关系。任何组织内人的行为不可以没有约束，要求：纪律要制定明确，执行公正。

四是统一指挥。组织内的每一个成员只能服从一个上级并接受他的指挥。

五是统一领导。组织内具有相同目标的活动，只能有一个领导、一个计划。

六是个人利益服从整体利益。当二者不一致时管理者应设法使他们一致。

七是个人报酬。报酬的数量及其支付方式要公平，最终的目的是使人实现自我价值，并能得到一定的满足。

八是集权与分权。这是一种管理方法，无所谓好坏之分。但是有一个集权和分权的比例问题，应该适当。这是由组织的规模和条件、管理者的个性和品质以及下属的素质决定的。

九是法约尔桥。组织内命令和信息的传递是自上而下逐级传递的。这在规模比较大的组织内，由于层次的增多，传递线路的加长，往往导致信息传递延误。法约尔提出"法约尔桥"（图1.3），又称"法约尔跳板"，来解决这一问题。

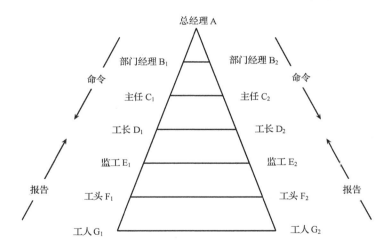

图1.3 法约尔桥示意图

法约尔认为，如图1.3所示，当平行的两个部门（比如工头 F_1 与工头 F_2）需要联系协商才能解决问题时，不必经由 E_1、D_1、C_1、B_1、A、B_2、C_2、D_2、E_2 的过程，可以直接协商。只有在双方不能达成一致时才向上一级报告，由上级协商解决。这样大大提高了处理一般事务的效率。

十是秩序。指组织内每一个人都有一个合适的职位，每一个职位都有一个合适的人。每一物都有一个位置，每一个位置都有相应的物。

十一是公正，公平。组织内的上级对下级应该"亲切、友好和公正"，下级才可能热心和忠诚。

十二是保持人员的稳定。组织的管理者要努力做到有计划地安排和补充人员，使各级人员，特别是管理者队伍保持稳定。

十三是首创精神。不断创造，不断更新，是组织前进的巨大动力。

十四是团结精神。任何组织必须注意保持和维护团结、协作和融洽的人际关系，具有凝聚力，充满和谐的气氛。

在古典管理组织理论学派中，有代表性的还有德国马克斯·韦伯的"行政组织体系理论"，美国詹姆斯·穆尼的"组织管理理论"，英国林德尔·厄威克的"统一的管理理论"等。

3. 行为科学理论

古典科学管理理论和古典管理组织理论虽然大大提高了生产效率，但是都过多地强调人对机器、设备的服从，忽视了人的因素，激起了工人的反对。尤其是随着经济的发展，企业规模的扩大，依靠已有的管理理论无法有效地控制工人的行为来提高生产的效率，于是基于人的动机、情绪、行为与工作关系的行为科学理论就应运而生了。

行为科学理论的发展经历了前后两个时期，前期是以最著名的梅约和他的霍桑试验为标志的人际关系学说。后期以1949年在美国芝加哥讨论会上提出"行为科学"为标志。

梅约是著名的澳大利亚籍美国行为科学家。1924～1932年，梅约负责的小组在西屋电气公司所属的霍桑工厂进行了一系列的试验（简称霍桑试验），在实验的基础上产生了人际关系学说。

霍桑试验分为四个阶段：

（1）第一阶段，工厂照明试验（1924～1927年）

主要考察工人的劳动条件与生产效率的关系。他们将参加试验的12名女工分成两组，每组6人，一组为试验组，一组为对照组，分别在两个房间工作，做同样的工作。然后增加试验组的照明，对照组的照明不变，结果两个组的产量都大幅度增加。随后，他们又降低试验组的照明，其产量并没有随之下降。于是试验就转向其他方面，但因素复杂，难以准确测定照明在其中的影响。

试验从1924年持续到1927年，结果说明，照明不过是影响工人生产效率微不足道的因素。

（2）第二阶段，继电器装配室试验（1927～1928年）

主要考察各种工作条件的变化对小组生产率的影响。他们通过改变生产的物质条件、安排工间休息、缩短工作日、实行计件工资制等，来观察生产效率可能发生的变化。结果，不论这些条件是变好还是变差，产量总是在增加。他们得出结论：这些条件与产量提高并无直接关系。产量的提高，是因为接受试验的工人转移到特殊的试验室，管理者（研究人员）改变了督导和控制的方式方法，工人的士气、情绪和工作态度大大改善的原因。

（3）第三阶段，大规模的访问和调查（1928~1931 年）

既然试验表明管理方式与工人的士气、劳动生产率相关，就应当了解工人对现实的管理方式有什么意见。于是他们进行了长达两年的调查访谈计划，与两万多名工人进行了访谈。访谈中，他们的任务就是设法让工人说话，不规定谈话的内容和方式，允许工人就任何一个问题发表自己的意见。结果，虽然工厂的实际条件并没有改善，但是工人们却普遍感到自己的处境比以前好多了，进一步证实了第二阶段的试验结论。

（4）第四阶段，接线板接线工作室试验（1931~1932 年）

主要考察同一组不同能力工人之间的影响。用集体计件工资的制度，以求形成同一组内"快手"对"慢手"的压力，达到提高生产效率的目的。经过反复试验，厂里规定的 7312 个焊点的产量标准都没有达到，只完成了 6000~6600 个焊点。他们发现，生产小组内形成了一种默契：工人既不愿充当"快手"而超过定额，被人骂为"害人精"，也不愿成为"慢手"，被人称作"懒惰鬼"，只求达到自认为"过得去"的产量就自动松懈下来，要保护速度慢的伙伴，只有照顾到大家才能照顾到自己。

长达八年之久的霍桑试验，向人们展示了一个相当重要的结论：生产效率不仅受到生理方面、物理方面等因素的影响，更重要的是受到社会环境、社会心理等方面因素的影响。这是对古典管理学理论的突破。

根据霍桑试验，梅约于 1933 年出版了《工业文明中人的问题》，提出了一系列的新观点：

一是工人是"社会人"，并不只是追求金钱的"经济人"。金钱并不是刺激积极性的唯一动力。

二是组织内除了正式组织之外还存在"非正式组织"。非正式组织与正式组织相互依存，相互促进，在很大的程度上左右着员工的行为，影响生产的效率。

三是管理者应该懂得通过对员工满意度的提高，来激励员工的士气，达到提高生产效率的目的。

霍桑试验之后，其结论当时尚未得到重视。直到 20 世纪 30 年代中期，美国国会通过了"全美劳工关系法"，企业工会相继成立，劳资关系和力量对比发生了变化，霍桑试验的影响才逐步扩散开来。一些企业开始设立专门机构，负责研究和处理"工业关系"；一些大学设立相应的课程，人际关系学说开始进入企业的管理工作。到 1949 年才正式提出行为科学理论。

行为科学是研究人类行为的产生、发展和变化规律，以预测、控制和引导人的行为，达到充分发挥人的作用、调动人的积极性的一门科学。它具体包括关于人的个体行为的研究、关于人的群体行为的研究和关于领导行为的研究。

4. 管理科学理论

第二次世界大战期间，由研究武器的配置、兵力的部署和军需品的调运问题而产生了运筹学。最早出现运筹学一词是在 1938 年。当时英国波得塞雷达站为了研究整个防空作战系统的合理运行，以便有效地防备德国飞机入侵，成立了由各方面的科学家组成的研究小组，并以"OR"（operation research）命名这种研究活动。后来，运筹学涉及的数学分析方法被大量运用到管理中来，产生了管理科学理论。

管理科学理论的代表人物是美国著名学者巴法（E. S. Buffa）等人。它是指以现代数学分析方法、电子计算机技术、系统论、信息论和控制论等现代自然科学和技术科学的最新成果为手段，运用数学模型，对管理中的人力、物力、财力进行系统的定量分析，并最终做出最优规划和决策的理论。该理论具体包括三大部分：

（1）运筹学

运筹学是一门多分支的应用学科，其主要分支有线性规划、整数规划、非线性规划、动态规划、图论和网络理论、决策论、排队论、对策论、存储论、搜索论和可靠性理论等。近年来又出现一些新的专业分支和内容，如几何规划、计划协调技术以及教育运筹、司法运筹、商业运筹等。应用运筹学处理问题时，首先要求从系统观点来分析，不仅要求提出需要解决的问题和希望达到的目标，而且还要弄清问题所处的环境和约束条件，探讨问题的处理方法，建立相应的运筹学模型，并解这个模型，以求得问题的最优解。

（2）系统分析

把系统论引入管理领域后形成了系统分析的管理方法。它要求管理者在管理实践中，要从全局出发，把研究对象看成是一个整体，是一个统一的系统，然后研究各个部分之间和它们与总体目标之间的相互关系，寻求达到总体目标和各个局部任务的可供选择的若干方案。

（3）决策科学化

决策是在若干个待选方案中，通过分析比较，从中选择出最优方案的过程。决策科学化指的是决策时要以充足的事实为依据，采用严密的逻辑推理方法，对大量的资料和数据按照事物的内在联系进行系统的分析和计算，遵循科学程序，做出正确决策。

管理科学理论为现代管理决策提供了科学的方法。它使管理理论研究从定性到定量，在管理实践中发挥了很大的作用。但是，该理论忽视了人的因素，管理问题的复杂性决定了管理因素也不可能全部量化。

四、管理学理论的发展

第二次世界大战后，西方各种管理学派纷纷涌现，出现了百家争鸣的局面。有人将这些学派归纳为六个学派，也有人归纳为八个或十一个学派。它们主要是社会合作系统学派、经验或案例学派、社会技术系统学派、人际关系行为学派、群体行为学派、决策理论学派、信息中心学派、数学学派、系统管理理论、权变管理学派。这些学派都有自己的理论系统，但彼此之间也有交叉，例如，卡斯特（F. E. Kast）既属于系统管理理论学派，又属于权变管理学派。

1. 社会合作系统学派

以美国著名管理学家切斯特・巴纳德（Chester I. Barnard）1938 年出版的《经理的职能》为标志，创立"社会合作系统学派"。此外，还有美国的怀特・贝克（Wight Bake）也是这个学派的代表性人物。

该学派认为，任何组织都是一个社会协作系统，包含有三个最基本的要素：协作的意愿、共同的目标和组织内成员之间的信息沟通。组织能否存在下去，取决于系统内协作的效果、协作的效率和协作目标对协作环境的适应。所以，管理者应该努力做到三点：一要建立和维持一个有效的正式信息沟通系统，二要善于使不同的组织成员都能够为实现组织目标提供有效的工作，三要善于确立适当的组织目标，并把它分解为各个部门的具体目标。

2. 经验或案例学派

美国著名管理学家德鲁克（P. F. Drucker）、戴尔（E. Dale）、纽曼（W. Newman）、斯隆（A. P. Sloan）等人最早提出应该从企业的实际情况出发，以企业的管理经验或案例作为研究对象来研究管理问题。这就是经验或案例学派。其中，以德鲁克最为突出和著名。

该学派认为，组织的主要管理者都面临着两个任务：一是要能够造就一个"生产统一体"，使这个"生产统一体"的生产力大于其组成部分的生产力之和。二是在做出每一个决策或采取某一行动时，能够统筹考虑组织的长期利益和目前利益。

该学派还对建立合理的组织结构十分重视，提出了目标管理的思想和方法，对科学管理理论和行为科学理论进行重新评价，认为只有将两者结合起来才可能真正实用。

经验或案例学派并没有形成系统的理论体系，但是他们把视角指向当代社会化大生产的客观要求，并且已经得到一系列的结论，是值得重视的。

3. 社会技术系统学派

这一学派的代表人物是英国的特里斯特（E. L. Trist）。该学派是根据对煤矿中的"长壁采煤法"的研究而产生的。其代表性著作有《长壁采煤法的某些社会学和心理学意义》和《社会技术系统的特性》。

该学派认为，要解决管理问题，除了分析社会协作系统之外，还要研究技术系统对组织管理者和员工个人心理的影响。管理的绩效，既取决于人们的行为、态度及其相互影响，也取决于人们所处的技术环境。所以，管理者的任务之一，就是确保社会协作系统和社会技术系统的相互协调。

该学派首次把社会协作系统和社会技术系统综合在一起来考察，使管理学的理论更进一步接近管理现实。

4. 人际关系行为学派

这一学派的代表人物和理论主要有马斯洛（A. Maslow）"需求层次理论"、赫茨伯格（F. Herzberg）"双因素理论"、布莱克（R. Blake）和穆顿（J. Mouton）"管理方格理论"等。

该学派认为，管理者是人，管理的对象主要也是人，因此，管理的核心问题是管理者与被管理者的人际关系问题。他们注重研究人的个性特点、文化背景、心理活动与其行为的关系，认为处理好人际关系是管理者应该掌握也能够掌握的一种方法技巧。这些思想即使在今天仍旧具有现实指导意义。

5. 群体行为学派

这个学派最早的代表人物应当首推进行著名霍桑试验的梅约。后来，到了20世纪50年代，有美国管理学家阿吉里斯（C. Argyris）提出"不成熟—成熟交替循环模式"理论。

这个学派和人际关系行为学派密切相关。不同的是，该学派主要研究的不是个体的行为，而是研究一定群体人的行为和各种不同群体的行为方式，包括企业、团体、政府机关、医院、学校以及任何组织内的一组群体。所以，有人把这个学派称作"组织行为学派"。

6. 决策理论学派

这个学派的代表人物是获得诺贝尔经济学奖、著名美国管理学家赫伯特·西蒙（H. A. Simon）。他将第二次世界大战之后形成的系统理论、运筹学、计算机科学等综合运用于管理决策过程之中,形成了有关管理决策的过程、原则、类型和方法的系统的理论体系。

该学派认为,决策贯穿于管理的全过程。决策是一个包括采集信息、拟订备选方案、比较和选择方案、综合评价方案等四个阶段的过程。衡量决策的准则,用"满意标准"代替"最优标准"。决策可以分为程序化决策和非程序化决策。

7. 信息中心学派

这个学派的代表性理论有美国李维特(H. J. Leavitt)的《沟通联络类型对企业绩效的影响》,香农(C. Shannou)和韦弗(W. Weaver)的《沟通联络的数理统计理论》。

该学派认为,管理人员是一个信息中心,管理人员的作用就是接受信息、储存信息和发出信息。每一位管理人员的岗位如同一套电话交换机。他们强调计算机技术在管理活动和决策中的应用,得到计算机科学家和决策理论家的赞同。

8. 数学学派

这个学派就是上文提到的管理科学学派。由于他们强调数学的使用,因此也就有了这一名称。

9. 系统管理学派

20世纪60年代,著名管理学家卡斯特(F. E. Kast)和罗森茨韦克(J. E. Rosenzwig)等人,把伯塔朗菲(Ludwig Von Bertallanffy)的"一般系统理论"应用于工商企业管理,创立了"系统管理学派"。1963年,卡斯特、罗森茨韦克和约翰逊合著了《系统理论与管理》,系统管理理论基本确立。

系统管理学派认为,系统管理是运用系统论的原理,通过建立系统模型,全面分析和研究企业和其他组织的管理活动的过程,以求提高管理效益的管理思想。认为任何组织都是一个开放的系统,而且是一个更大系统的子系统,要不断地与周围的系统进行信息、能量、资源的交换。如果整合合理和管理得力,系统的功能会大于组成系统的各部分功能之和。

10. 权变管理学派

20世纪70年代,美国的卢桑斯(F. Luthans)出版了《管理导论:一种权变学》,系统地阐述了权变管理理论。

该学派认为,权变管理理论是研究企业管理工作如何随着企业内外环境的变化而变化,以求提高管理效益的管理思想。因为企业的环境,包括企业的内部环境和外部环境,总是在不断地变化。企业面临的环境变量是自变量,企业的管理行为则是因变量，企业的管理行为必须同环境相适应。管理变量和环境变量的函数关系就是权变关系。

权变管理理论的最大特点就是强调根据不同的具体条件建立起相应的组织结构、领导方式和管理机制；组织的各方面活动都必须适应组织环境的要求。

还可以举出一些不同的管理学派，诸如管理过程学派、经理角色学派等。所有这些学派的理论观点，自然是人类知识宝库中的瑰宝，但是他们毕竟是分散的，各抒己见的，应用起来有很大的局限性。今天的管理实践，需要有一个统一的、系统的、全面的管理理论来指导。

如果我们不从管理理论派系的角度来认识管理学的历史，而从时间的角度来看，在 20 世纪 70 年代以前的时期内，管理学的发展是从科学地管理，到重点在于运用数量分析方法来提高决策的精确度和管理的效率，管理学最后几乎归结为系统工程、运筹学的同义语。

20 世纪 80 年代以后，由于在管理实践中日益重视社会、经济与文化等因素和人与组织的作用，以及信息技术的迅速发展，促使管理学研究的重点转向组织行为、信息管理和权变理论，更加重视战略管理，从而使管理学朝着统一的方向迈出了一大步，以数学、经济学和行为科学为基础，形成基础管理、职能管理和战略管理三个层次的现代管理理论。

五、现代管理理论的主要观点

现代管理理论是一种全新的管理思想。它不仅要综合管理科学学派的方法和技术，还要综合行为科学理论的思想，同时还必须着眼于系统分析的观点和权变理论的思想，以求建立一个统一的管理理论体系。它是近代所有管理理论的综合，是一个全新的知识体系，是一个学科群。

现代管理理论的目标，就是要在不断急剧变化的现代社会环境下，建立起一个充满创造活力的自适应系统。要使这个系统能够持续高效率、低消耗地输出高功能，不仅要有现代化的管理思想和管理组织，还要有现代化的管理方法和手段，并借此构建现代管理科学。

归纳起来，现代管理理论的主要观点有以下六个方面：

1. 战略观点

战略观点是指根据组织自身的特点、内外环境变化，从长远的、全面的、发展的角度进行管理的管理思想。这与中国古代的"凡事预者立，不预则废"的思想是一致的。

战略管理是现代管理中最高层次的、首要的任务。它包括战略制定与战略实施两个方面。

在制定战略时，首先要确定战略目标，然后进行环境分析。主要包括对社会、行业（竞争对手）、市场（顾客）的分析，特别强调从环境的变化中寻找机会并避免威胁，及时进行组织上的重组，以求提高本组织的竞争力。其次是进行资源分析，主要包括对内部的人、财、物、信息等资源的分析。

若分析结果认为达不到所定的战略目标时，就要对目标做必要的修改，当认为目标可以达到时，就要将目标按时间和空间进行分解，并确定主要的战略措施及实施的方案。在实施过程中还要根据客观情况的变化而适时地进行战略调整。

战略观点要求管理者，无论在思想上，还是在管理实践中，都要把现实管理、眼前目标和长远目标相结合，并且要把这一思想变为组织内全体成员的意识。

战略观点不仅在企业、政府、军队的管理中需要，就是个人在自我管理中也非常需要（详见第二章第四节）。

2. 信息观点

信息观点是指在管理中大量使用信息技术、充分认识信息在管理中的作用，纠正信息管理的认识误区，充分挖掘信息资源，实施信息管理的管理思想。

在今天信息社会的环境下，信息的资源意义，信息管理在组织管理中不可替代的作用，是怎么估计都不会过分的。从某种意义上说，信息、知识已经成为组织的一大资本，离开了信息和信息管理，组织的管理工作就难以获取较大的绩效。信息管理已经成为组织主要管理者的主业。

比如，信息在最优决策中的作用就十分明显。在第二次世界大战后，有一个时期内特别盛行定量的分析方法。近年来，人们逐渐认识到，解决管理问题不能单靠定量分析方法，还必须与定性分析方法相结合。在从一地到另一地的路径选择问题中，从传统管理科学的观点来看，只要用运筹学求出最短路径就可以了。但从现代管理理论的观点来看，这并不一定是最优的选择。因为可能会在最短路径上因堵车而增加油耗且浪费时间。如能给某一司机提供信息，使其了解路况，则该司机可能会选择另一条更好的道路。

3. 创新观点

创新观点是指在组织内重视各种新成果的研究、各种新资源的开发，变革组织、变革管理、再造流程等管理思想。

随着组织内外环境的变化，需要对组织的各级管理者队伍做出相应的调整，对组织的各种业务活动进行相应的调整、修改和补充，对组织的技术、设备进行相应的改造、升级和更新，对组织机构、管理流程、管理理念进行相应的调整和更新等。一句话，组织只有不断地变革、创新，才能求得发展。

现代管理理论十分重视组织的创新能力，注重提高组织素质及应变能力。一个组织要想在错综复杂、瞬息万变的环境下生存和发展，就必须要能够从外部准确而及时地获取信息，迅速调整自己的内部结构以适应环境的变化。因此，在组织方式上提出了无固定边界的非正规组织、层次很少的扁平型组织、成员之间能有效沟通的网络状组织、有利于鼓励内部创新的半自治式组织等。

例如，Intel 公司的总裁格罗夫（A. Grove）在其所著的《只有妄想者才能生存》一书中强调，要能够在多变的环境下及时进行大胆的战略调整。既要受混沌的引导，又要能驾驭混沌，才能把握好战略的转折点从而度过危机。

现代管理理论强调，组织管理者要重视各种新成果的开发和研究，扩大新领域，开发新资源，运用新方法。注意组织和提高组织自身的开发队伍，以保证创新观点的实现。

4. 市场观点

市场观点是指组织应该充分认识自身所处的环境是市场经济环境，并从环境许可的前提出发进行管理的管理思想。

对于企业组织来说，市场观点就是要求企业适应市场需求，满足市场需求，参与市场竞争，善于经营。计划经济时代的企业只关心生产，不看市场的观念必须彻底消除。

对于政府部门、社会团体，市场观点也很重要。不只是政府部门、社会团体自身需要市场，而且是指政府部门的一切管理工作必须从市场观点出发，按照市场规律办事，不沿用计划经济的老办法，做出违背市场规律的事来。

市场观点就是竞争观点，无论是企业、政府部门、社会团体，在市场环境下都要面临竞争的环境，是回避不了的。组织必须清醒地认识这一点。组织要通过竞争，了解自己的优势和劣势、长处和短处，激发组织全体成员的积极性，在竞争中提高自己，完善自己，否则就会在竞争中失败。

市场观点又是服务观点，无论是企业、政府部门、社会团体，在市场环境下都有自己的特定服务对象，只有能够给自己的服务对象提供一流服务的组织，才具有存在的价值。

市场观点还是专业化观点。这是指在社会化大生产不断发展的今天，社会的需求在不断地变化，人们的文化水平、生活水平不断提高，组织如果仍旧只提供单一的服务或产品，就远远不能满足社会的需求，所以，必须提供多样化的、专业化的服务和产品。

5. 人力资源观点

人力资源观点是指组织在管理中充分注意人的因素，从而致力于提高人的素质、修养和能力的管理思想。

重视人的作用，从传统的管理理论考虑到人是"经济人"、"社会人"，到现代管理理论认为人是"复杂人"，人是抱着不同需求加入组织的·人的需求是变化的，不同的人对管理方式的需求是不同的，这是现代管理理论的一个重大突破。

比如，在上面我们提到的路径选择一例中，即使所有的司机都能通过无线电台获得路况的完全信息（信息完全对称），现代管理理论认为，还要考虑到司机的择路行为。有经验的司机往往会对路况的变化做出更好的判断而选择更好的路径。这就说明科学技术越发达，人的素质和主动性就越发重要。

近年来，由于经济的全球化趋势日益增强，人力资源的重要性更加突出，许多西方管理科学家都着重研究人力资源的管理问题，包括人员的招募、选拔、培养、考核、使用和维系等方面。许多企业都加强了人员的培养，并采取各种手段（包括提供购买公司股票的期权）来留住人才，对人才的评价也趋向于从智商（IQ）转向情商（EQ）。所谓情商（情感智商）是指认识、把握、分析和调节个人情绪的能力，实践证明，高情商者的成功率要超过高智商者。

还有，关于"减轻员工压力的压力管理"的理论，关于"人力资源意义相对性"的理论，关于"管理者素质、修养、能力及其作用机制"的理论，关于"管理者自我管理"的理论等，都是近年来出现的人力资源管理的新成果。

6. 风险防范观点

风险防范观点是指组织在管理中要清醒估计到风险发生的程度，将风险降低到最低程度的管理思想。

现代管理理论认为，任何时候管理的风险都严重存在。不仅仅是组织在接受各种新任务、新项目的时候会存在风险，即使在平常的例行管理中，由于疏于严谨、决策失误，同样会导致管理失败，这也是风险。更何况，在今天大量使用信息技术的情况下，信息技术设备存在的隐患、漏洞，黑客的攻击，病毒的侵犯，各类间谍的存在，人员流动带来的泄密等，都会给管理带来风险。我们必须严阵以待，十分重视，在决策中要清醒地估计风险可能发生的严重程度，采取一切可能采取的措施，将风险降低到最低程度。

[思考题与案例分析]

1. "管理就是决策"、"管理是由一个或更多的人来协调他人的活动，以便收到个人单独所不能收到的效果而进行的活动"、"管理就是计划、组织、控制等活动的过程"、"管理是通过计划、组织、控制、激励和领导等环节来协调人力、物力和财力等资源，以期更好地达成组织目标的过程"等关于管理的定义各有什么局限性？他们的共同局限是什么？

2. 定义"管理是由专门机构和人员进行的控制人和组织的行为使之趋向预

定目标的技术、科学和活动"有什么局限性？

3. 什么是管理？管理的任务是什么？它包括哪些职能？

4. 管理要素的客体构成观、过程观、层次观，各包括哪些内容？你在学习完本章的内容之后对自我管理有什么新认识？

5. 举例说明管理的自然属性和社会属性。了解管理这两个属性有什么意义？

6. 什么是管理学？管理学有哪些特点？

7. 管理学的三个基础和三个层次包括哪些内容？

8. 请利用课余时间阅读本章第三节"管理学发展简史"，然后撰写一篇心得体会的短文。

9. 阅读下面的案例，回答案例后面的问题：

案例 西南工业大学地质系张辉教授带领 12 名同学到市郊南屏山考察。早晨分 4 个组出发，约定下午 4 点返回出发地，以便乘车回学校，并一再叮嘱，不要迟到，耽误大家时间。可是，到了下午 4 点时，仍旧有一个组 3 个同学还没有回来。等了半个多小时，仍旧没有回来。这时，有的同学主张进山去找一找；有的同学主张不必去找，并且说，有话在先，集体行动，不按时回来，责任自负；还有的同学说这里离学校也不远，他们自己能够找回去的。张教授感到很为难，不知如何处理。

问 从管理学的角度来看，同学中的三种意见，哪一种是正确的？为什么？如果你是张教授，你将如何处理？为什么？

[推荐阅读书目和文献]

读者如果对本章的内容感兴趣，还可以阅读以下文献：

戴淑芬．2005．管理学教程（第 2 版）．北京：北京大学出版社

海因茨·韦里克，哈罗德·孔茨．2004．管理学——全球化视角（第 11 版）．马春光译．北京：经济科学出版社

莫寰．2005．新编管理学．北京：清华大学出版社

潘开灵，邓旭东．2005．管理学．北京：科学出版社

司有和．2003．企业信息管理学．北京：科学出版社

杨文士等．2004．管理学原理（第 2 版）．北京：中国人民大学出版社

喻晓航等．1997．管理学原理．天津：南开大学出版社

第二章 计 划 工 作

第一节 计划工作概述

一、计划工作的含义

计划，在汉语里有两种词性。作名词用时，指的是计划的书面文件。比如，在"把你们那份计划拿给我看一下"的话里，"计划"指的是计划的书面文件。作动词用时，则指的是制定计划的工作过程。

在具体的管理实践中，计划工作有广义和狭义之分。广义的计划工作指的是制定计划、执行计划和检查计划的全部过程。狭义的计划工作仅仅是指制定计划。

所以，管理学中给计划定义：计划是组织在某一时期要达到的目标和实现目标途径的集合。可见，计划的要素就是两个：目标和实现目标的途径。这是判断一个文件是不是计划的唯一标准。

在管理工作过程中，几乎所有的工作环节、所有的不同种类的管理工作都需要计划。企业的生产需要计划，企业的营销需要计划，政府的采购需要计划，学校的教师队伍建设需要计划，学术团体的攻关项目需要计划等。在同一单位同一件事情的管理上，开始时需要计划，在实施过程中还需要修改计划。所有这些不仅说明了计划工作的重要，同时也说明计划是一种管理职能。

在今天世界经济一体化、信息化的大背景下，无论是企业、团体，还是机关、学校，所有的组织都面临着十分激烈的竞争。在这样一个环境下，计划职能的实施和管理的其他职能一样，已经成为组织在竞争中立于不败之地的必要条件。

计划工作最关键的一点是组织要能够通过计划职能，充分利用一切可以利用的机会，同时使组织的风险降到最低程度。

为了把计划工作做好，使编制的计划既能适应组织所处的内外环境，又符合组织发展的实际需求，要求管理者必须按照计划的基本属性和计划工作的基本原理进行操作。许多计划工作的失误，归根结底是对这些最基本的内容缺乏了解。

二、计划工作的任务

每一个计划所要完成的任务自然并不相同，但是从管理的角度来说，不论是什么样的计划工作，他们还是有一个明确的共同任务：计划工作的任务是管理者根据社会和组织自身的需要，从充分利用客观环境和最大限度地发挥自身能力出发，确定出组织在一定时期内的奋斗目标，并对组织内的人力、物力、财力和信息资源做出合理安排，即确定实现组织目标的有效途径。

把上述计划工作的任务，从内容上分解一下，任何一个计划工作所要解决的任务总是包括以下六个方面的内容：是什么（what）、为什么（why）、怎样做（how）、何时做（when）、何地做（where）、谁去做（who）。在实际工作中，人们喜欢将这六个方面的任务内容简称为"五个 W 一个 H"。

这六个方面的任务，具体内涵如下：

1）是什么（what），指的是计划的具体目标。通常是组织准备要做的某一事件，或者是下一阶段要实现的目标，或者是未来一个时期的中心工作。比如，企业在未来五年内要增加哪些新产品，某地政府要在未来三年内实现脱贫的人口数目，某一学术团体在今年下半年打算在学科普及宣传上要开展哪些活动等。这是计划的两个要素之一，是计划工作获得良好效果的必要的前提条件。

2）为什么（why），指的是确立计划目标的理由或目的，是对计划目标、任务的可行性论证。它说明，任何计划目标不是随便说说而已，是经过计划制定者对组织的过去、现在和未来的认真细致的了解、深思熟虑之后确定的。因为只有具有充足理由或明确目的的计划目标，才是对组织有益的，这样订的计划才可以独立存在。那种不做调查研究，仅凭自己的一知半解或想当然来确定计划的目标，是制定不出符合组织需要的计划的。

3）怎样做（how），指的是实现计划目标的方法、措施、政策、规则和途径，包括控制标准和考核指标的制定。它是计划的两个要素之一，是计划工作获得良好效果的充分条件，直接决定计划所能实现的程度。没有它，再好的目标也只是空谈。这个任务也是最能体现管理者计划工作水平的地方。因为处在同一时期、同一地区的同类企业，如果内部条件相差不大，他们所确定的计划目标也不会相差很大，这个时候计划工作的水平就体现在实现目标的途径和措施上。

4）何时做（when），指的是完成计划目标所需要的时间间隔和进度安排。其实，从本质上说，这属于"怎样做"的一个因素，直接关系到计划目标能否完成。它必须和计划目标相匹配，如果在计划确定的时间内实现不了目标，要么延长计划的时间，要么降低计划目标的要求。那种只顾慷慨激昂地宣布"宏伟的计划目标"，不考虑在确定的时间是否能完成目标的管理者，是不足取的。

5）何地做（where），指的是实施计划的地点或场所。从本质上说，这也是"怎样做"的一个因素，因为不同的地点和场所所提供的计划环境是不一样的，完成计划的措施和途径必须和实施计划时的环境相匹配。这种匹配，不是环境适应计划，只能是计划适应环境。制定计划不考虑环境条件的制约和限制，仅从逻辑上推论应该有什么样的计划目标,应该采用什么样的方法和措施,是不行的。

6）谁去做（who），指的是具体负责实施计划和完成计划后验收、鉴定、检测计划实施效果的具体部门和主管人员。毛泽东同志说："任务确定之后,干部就是决定因素。"可见人在计划实施过程中的作用。因此,在制定计划时就必须将实施计划的部门和人员确定下来。

这里需要说明的是,"五个 W 和一个 H"不仅仅是用在计划工作中。在新闻学中,它是消息、通讯、特写等新闻文体写作的"金科玉律";在中学作文教学中,它是记叙文的基本要求;在管理沟通理论中,它是事件陈述沟通的基本准则。我们还可以将它用到更为广阔的范围里。比如,在管理实践中,如果我们遇到了一个从来没有办过的事情需要办,你不知道如何去办这件事的时候,你只要用这六个要素来问自己,当你对每个要素都能做出回答时,这件事情怎样办就清楚了。

三、计划工作的特征

1. 目的性

计划的两大组成要素之一就是"目标"。所有的计划工作都是为了实现计划目标,目的性非常明显。在管理的定义中我们曾明确指出,所有的管理都是为了实现目标的活动过程,所以,计划工作是最能显示管理基本特征的职能活动。

2. 主导性

计划工作的主导性主要表现在两个方面,一是计划职能领先于其他管理职能（图 2.1）,二是计划工作贯穿于管理工作的全过程。

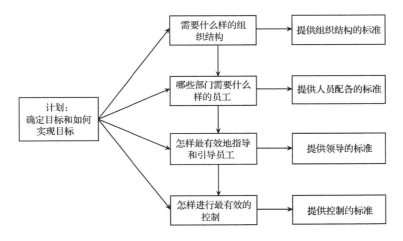

图 2.1　计划职能领先于其他管理职能

　　从图 2.1 可以看出，计划职能处于其他管理职能的首位。只有在实施了计划职能之后，才知道需要什么样的组织结构，实现管理的组织职能，为管理提供组织结构的标准。当组织结构确定之后，和计划一起告诉我们哪些部门需要哪些类型的员工，实现管理的人员配备职能，为管理者提供人员配备的标准。当人员配备确定之后，和计划一起告诉我们应该怎样最有效地指导员工，实现管理的领导职能，为管理者提供领导的标准。当领导职能确定之后，和计划一起告诉我们应该怎样进行最有效的控制，实现管理的控制职能，提供控制标准。

　　如果在计划工作的最后，发现本次计划目标过高，或措施不足，或条件不成熟，没有实现的可能；或者是计划目标不明确，水平过低，环境已经变化，没有必要继续实施，以致计划受到否决；那么，很明显，关于这次计划的组织职能、人员配备职能、领导职能和控制职能就都没有必要实施了。

　　计划工作的主导性还体现在计划工作贯穿于管理工作的全过程。管理过程的每一个环节，既需要计划的指导，以便按照计划的安排调整机构、配备人力、具体进行领导，又需要按照计划的要求对管理进行控制。

　　3. 普遍性

　　计划工作的普遍性指的是计划普遍存在于一切管理过程之中。大到国家管理、政府部门管理，小到企业管理、个人的自我管理，都需要计划工作。

　　当然，这种计划工作，并不都是像国家、政府制定国民经济发展五年计划那样，兴师动众，最后要写在纸上。在实践中，我们有一些工作者，每做一件事之前总要考虑一下。许多人习惯于在头一天的晚上，躺在床上，入睡前考虑一下第二天的工作，先做什么，再做什么，路过那里顺便做什么，如果有空还可以做什么等，这实际上就是计划工作。

　　有的管理学教材上说：计划职能"是各级主管人员的一个共同职能"，因此具有普遍性。该教材对于组织、人员配备、领导和控制等其他四个职能是否也具备这一特征，虽然没有说，但是在后面分别论述这四个职能的特征时都没有提到"普遍性"。看来，它是认为"普遍性"特征是计划职能所独有的。这种认识并不合适。本来，作为管理的职能，就是指普遍存在于管理各个环节中的具体功能、作用。只要是管理职能，就具有普遍性。普遍性是所有管理职能的共同特征。

　　4. 效率性

　　由于制定和实施计划的时候总会有各种各样的投入，而计划工作是管理的职能，是管理者实施管理的依据，那么，就存在一个制定和实施计划时的时间、精力、费用的投入，和实施该计划之后所获的效益，包括经济效益、员工满意程度的比较问题。这就是计划工作的效率性特征。

计划工作的效率，是以实现企业的总目标和一定时期的目标所得到的效益，扣除为制定和执行计划所需的投入和其他预计不到的支出的总额来测定的。如果计划实施后所获得的效益大于制定、实施计划时的投入，并能兼顾到国家、组织和个人三者利益，那就是完美的计划，高效率的计划；如果计划实施后所获得的效益低，甚至小于投入，当然也是计划，只不过是低效率、负效率的计划。

5. 创新性

计划工作是对未来管理活动的设计，是为了解决一个新问题，或者是为了抓住即将出现的新机会、新形势而采取的新行动，即使管理的内容是例行管理，那也是在新的时空环境下新的管理活动，所以一份计划的制定过程，如同一个研究课题项目从开题研究到完成的过程，总是一个创新的过程。

四、计划的类型

计划的类型很多，按照不同的分类标准可以分成不同的类别。不同的分类方法有助于我们全面地了解不同类型计划的要求，了解计划的多样性，使得编制的计划更适合于本组织管理工作的需要。

1. 计划的形式类型

（1）战略

战略是战略计划、战略规划的简称，是长期计划的一种。通常是指为实现组织的长远目标，对所采取的行动方针、资源使用与配置的一种总体的安排。它是指导全局的和长远发展的方针，是对行动方针、资源使用与配置的原则意见，不是实现目标的具体安排。

在今天市场竞争日趋激烈的形势下，战略对于所有组织的作用越来越大，从一定意义上说，没有战略的组织，就难以维持自身的存在。

（2）规划

指的是组织为了实现既定的方针所必需的目标、政策、程序、规则、任务分配、执行步骤、资源利用而制定的综合性计划。规划有大有小。大的有国家的规划，如"我国国家科学技术发展十年规划"，小的有企业中班组的活动规划。有长远的规划，也有短期的规划。

和普通的计划相比，规划一般是粗线条的安排，具有纲领性的特征，规模大、周期长、范围广。和战略相比，规划的内容比较具体、实在，并不强调规划目标的预见性。当然，具有较高程度的预测、时间跨度较长的规划也就是战略了。

（3）计划

指的是组织在某一时期要达到的目标和实现目标途径的集合。由于使用的要求不同，又有安排、设想、方案、工作要点等不同形式。

安排，指的是短期的、具体的计划；设想，指的是初步的、非正式的计划；方案和要点，通常是指简略的用于布置工作的计划。

（4）预算

这是一种以数字表示预期结果（目标）的报告书。虽然预算所表达的仅仅是计划的目标，如何去实现这个目标，在预算中并没有表现出来，并不能算是一个完整的计划，但是所有的组织在制定计划时都要同时编制预算，预算是计划工作不可缺少的内容。所以，预算是一种特殊表现形式的计划，是一种约定俗成的计划类型。

在国内的一些管理学著作中，把宗旨、使命、目标、政策、程序、规则也说成是计划的形式类型是不恰当的。

宗旨、使命，是组织的总目标，是组织存在于社会的基本意图。目标，是在宗旨指导下制定的具体目标或阶段目标。计划的基本要素是"目标"和"实现目标的途径"，而宗旨、使命、目标中，只有"目标"，没有"实现目标的途径"，所以它们只是计划的组成部分，并不是计划的本身和全部。

政策，是指导员工行为和沟通思想的规定。程序，是处理重复性问题的时序安排和标准方法。规则，是特定场合下允许或不允许某种行为的规定。它们都是实现目标的具体方法和规定，属于"途径"的范畴。它们的具体内容与计划的目标并无直接的联系，相同的政策、程序和规则，可以服务于不同的计划目标。同上道理，政策、程序、规则，只有"实现目标的途径"，没有"目标"，所以它们只是计划的组成部分，并不是计划本身和全部。

2. 计划的工作职能类型

根据计划在实际工作中所承担的职能不同，可以将计划分为供应计划、生产计划、销售计划、产品开发计划、信息管理计划、信息化工程计划、财务计划、人力资源计划、战略情报计划等。这些工作职能计划通常是由组织的职能部门编制和执行的。所以，这种计划一般和组织的职能部门的设置是对应的。

3. 计划的时限类型

根据计划的时间期限，可以将计划分为长期计划、中期计划和短期计划。

长期、中期、短期，是相对而言的，并没有一个确定的时间规定。由于战略管理越来越得到组织的重视，长期计划即战略计划也越来越受到管理者的重视。

一个国家或一个地区的政府，如果在科技进步、信息、教育、能源和交通等方面没有长远的规划，经济发展是不可能保持持久和高速度的。

一个企业如果在新产品开发、技术创新、信息化建设、市场开拓、企业竞争力建设等方面没有长远的规划，是缺乏发展后劲的，迟早会陷入困境。

第二节　计划工作的程序与原理

一、计划工作的程序

计划工作的程序，也就是计划工作的步骤。虽然计划有各种不同的类型，但是在制定计划上，所经过的步骤基本上是一致的。

计划工作程序中各个环节之间的关系，有些管理学著作中把它描述成一个直线性的关系，并不妥当。在计划工作程序中，有一些环节会有反馈产生。一旦反馈产生之后，接下来的步骤就不是开始新的下一步的环节，而是需要重新进行已经进行过的环节。有的管理学著作称之为"计划网络"，本书认为这是比较合适的。图 2.2 就是一种计划网络示意图。

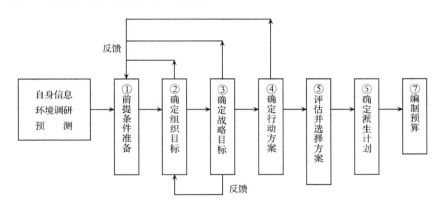

图 2.2　计划工作网络示意图

图 2.2 表明，在制定计划之前，首先，要对组织自身的现状和历史进行调查研究，了解本组织的长处和短处、优势和劣势；其次，要了解环境，分析组织所处环境的各种因素及其发展趋势，寻求组织发展的机会；最后，要预测组织将会在怎样的环境里实施所制定的计划，包括企业外部的和内部的环境信息。所有这些工作都是为制定计划做准备，所以我们把它统称为"前提条件准备"。它是计划工作程序的第一个环节，是一个内容丰富的体系（表 2.1）。

在前提条件准备工作基本就绪之后，就可以进行下一个环节：确定组织目标。不必一定要等到准备得完全充足之后才进行，因为有很多时候并不知道准备到什么程度就是准备好了，只有在做下一步的工作中才可以发现哪些地方准备不足。

表 2.1　计划工作前提条件分类表

过去的、现在的、未来的	按范围分	外部前提	一般前提	包括经济、技术、政治、社会和伦理条件
			产品市场	包括对产品、服务需求有影响的条件
			要素市场	包括人力、物力、财力、信息等要素的供应条件
		内部前提	生产能力	组织现有的生产技术条件和设备
			政策法规	组织准备实施的政策、法规
	按表现形式分	定量		经营单位的定额、劳动时间、劳动量
		定性		经营单位的信誉、员工的士气、顾客对产品或服务的满意度
	按控制程度分	不可控的		包括政治环境、价格水平、税收、人口增长
		部分可控的		包括员工流动率、组织内部的价格政策、对市场占有率的设想
		可控制的		组织内部的政策和规划

　　确定组织目标，就是根据在"前提条件准备"环节中所掌握的全部信息，分析组织要向哪里发展，在下一计划期间内要实现怎样的目标，需要多长时间可以完成等。这是一种预期的成果。如果前提条件准备工作做得比较好，这时就可以顺利地确定好组织的目标。

　　如果在确定目标时有困难，或是感到根据不足，或是感到有些条件还不清楚、决心难下等，这说明前提条件准备工作有欠缺，于是就出现了图 2.2 中②→①的反馈，重新进行前提条件准备的工作，然后再来确定组织目标。关于组织目标的具体内容，我们在本章第三节再做介绍。

　　当组织目标基本确定之后，就可开始计划工作程序的第三个环节：确定战略目标。就是根据"前提条件准备"中所掌握的全部信息和确定好的组织目标，来分析组织未来较长时期的需求，并确定为战略目标。如果前提条件准备工作做得比较好，组织目标确定得也比较适当，就可以顺利地确定好组织的战略目标。

　　由于制定组织的战略，需要从宏观上、总体上把握组织的各种有利条件和不利因素，认识问题会更加深刻一些，这个时候，有可能会发现原先确定的组织目标过高了或者是过低了，这时就需要修订组织目标。于是就出现了图 2.2 中③→②的反馈，重新确定组织的目标，然后再来确定组织的战略目标。

　　这个时候，还可能出现难以明确地提出战略目标的情况，或是感到根据不足，或是感到有些条件还不清楚、决心难下等，这同样说明前提条件准备工作不足，于是就出现了图 2.2 中③→①的反馈，重新进行前提条件准备的工作，然后再来确定组织的战略目标。关于战略目标制定的具体内容，本章第四节将详细介绍。

　　当组织战略目标基本确定之后，就可以根据"前提条件准备"中所掌握的全部信息和确定好的组织目标、战略目标，来拟订实现组织目标、战略目标的具体行动方案。如果前几步工作做得比较好，就可以顺利地拟订出若干个行动方案。

同样，在拟订方案时出现根据不足、条件不清的情况，也说明前提条件准备工作不够充分，于是就出现了图 2.2 中④→①的反馈，重新进行前提条件准备的工作，然后再来拟订行动方案。

当行动方案已经能够明确地拟订出来，就可以进行第五个步骤，对所拟订的若干个方案进行分析、评估和比较，最后选择一个方案作为计划的正式实施方案。拟订方案、评估方案、选择方案的过程就是决策。关于决策的具体内容，我们在本章第五节再做介绍。

计划决策完成之后，即计划方案已经确定，就可以拟订派生计划。因为任何一个组织都是由不同的职能部门、分支机构来完成管理任务的，所以，组织的总体目标总是要分解为各个职能部门、分支机构的目标。这些职能部门、分支机构根据分解出来的自身的目标制定本部门、本机构的计划。这些计划是由总计划派生出来的，是为实现总计划服务的，是不能超越总计划目标范畴的，所以被称作派生计划。总计划是依靠派生计划来完成的，派生计划是总计划的基础。

计划工作的最后一个环节就是编制预算。预算工作做好了，可以成为汇总和综合平衡各类计划的一种工具，也可以作为衡量计划完成的进度和最终完成水平的重要标准。

二、计划工作的原理

原理，通常指的是具有普遍意义的基本规律。管理学原理自然指的是管理工作中具有普遍意义的基本规律。本书是介绍现代管理的基本规律，主要就是介绍管理五大职能工作的原理。实现计划职能的计划工作原理包括针对性原理、许诺原理和弹性原理。

1. 针对性原理

针对性原理指的是管理者在制定计划时，越是能够找准组织的主要矛盾，就越能够有针对性地确定组织目标和战略目标；越是能够找准阻碍组织目标实现的主要矛盾，就越能够有针对性地、有效地拟订各种克服阻碍因素的行动方案，并从中选择出实现组织目标的最满意的计划方案。

毛泽东同志在《矛盾论》中指出："任何过程如果有多数矛盾存在的话，其中必定有一种是主要的，起领导的、决定的作用，其他的则处于次要的和服从的地位。因此，研究任何过程，如果是存在两个以上矛盾的复杂过程的话，就要用全力找出他的主要矛盾。捉住了这个主要矛盾，一切问题就迎刃而解了。"

有人用木桶原理来解释计划工作的这一原理，并将该原理称之为"限定因素原理"。他说，限定因素原理有时被形象地称作"木桶原理"，其含义是木桶能盛多少水，取决于桶壁上那块最短的木板条。这一解释并不妥当。

　　木桶容量的大小，确实取决于桶壁上那块最短的木板条。但是，这样来比喻制定计划的工作，岂不是等于在说，计划所能确定的最高目标，取决于组织内能力、水平最差的那个部门，要受它的限制。事实是在找到那块最短的木板条之后，不应该受短木板条的限制，而是要将短木板条换成长木板条，木桶的容量就大了。这里的着眼点是找主要矛盾，针对性地提出问题、解决问题。所以，称作"限定因素原理"容易引起误解，用木桶原理来比喻限定因素原理更容易引起误解。

　　2004 年，国内一家报纸在点评北极绒公司 2003 年保暖内衣促销大战的案例时写道：北极绒公司"将赢得 2003 年保暖内衣促销大战归功于企业适时地完成了转型，补足了木桶最短的一块板。实际上，最终决定胜负的恰恰是他最长的那块木板——对产业链上游多年的经营（指北极绒公司在促销大战中成功垄断保暖内衣原料的做法）"。这个案例也充分说明木桶原理给我们的启示，不是受其"限定"，而是"补足"、"变长"。

　　2. 许诺原理

　　许诺原理指的是任何一项计划的宣布和实施，是管理者向员工的一种许诺。许诺是必须兑现的。如果许诺越大，兑现需要的时间就越长，如果实现许诺的时间仍旧不变，那么许诺兑现的可能性就越小。

　　许诺原理在管理实践中的应用，包括两个方面：

　　（1）许诺必须兑现的应用

　　计划是一种必须兑现的许诺，这在我国管理实践中尤其显得重要。长期以来，无论是在企业管理中，还是在行政管理中，许多管理者习惯于在年初宣布计划时，慷慨激昂，口若悬河，目标宏伟，措辞漂亮，到了年终时，早把年初的话忘得一干二净，根本没有想到计划目标还需要兑现的问题。

　　在实际工作中，到了年终，组织的计划没有完成，确实也没有哪个员工去找他的领导，质询他的领导为什么没有兑现他的许诺。但是，这并不等于没有问题。

　　首先，对于管理者自身成长的影响。一年下来，自己订的计划没有完成，不论他是怎样的人，一种内在的自我反馈就会产生，心理上都会下意识地产生一种失败感和挫折感。如果连续两三年都是如此，会严重挫伤管理者的自信心，对管理者的成长极为不利。

　　其次，对于管理者工作形象的影响。员工虽然没有来质询你，但是员工并不是没有看法，员工会认为你说话不算数，言而无信。如果连续两三年都是如此，员工就会认为你是一个说大话的领导，在内心里看不起你，你在员工心目中的形象就会大打折扣，员工也就不愿追随你了。员工的追随力，在人力资源管理中是一个非常重要的概念，它的作用本书在第四章再做阐述。

　　在失去员工追随的管理者手下，虽然员工还要服从他的指挥，完成他分配的任务，但是员工只是为了自身的经济利益，没有办法，只能接受你的领导。在那种情况下，员工也就只会是如同磨子一样，你推一下他动一下，你不推他是不会动的。这样的管理者，表面上在他下面还有一群属于他管辖的员工，而本质上他已经是一个光杆司令了。所以，有人说，一个没有员工追随的管理者是可悲的。

可见，计划的许诺原理的应用，对于管理者是多么重要。

（2）许诺和兑现许诺时间关系的应用

许诺和兑现许诺的时间是一对矛盾。因为许诺越大，需要的时间就会越长。许诺的项目越多，需要的时间也会越长。当许诺按时兑现有困难时，要么延长实现许诺的时间，要么减少许诺的要求。

比如，由于出现意外的原材料大幅度涨价，某企业为了保证原定的年度生产经营计划中利润目标的实现，决定加大销售量以增加销售收入，就需要补充制定一个增加销售的计划。这时对于管理者来说，他要解决的是我什么时候开始实施这个计划才可以达到这个目的。很简单，他只要了解了实施这个计划需要多少时间，然后从年终倒推过去，就是计划开始实施的日子。

假定该企业从接受订单、签订合同到完成工程图设计，一般需要2个月时间。从生产准备、投产，到出产品，一般也是2个月。商品运输到经销商处，延续的时间大约是半个月。最后的结算，一般只需要1个月。可见，这个计划的实施需要5个半月。那么，从年终倒推过去5个半月，就是说，这个计划必须在7月初以前做好并加以实施。这样做，就保证了计划许诺和实现许诺的时间是匹配的。

此外，保证计划许诺和实现许诺时间的匹配，还有一个办法。因为在制定计划的时候，对实现许诺需要的时间仅仅是一种预测，是根据过去完成同类计划目标时所需要的时间进行的估计和推测。在许多情况下，这个时间并不是一成不变的。如果企业采取有效措施就可以缩短这个时间，以满足二者的匹配。

比如，在上面的案例中，如果原材料意外涨价是发生在7月底8月初，到年底只有5个月了，企业采取上面的计划就不能实现在本年度增加利润的目标了。这个时候可以设法改变实现计划的时间。企业可以使用计算机辅助设计，大大缩短设计工期，使从接受订单到完成设计只需要1个半月。采用程控设备加工，提高生产效率，生产周期也只要1个半月。商品运输的延续时间还是半个月。最后的结算，使用计算机财务信息系统，只需要一周就可以了。这样，这个计划的实施只需要4个月。那么，从年终倒推过去4个月，在8月底以前做好这个计划就可以了。这也是保证计划许诺和实现许诺时间的匹配。

当然，这种办法并不是在所有的情况下都可以使用的。在那些实现许诺时间无法改变的计划中就不适用了。比如，物流公司运输货物的计划，从重庆到北京最便宜的是铁路运输，两地铁路里程是确定的，所需要的时间也就确定了。这个时间是没有办法压缩的。

3. 弹性原理

弹性原理指的是管理者在制定计划时，要留有余地，以适应管理对象和内外环境系统的变化，使得在出现计划未能预料的情况时能够灵活地处理。计划中的灵活性越大，由于意外事件引起的风险损失就越小。

制定计划的弹性原理，不是指执行计划的做法。计划目标、实现计划目标的时间和途径一旦在计划中做了明确陈述之后，是不允许灵活处理的。它指的是在计划制定时就充分考虑在执行计划时给管理者留出灵活处理的时间和空间，在计划中要明确地阐述当情况发生变化时哪些地方是允许变动的。

比如，一个企业的年度发展计划目标可以定为：本年度增加利润 6％。这样的目标就没有留下执行的余地。因为你即使完成 5.9％，也是没完成任务。如果你将目标定为 5％～6％，那么你即使完成 5.1％也是完成了任务。这就是留有余地。

弹性原理还包括计划在执行过程中，允许在保证计划总目标不变的情况下，可以改变计划所规定的实现目标的途径。因为我们固然要维护计划的严肃性，不能轻易地随便地改动计划的要求。但是，我们也不得不承认，我们的计划不可能面面俱到，情况又总是在不断地变化，"计划总是赶不上变化"，使得许多问题是不可预见的，所以定期检查计划、适时地修订计划、调整计划，甚至重新制定计划是经常发生的。只要保持计划的总目标不变，改变实现总目标的途径（航道），对已有计划进行修订、调整，甚至重新制定都是允许的。所以，有人把这一点称为"改变航道原理"是恰当的、很形象的。

弹性原理的应用，必须严格把握以下两点：

第一，不要把执行计划的灵活性看成是制定计划的弹性原理。执行计划的灵活性必须是在计划规定的范畴之内灵活处理，越出计划规定范畴的灵活处理是错误的、不允许的。有人说"不能总是以推迟决策时间来确保计划的灵活性"，就不是很妥当。这是执行计划中的问题。如果计划允许"推迟决策时间"，这样处理是符合计划要求的，就是灵活性的表现，制定计划时关于决策时间的规定就是弹性原理的应用；如果计划不允许"推迟决策时间"，这样处理只能是执行计划的"灵活"，但不一定正确，更不是制定计划弹性原理的体现。

第二，不要盲目应用弹性原理，不要为"弹性而弹性"。因为应用计划的弹性原理是要付出一定代价的，某些特定计划是不允许有弹性的。

比如，我们为了在某些方面使管理者有灵活处理的空间，我们可能因此会支出很大的费用，大大超过由此而得到的好处，这就不符合计划的效率性特征了。

再比如，在组织内，为了使某一个派生计划具有灵活处理的余地，可能会导致组织总体计划目标的改变，甚至有落空的危险。如果一个企业的销售计划中规定，允许在不能完成销售计划规定目标时可以灵活处理，那么，在执行计划真的遇到这种情况时,就会危及企业全年的利润计划。利润计划完不成,其他诸如新产品开发计划、信息化工程计划、工资增长计划等都会受到影响。

第三节 目 标

一、目标的含义

目标是组织或个人在一定时期内要达到的预期成果。

目标是宗旨、使命的具体化,是在宗旨、使命的指导下提出的。它具体规定组织或个人在某一确定的时期内所要实现的预期成果。

目标既是管理的因素,也是计划的因素。制定计划时所要确定的目标,也就是管理的目标。所以,目标不只是计划所独有,组织工作、人员配备工作、领导工作和控制工作也都需要目标。这些目标是相同的,就是管理的目标。

从管理学的角度来看,目标是具体明确的,可以度量和可以实现的,只在一定时期内存在,不同目标之间是相互关联的。

二、目标的特征

1. 目标的控制性

目标的控制性指的是目标具有的维持或突破组织现状的特征。比如,对于一个企业来说,能够维持企业现有的生产和经营水平的目标是维持性目标,能够突破企业现有的生产和经营水平的目标是突破性目标。

2. 目标的多样性

组织的目标是多种多样的。一个企业的主要目标至少要包括:利润率目标、生产率目标、市场地位目标、创新和技术进步目标、物质、财力和信息资源目标、产品质量目标、人力资源水平目标、管理绩效目标和社会责任目标等。每一个目标还可以再细分为更具体的目标。比如,利润率目标可以再细分为资产利润率、销售利润率、成本利润率、资本保值增长率、企业利润增长率等目标。

除了主要目标之外,还有许多次要目标。

3. 目标的层次性

由于任何组织都是分层次的,组织的总目标总是由不同组织层次的目标组合而成的,组织内多种多样的目标在纵向上就表现为目标的层次性(图 2.3)。

首先,从组织结构的角度来看,目标是分层次的。如图 2.3 左边三角形所示的层次。用三角形来表示,其中有一层含义,越往上的目标,等级层次越高。鉴

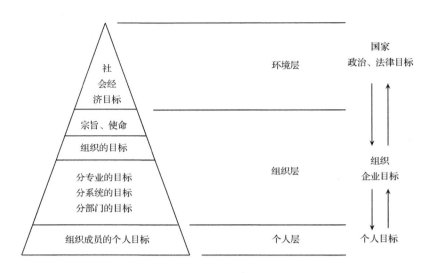

图 2.3　组织目标的层次性特征

于"分专业的目标、分系统的目标、分部门的目标"仅仅是从不同的角度来划分目标、给目标命名的，这三类目标都是属于中层目标，它们之间并没有谁高谁低的问题，所以没有给这三类目标之间划横线。

其次，我们从管理者的角度，还可以将目标归纳为三个层次：环境层、组织层和个人层，如图 2.3 中间所示的层次。环境层是社会、国家加给组织的目标，诸如政治的、法律的目标。组织层，是组织自身由于各种需要提出的目标。个人层，是组织成员的目标。这三个层次的目标是相互促进、相互制约的，如图 2.3 右边所示的情形。

在环境层和组织层之间，良好的政治环境、法律环境，可以促进企业目标的实现，比如改革开放的今天，企业就得到很快的发展。企业目标的顺利实现，也会给国家做出更多的贡献，有利于环境层目标的实现。这是二者的相互促进。

如果国家的政治、法律目标出现偏差，企业目标的实现就要受影响，比如"文化大革命"期间，许多企业的发展受到极大挫折和打击。企业的目标不能得到实现，给国家的贡献也就大大降低。或者企业不向环境层履行自己应该承担的义务，环境层的发展也会受到影响。

在组织层和个人层之间，在企业内工作的员工都是为实现企业目标而工作。如果企业的目标能够包容个人目标，员工在实现企业目标过程中同时也就实现了个人目标，员工就会感到满意，就会愿意在这个企业继续干下去。相反，如果企业目标不能包容个人目标，员工在为企业目标劳动之后个人目标不能得到实现，员工就会不满，就会发生冲突，就会懈怠、反抗，甚至跳槽，离开这个企业。

目标的层次性特征要求管理者必须兼顾好三者的关系。管理绩效的获得，关键在于企业对环境目标的协调程度，对个人目标的满足程度。

强调企业对环境目标的协调程度，是因为环境目标是企业所无法改变的。比如，我国加入 WTO 之后，国家一系列的法规都要与世界接轨，企业只能接受这个环境加给的目标，协调好企业目标与环境目标的关系。

强调企业对个人目标的满足程度，有几个层次的内涵。

一是个人目标和企业目标相一致，这是最理想的情况，满足他的要求即可。

二是个人目标和企业目标虽然不十分一致，但是即使满足其要求企业也不会有多大损失，还是可以承受，这种个人目标也可以满足。

三是个人目标和企业目标不一致，企业又无法承担满足其个人目标所带来的支出，企业就不可能无限制地迁就个人目标。这时，首先，就要看该员工是否愿意改变个人目标，如果通过管理和教育工作，员工愿意将个人目标改变到与企业目标相一致的方向上来，企业就可以满足改变后的个人目标。其次，如果该员工不愿改变自己的个人目标，那就只好将其解雇。

管理工作的意义也就在这里：管理者要善于了解员工的个人目标，并且善于将员工的个人目标改变到与企业目标相一致的方向上来。

这里有一点需要说明：个人的目标是多种多样的，并不只是工资和奖金。比如，当年微软公司在中国设立"微软中国研究院"的时候，为了吸引世界顶尖级的人才到研究院工作，所打出的牌就不是工资。因为他们明白，他们所需要的人才都是高工资的人，他原来是 20 万年薪，你说我现在给你 25 万，增加这区区 5 万是吸引不了这类顶尖级人才的。微软打出的牌是：微软研究院将在 6 年内提供 8000 万美元的研究经费，每个人平均可以有权支配几十万美元的经费。这在国内任何一家单位都是达不到的。结果，微软研究院很快就接受了 12 名高级研究人员。在这里，微软所做的，就是看中了他们所需要的这类人才的个人目标是自我价值的实现。满足这类人才的这一需求，就可以吸引他们的加盟。

4. 目标的网络性

组织内的多种多样的目标，在横向上表现出相互之间的密切关系，它们之间上下相连，左右贯通，彼此呼应，连成网络。这就是目标的网络性。

目标的网络性给管理者一个启发，可以通过分析计划中所确定的各级目标组成的网络，发现计划所包容的目标是否合理、完整，可以明白哪些目标之间具体关联，以便实施协调，彼此互相支援。

有的管理学教材中称目标的网络特征为"网络化"，是不妥当的。汉语里的名词与"化"相连，总是表示一个事物的过程。比如，"农业合作化"指的是农村广大农民举办农业合作社的过程，"信息化"指的大量使用信息技术、企业的一切随之变革的过程。目标本来就具有网络的特征，不是逐步的实现网络的过程。

5. 目标的时间性

目标的时间性指的是任何目标的实现都是有一定时间间隔的。据此可以将目标划分为短期目标和长期目标。当然,这里的短期目标和长期目标的时间间隔是相对而言的。

短期目标和长期目标是相互关联的。短期目标是长期目标的基础,必须体现长期目标,是为了实现长期目标而设立的;长期目标是短期目标的延续,是由一个个短期目标组成的。

目标的时间性要求管理者在订计划的时候,必须协调好短期目标和长期目标的关系。实现短期目标的计划和实现长期目标的计划之间,必须符合上面我们所说的二者之间的关系。

6. 目标的可考核性

为了检查管理的绩效,为了判断计划实施的好坏,为了实施有效的控制,都需要了解目标实现的程度,所以目标必须是可以考核的。

根据目标的性质可以将目标划分为定性目标和定量目标。

定性目标,指那些表示事物性质但不能用数量表示的目标。比如,在组织总目标中的"三年内使企业达到国内一流企业的水平"、在人力资源目标中的"在一年内使本单位员工的信息技术水平得到普遍提高"等,都是定性目标。定性目标类似于模糊目标。大多数定性目标也是可以考核的,通常是用打分的方法来考核。

定量目标,指的是可以用数量表示的目标。比如,"一年内将企业的销售利润率提高到 4%"等属于定量指标。定量目标的考核比较简单,直接测量即可。不过,在确定定量目标时也要考虑其可实现性。不可实现的目标,即使数量十分具体也是没有意义的。

比如,重庆某大学为正、副教授制定的考核目标中有一条:"每5年获得部、省(市)级3等奖1项"。这是典型的定量指标,既有时间限定,又有奖项等级限定,还有奖项数目限定。这个目标能不能考核呢?我们可以假定重庆市市级各类评奖每年可评出一、二、三等奖各200名,共计600名。五年可以有3000人得奖。实际获奖者绝对没有这么大的数字。而据《重庆晚报》报道,重庆全市共有正、副教授16000多人。这就是说,这16000个教授和副教授,只有3000个机会,就是排着队,大家轮着来,五年中也轮不上一次。所以,这个定量目标是不可实现的。

三、目标的作用

1. 指向作用

在本书的开头,我们就定义管理是协调管理者自身和组织全体成员,为了实现组织目标的活动过程。没有目标的管理是盲目的管理。目标为管理工作指明了方向。

所以，管理者在设计目标时，要尽可能地简单明了。只有简单明了的目标才便于贯彻、实施，给管理指明方向。

2．激励作用

目标是激励组织成员的力量源泉。目标能够对组织成员产生激励作用，其原因有二，一是因为员工只有完成目标，才能获得报酬，这是员工最基本的需求。二是员工在实现目标后会产生一种成就感和满足感，尤其是组织目标和组织成员个人目标一致时激励作用最大。

所以，管理者在设计目标时，一要从组织成员的需求出发，尤其要考虑组织目标和组织成员个人目标的和谐一致，只有这样的目标最能产生激励作用；二要使目标具有挑战性，是组织内大多数成员经过努力可以达到的目标，不是可以轻易达到的目标，这样，员工在完成任务后的成就感和满足感就格外强烈。

3．凝聚作用

凝聚力是组织发挥作用的前提。由于目标的激励作用使组织成员能够自觉地、主动地参与组织的各项工作，也就以目标为中心把组织成员给凝聚起来了，所以，能够充分体现组织成员共同利益的目标，并且可以和组织成员的个人目标取得最大限度的和谐一致时，就可以团结全体成员共同努力工作。

管理者在设计目标时，应该力求使组织目标和组织成员个人目标最大限度地和谐一致，这是提高目标凝聚作用的有效措施。

4．标准作用

目标的标准作用指的是目标可以作为考核管理者和员工绩效的客观标准。

考核是人员配备工作的重要内容之一，没有考核的管理是没有办法取得管理绩效的。凭管理者的主观印象及其对组织成员的价值判断进行考核，是不科学的，不利于激励员工的积极性。最好的方法，就是将目标作为考核标准。

所以，管理者在设计目标时，应该力求使组织目标具有可考核性。

四、目标制定中的五对矛盾

目标的制定，是一个比较复杂的工作过程。在这个过程中，既要涉及目标的内容本身所体现的对不同时限、不同部门、不同层次的各个方面工作的要求，覆盖的范围广，需要全面考虑；又要涉及目标的实现会与有关人员发生不同程度的利害关系，十分敏感，会受到不同程度的抵制、反对，甚至破坏，需要仔细考虑。通常，在制定目标时，应该处理好以下五对矛盾。

1. 目标的确定性与灵活性的矛盾

任何一个组织所制定出来的目标，只要已经确定并正式公布了，就是确定的，具有一定的严肃性，是不能随便修订、更改的。但是，任何组织所处的内外环境又总是变动的，组织必须随时准备采取措施适应变化后的环境。因此，就要求目标要具有一定的灵活性，而不应该是教条的、僵化的。

在这一对矛盾中，强调目标的灵活性，往往意味着要以牺牲目标的确定性为代价。而过多地强调目标的灵活性，会动摇组织成员对实现目标的信心，或者使组织成员对于自己的努力产生观望态度，起到消极作用。

为了既保持目标的灵活性，又尽量减少其消极作用，通常做法是在保持近期目标不变的前提下修改或调整长期目标，或者是保持目标性质的稳定性，在目标的水平上做出适当的调整。

比如，对于原定的组织人力资源管理目标"在五年内使组织内大专以上学历人员比例提高到60%"，在实际执行目标计划过程中发现目标水平过高，把百分比调整为"50%～60%"，这种灵活性是可以的。但是，如果把目标"调整"为"在五年内使组织内四级工比例提高到40%"就不合适了，在目标性质上发生了改变，会引起组织成员思想上的混乱。

2. 目标的定量和定性的矛盾

目标的标准作用要求目标必须是可考核的。定量目标自然便于考核。但是，并不是所有的目标都可以量化。所以，定性目标也是必然会存在的。在定性目标中，虽然有一些目标可以相对衡量，但是也有一些不适于量化的目标，如果硬性量化，会造成考核不科学的后果。

在制定目标的过程中，定量目标和定性目标的矛盾主要是体现在对二者的认识差异。在实际管理中，有些管理者往往把定量目标看成是硬目标，把定性目标看成是软目标，从而产生"重硬轻软"的实施目标的行为。

比如，对销售人员提出"增加销售量10%"和"改善客户关系"两个目标。由于销售量目标是典型的定量目标，易于衡量，可能导致销售人员对增加销售量格外重视，而相对地忽视改善客户关系这一目标。如果试图将这一目标量化，以客户满意度调查结果来衡量这一目标，则有可能导致"讨取"客户表扬的行为发生。

定量与定性的矛盾不易处理，力戒简单化。在实际工作中，过分强调定量目标或过分强调定性目标导致事与愿违的非预期行为的发生并不少见。所以，对于某一确定的目标，将会导致怎样的行为，正面的还是负面的，应该结合本组织的实际情况，具体问题具体分析，尽可能考虑周全，以防负面作用的产生。

3. 目标的先进性和现实性的矛盾

组织的目标应该是先进的，只有这样组织才可能不断地发展和前进。但是，这里的先进性是相对的，是相对于本组织来说的，必须与组织的现实状况相协调。

因为组织成员的水平和能力是有差异的，一个目标，对于其中这一部分人可能是先进的，对他们会有很好的激励作用；对那一部分人则可能太高了，无法实现，对他们积极性就可能有很大的挫伤；而对另外一部分人则可能过低了，轻而易举，会使他们感到这个目标与他们无关。

要处理好这对矛盾，通常从两个方面入手：一是在制定长期目标时，尽可能地确定可以覆盖组织内大多数员工水平的目标，二是在制定近期目标时，尽可能地兼顾组织内不同人员的情况，在提出概括性目标的前提下，再提出一些不同要求的目标，使组织内每一个成员都感到有用武之地。

目标的现实性还表现在目标是经过努力可以达到的。难以实现的目标会使组织大多数成员产生失败感、挫折感，挫伤员工的积极性。脱离实际的目标，会让组织成员无所适从，以致对目标不闻不问。

随着组织内外环境的变化，适当地修改和调整计划目标，这既是目标灵活性的体现，也是目标现实性的需要。所谓"修改和调整"，就是为了使目标符合组织的现实要求。

4. 目标的公开性和保密性的矛盾

目标的公开性是由目标本身的功能所决定的，因为目标是需要组织成员共同努力才能实现的。如果组织成员不了解组织目标，他就不知道为什么而工作，组织目标的实现也就无从谈起。所以，组织目标必须向组织成员公开，并且设法让组织成员接受目标，使他们明确自己在实现目标中所承担的任务和责任。

但是，许多组织目标又是必须保密的。组织内涉及竞争的战略行动目标，诸如夺取竞争对手市场份额的目标，抢先开发某一新技术产品的目标，都是需要严格保密的信息。还有，组织的资金来源目标，开展商务活动的目标，也都是具有高度保密性的目标。

要处理好公开性和保密性的矛盾，通常的做法是首先加以区别，把那些应该公开、也能够公开的目标予以公开，那些必须保密的目标，只能在允许知道该目标的人员中共享。

5. 目标的分解落实和协调一致的矛盾

在管理过程中，组织的总目标只有一级一级分解成子目标、子子目标之后，由各级管理者和组织成员去分头实现，总目标才可能实现。就是说，目标的分解是必须的。但是分解后的各级各层次目标，不能各行其是，而需要协调一致，总目标才可能真正实现。

要处理好这对矛盾，通常注意做好以下四个方面的工作：

（1）努力保持组织的长期目标与组织的使命、宗旨相一致

组织每一个长期目标的实现都是对实现组织使命、宗旨的一次贡献。与使命、宗旨不一致的目标，将会对组织产生破坏作用。

比如，对于一个选择高端市场作为使命的企业，提出一个严格降低成本、控制研究开发经费的长期目标，就会使企业最终失去高端市场。对于一个以谋求迅速发展为使命的高科技企业，提出一个严格控制贷款、以谋求财务上减少利息支出的长期目标，也是不恰当的。

（2）努力保持近期目标和长期目标的一致

这是针对近期目标容易导致企业管理者的短期行为而提出来的要求。近期的过高的赢利目标和其他反映短期行为的目标，会导致提高产品质量、增加品种、赢得用户信任等长期目标的削弱。一个高等学校的出版社，一味地出版牟取暴利的书刊，就脱离了出版学术专著和大学教材的长期目标，显然是错误的。

（3）确定组织目标的优先顺序

在组织众多的目标中，明确哪些目标是领头的，是处于第一位的。在确定好这些目标后，再确定其他目标的从属性顺序。优先顺序的确定，既保证了组织目标的协调一致，还分出了轻重缓急，为组织给不同目标分配资源提供了依据。

（4）努力保持各级各类目标的一致性

如果一个企业在营销上确定了增加品种、缩短交货期的目标，却在生产上提出简化品种、扩大批量、提高规模经济效应的目标，就会导致实施中的矛盾，以致目标无法实现。还可以构造一个目标矩阵，把组织内的各个职能部门的目标和直线系统的各级目标组合在一个矩阵网络中，来协调"纵""横"两个方向的目标之间的矛盾，以保持它们之间的一致性。

第四节　战　　略

一、战略管理及其重要性

1. 战略管理的含义

我们在本章第一节里已经定义，战略是为了实现组织或企业的长远目标对所采取的行动方针、资源使用与配置的一种总体的安排。

在计划工作程序中，我们阐述了确定战略目标是计划工作程序的第三个环节。战略计划作为计划的一种类型，也需要经历一个制定战略计划、实施战略计

划的过程。这个过程就是战略管理。

2. 战略管理的过程

通常，战略管理包括六个环节：战略目标的确定、战略分析、战略选择、战略规划、战略实施和实施结果评价。其中前四个环节又称战略制定（图 2.4）。

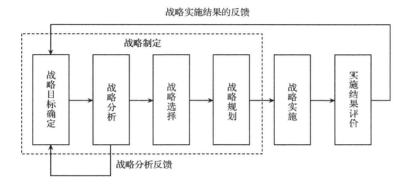

图 2.4　战略管理示意图

3. 战略管理的重要性

战略存在于竞争环境之中，要竞争就必须具备优势，优势则来自长期努力和积累，长期努力则全靠超前的思考和安排，这就需要战略管理。所以，一切组织和个人都需要战略，都离不开战略管理。

国家管理需要战略。比如，我国在改革开放之后，派遣大批出国留学生，在信息化浪潮席卷全球的形势下，投巨资建设全国统一的国家信息高速公路，都是一些基于战略的举措。

企业管理需要战略。在计划经济年代，一切由上级布置，企业之间不存在竞争，因此也就无战略可言。如今是社会主义市场经济，竞争机制已经建立起来，战略对于企业就十分重要。战略正确，企业就能得到发展；战略失利，企业就会受到损失，甚至垮台。

当 1946 年世界上第一台计算机诞生之后，人们普遍认为计算机即使获得发展，也只是用于科学计算的高速运算工具。可是，当时只是一家普通中型企业的美国 IBM 公司的创始人托马斯·沃森（Thomas Watson）却独具慧眼，看到计算机最主要的用途是用于数据处理。于是，他为 IBM 公司制定了长期战略：集中力量研制高效、廉价、用于会计和工资计算等商业日常事务和信息处理的计算机。正是这一战略，使得 IBM 公司在 1953 年就率先推出 650 型商用数据处理计算机，在头五年就售出 1800 台。这个数字是当时权威人士预测整个 20 世纪全世界计算机销售总量的 2 倍，成为世界上最大的计算机企业，引导了今天整个世界的计算机行业。

再如，现在世界闻名的诺基亚公司，是手机行业的佼佼者。可是，当年它仅仅是芬兰的一个经营纸浆的企业，后来转产电视机、计算机都没有成功。就在这时，用于无线通信的"大哥大"出现了。他们敏锐地觉察到，未来的无线通信必然会朝小型化、微型化方向发展，于是他们制定了专攻小型手机的战略并获得成功。

至于 20 世纪 80 年代还赫赫有名的王安计算机公司，由于战略的失利，错误地认为计算机不会进入个人工作领域，导致最后的失败。

个人管理也需要战略。每个人都很自信，天生我材必有用。个人成才全靠自我管理，自我管理也就有战略问题。尤其是在校的研究生，即将进入工作岗位，结束自己的学习生涯，开始人生新的里程，那么，自己究竟最适合做什么？这就是战略目标的确定。怎样才能达到自己的目标？这就是实现战略目标的战略管理。

二、战略目标的确定

战略目标的确定是制定战略的第一步，也是战略管理的第一步。我们在计划工作程序中曾经提到：确定战略目标就是根据"前提条件准备"中所掌握的全部信息和确定好的组织目标，来分析组织未来较长时期的需求，并确定为战略目标。下面，我们就来介绍确定战略目标的程序和方法。

战略目标是组织目标、计划目标的一种表现形式。目标过低对组织发展没有推动意义。目标过高，届时完不成，既浪费资源又耽误时间。战略目标应该是经过努力可以达到的目标。

要确定合适的战略目标，对于企业来说，通常要回答三个问题：我的企业是一个什么企业？应该是一个什么企业？能够是一个什么企业？

在回答了这三个问题之后，进一步回答：谁是我们企业的顾客？我们顾客需要的到底是什么？我们应该进入什么样的市场？什么市场最有发展前途？要进入这样的市场有些什么障碍？怎样克服这些障碍？这些问题如果能够有一个比较清晰的结果，就能够明白本企业在未来时期的总需求，也就可以提出战略目标的初步方案。

在上述三个问题中，第一个问题要解决的是了解本企业的现状。第二个问题中的"应该"和第三个问题中的"能够"的含义是不一样的。第二个问题要解决的是本企业最理想的目标，是可能达到的最好目标。第三个问题要解决的是从企业自身实际情况出发，实际上能够达到的目标。

可能最难的是回答第三个问题，一个企业要真正了解自己并不容易。过高地估计企业的能力，可能导致战略目标定得过高，以致制定的战略不能得到实现。

过低地估计企业的能力，可能导致战略目标定得过低，以致使企业失去发展的战略机遇，同样是很大的损失。

当然，战略目标不是一步到位的，在整个战略分析、战略选择、战略规划的过程中，会不断地发现战略目标存在的问题，并加以修正，以求逐步完善。

对于个人自我管理中的战略，要回答的三个问题是：我是一个什么样的人？应该是一个什么样的人？能够是一个什么样的人？关于自我管理的问题，我们到第八章再展开论述。

三、战略分析

战略分析是战略制定的第二个环节。它是战略制定者对组织所处的内外环境进行分析，以求为战略目标的确定和战略选择、战略规划提供依据所做的工作。

战略分析主要包括对组织外部环境的分析和组织内部环境的分析。

1. 组织外部环境战略分析的内容

这一方面主要是分析那些对组织长期发展具有重大影响的外部环境因素。具体内容有：一般社会环境分析、市场环境分析、行业环境分析、竞争对手分析。

（1）一般社会环境分析

一般社会环境指的是除市场环境、行业环境和竞争对手之外的社会环境，涉及国内环境和国际环境，具体有政治、法律和政策环境、社会经济环境、社会文化环境和技术环境。主要是在了解到这方面的信息之后，着重分析这些因素与企业战略的关系，对企业战略是推动还是限制。如果是推动就应该积极利用。如果是限制就应该进一步分析，检查本企业的战略，以求与环境获得协调发展。

（2）市场环境分析

市场环境分析通常是选择组织准备进入的市场或已经进入的市场，对该市场进行细分，然后在细分的市场中选择目标市场，最后进行本组织产品或服务的市场定位。即市场细分、市场选择和市场定位。

第一，市场细分。根据消费者的不同需求、欲望和购买习惯等特征，将组织所在的总体市场分割成相同的或不相同的小市场群的工作叫市场细分。相同的小市场群叫同质市场。不相同的小市场群叫异质市场。可以按消费者的性别、年龄、职业、文化水平、收入、购买习惯、地理位置来划分。

第二，市场选择。在市场细分的基础上，从已经细分了的各类市场中，选择适合本组织的目标市场。有的是选择细分后的其中一个或几个市场，有的是选择细分后的全部细分市场。

比如，将化妆品市场按照职业划分为知识分子、工人、农民等细分市场，大宝牌化妆品则选择工人细分市场为他们的目标市场。将领带市场按照高端、中端、低端划分后，金利来领带则选择的是高端市场。将奶粉市场按照年龄划分为婴幼儿、少年、中老年等细分市场，许多奶粉制造厂家都是将其全部选择为自己的目标市场。

第三，市场定位。又称产品市场定位，指的是在选择的目标市场中确定本组织产品在市场上的位置和在消费者心目中形象的过程。因为市场细分，并没有解决企业的产品在市场中的地位问题。选择的目标市场还需要进一步的剖析，最后要将一切措施落实到产品上。

案例 2.1　"圣雅伦"指甲钳在 5 年中做到了 2 亿元的水平，大获成功，就是由于企业负责人梁伯强在进入市场前对市场环境的精心分析。梁伯强在经过三个月的市场调查之后，将指甲钳市场细分为高端市场和低端市场。在目标市场选择上，他选择了高端市场，其理由是指甲钳的高端产品是"大老板不愿干，小老板干不来"，具有成功的机遇。在市场定位上，他将"圣雅伦"在高端市场上定位为个人护理工具，是精品、礼品。

电视频道专业化，其本质也是"市场细分"。根据观众的年龄、职业、学历、收入、性别、地区、生活方式、人生态度、收视时间等因素，可以找出不同类型观众的不同偏好，在加上对竞争对手的分析，找出对手忽略遗漏的方面，或者"本频道"能够比对手更好地满足观众的需求，作为本频道的市场。

案例 2.2　信息资源与明星都缺乏的湖南卫视，靠主打娱乐牌风靡大江南北。2005 年火爆荧屏的"超级女声"就是一个市场分析的杰作。首先，根据观众的年龄进行市场细分，选择了青年观众，抓准了青年人爱热闹、互动与好奇的娱乐偏好。市场调查证明 35 岁以下的收看者高达 46.7%。其次，分析竞争对手，从中央电视台到各省市台的青年娱乐节目也不少，也都强调参与、互动，但是也有"忽略遗漏"的方面：由观众自己报名参与，充分显示个性；由观众自己以手机短信投票评比，打破了评委投票的老模式。市场定位是："完全平民化"。

（3）行业环境分析

行业环境分析，又称行业组织分析。通常是选择组织准备进入的行业或已经进入的行业，分析该行业集中度、行业内产品的差别、行业壁垒以及行业信息化的程度等。

第一，行业集中度分析。集中度是指行业生产经营集中的程度。通常是用该行业中几个最大的、主要的企业所拥有的生产量、销售额、资产额或职工数占整个行业的比重来表示。下面是集中度的计算公式：

$$C_n = \sum_{i=1}^{n} x_i / \sum_{i=1}^{N} x_i$$

式中，C_n 是 x 行业市场前 n 位企业的集中度；x_i 是 x 行业内第 i 位企业的生产量、销售额或资产额等；N 是 x 行业的企业总数。

该公式计算的集中度又称为绝对集中度，它反映行业的垄断程度。绝对集中度越高，行业垄断程度越大，新企业要进入这个行业的困难和风险也就越大。

第二，行业内产品差别分析。由于竞争最终体现在产品和服务的竞争上，所以组织对拟进入的行业或已经进入的行业内的产品状况必须有清楚的了解，将本组织拟投放的产品和服务，与行业内已有的产品和服务，在质量、规格、款式、功能、性能、商标、标志、标准、科技含量、功能整合等方面进行比较，寻找差异，这将直接决定最后组织的战略选择。

第三，行业壁垒分析。行业壁垒是客观存在的。战略分析不能不涉及行业壁垒分析。组织对拟进入行业或已经进入行业的行业壁垒情况必须有清楚的分析。能够形成行业壁垒的因素主要有：

规模经济。规模经济效应指的是某些行业的产品，在一定时期内，其产品的单位成本会随着总产量的增加而降低。这种行业，对于新进入者来说，如果只是小规模生产，则产品成本处于劣势，如果它要和行业内的企业一样进行大规模生产，万一产品销不出去，风险就比较大。所以，具有规模经济效应的行业可以阻止新企业对行业的入侵。汽车、船舶、冶金、超大规模集成电路芯片等行业都存在规模经济行业壁垒。

产品差别化。行业内已有企业产品的顾客信誉，总比新进入企业的产品要占优势。新进入者必须耗费大量投入来消除原有企业的信誉优势。这种努力往往带来初始阶段的亏损。产品差别化往往是婴儿食品、药品、化妆品等行业的行业壁垒。

销售渠道的控制。行业内的产品批发和销售渠道越少，行业内已有企业对其控制的程度就越大，则新进入者要获得销售渠道就越困难。

专有技术。行业内已有企业通过专利和其他有效方法拥有了专门技术，新进入者无法获得和拥有，也可以构成行业壁垒。

最佳原材料控制。行业内已有企业已经控制的最佳原材料，不可能转让给新进入者，自然构成行业壁垒。

政府政策。有些行业是政府政策、法律明确规定限制进入的，新进入者如果不能获得许可证，就无法进入。

通过行业壁垒分析，对于已经处在行业内的组织来说，可以有效地利用和建立行业壁垒，这是最好的防御战略。对于准备进入新行业的组织来说，行业壁垒分析可以为其制定进入战略提供依据。

第四，行业信息化程度的分析。组织对拟进入行业或已经进入行业的企业信息化情况也必须有清楚的了解和分析。主要包括：本行业应用现代信息技术的水平如何？总体上处于信息化的什么阶段？本企业与行业水平的差距有多大？继续发展会有哪些障碍？这些障碍如何克服？需要多大的人、财、物和时间的投入？

（4）竞争对手分析

竞争对手是指在与本组织具有共同或相近的目标市场上，限制和影响本组织竞争优势的发挥，对本组织构成一定威胁的外部组织或个人。

制定战略的目的就是为了超过竞争对手，所以，在战略分析时必须分析竞争对手的情况。竞争对手分析的内容包括识别并确认竞争对手，采集竞争对手的信息并加以分析研究，预测竞争对手的反应模式，选择要回避或攻击的竞争对手。

1）识别并确认竞争对手。因为处于同一行业的各个企业并不一定都是竞争对手。所以，在进行竞争对手分析之前一定要做识别和确认竞争对手的工作。

识别竞争对手，有行业识别的思路，制造相同或同类产品的企业可能是竞争对手，如制鞋业；还有市场识别的思路，满足相同需要顾客群的企业可能是竞争对手，如电脑业、打字机业与制笔业。

根据上述两条思路来识别，然后以"势均力敌、相互争胜"来确认。

首先，考虑同行业内现实的竞争对手。不仅考虑现实产品的竞争对手，如农夫山泉、娃哈哈、冰点水；还要考虑争夺经销商的产品销售竞争对手、生产要素购买的竞争对手。在这些领域只要是"势均力敌、相互争胜"就是竞争对手。

其次，符合上述"势均力敌、相互争胜"条件的、未来可能进入本行业的企业，是潜在的竞争对手。

比如，虽然现在不在本行业，但很容易进入本行业的企业，或者战略延伸将来必定会进入本行业的企业；已经进入本行业并且有明显协同效应的企业，可能整合本企业供应商或客户的企业，可能收购或兼并本企业的企业等。

2）采集竞争对手的信息并加以分析研究。通常，所分析的内容包括竞争对手长期目标和战略的分析，技术经济实力和生产能力的分析，经营状况和财务状况的分析，领导者和管理背景分析等。

3）预测竞争对手的反应模式。竞争对手的反应模式取决于其对目前现状的满意程度。满意者，往往对外部环境的变化反应迟钝；不满意者、竞争意识强烈者，往往反应激烈。

4）选择要回避或攻击的竞争对手。对反应激烈、市场反映敏感的对手，应该适时回避。当环境变化时，可以攻击仍旧抱有原来战略的竞争对手，尤其可以考虑攻击对手准备不足的细分市场，攻击对手热情不足的细分市场和攻击对手最感到发怵的细分市场。

2. 组织内部环境战略分析的内容

组织外部环境的分析，主要解决的是了解会有哪些有利条件可以利用，可能会有哪些机会，会有多少威胁和障碍。有条件、有机会，组织能不能利用？有威胁、有障碍，组织能不能回避和克服？这就需要对组织内部环境进行分析。只有将二者分析的结果综合一处，才可能获得恰当的、符合组织实际情况的战略计划。

企业内部状况战略分析的内容，通常包括：

本组织的长期目标和战略；本组织的技术经济实力和生产能力，产品质量、品种结构、技术性能等方面的独特性以及市场占有率和市场需求情况；本组织的经营状况和财务状况，与行业中的领袖企业的差距，本组织的管理模式、物资设备、信息资源、人力资源配置、领导者和管理背景等。

在这些领域中，一个组织所具有的不容易被竞争对手超越和模仿的优势称为该企业的核心能力。核心能力是内部分析的重点。与外部分析相比，实施内部分析的过程为管理者提供了更多的机会以理解他们的工作和部门在整个组织中的地位和作用，为他们提供了一个极好的沟通机会，这有利于管理者和员工更好地理解各功能领域的问题、困难和需求，有助于管理者和员工更好地工作。

综上所述，确定战略目标，解决的是组织应该做什么，或者说是组织打算做什么。但是，打算做什么，不等于就能做，就可以做。所以，还需要进行战略分析。在战略分析中，组织外部环境的分析，是寻找环境中的机会，解决环境许可做什么；组织内部状况分析，解决的是组织能够做什么。只有这些方面都许可进行了，组织方可以行动。简单地说，就是五个字：可行方可行。

当然，如果某个目标看似不可行，但十分重要，不能放弃，那么缺少条件，创造条件也要上。这也是"可行方可行"。

个人的战略分析也是如此，要考虑我是怎样的人，最适合做什么；然后是环境许可我做什么，我能做出最大成绩的方向是什么，最后是可行方可行。

3. 常用的战略分析方法

战略分析的方法很多，最常用的有关键因素评价矩阵法、业务组合矩阵分析法、SWOT分析法、波特的五种竞争力分析法和价值链模型法。

下面我们就简单介绍这些分析方法的内容。

（1）关键因素评价矩阵法

本法常用于组织内部环境的分析。内部环境分析的实质就是识别和确认那些关键的、值得做出反应的变化因素，确定企业自身的优势和弱点。

此法是先确定10～15个内部关键因素项目，比如表2.2中的管理、市场营销、财务管理等。再确定每个因素的权重，权数和为1。然后给每个因素打分。

可以规定打分的标准，比如，主要弱点为1分，一般弱点为2分，一般优势为3分，主要优势为4分。当然，也可以设计成6级，或者10级。打分之后将每个关键因素的评分值与对应的权重值相乘，得出加权评价值。

最后将每个因素的加权评价值相加得评价总分。若评价总分越接近4，说明组织越具有竞争优势；若评价总分越接近1，说明组织则面临较大的劣势。

表 2.2　关键因素评价矩阵法

内部关键因素	权　重	评价得分	加权评价值
管理 市场营销 财务管理 生产运营 研究与开发 信息管理 ……			
评 价 总 分			

（2）业务组合矩阵分析法

本法是组织在向各业务部门分配资源时最常用的一种方法。它是 20 世纪 70 年代由波士顿咨询顾问小组（BCG）提出的，所以又称作 BCG 矩阵。

在此法中，横向代表市场占有率，即相对的市场份额，左为低，右为高。纵向代表市场增长率，上为高，下为低。这样就组合成问号、明星、瘦狗和金牛四种不同情形的领域（图 2.5）。

图 2.5　业务组合矩阵分析法示意图

运用此法比较简单，首先获取组织或各业务部门、战略业务单位的市场占有率和市场增长率数据，然后把它们归入矩阵中相应的领域，就可以了解处于不同领域时需要什么样的战略。

处于矩阵右上方的"明星"，市场份额大，市场增长率也快。这一领域的业务或产品都处于快速增长之中。虽然它占有了具有支配地位的市场份额，但是处于高速增长的市场往往需要大量的短期资金来支持。因此，这种市场的投资战略，通常是以长期潜在利益最大化为目标的。

在矩阵右下方的是"金牛"，市场份额大，且市场增长率慢。当市场成熟之后，许多"明星"就成了组织的"金牛"。"金牛"不再需要大量的成长扩张资金，由于市场份额大所产生的大量现金收益，还可用于其他部门。

在矩阵的左上方，是"问号"，市场增长率快，但市场份额小。这一领域的产品或业务市场增长很快，当然是一种机会，但是组织本身占有的市场份额低，这种机会是不是本组织的机会，并不确定。所以，这个领域有两个方向：一是估计有一定潜力而加以扶持，使其发展成为"明星"，二是采取收缩战略并逐步放弃。

在矩阵左下方的"瘦狗"，市场增长率慢，市场份额也小。这一领域的产品或业务往往不能维持自身的发展，有时还需要从组织的其他部门抽调资金。对于"瘦狗"要改进其绩效，一般比较困难，所以常常采取收缩或放弃的战略。不过在放弃之前，还需要慎重考虑，并不排除有些"瘦狗"类业务也还有潜力可挖。

（3）SWOT 分析法

SWOT 分析方法是以组织内外部环境分析的结果为基础来寻找和制定战略的方法。它将与组织密切相关的各种内部优势（Strength）、劣势（Weakness）和外部机会（Opportunity）、威胁（Threat）等要素，依照一定的顺序按矩阵形式排列起来，然后运用系统分析的思想进行分析，将各要素两两组合或多项组合，得出相应的战略对策方案（表 2.3）。

表 2.3 SWOT 矩阵

组织内部因素 / 外部环境因素	优势（Strength） S_1，$S_2\cdots$	劣势（Weakness） W_1，W_2，$\cdots$
机会（Opportunity） O_1，O_2，$\cdots$	SO 战略 S_1O_1，S_1O_2，$\cdots$ S_2O_1，S_2O_2，$\cdots$	WO 战略 W_1O_1，W_1O_2，$\cdots$， W_2O_1，W_2O_2，$\cdots$
威胁（Threat） T_1，T_2，$\cdots$	ST 战略 S_1T_1，S_1T_2，$\cdots$ S_2T_1，S_2T_2，$\cdots$	WT 战略 W_1T_1，W_1T_2，$\cdots$， W_2T_1，W_2T_2，$\cdots$

应用 SWOT 分析方法，总的原则就是充分发挥组织内部优势，利用外部机会，克服内部劣势，化解外部威胁，扬长避短，制定最佳的战略方案。SWOT 分析方法是目前用得比较普遍的战略分析工具。

在 SWOT 分析方法中，最常用的组合是表 2.3 中的四种：①优势和机会组合的 SO 战略，着重考虑优势因素与机会因素，以使这些因素对组织的效果最大化。②劣势和机会组合的 WO 战略，着重考虑劣势因素与机会因素，使组织充分利用机会，克服劣势。③威胁和优势组合的 ST 战略，着重考虑优势因素与威胁因素，使企业充分发挥优势，化解威胁。④劣势和威胁组合的 WT 战略，着重考虑劣势因素与威胁因素，使企业努力弥补劣势，避免威胁。

除此之外，组合是不受限制的，还可有 SWO、SWT、WOT、SOT、

SWOT 以及其他组合。表 2.4 所显示的 15 种组合都是可用的战略。

表 2.4　SWOT 矩阵 S、W、O、T 因素组合表

企业内部条件		企业外部环境	
优势（Strength）	劣势（Weakness）	机会（Opportunity）	威胁（Threat）
S	W	O	T
SW	WO	OT	
SO	WT		
ST			
	SWO、SWT、WOT、SOT、SWOT		

SWOT 分析的步骤：

第一步，采集并分析内外环境因素，找出当前条件下组织的内部优势、劣势和外部环境的机会和威胁。具体包括哪些方面，就是本节前面阐述的战略分析的内容。

第二步，构造 SWOT 矩阵。将分析得出的组织的内部优势（S）、劣势（W）和外部环境的机会（O）和威胁（T）排列成矩阵表（表 2.5）。

表 2.5　A 公司的 SWOT 矩阵分析模型

组织内部因素 / 外部环境因素	优势（Strength） 1-较强的技术实力 2-拥有熟练技术员工	劣势（Weakness） 1-缺乏深层管理 2-分销渠道不均匀
机会（Opportunity）	SO 战略	WO 战略
1-该类产品的消费增加	1，2-1 保持技术优势，关注产品消费动向	2-1 满足目标市场产品消费增长的需求
2-竞争对手 B 的市场份额下降	2-2 雇用 B 的熟练工人	
威胁（Threat）	ST 战略	WT 战略
1-可能要受到市场法规的限制	1-1 尽可能地进行技术开发，避免法规限制	1-1 避免管理乏力，受到法规的限制
2-竞争对手 C 强大起来	2-2 满足熟练工人需求	2-2 设法减小 C 的威胁

表 2.5 是假定的 A 公司在进行 SWOT 分析时构造的矩阵。

第三步，影响因素的组配分析和战略方案的确定。

（4）波特的五种竞争力分析法

波特在《竞争战略》一书中提出了著名的竞争战略分析模型（图 2.6）。模型为我们展示了企业在竞争中所面临的五种竞争作用力。波特认为，一个企业竞争战略的目标在于使公司在产业内部处于最佳定位，保卫自己，抗击这五种竞争作用力，或根据自己的意愿来影响这五种竞争作用力。

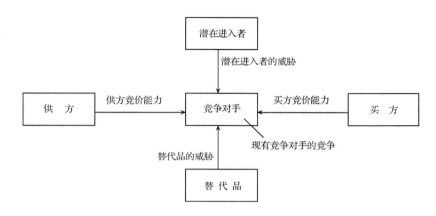

图 2.6　波特竞争战略分析模型

第一种竞争作用力是买方（顾客）的力量，即买方竞价能力，是制约企业获利大小的重要因素。企业可以采取各种有效措施限制买方的竞价能力，提高自身的竞价能力。

第二种竞争作用力是供方的力量，即供方竞价能力。和买方情形一样，企业可以设法限制供方的讨价还价能力。所谓"比价采购"就是选择供应商的战略。

第三种竞争作用力是替代品。替代品是在产品功能上可以替代市场内已有产品的新产品。企业可通过技术创新和使用信息技术限制或降低替代品的威胁，对可能有替代威胁的产品重新设计，降低成本，从而形成针对替代品的优势。

第四种竞争作用力是潜在进入者的力量。他们的出现，往往会打破一个行业内已有的平衡，导致行业内部利润在企业间的重新分配。对此，企业的一般做法是构筑进入壁垒。如果取得具有自主知识产权的信息技术，那就是最有效的进入壁垒。比如，海尔集团近年来大举进入高科技领域，开发出网络冰箱等高技术产品，申请专利后拥有自主知识产权，就不用担心有潜在的进入者了。

第五种竞争作用力是现有竞争对手的力量。这指的是企业与本行业的其他企业或其他行业的竞争对手之间的竞争。企业可以通过使用信息技术帮助自己获取竞争优势。比如，美国费城的国家银行和其他一些小银行通过构建 ATM 网络来共同经营他们的资源，借以与费城本地的大型财务机构吉拉德（Girard）的 ATM 网络展开竞争。

（5）价值链模型法

价值链是指企业内自成一体的但在战略上相互关联的若干个活动环节构成的链条。企业的所有活动可以归纳为两大类：企业的主要价值活动（表 2.6）和企业的支持性活动（表 2.7）。

表 2.6　企业的主要价值活动

活动种类	活动内容
进货后勤	原料的进厂、储存、发送等活动，包括原材料仓库管理、次品退换、车辆调配、材料管理、处理好与供应商的关系等
生产操作	将原材料制成最终产品的活动，包括加工、装配、检验、印刷、包装，以及机器设备的维修
出货后勤	成品的储藏、发送等活动，包括成品仓库管理、接收订单、安排送货日期、调派送货车辆等
市场营销	向购买者介绍产品、确定价格、选择销售渠道、管理营销人员、处理好与经销商的关系等
售后服务	旨在提高产品价值的活动，包括安装产品、修理产品、供应零配件、培训客户的使用人员，为适应客户的特殊需要对产品稍做改制等

表 2.7　企业的支持性活动

活动种类	活动内容
采购	包括采购原料、机器、实验室设备、办公室设备，或是服务以及临时工的聘用
技术开发	基础研究、产品设计、产品工艺、办公室自动化、企业电讯技术等活动。这些对创造竞争优势很重要
人力资源管理	招聘、培训和考核从工程师到员工在内的企业所需要的一切人员

在不同的行业内，价值活动的重要性也不同。在零售业，进出货后勤是最关键的活动；在饮食业，进货可能问题并不大，而生产操作、服务工作则非常重要；在银行业，你如何操作，客户并不关心，最关心的是你对他有没有吸引力。

行业内的活动，有的与价值创造直接相关，如零件加工、产品推销、产品设计、员工招聘等。有的与价值创造只是间接相关，如设备维修、科研管理、厂区卫生、推销人员的管理等。

每一个价值活动都不是孤立的，价值链也不是一个个孤立的价值活动的组合，而是一连串在战略上、战术上各有特点的价值活动有机联合体。他们一环扣一环，前后影响，互相依靠，为组织提供新的、大于它们各个部分之和的价值。比如，购买高质量的原材料可以减少废品，机器设备的良好保养可以减少因发生故障造成的损失，严格的产品检验可以降低售后服务的支出，产品的设计可以降低成本也可能提高成本等。协调好每项活动、每个环节的关系，可以提高价值链的价值。

一个组织的价值链，不仅仅存在于企业内部。它向上游要延伸到本组织的供应商，向下游要延伸到本组织的销售商和客户，有时在上下游都要涉及中介商。

所以，判断一个组织的价值链，要从供方、己方、经销商、中介方、买方五个方面来考察。具体的分析方法可以通过构造价值链矩阵来进行（表 2.8）。

表 2.8　价值链矩阵法

项　目	权重 X	本企业与竞争对手的比较					
		本企业 A		竞争对手 B		竞争对手 C	
		得分 A	得分 AX	得分 B	得分 BX	得分 C	得分 CX
1. 主要价值活动：进货后勤、生产操作、出货后勤、商场营销、售后服务	X_1	A_1	$X_1 A_1$	B_1	$X_1 B_1$	C_1	$X_1 C_1$
2. 支持活动：采购、技术开发、人力资源管理、企业行政管理	…	…	…	…	…	…	…
3. 与价值链密切相关的供应商、经销商、中介商、客户	X_i	A_i	$X_i A_i$	B_i	$X_i B_i$	C_i	$X_i C_i$
评价总分		$\sum X_i A_i$		$\sum X_i B_i$		$\sum X_i C_i$	

价值链矩阵法的操作，与"关键因素评价矩阵法"相似。首先，确定价值链因素项目，并给每个价值链因素确定权重，权数之和为 1，如表 2.8 左边"项目"栏中的内容和"权重"栏。然后就给每个价值链因素打分：主要弱点为 1 分，一般弱点为 2 分，一般优势为 3 分，主要优势为 4 分。当然，也可以设计成 6 级或 10 级。然后与权重相乘得加权分，再将全部加权分值相加得评价总分。评价总分越接近 4，说明企业越具有竞争优势；评价总分越接近 1，说明企业越面临较大的劣势。

用同样的指标、方法可以计算出竞争对手 B 和竞争对手 C 的评价总分。然后就可以将本企业与其比较。做总分比较或分项比较均可，找到具体的差距。

四、战略选择

战略选择是战略制定工作的第三个环节。它是针对组织在战略目标确定和战略分析两个环节之后所形成的若干可行的备选战略方案，进行客观评价、比较，并最终选择组织准备实施的战略方案。

有人说，战略是高层管理者的事，战略选择是由高层管理者去做的。这话并不恰当。组织的高层管理者固然需要战略，组织的公司层、业务层、职能层，乃至组织成员个人都需要战略。所以，战略选择是各级管理者和个人都需要做的事。

1. 战略的类型

为了顺利地进行战略选择，管理者必须了解可供选择的战略类型及其适用的范围。战略类型很多，本书将常用的战略类型归纳如表 2.9。

表 2.9　常用的战略类型

战略类型名称			战略的基本含义
公司层战略 （大战略）		维持战略	维持一种温和程度的增长或仅维持现状
	扩张战略	前向一体化战略	获取经销商、零售商的所有权或对其控制
		后向一体化战略	获取供应商的所有权或对其控制
		横向一体化战略	获取竞争者的所有权或对其控制
		集中多元化战略	增加新的与原业务相关的产品或服务
		混合多元化战略	增加新的与原业务不相关的产品或服务
		横向多元化战略	为现有用户增加新的不相关产品或服务
	收缩战略	收缩重组战略	紧缩经营规模、经营范围，实施重组
		剥离战略	将组织的一部分或某一分公司售出
		清算战略	将公司资产全部售出
业务层战略 （企业战略）	适应性战略	防御者战略	希望在稳定环境中保持自己有限的市场
		开拓者战略	试图在动荡环境中寻找开辟新市场的机会
		分析者战略	既想保持原产品又想在动荡中寻求机会
		反应者战略	战略失败的表现
	通用竞争战略	总成本领先战略	以低成本取得行业中领先地位的战略
		差别化战略	有意识在行业内形成产品和服务独特性
		专一化战略	主攻某一特殊的细分市场
职能战略	市场战略	市场营销战略	关注产品组合、定价、分销渠道等问题
		市场开发战略	将现有产品或服务打入新的地区市场
		市场渗透战略	通过更大的营销努力提高现有的市场份额
	其他职能战略	财务战略	关注资本结构、借贷、分红和资产管理
		生产战略	关注生产率、生产计划、厂址定位等
		研究与开发战略	关注产品开发、技术预测和专利申请等
		人力资源战略	关注人员提高、劳工关系、政府政策等
		组织设计战略	关注分散程度、协作方法和部门化依据
个人战略			个人寻求成才发展的自我设计

（1）公司层战略

公司层战略，又称作总体战略、大战略。它规定整个公司组织的总方向。通常是解决公司的宗旨、使命、组织形象、业务组合、资源分配和企业文化等带有全局性的总体问题。

在公司层战略中，常见的有维持战略、扩张战略和收缩战略三种。

维持战略，又称作稳定战略，维持一种温和程度的增长或干脆维持现状。公司在没有遇到强有力的竞争对手时，通常使用这一战略。

扩张战略，又称增长战略，通常是指扩大企业规模、扩大市场份额、增加雇员、提高收益等，可分为一体化战略和多元化经营战略两类。一体化战略又有前向一体化、后向一体化和横向一体化之分。多元化经营战略又有集中多元化、混合多元化和横向多元化之别。

收缩战略，这是组织在危急情况下采取的战略，通常是紧缩经营规模、多元化经营的范围。可分为收缩重组战略、剥离战略和清算战略。对于亏损组织实行收缩战略往往是高水平管理者取得成功的途径。

（2）业务层战略

业务层战略又称作事业层战略或企业战略。

这是公司内的业务层，根据公司层战略对业务组合的规定，寻求在特定市场或行业中获得最好的竞争地位，解决生产的产品和服务的品种、客户对象以及如何以最佳状态参与竞争等问题，最终保证实现公司层战略目标的战略。

在生产单一产品和经营单一业务的中、小型企业里，公司层战略与业务层战略是合一的。在大型企业，尤其是在多元化经营的企业里，由于企业的经营业务繁多，往往要建立"战略业务单位"（strategic business unit，SBU）。这是由一个单独业务或由若干个相关业务组成的业务部门。每一个 SBU 都有自己的使命，也都有自己的竞争对手，都具有自己独特的战略目标。这种战略业务单位制定的战略就属于业务层战略。

业务层战略可以分为两大类：适应性战略和通用竞争战略。

第一，适应性战略，包括防御者战略、开拓者战略、分析者战略和反应者战略四种战略。

• 防御者战略，又称守势战略，这是处于稳定环境中的企业常采用的战略。实施这一战略的企业，最关心的是企业所处的环境能保持稳定，只要求在稳定的环境中保住自己有限的市场。有时虽然也会推出一些具有竞争力的产品，也仅仅是为维护自身的地位，但很少注意本行业以外的发展趋势。生产中注重有效的短线生产，组织管理上则采用强有力的行政体系，进行有效的控制。

• 开拓者战略，又称攻势战略，一种试图在动荡不定的变化环境中寻找开发新产品、开辟新市场机会的战略。实施这一战略的企业，通常是尽可能避免长期的生产任务，生产中往往同时使用多种技术，方式灵活，经常调换使用生产设备，以便在环境变化时可以立即转向其他产品的生产，不必另起炉灶。其管理重点在灵活方便上，而不在于控制。

• 分析者战略，这是一种基于守势战略和攻势战略之间的战略。实施这一战略的企业，既想保持其传统的产品和原有的客户，又想在动荡的环境下捞取好处。他们在生产上采用"稳定技术与相应变动技术相结合"的灵活政策，在管理上则希望既有保证传统稳定因素的组织结构，也有专门负责新产品和新市场开辟的部门。

·反应者战略，又称被动性战略。其实这已经不是一种战略，而是战略失败的表现。由于失败企业对环境的变化反应迟钝，无法做出正确的判断，以致仓促上阵，处于被动应付的状态。当然，造成企业处于这一状态的原因很多，这里就不分析了。

适应性战略强调的是组织与环境相适应、战略与环境相协调。具体对于不同环境中的不同组织，选择战略的原则通常是：如果环境稳定程度高，防御者战略最有效，因为在高度稳定状态下的组织与周围环境是协调的。在动荡变化的环境中，开拓者战略就可能最有效果。在环境变化不大的状态时，分析者战略较有效。

第二，通用竞争战略，包括总成本领先、差别化、专一化三种战略。某些管理学专著和教材在谈到战略选择时，往往只介绍这三种战略，似乎整个战略领域只有三种战略可供选择。这并不合适。

·总成本领先战略，这是以单位产品成本低于竞争对手来取得行业中领先地位的战略。实施这一战略的企业，建立大规模的高效生产设施，通过各种手段全力以赴降低成本，压缩各项管理费用。企业一旦获得总成本领先优势，就有利于建立行业壁垒，有利于企业采取灵活的定价策略，从而将竞争对手排挤出市场。

实施总成本领先战略的条件，一是企业的产品有稳定、持久和大量的需求；二是产品生产可以实现标准化、通用化和系列化；三是具有支撑低成本战略的管理能力，否则低成本战略会蜕变为低价格战术。

·差别化战略，有意识地使企业的产品和服务在行业内别具一格，具有独特性，在客户心目中形成与众不同的形象，以求获得差别竞争优势。这里的"差别"有产品自身的差异，也有顾客服务上的差异。

产品自身的差异主要是产品质量、规格、款式、功能、性能、商标、标志、标准等的差异，提高产品的科技含量也可形成差别，整合产品的功能也能形成差别。比如，在大家都生产纯净水时农夫山泉推出天然水，在果汁饮料还都是一种水果时农夫果园推出"三种水果的果汁"，这都是差别化战略的体现。再比如，IBM推出的"On Demand战略"（随取即用式电子商务战略），试图将企业内的ERP、CRM、SCM等所有信息系统整合在一起，也是一种差别化战略。

顾客服务上的差异，表现在广告宣传、促销活动、售后服务和地理位置等方面的差异，以及消费者受潮流影响，不了解产品所形成的消费者自身主观差异。

·专一化战略，主攻某一特殊的细分市场、某一特殊的地理位置、某一特殊的顾客群和某一特殊产品的战略。这样，企业可以使自己的业务专一化，能够以更高的效率、更好的效果为某一狭窄的战略对象提供产品和服务，从而可以在某一点上超过那些有较宽业务范围的竞争对手。

（3）职能层战略

由组织内的生产、营销、财务、人力资源等职能部门或特定的业务部门提出的战略。通常是解决组织中的政策、程序、规则等方面的问题，面对比较狭窄但又紧密关联的活动制定，最终支持业务层、组织层战略目标的实现。

通常，职能层的战略目标在组织内属于低层次的战略目标。诸如，市场营销战略、财务战略、生产战略、研究与开发战略、人力资源战略、组织设计战略等。当然也不是一成不变。当组织需要时，某一项职能战略也会上升为公司层战略。

（4）个人战略

在自我管理中存在个人战略。个人战略的确定，应该充分利用组织和社会环境所提供的条件，从个人实际能力出发，实事求是地确定。一般不要与公司层战略、业务层战略相违背。

2. 战略选择的方法

战略选择的方法有定性选择和定量选择两大类。

定性选择是管理者根据自己对战略目标的理解、对战略分析结果的把握和对各种类型战略适用范围的了解来进行选择。一般管理者都是采用这种方法选择。这种方法的好处是不必进行繁琐的数字计算，只要战略目标确定的合理，战略分析结果正确，都可以获得合适的选择结果。

定量方法是基于事先确认的外部和内部关键因素并进行量化，以求客观地评价备选的战略方案，然后从中选择。常用的有定量战略计划矩阵法（表 2.10）。

表 2.10　定量战略计划矩阵

项　　目	权　重	备选战略					
		战略 A		战略 B		战略 C	
		吸引力分数	加权吸引力分数	吸引力分数	加权吸引力分数	吸引力分数	加权吸引力分数
外部关键要素 经济，政治/法律，社会 文化，技术，竞争							
内部关键要素 管理，市场营销，财务 管理，生产运营，研究 与开发，信息管理							
加权吸引力总分							

具体操作步骤如下：首先，列出本企业的外部关键要素和内部关键要素，并给每个关键要素赋予相应的、合适的权重。

其次，列出战略分析阶段所确立的各种备选战略，并确定每个备选战略中各项要素的吸引力分数。确定分数的依据是该要素对战略的影响程度。没有影响，即没有吸引力，为1分；有一些吸引力，为2分；有相当吸引力，为3分；很有吸引力，为4分。

最后，将权重乘以吸引力分数，得出加权吸引力分数，并将全部加权吸引力分数相加得出吸引力总分，吸引力总分趋于4的属于优先选择的方案，吸引力总分趋于1的方案一般不做优先考虑。

五、战略规划

战略规划是战略制定的最后一个环节。它指的是组织为实现所确定的战略目标，将战略分析和战略选择的结果变为组织可以具体实施的计划安排的过程。

战略规划这一复合词组，和"计划"有时是表示计划的文本一样，有时也用来表示某一战略的具体文本。本书这里讨论战略制定工作，指的是前一层含义。

1. 战略规划工作的内容

（1）组织总体战略的说明

说明组织总体战略的内容，包括总体战略目标、选择的战略模式及其选择理由，以及实现该战略将给组织带来怎样的变化。

（2）确定组织的分阶段目标

分阶段目标是一个组织在朝其总目标前进时所欲达到的具体的、有时间规定的衡量细则。因为"战略"总是一种长期安排，战略总目标的实现不可能是一蹴而就的，通常总是将实现总目标的过程分成若干个阶段，每一个阶段都有其目标，每一阶段目标的实现就是总目标的实现。

（3）安排战略行动计划和项目

战略行动计划是组织为施展其战略及追求总目标而进行的一系列耗费资源的活动的总和。这一环节关系到战略目标能否实现。因为再好的战略目标，没有与之相匹配的行动计划也还是实现不了。

在战略规划阶段，这种行动计划有时是需要通过具体活动来决定的。通常包括开发、投资及削减等方面的活动，还包括组织的产品组合策略和组织功能战略选择活动。各种行动计划可以通过具体的项目来实施。

（4）组织内各种资源的配置

战略行动计划的具体执行需要一定的资源支持。没有资源支持，行动计划寸步难行。组织的资源包括信息资源、人力资源、财力资源、物质资源和时间资源。资源配置必须实事求是，有多大力量办多大事，既不能盲目、铺张，造成浪费，也不能过分控制资源的使用，使战略实施受到限制，更不要超越组织本身资源的许可进行配置。

如果说，战略目标的制定、战略分析、战略选择和制定行动计划，在某种意义上还是一种理想思考，是一种愿望，解决的是组织应该怎样办的问题，资源配置则不同，它要解决的是本组织能不能办的问题。所以，资源的配置是战略规划最基本的决策因素。

（5）制定应变规划

应变规划指的是当根据预测对环境所做的某些关键假设不成立或不确切的时候，或者当环境发生了超出预料范围的变化时，指出组织所应采取行动的一种预先安排。因为在实际中获得准确的预测是比较困难的，而且环境又总是变化不定的，所以制定应变计划是必要的。

2. 战略规划工作的要求

（1）十分重视对环境因素的分析

战略分析是对内外环境的分析，不仅要用在战略目标制定和战略选择上，也要用在这里。这时，要把眼光集中到对组织活动影响的环境要素，以及由于制约着组织活动而必须绝对接受的环境要素，尤其要自觉地考虑那些在表面上与绝大多数日常工作似乎没有关系的环境要素，对组织战略目标实现的影响。

（2）总体规划与派生规划的逻辑关联

总体规划指的是实现组织战略总目标的规划。派生规划不是分阶段目标的规划，而是根据总目标派生出来一系列子目标制定的计划。组织的战略规划不仅包括总体规划，而且包括各种派生规划，如科研规划、产品开发规划、市场研究和开发规划、组织发展规划、财务规划等。由于总体目标和各派生目标都具有一定的逻辑关系，所以总体规划和各派生规划也应该体现这种逻辑关联。

（3）分析连锁效应和后果

制定战略规划时，必须考虑该战略实施后可能会出现的连锁效应和社会后果。正面的连锁效应和社会后果应该设法获取，反之，负面的连锁效应和社会后果应该设法避免。比如，一项投资报酬率很高的长期投资项目，会由于对环境造成连续的不良影响而使组织形象遭受极大损害，就应该设法避免，可以不上这一项目，或者修改项目的某些内容使之不会对社会产生不良影响。一项与组织经营战略有关的公共项目投资，虽然回报低微，但组织可以从不断扩大的社会影响和日益提高的知名度上获得极大利益，就应该积极实施这一项目。

（4）处理长期目标与短期目标的关系

长期目标就是战略规划中要实现的战略总目标。短期目标是组织当前的目标，一般是指组织当年或近一两年的目标。任何组织在进行战略规划时，必须注意处理好长期目标与短期目标两者之间的关系，过分重视短期目标，往往会影响对长期战略目标的考虑；只注意战略目标，把战略目标和组织短期目标对立起来也是不合适的。比较合适的办法，就是把战略目标中分阶段目标的第一阶段目标定为组织的短期目标。

在处理长期目标与短期目标的关系时，还应该从历史的角度和积极的方面考虑“时间跨越”。有些目标，在目前看来是完全有正当理由忽略的小事，但是可能通过自然发展过程在今后若干年内会成为一个主要问题。比如，某一部分居民虽然目前不是本组织的顾客，而将来却可能对本组织有价值巨大的需求。

第五节　决　　策

一、决策及其过程

1. 决策的含义

关于决策的定义虽然众说纷纭，但是基本的含义还是比较一致的。一般认为，决策是为了实现一定的目标在可供选择的若干方案中选择一个方案的全过程。

在实际工作中，有些管理者往往在只有一个方案的情况下，就某一工作做出决定，这通常被称作“拍板”。在这里，虽然也有“目标”，也确定了一个方案，也有一个过程，但是由于它没有多个方案，更没有评价、比较和选择方案的过程，所以它不是决策。

决策无大小。大的大到国家领导人关于国家事务的决策，小的小到个人的生活小事的决策。比如，三峡大坝工程到底上不上马，如果要上马，应该怎样做等，这需要决策。再如，怎样过好周末，是上书店去买几本急需的参考书，还是去看一个生了病的同学，还是去参加社区组织的义务星期六活动，这也需要决策。

在管理的五项职能中，正如我们在本书第一章中就指出的，每一项职能中都存在决策过程。所以，决策并不限于计划工作。

2. 决策的过程

决策过程也是管理学学者研究比较多的选题。综合不同学者的研究成果，决策过程基本上包括以下四个环节（图 2.7）：

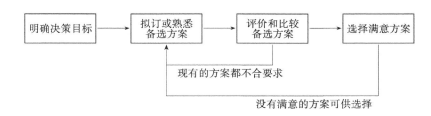

图 2.7 决策过程示意图

（1）明确决策目标

决策目标是决策过程中进行方案评价、比较和最终选择满意方案的标准。决策是否正确、合理，都是以是否实现决策目标为依据的。没有决策目标，就没有比较的标准。所以，任何决策都有目标，没有目标的决策不存在。

（2）拟订或熟悉备选方案

拟订备选方案是决策者为了实现决策目标，根据自身所处的内外环境，初步拟订出来的两个或两个以上的方案。这是决策必须经过的环节。

在今天的市场上有许多咨询公司，专门为各类组织提供决策咨询服务。政府组织和许多大型企业都设有专门的决策咨询机构。组织的管理者可以把制定决策备选方案的工作交给咨询公司或者内部咨询部门的咨询人员去做。那么，这种情况下，决策者的工作就是"熟悉"备选方案。

（3）评价和比较备选方案

对每一个备选方案进行分析评价，然后进行相互比较，比较各备选方案的优点和不足，鉴别各个方案实施的可靠性、可行性，判断各个方案实施后可能获得的结果及其满意程度。如果所有的方案都不合要求，就必须重新拟订新的备选方案。

（4）选择满意方案

经过比较之后，选择可靠性、可行性最大，满意度最高的方案。同时还要对所选择的方案进行综合评价，分析和判断其实施后能否达到组织确定的目标。如果没有满意的方案可供选择，即所有确定的备选方案都不合适，就应该重新拟订备选方案，重新进行评价、比较和选择。

有的管理学著作把决策过程延伸到"决策实施"、"决策效果评价"，这并不合适。因为在若干个方案中"选择"方案的过程到方案选择出来之后就终止了。"决策实施"、"决策效果评价"都不是选择工作，不应该属于决策的环节。如果说决策管理，可以包括这两部分内容。

二、决策的类型

决策在组织中是一种普遍的活动，由于决策者层次、决策部门、决策的重要性和决策时间跨度等方面的不同，导致决策活动的不同。通常，从不同的角度可以将决策划分为以下几种类型：

1. 决策的重要程度类型

根据决策的重要程度，可以将决策划分为战略决策、管理决策和业务决策。

（1）战略决策

这是涉及组织的大政方针、战略目标、战略规划和战略实施所进行的决策活动。这是关系到组织全局性的、长期性的、关系组织生存和发展的根本性大事的决策，通常是由组织的高层管理者做出。

（2）管理决策

这是指组织在管理过程中为实施各项职能管理活动的决策。通常是为了解决组织内资金的筹措、分配和控制，市场营销的策划和实施，生产的指挥和质量控制，技术更新和设备维护，人力资源配置和培训等问题。和战略决策相比，它属于战术性决策，往往是战略决策的支持性步骤和过程，以解决在组织范围内影响整个组织运行和发展的各种问题，而且通常是由中层管理者做出。

（3）业务决策

这是指处理组织内一般管理工作任务的决策活动，也称之为执行性决策。它是由组织内的基层管理者做出的，有时是由具体业务的操作者做出的。在组织内，业务决策的范围最小，是组织所有决策的基础，也是组织运行的基础。

比如，一个电工对于车间里电源线布线混乱的状况，面临的选择是任其自然，还是重新布线。任其自然是可以节约重新布线的开支，重新布线的好处是安全、美观，避免可能由于短路而引起火灾。如果决定重新布线，他又面临导线型号的选择、线路不同走向的选择、施工方式的选择和新旧线路切换的选择等。

2. 决策的逻辑程度类型

根据决策合乎逻辑的程度来划分，可以将决策分为理性决策、有限理性决策和直觉决策。

（1）理性决策

这是指决策过程和决策结果符合客观逻辑规律的决策活动。这是一种理想的决策模式。它假定决策者面对决策的问题是清楚的、明确的、无异议的，拥有决策所需要的全部信息，决策的目标是唯一的、清晰的、无冲突的，全部可行的备选方案都是已知的，这些方案实施的结果也是明了的，决策者在选择方案时依据的准则也是一贯不变的，获取信息、做出选择和实施方案都没有时间和其他成本的约束，且选择的结果都是确定的，都会获得最大的经济效益。事实上，这些情形要完全做到是不可能的。

（2）有限理性决策

这是对理性决策的修正。由赫伯特·西蒙提出，认为，人的理性是介于完全理性和非理性之间的一种有限理性。决策也是如此。决策者在评价、比较和选择时会受到个人价值系统的影响，决策的时间和其他可用的资源总是有限的，最后决策的结果往往只是决策者满意的，并不一定是最好的。

（3）直觉决策

这是一种非理性决策，常常是在理性决策、有限理性决策解决不了问题时使用。当方案具有很大的不确定性、无先例可资借鉴、难以预测变化的趋势、决策所需的信息有限、数据分析之后的用处不大、时间紧迫、每个方案的结果都很好或都不好等，可采用直觉决策。

在决策过程中，直觉决策和理性决策可交替使用，相辅相成。

3. 决策的重复程度类型

按照决策的重复程度，可以将决策划分为程序化决策和非程序化决策。

（1）程序化决策

在实际管理中，存在着例行问题与例外问题。例行问题，指的是那些重复出现的日常管理问题。例外问题，指的是那些偶然发生的、新颖的、性质与结构上不甚分明、具有重大影响的问题。

程序化决策就是对例行问题的决策。它是用例行的方法或例行的处理问题的固定顺序解决重复性问题、以求达到相同或类似目标的决策活动。

程序化决策中所依据的"程序"，往往以文件的形式存在，或者形成约定俗成的惯例。它浓缩了该组织的管理经验，是组织管理者和员工多年的心血结晶，是组织文化的组成部分，因而是组织的宝贵财富。国际上一些大公司把这一类的管理文件视为企业的专有技术和竞争优势之一，十分注意加以保密。完整的程序化文件为新员工提供了上岗学习的范本，可以缩短新员工上岗培训的时间。

程序化决策简化了决策过程，缩短了决策时间，降低了决策成本，使决策趋于简单和便利。同时，它可以提高管理的效率，使得大量的重复性管理活动可以授权放到下一级管理层中，减轻高层管理决策的工作量，避免高层管理者陷于烦琐的事务之中，有精力考虑组织的战略问题，有时间处理例外问题。

（2）非程序化决策

非程序化决策是对例外问题的决策。它是根据决策的一般规律对偶然出现的、没有前例的问题所进行的决策活动。

对于组织来说，在遇到例外问题时，要加以分析辨别，确认这些问题是偶然的，还是必然的；是一次性问题，还是第一次出现的重复性问题。如果是前者应该注意整个决策过程，每一阶段都要认真对待，以保证决策正确。如果是后者，除了保证决策正确之外，还要注意，当这类问题再次出现或出现的频率增加的时候，应该及时制定出程序文件，加以控制，转入程序化决策的范围。

4. 决策的可靠程度类型

按照决策的可靠程度，可以将决策划分为确定型决策和不确定型决策。

（1）确定型决策

这是指决策要解决的问题非常明确，解决问题的过程和所处环境也一目了然，几种不同备选方案的实施结果也很清楚和确定的决策活动。

在组织内，这种确定型决策并不多见。特别是对于高层管理者来说，这只是一种理想化的决策活动。

（2）不确定型决策

它是指决策要解决的问题比较明确，但解决问题的方法只是大致可行，决策过程所处的环境是模糊的，存在几种不同备选方案，每一种方案的可靠性不是很高，方案的实施结果是未知的，但可以进行估算，或者需要他人的经验推断，决策所需要的信息也不完全，只能靠主观判断的决策活动。

这类决策在实施过程中不可避免地存在风险，故又称作风险决策。

这类决策可以借助于通用的计量决策方法进行计算，帮助决策。已经开发出来的风险决策的方法很多，如决策树法、收益表法、边际分析法、效用理论法等，其中决策树法用得最多，效果也最显著。

5. 决策的决策者类型

按照进行决策的决策者，可以将决策划分为个体决策和群体决策。

（1）个体决策

这指的是由决策者个人进行的决策活动。它适用于日常性事务管理决策和程序化决策。其最大特征是决策速度快。

（2）群体决策

管理学中的"群体"不能表面地理解为"一群人组成的集体"。它不是个体的简单叠加，而是为着某一活动所形成的相互制约、相互促进的共同体。比如，组织的各级管理班子、厂务委员会、董事会、生产班组等。由这样的群体参与并共同对备选方案进行评价、比较，最后依据大多数人的意见选择方案的决策活动叫作群体决策。它适用于组织所有决策活动，特别是适用于组织内重大关键问题的决策，诸如，组织战略规划、资产运作、组织结构再造、信息化工程、高层人事变动等。

群体决策的优点在于可以利用集体智慧，集思广益，以便获得更多的方案供决策者选择。但是缺点也是明显的，耗时过长，最后选择在很多情况下是一种妥协的产物，容易被个别人控制决策过程，且职责不明。

个体决策和群体决策各有长短，管理者要学会分别利用。在处理例行的日常事务和需要迅速做出决策的问题时采用个人决策，在处理重大问题、决策时间不是很紧迫的问题时采用群体决策。

6. 决策的时间类型

按照决策的时间，可以将决策划分为长期决策、中期决策和短期决策。

这主要是看决策过程所经历的时间和决策结果给组织带来影响的时间，时间长者为长期决策，时间稍短者为中期决策，时间最短者为短期决策。

当然，这里的"长"与"短"是一个相对的概念。习惯上：把一两年称为"短"，三五年称为"中"，五年以上称为"长"。

有学者认为，长期决策就是战略决策，中期决策就是管理决策，短期决策就是业务决策。这两类决策有一定的联系，但并不完全相同。比如，无论是在企业管理还是在其他管理中，制定有许多标准。这些标准的制定，就标准的内容来说，大部分属于业务决策，但是其制定（决策）过程所需要的时间和产生影响的时间都是很长的，属于长期决策。

7. 决策的事件时序类型

按照决策处于事件的先后，可以将决策划分为事前决策和事后决策。

事前决策是指针对尚未实施的事件所做的决策。事后决策是指针对已经发生的事件所做的决策。

在事前决策中，由于事件还没有发生，应该重点抓好决策目标，精心组织决策过程，避免决策失误，减少决策风险，避免损失。

在事后决策中，由于事件已经发生，应该重点抓决策速度。因为已经发生的事件，可能是正面的，也可能是负面的，是正面的应该立即抓住，增加正面效应；是负面的，也应立即抓住，减少负面效应，减小损失。

8. 决策的决策者角色类型

按照决策者在决策中的地位角色，可以将决策划分为主动决策和被动决策。

主动决策是指决策者在自己职权范围内进行的决策。被动决策是指决策者在接受上级指令时的决策。因为任何一个管理者在接受上级指令的时候都面临着三种不同的选择：完全接受上级的指令、部分地接受上级的指令、因完全不同意上级指令而拒绝接受指令或有保留地接受指令。

在被动决策中，造成第一种选择的是因为上级指令符合决策者的个人意图，造成第二种选择的是因为上级指令部分符合个人意图，造成第三种选择的是因为上级指令完全不符合个人意图。可见，这里的关键问题是对上级指令的理解。

所以，在实际工作中，如果属于第一种选择自然比较顺利，遵照执行即可。如果属于第二、第三种选择，就需要与上级管理者认真沟通，提出自己的意见。如果自己的意见是正确的，应该说服上级管理者按照自己的意见办，说服不了上级管理者就应该保留自己的意见，执行上级指令。如果自己的意见是由于对上级指令理解不当造成的，就应该改变自己的看法，执行上级指令。

9. 根据决策类型决定决策重点

由于不同的决策处于不同的地位，具有不同的作用，所以，应该根据决策的类型决定决策的重点（表 2.11）。

表 2.11　决策的类型及其重点

决策分类的原则	决策的类型	决策的重点
决策的重要程度类型	战略决策	重点抓对内外环境的预测和决策目标的确定
	管理决策	重点抓决策方案的制定和选择
	业务决策	重点抓决策方案的制定、选择和程序化文件的制定
决策的逻辑程度类型	理性决策	重点用于帮助决策者分析决策过程
	有限理性决策	重点抓决策方案的选择和自我心理满足的控制
	直觉决策	重点抓对决策环境和决策问题的分析
决策的重复程度类型	程序化决策	重点抓决策程序文件的制定
	非程序化决策	重点抓决策过程、决策速度和程序化决策的发现
决策的可靠程度类型	确定型决策	重点抓决策的实施
	不确定型决策	重点抓决策计量方法的选择和使用
决策的决策者类型	个体决策	重点抓决策过程，尤其是决策方案的选择
	群体决策	重点抓决策过程，特别是决策会议的控制
决策的时间类型	长期决策	重点抓对内外环境的预测和决策目标的确定
	中期决策	重点抓决策方案的制定和选择
	短期决策	重点抓决策方案的制定和选择
决策的事件时序类型	事前决策	重点抓决策目标的确定，避免损失
	事后决策	重点抓决策速度，减少损失
决策的决策者角色类型	主动决策	重点抓决策过程
	被动决策	重点抓对上级指令的理解和与上级的沟通

三、科学决策的要求

决策是一种管理行为。管理具有科学性，所以决策也具有科学性。决策是有一定规律的。不按照这一规律进行决策，肯定是会造成决策失误，但是即使完全按照这一规律进行决策，也不能保证决策就一定是正确的。关于这一结论的理由，本节第五款"决策的行为"中再做详细阐述。有的管理学教材中把下面阐述的五点要求称作"正确决策的要求"是不妥当的。这就是说，按照下面的五点去做，只能说明决策过程是科学的，是符合管理学中关于决策的科学规律的，但是并不能说明你的决策就一定是正确的。

1. 抓住问题的要害

所谓"问题"，是指本次决策要解决的对象。所谓"要害"，是指问题的关键点，是各类矛盾中的主要矛盾，或者是某一对矛盾中的主要矛盾方面，是那种获得解决后整个问题就可迎刃而解的因素。

这是决策过程第一阶段首先要做的事。它要求决策者在决策第一阶段开始时就要能够抓住决策问题的关键点。只有抓住要害，才能明确决策的目标，才能解决问题，决策才具有意义。

案例 2.3　在 2000 年下半年，由于某些感冒药中的 PPA 成分可能导致脑血栓，诱发中风，美国、英国、俄罗斯等国先后宣布停止生产和销售这类感冒药。11 月 16 日，我国国家卫生部也宣布停止生产和销售 24 种含有 PPA 成分的感冒药，康泰克位居第一名。这一天被媒体称作是让康泰克遭到"灭顶之灾"的日子。

中美史克公司在康泰克被迫停产的突发事件面前，首先，宣布回收一切康泰克胶囊，稳住了销售商，让销售商从内心感激中美史克；其次，四条康泰克生产线停产了，但是宣布工人一个不解雇，稳住了员工的心，让员工从心里感激中美史克，对企业的忠诚度大大提高；第三，召开大股东会议，通报企业还有其他产品仍旧在赢利，而且正在开发新的感冒药，稳住了投资商，让投资商们对企业放心，继续给予资金支持。中美史克在决策中抓住了"人心"这一要害问题，顺利度过了危机。

2. 明确决策的目标

明确决策目标既是决策过程的第一阶段，也是决策的基本要求。正如我们在决策的过程中所说的，决策目标是进行方案评价、比较和选择的标准。没有决策目标，就没有比较和选择的标准。管理者在决策过程的第一阶段，应该在抓住问题要害的基础上，明确地提出决策的目标。

在实际工作中，管理者们在决策时不会是没有目标，即使是没有读过管理学的管理者，在决策前也会知道需要有决策目标。问题不是有没有决策目标，而是决策目标是否正确、明白、清晰，尤其是在环境发生突然变化、需要迅速做出决策时，有些管理者就不能清楚地知道新情况下的决策目标。实践证明，决策失误大多数是由于决策目标不正确、不明确的结果，决策时犹豫不决、优柔寡断，这就是决策目标模糊的表现。

比如，有人在管理学教材中讲述了这样一个例子：

案例 2.4　1965 年 11 月间，美国东北部地区发生了一次大面积的停电事件。大停电的那天早晨，纽约的所有报纸都没有出版，只有《纽约时报》出版了。原来，当停电时《纽约时报》当即决定将报纸送到赫德逊河对岸的纽华克印刷，当时纽华克还没有停电。但是，虽有此英明决策，发行 100 万份的《纽约时报》只有不到半数送到读者手中。原因是当报版上了印刷机时，时报总编辑和三个助手发生了长达 48 分钟的争论，占去了该报仅有的印刷时间的一半。争论的问题是某一英文单词的分节问题。一方认为报社制定有一套英文写作标准，印出的报纸绝不允许有任何文法上的错误；另一方认为，在出现意外停电的情况下，保证时报每天的发行份数已经成为更紧迫的目标。

在这个案例中，决策者的决策目标是不明确的，所以才导致争论，浪费了宝贵的时间。因为决策目标是为了时报的经营效益，看起来"不修改文法错误"，抢时间印刷，是为了经营效益；但是在如此特殊的时候，报纸能够继续坚持制定的文法标准，必然会更加打动读者，所获得的社会效益必然会导致更大的经济效益。如果时报的决策者能够认识到这一点，同意修改那一英文单词，就不会发生争论。虽然报版上了印刷机，修改英文单词，可能要耗费一点时间，但是肯定不会是 48 分钟。相反，他把修改英文单词与实现时报经营效益对立起来，就导致了争论。

可见，明确的决策目标对于决策的结果是多么重要。

此外，需要将"目标"和第一条要求提出的"问题"、"要害"加以区别。

首先，关于要害和目标的区别。"要害"是问题的关键点，是客观存在的，在于决策者是否发现和认识。"目标"是解决要害问题的结果，是由主观决定的，在于决策者如何选择。

其次，关于问题和目标的区别。"问题"是决策要解决的对象。"目标"是解决要害问题的结果。问题和目标有时好像一致，其实并不一致。例如，重庆市要解决长江南北两岸的天然气管线不通的问题，某工程队接受这一任务后的决策，问题是"沟通长江南北天然气管线"，目标好像也是"沟通长江南北天然气管线"，其实不然，目标应为："建设投资省、运行安全的天然气管线"。

3. 拟订两个以上的备选方案

决策过程的第二阶段是"拟订或熟悉备选方案"。多方案选择便于寻找最满意的解决途径。如果只有一种方案，就无所谓选择，就不是决策了。

拟订决策方案是一个创新过程。通常要求每个决策方案必须具备以下条件：

（1）整体详尽性

这是指尽可能地将各种能够实现预期决策目标的方案都考虑到，以免漏掉了可能是最满意的方案。

案例 2.5 1960 年，美国提出了登月的大胆决定：要在 1970 年以前把人送上月球，并让他们安全返回地球。为实现这一目标，美国人提出了三种方案。第一种方案是直飞月球，直接着陆。第二种方案是先让登月飞船进入地球轨道，然后在地球轨道上直接向月球发射。第三种方案是先让登月飞船从地球轨道进入月球轨道，然后在月球轨道上向月面发射登月舱。第一种方案看起来简单，但是着陆点的选择使得控制难度太大，还有为了解决返回问题必须把庞大的发射装置同时带上月球，困难更大。第二种方案仅仅是避免了地球自转所引起的控制困难问题，着陆点的选择和返回装置携带的困难仍旧存在。第三种方案由于进入月球轨道，可以方便地选择着陆点，由于只是返回到月球轨道上的指令舱，所以返回装置只需要小推力的火箭就可以解决。这第三种方案后来被称作"阿波罗登月计划"。事实证明，选择第三种方案是正确的。

（2）相互排斥性

这是指拟订的备选方案是相互独立的，互不包容。它们不是解决问题的几个不同阶段的方案，也不是简单地确定为做与不做的方案。

比如，某企业信息化工程建设需要给中层干部办公室配置计算机，首先，要确定机型和参数要求，其次，要采取招标形式选择供应商，第三，是到货后的验收，第四，是企业内配置安装。这四项工作可以有四个方案。这四个方案是"给中层干部办公室配置计算机"工作过程中四个阶段的方案，不是实现总目标的四个备选方案。这四个方案是必须都选择的，缺少一个，总目标都无法实现。

做与不做的方案，在决策目标事件还没有决定要不要做的时候，可以作为两个备选方案。比如，三峡大坝工程项目上马还是不上马，是决策的两个方案。

当已经确定决策目标事件是必须做的时候，做与不做就不是两个备选方案。比如，某企业根据生产的实际情况需要建设电磁兼容实验室，这时建与不建就不是两个备选方案。

当然，如果是将备选方案的制定交由几个专门的咨询公司去做，决策者虽然可以不考虑方案本身的制定，但是在决策的第二阶段一定要熟悉各咨询公司所做的备选方案，仔细认真地阅读，全面、准确地了解各个方案的内容。

4. 综合评价并选择决策方案

决策过程的第三阶段是"评价和比较备选方案"，就是对各个可行的备选方案进行逐一的评价、比较和选择。因为决策者所制定的每一个备选方案都或多或少对实现决策目标具有积极的作用和影响，同时又会有一定的消极影响，所以决策者一定要对每个方案进行综合评价。

所谓综合评价，就是要求既要从技术上、经济上分析方案的可行性，还要从社会、政治、文化等方面分析方案可能产生的影响，要把决策结果的负面影响（如环境污染问题）减小到可以允许的范围之内，要明确地确定每个方案的经济效益、社会效益以及可能带来的潜在问题。只有这样进行综合评价，才可能比较出各个备选方案的优劣，以便从中选出满意的方案。

"选择方案"是决策过程的第四阶段。综合评价做得仔细、认真、准确，选择并不困难。困难的是出现多个目标、且目标之间还可能存在矛盾冲突。这就是今天还很热门的"多目标决策"。

通常，解决的办法是：根据决策中出现的多个目标之间的相对重要性排序，然后通过加权求和的方式将多个目标综合成一个大的目标，就变成单目标决策了。也可以选择一个目标确定为主要目标，将其他次要目标作为决策的限制条件，然后按照使主要目标达到最大或者最小来选择方案。

5. 清醒估计方案实施的风险

决策的风险指的是由于决策所选方案本身的缺陷、错误，或者是由于决策者评价、比较、选择的失误，导致决策结果对组织产生损害的可能性。由于这种损害可能是经济的，也可能是技术的、政治的、组织的、人事的等方面，所以决策风险有经济风险、技术风险、政治风险、组织风险、人事风险等。

因为决策总是为将来的目标而做出的，未来目标所处的未来环境总是变化不定的，在许多情况下是不可能全面、准确地预测未来，所以风险总是存在。决策者不要企图回避风险，而应该直面风险，必须清醒地估计决策方案的实施后其风险发生的程度，充分估计风险的大小，不能盲目冒险，但是要估计到最坏的可能并拟订出相应的应对措施，要设法将风险损失降低到最低程度，不至于引起灾难性的不可挽回的后果。

有的管理学教材中，将"把决策过程看作是一种学习过程"作为决策的要求之一，并不妥当。因为决策是一种管理行为，它有其自身独有的客观规律。它与使用规律的人所持态度并没有关系。也就是说，你把这个过程当作学习过程也好，不当作学习过程也好，对决策的结果并没有影响。这是对管理者自我提高的要求，不是决策本身的要求。

四、决策的方法

随着决策活动在管理实践中的运用，决策理论日益发展，决策学已经形成为一门独立的科学。其中，决策方法也日臻完善和实用。

决策方法的发展经历了四个阶段：最初使用的是经验型定性决策方法，这是第一阶段。然后发展为理论化定性决策方法，属于第二阶段。以管理科学学派为代表的管理理论的出现，创造了数学模型化的计量决策方法，进入第三阶段。今天已是第四阶段，使用的是数学模型计量与软科学相结合的决策方法。

在决策方法的发展过程中，人们对决策方法的认识也越来越全面和深刻。人们先是认识到经验因素定性决策的不足，思考应该是全因素的定性决策，直至在全因素分析中找到"主要制约因素理论化模型决策方法"。

后来，从定性的模糊决策的困惑中创造了数学化模型的定量决策方法。

随着数学化模型的大量应用，人们又发现了数学方法的局限，进一步认识到定性决策和定量决策是不可分割的两个方面：

一方面，定性方法的研究结果，是定量方法研究的前提和基础；另一方面，定量方法的结果，是对定性研究结论的支持和确认。二者必须结合起来。

1. 软科学决策方法

这指的是运用心理学、社会学、传播学等社会科学的理论成果，直接利用人的知识、经验和思维的能力，根据已经掌握的决策所需要的信息，提出决策目标以及实现目标的方案，并对方案做出评价、比较和选择的方法。

软科学决策法可以由管理者个人直接使用，完成决策任务，也可以由管理者组织一个决策群体，由决策群各成员共同使用，来完成决策任务。

常见的软科学决策法有以下几种：

（1）头脑风暴法

这是一种以会议的形式，借助于专家的创造性思维，通过大家共同努力，寻求特定问题解决方案的决策方法。它的特点：暂缓评价，以创造自由言论的氛围。

头脑风暴（brain storming），原意是指精神病患者在精神错乱时的胡言乱语，后转为用来指无拘无束、自由奔放地思考问题。

头脑风暴法的发明者奥斯本认为，社会压力对个体自由表达其思想观点具有抑制作用。为了克服这种现象，他设想了一种新型的结构化会议形式，在这种会议上，每个人都可以自由地发表自己的观点，也不对任何人的观点做评价。

早在 20 世纪 50 年代，国外就已普遍使用头脑风暴法，被看作是一种有效的决策方法。60 年代后，随着运筹学和决策学的发展，这种方法逐渐变为分析和决策的辅助工具。但尽管如此，目前，这种方法仍然在预测方法中占有一席之地。头脑风暴法适用于定性决策和战略决策。

但是，头脑风暴法也有不足，要组织符合要求的专家组比较困难，如果与会者中有大家熟悉的学者、权威、领导在场，会影响某些人思路的发挥和意见的发表，影响会议自由气氛的创造。同时，由于是现场即兴发挥，瞬间思路，加上表达能力的限制，因而逻辑性不强，意见不全面，需要会后做好后续的研究论证工作，如果会议主持者不善于主持会议，或者会议虽然讨论得很好，但未能及时准确地捕捉，也难以获得有效的结果。

（2）德尔菲法

它是选择一定数量的相关专家，向专家函寄专门设计的某一特定问题的意见征询表，让专家们背靠背地对特定问题的决策发表意见，然后汇总整理出第二轮意见征询表再寄发给专家，通过多轮反复求得意见基本一致的决策方法。

德尔菲法是世界著名战略咨询公司美国兰德公司于 1964 年创立的。德尔菲（Delphi）是古希腊传说中的神谕之地。德尔菲城内有一个阿波罗神殿，是预卜未来的地方。以此命名，是表示本法是一种预测方法。

它被广泛应用在科学研究、企业管理、行政管理等领域，用于制定长远规划、制定组织法规和政策、战略管理、方案评估和可行性研究等方面的决策，特别适用于那种缺少信息资料和历史数据，又较多地受社会、政治、人为因素影响的决策问题。常常用来对各种决策方案的可行性进行评价，对各种事件发生的可能性和发生时间进行评价，对各种科技研究、技术装备、课题任务等之间的相互关系和相对重要性进行评价。

德尔菲法的优点在于专家们有充裕的时间进行深入思考和研究，可以互相取长补短，使方案趋于全面，尤其是匿名征询，专家可以独立思考，不会为少数权威或领导看法所左右。遇到对立观点不至于发生面对面的冲突，弥补了头脑风暴法的不足。但是，专家们的意见，多数毕竟还是一种主观的推测、经验，受专家本人学识水平、评价尺度、生理和心理状态等主观因素的制约比较多。

（3）对演法

此法要求制定不同方案的小组展开面对面的全面辩论，互攻其短，以求充分暴露其中的不足。或者是对某一方案的预先演习，故意让对方挑剔，尽量考虑可能发生的问题，使方案趋于完善。此法在竞争性决策中尤为重要。

（4）检核表法

此法是根据决策所要解决的问题，先确定出重点要求，然后进一步提出有关问题，接着一个一个提出核对讨论。对每一个问题，尽量激发与会者寻找各种可能的决策方案，以利于提出富于创造性的决策方案。

（5）戈登法

这是威廉·戈登（William Gordon）于 1968 年提出的用于解决技术问题的一种决策方法。它与头脑风暴法有点相似，都是一种会议方法，都强调自由结合和自由发表意见，强调不做任何限制，而本法不同的则是有具体要求，要求与会者必须针对某一具体问题寻求新的思想和新的解决办法。

2. 计量决策方法

这是建立在数学、统计学等学科基础上的决策方法。它的核心问题是把决策的变量与变量、变量与目标之间的关系用数学模型来进行表示，然后求解该模型，作为决策的可选方案，或者用于不同方案的评价和比较。

常见的计量决策方法有：决策树法、现值分析法、边际分析法、经济效益分析法、概率分析法、效用理论法、期望值分析法、博弈分析法、线性规划分析法和收益矩阵法。

以上各种数学决策方法都具有丰富的内容，不是短短几句话就能够说清楚的。具体实用地介绍这些方法，已经超出本书的范围。广大读者需要了解和学习这些方法，可选择阅读相关的图书。

五、决策的行为

本节第三款在论述"科学决策的要求"时曾提出，决策是有一定科学规律的，不按照决策规律行事，肯定是会造成决策失误的，但是问题并不在于是否了解"科学决策的要求"，问题是知道这些要求，即使完全按照这些要求进行决策，还是会出现决策失误，不能保证决策就一定正确。

问题的根源究竟在什么地方？问题在于决策者在决策行为中是如何掌握这些要求和规律的。而左右决策者掌握这些要求和规律的，并不只在于决策者是否已经知道决策要求和规律的知识，而在于其在决策行为中的心理特征。这就需要研究决策者在决策过程中是怎样行为的，是什么因素左右了决策者的行为导致决策失误乃至失败的。这就是本书要专门研究决策行为的原因。

1. 决策能力的本质在于决策者的个人价值系统

因为决策过程实际上是人类的决策行为过程。人是具有生理、心理特征的。在人的任何行为过程中，人的生理、心理特征都会同时存在，并且随时都会左右和制约人的行为。在决策行为中也是如此。

根据决策过程，在决策中要做四件事情，一是确定决策的目标。二是拟订决策的方案，三是评价和比较决策方案，四是选择决策方案。很显然，决策能力就是由做好这四件事情的能力组成的。而在做这四件事的时候又都有一个标准的掌握问题，即什么样的目标为最好，要有确定目标的标准；怎样拟订方案为最好，要有一个拟订的标准。同样，比较方案时要有比较的标准，选择方案时要有选择的标准。依据这些标准所要解决的问题虽然不一样，但是这些问题的好与坏、优与劣、得与失、正确与错误等，即判断的标准，是由决策者来掌握的，是由决策者的个人价值系统决定的（图 2.8）。这就是说，决策能力的高低，并不在于决策者已经知道决策要求和规律等方面的知识，而在于决策者的个人价值系统。

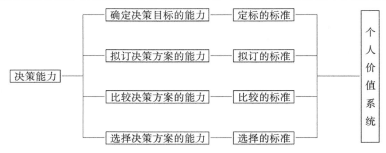

图 2.8　决策能力的本质

可见，决策的科学理论只能告诉人们应该怎样做、不应该怎样做，而在"应该"和"不应该"的判断标准上却无能为力，只能受制于一个个不同决策者的个人价值系统。这就出现了依据相同的决策理论对同一对象进行决策，不同决策者却得出不同决策结果的现象。

比如，上文在讨论"科学决策的要求"中"明确决策的目标"的要求时，曾举过《纽约时报》在大停电时，因总编辑与三个助手争论延误 48 分钟印刷时间的案例。有一本管理学教材在引用这个案例时认为，《纽约时报》原来制定有"印出的报纸绝不允许有任何文法上的错误"的标准，当然是一种决策目标。但是"在出现意外停电的情况下，保证时报每天的发行份数已经成为更紧迫的目标"。也就是说，因为环境情况的变化，决策的目标已经改变，时报的决策者们没有"明确"意识到，从而使正确决策没有能够得到有效实施。

本书并不以为然。那位坚持要修改文法错误的决策者，并不能说他没有"明确"的决策目标。他们的目标是非常"明确"的：那就是"印出的报纸绝不允许有任何文法上的错误"。正因双方都很"明确"所以才会发生争论。为什么会发生这种情况，无非是争论双方的个人价值系统的不同，无非是一方认为修改文法上的错误是正确的，另一方认为保证发行份数是正确的。

同样道理，对于《纽约时报》这一案例的使用，本书和那本管理学教材表现出不同的观点，也不过是本人与那本教材作者的个人价值系统的不同而已。

2. 个人价值系统对决策行为的影响

个人价值系统是个人的思想、价值观、道德标准、行为准则等所构成的相对稳定的思维体系。它包括个人对成就、财富、权力、责任、竞争、冒险、创新等方面的欲望。对正确与错误、好与坏、真与伪、善与恶、美与丑、得与失，以及其他类似的对立事物所持的观点。

个人价值系统是驱使人们行为的内部动力。它支配和调节主体的一切社会行为，涉及社会的各个领域，对决策也不例外。他对决策的每一个环节，尤其是对决策最后的方案选择，具有重要的影响和决定性作用。

(1) 影响决策者的感知

感知指的是通过感觉而形成知觉的过程。在心理学领域，感觉和知觉是两个概念，是两种不同的心理过程。感觉是人对客观事物基本属性的反映，知觉是人对事物整体的反映，是人对客观环境和主体状态的感觉和解释过程。这个过程不仅同某一种感觉相联系，而且往往是视觉、听觉、味觉、触觉、动觉等协同活动的结果。在知觉过程中，人脑将感官刺激转化为整体经验。看到一个物体的红颜色是感觉，而看到一个红色的苹果则是知觉。

感知在采集和处理决策所需要的信息、确定决策目标、拟订备选决策方案等方面起着重要的作用。它既可以加快这些决策活动的进行，也可能阻碍决策活动的进行，乃至导致这些决策活动的失败。

心理学研究指出，感知在很大程度上依赖于行为主体的心理定势、态度、知识和经验。用通俗的话来说，人们所感知的往往是自己最想要的、最愿意接受的、最清楚的，也是最熟悉的。

首先，经验对感知的影响，表现为行为主体在感知新信息时，总是下意识地受自身先前经验的控制，将新信息理解为经验过的内容。比如，对于新闻标题"电话广告，你打我也打"，一般人的理解很可能是：通过打电话做广告，你这样打电话，我也这样打电话。可是实际上是：你打卖电话机的广告，我也打卖电话机的广告。之所以会出现这种理解上的差异，就是因为这个标题中的"打"字，既可以和"电话"搭配成"打电话"，也可以和"广告"搭配成"打广告"。而一般的人对于"打电话"有过"经验"，比较熟悉，所以首先就想到这个含义。

其次，知识对感知的影响，和经验对感知的影响很相似。比如，新闻标题"台风高潮袭击本市"，"台风高潮"令人费解。难道台风也有"高潮"？几级台风算是达到高潮呢？实际上指的是"海潮的高潮位"。这是上海《新民晚报》头版头条的标题，意思是台风和高潮位同时到达上海。那么，一般的读者为什么会感到费解呢？是因为"高潮"是一个多义词，而事物逐步发展达到高潮的含义最为普遍和常用，是一般读者最熟悉的知识，而台风不会有这个过程，所以感到费解。

第三，态度对感知的影响，则表现为对感知过程的控制。心理学认为，态度是行为主体对人、物、事的反应倾向，包括认知、情感和意动三个成分。认知成分反映出行为主体对态度对象的赞同不赞同、相信不相信方面；情感成分反映出行为主体对态度对象的喜欢不喜欢方面；意动成分反映着行为主体对态度对象的行动意图、行动准备状态。

比如，对于上述的新闻标题"台风高潮袭击本市"，如果某一读者对《新民晚报》持相信、喜欢的态度，这会表现出"奇怪"情感，然后就会进一步阅读，以探究竟，从而了解了标题的内涵。如果另一读者对《新民晚报》持不相信、不喜欢的态度，则会说一声"这种报纸，竟然出这种错误！太不负责任了！"就会将报纸扔在一边，报纸究竟是什么意思，他还是没有"感知"到。

第四，心理定势对感知的影响。心理定势（mental set），又称心向，是一种活动的准备状态或行为倾向，通常是在行为主体意识不到的情况下发挥作用的。

心理定势有四种不同的表现：一是运动定势，指行为主体从事某种运动反应的准备状态；二是注意定势，指行为主体准备接受特定信息的状态；三是知觉定势，指行为主体按照自己的期望和背景而不是按照实际物理刺激去感知刺激；四是问题解决定势，又称思维定势，指行为主体按照自己正在思维的模式而不是按照实际需要的模式去思维。

可见，心理定势中的注意定势和知觉定势直接影响行为主体的感知过程。它使得决策者以某种心理准备状态来反映接触到的新信息。比如，以某种正在感知的状态，或某种情绪状态，或某种先入为主的准备状态来感知新信息，把听到的内容理解为他想要听到的内容，把看到的对象理解为他想要看到的对象。

心理定势、态度、知识、经验四者的关系是，心理定势和态度不仅影响行为主体对信息的直接感知，而且影响主体运用知识和经验来感知。就是说，对于需要同样知识或经验来感知的事物，主体的心理定势和态度不同，就会得到不同的感知结果，即使是同一主体也是如此。

从上面的分析可以看出，知识和经验虽然本身不是个人价值系统的内容，但是它们对感知的作用确实是个人价值系统作用的反映。心理定势和态度对感知的作用则十分明显地表现为个人价值系统的作用。因为心理定势本身是个人价值系统的组成部分，态度直接受个人价值系统的左右和制约。

（2）影响决策者的判断

判断是对事物的状况和性质经过辨别、推论并有所断定的一种思维形式。它是决策过程中使用最频繁的思维形式。决策所需信息的可靠性和实用性、决策目标的先进性和可实现性、决策备选方案的整体详尽性和相互排斥性、所选方案的可行性和满意度等，都需要决策者在短时间内做出判断。

判断如此重要，如何做出恰如其分的判断也就成了决策者们追求的目标。但是事情往往并不如人所愿。因为要判断，就要有判断的标准，而在判断的实践中，人们往往是以个人的价值观念来做标准进行判断。这是个人价值系统对决策者的直接控制。也就是说，你是什么样的个人价值体系，你只会做出什么样的判断。

中国古典名著《红楼梦》中的焦大对贾府的判断只会是"爬灰的爬灰，养小叔子的养小叔子"，而贾宝玉、林黛玉之流永远也不会得出这样的判断。

在中国高等学校合并的问题上，有人认为，为了打造世界一流的大学，有必要将一些强势大学合并。有人则不同意这一说法。本书在这里并不想评论谁是谁非，但是他们的不同观点，至少说明他们在判断大学合并这件事的标准上是不同的。很显然，前者认为"强强联合一定更强"，后者认为"强强联合并不一定更强，要想强强联合实现更强，必须保证管理跟得上"。这就是价值观的不同，导致判断结果的差异。

（3）影响决策者的思维

心理学研究认为，心理定势不仅影响行为主体的知觉过程，而且影响人的记忆、思维。在四大类心理定势中，除了上面已经阐述过的运动定势、注意定势、知觉定势之外，对思维影响最强、最多的就是思维定势。它是指行为主体按照自己正在思维的模式而不是按照实际需要的模式去思维。用通俗的说法就是：人们所做出的思考，往往使用的是刚才正在思考的方式，或者是自己习惯的思考方式。

比如，有一则智力游戏，首先发问："在什么情况下等式成立：1＋1＝10"，当你明确地回答："在二进制的时候"，他马上会接着问你："那么，在什么情况下等式成立：3＋2＝6"。正确答案是"在错误的时候"。但是由于刚才回答的是在二进制的时候，由此形成的思维状态还没有改变，你只会在"多少进制"中寻找答案，自然不会想到是在错误的时候。

再比如，"管理变革"究竟是什么含义？现在让你看：组织变革、生产变革、技术变革、体制变革、管理变革，这时你会很容易地理解为："管理的变革"。但是，再让你看：管理生产、管理财务、管理图书、管理宿舍、管理变革，这时你还会理解为"管理的变革"吗？显然不是，而是："对变革进行管理"。为什么同样四个字，在两种不同的情况下，你理解为两个含义呢？除了这四个字本身具有两个含义之外，另一个重要的原因就是前面所列举的词组让你形成了一个思维定势，你是用这个思维定势，来判断"管理变革"四个字的含义。

前面两个例子说的是，人们思考时使用的是"刚才正在思考的方式"。这种思维定势是短暂的，但是随时都会发生的，决策者不可掉以轻心。

此外，还存在长期思维定势。当某一种思维方式在无意中多次重复之后便会逐步形成某一模式的思维习惯。这便是长期存在的思维定势。在实践中，我们也经常可以看到，行为主体在处理问题时往往总是按照自己习惯的方式去处理。比如，有的人生活上办事慢吞吞的，办什么事都是慢吞吞的；办事认真仔细的，办什么事都是非常认真仔细的。

这里特别需要指出的是，无论是长期的思维定势，还是短期的思维定势，它们对行为主体思维方式的作用都是在下意识中产生的，是行为主体还没有意识到之前就已经产生了的，也就是说行为主体被思维定势牵着鼻子走而不自知。思维定势的这一特征必须引起决策者的注意。

（4）影响决策者的理性

我们在决策的逻辑程度类型中提到了"理性决策"和"有限理性决策"。这是决策模式理论发展的产物。传统的决策模式主张理性决策，主张依据逻辑规律和理性思考完成决策过程。这种模式认为，决策者对于决策所面临的环境和各种备选方案是可以获得最完全的了解，可以拥有决策所需要的全部信息，是可以有效地克服和排除各种不确定性因素的影响，总是能够按照理想和逻辑对决策方案进行全面的正确的评估，能够保持选择方案的依据也是一贯不变的，并且一定会孜孜以求地为实现组织目标利益的最大化来进行决策。这就是理性决策。

事实证明，理性决策仅仅是一种理想。一方面，由于影响决策的因素太多，要想达到完全理性的决策实在太难；另一方面，有些决策尽管并不理性，仅仅是直觉和经验的产物，却往往取得较好的效果。于是，以赫伯特·西蒙为代表的一些管理学家对理性决策提出修正，认为，人的理性是介于完全理性和非理性之间的一种有限理性。决策也是如此。在决策中，虽然每一个决策者在主观上都希望自己是一个理性决策者，但是客观上其理性总是有限的。

"有限理性决策"模式中提出了一个重要的概念：满足。该理论认为，在决策中，决策者并不会为了一个圆满的、最好的方案而苦苦追求下去，往往在找到一个符合某些起码要求或最低标准的方案就满足了，停了下来，尽管可以证明进一步寻找还有可能获得更好的方案。导致这种满足的原因很多，诸如决策者拥有的时间不充足，掌握的信息不完全，决策者能力的低下等，但其中一个最重要的原因就是决策者个人价值系统的作用。决策者的个人价值系统告诉他自己，就是这个方案最好、最经济、风险最小等。其实，所谓的"满足"，就是所选方案的结果符合决策者个人价值系统的水平和要求所产生的一种愉悦的心理体验。

由此可见，决策中有限理性的产生，实际上主要是个人价值系统的影响。

（5）影响群体决策行为

在正式组织里，群体决策是比较普遍的。正如我们在决策的类型中谈到群体决策时所说的，群体比任何个体都拥有广泛得多的知识和经验。群体决策具有利用集体智慧，集思广益，便于寻求最佳决策方案等许多优点。

但是，在群体决策中，同样摆脱不了个人价值系统对群体决策的影响。

群体有自己独特的心理现象。诸如舆论、士气、气氛、风尚、默契、社会助长和从众等。个体心理是大脑的机能，是外部世界在人脑中的主观映像。群体心理是普遍存在于群体中每一个成员头脑中的、反映群体社会关系的共同心理状态与心理倾向。群体心理对于决策，既有积极的影响，也有消极的影响。作为一个组织的管理者，当然希望发挥积极影响，避免消极影响。

然而，这并不以决策者的主观愿望而定。在一个群体中，某一种认识、某一种精神，只有为群体内绝大多数人所接受，才能变为这个群体的舆论、士气，形成群体心理。一种决策者愿意积极弘扬的舆论，如果群体内的成员不愿接受，舆论还是形成不起来；一种决策者认为"表现不良"而千方百计加以抑制的风尚，如果群体内的大多数成员都愿意接受并且喜欢，那风尚还是抑制不住，照旧形成起来。这显然是与决策者的意愿背道而驰了。

那么，是谁在左右群体内成员的意愿呢？很显然，群体心理的形成是以群体成员普遍接受为前提。而群体成员在接受之前是要精心选择的，符合自己个人价值系统的则愿意接受，不符合个人价值系统的就不会接受。可见个体的个人价值系统在群体心理形成过程中的作用。

还有，在群体决策中，群体成员的"从众心理"是阻碍提升群体决策效果的主要因素。从众心理是指个体由于真实的或者是臆想的群体心理压力，在感知和行为上不由自主地愿意附和群体内有地位的人、意见领袖或大多数人的意见的一种心理活动。比如，具有上下级关系的群体内，下级为了迎合上级，宁愿顺从上级的意图也不提出自己的真正意见。在这种群体内的决策，本质上还是上级管理者的个人决策。可见，从众心理的存在，使得群体不能获得理想的群体决策所具有的群策群力、集思广益的效果。

我们只要稍加分析，就会明白，从众心理的存在，还是个人价值系统在起作用。那些产生从众心理的个体，是他们的个人价值系统告诉他们，只有这样做才是对于自己最有利的，才是正确的。

3. 优化个人价值系统，提高决策水平

既然个人价值系统在决策中如此重要，那么，优化个人价值系统就成了提高决策水平和效果的重要途径。

要优化个人价值系统，至少应做到以下四点：

(1) 提高自我意识，区别个人价值系统的正负面影响

个人价值系统对于决策行为的作用具有两面性。这里的关键因素是个人的是

非标准（个人价值系统）是否正确，并且与决策所需要的标准是否一致。

当决策所需要的标准，与个人价值系统相一致的时候，个人价值系统有利于决策，他会使决策者对事物的感知更加迅速、有效，有助于决策者透过表面现象抓住事物的本质，有助于决策者迅速形成决心，大大加快决策速度，做出果断、大胆的选择。这属正面影响。

当决策所需要的标准，与个人价值系统不相一致的时候，个人价值系统就会阻碍决策的进行，容易在情况已经发生变化的时候还因循守旧，错失良机；如果个人价值系统是错误的，就会导致决策失误。这属负面影响。

案例 2.6　长篇小说《欧阳海之歌》在最后写到欧阳海为抢救列车、冲向铁路的一瞬间，说欧阳海可能想到了董存瑞，想到了黄继光，想到了邱少云……，写到最后说，在那千钧一发的时刻，他什么也没有想到，只想到要抢救列车。

确实如此，欧阳海要是想到了那些，他就救不了列车了。是欧阳海的个人价值系统在那极短的时间里帮助他做出了正确的决策。这是正面影响。

再比如，下面是一个大学的纪委书记在检查该大学所属一个学院的自学考试工作时与学院负责人的一段对话。

案例 2.7　纪委书记批评说："你们学院负责这门自考课程的命题，怎么你们办的自考班的学生成绩都是 90 分以上？你们知道不知道，这是违背教育部规定的。是不是有人泄漏了考试试题？"

"没有。"学院负责人回答，"命题的老师不在自考班上课，肯定不会漏题的。"

"那你们要查清楚是怎么回事。"

"是。"

"你们向市教委汇报了没有？"

"没有。"

"没汇报就好！"

很显然，这位纪委书记的"没汇报就好"的决策是错误的，是典型的本位主义表现。作为中国共产党的一个纪委书记，在这个问题上决策所需要的标准，显然是全党的利益。但是，他的个人价值系统中只有单位的利益。这就是决策标准与个人价值系统不一致，导致错误决策。属于负面影响。

此外，在日常工作的决策中，心理定势可以使决策者按照常规不费力地进行决策，解决问题，但是也正因为定势的存在，会妨碍创造性的发挥。所以要创造，往往要求打破定势。所谓打破定势，也是优化个人价值系统的一个方法。

怎样才能打破定势，这里可简单提供一个思路。首先，当发生思维阻塞时，要分析是不是由定势引起的。因为知识和经验的不足也会阻碍思维的进行。其次，是要识别定势。确实是由于思维定势造成的，就要寻找定势产生的原因。如果是因为对上级领导、专家权威的迷信，就有意识地排除；如果是自己过于自信，那就做自我批评，自我改正。最后，在左思右想不得结果的时候，很可能是由于某种思维定势造成的，这时立即做冷处理，把这个问题放一放，过两天再来思考。

所以，决策者要优化个人价值系统，就要提高自我意识，审视自己的个人价值系统组成，保留对于工作有用的部分，摒弃对工作不利的部分；了解自己的定势，继续稳定那些有利的定势，注意打破不利的定势。

（2）充分利用环境因素优化个人价值系统

个人价值系统是人们对社会存在的反映。人们所处的自然环境和社会环境，包括人的社会地位和物质生活条件，决定着人们的价值观念。处于相同环境的人，会产生基本相同的价值观念，每一社会都有一些共同认可的普遍的价值标准，从而形成普遍一致的或大部分一致的行为定势，或曰社会行为模式。

个人价值系统是后天形成的，是通过社会化培养形成的。家庭、学校等群体对个人价值观念的形成起着关键的作用，其他社会环境也有重要的影响。个人价值系统有一个形成过程，是随着知识的增长和生活经验的积累而逐步确立起来的。当然，个人价值系统一旦确立，便具有相对的稳定性，形成一定的价值取向和行为定势，是不易改变的。但就社会和群体而言，由于人员的更替和环境的变化，社会或群体的价值观念又是不断变化着的。传统价值观念会不断地受到新价值观的挑战，这种价值冲突的结果，总的趋势是前者逐步让位于后者。价值观念的变化是社会改革的前提，又是社会改革的必然结果。

所以，作为决策者个人，应该充分利用环境的有利因素，优化自己的个人价值系统；回避环境的不利因素，避免个人价值系统的滑坡。

（3）决策中注意避免个人情绪的干扰

在决策过程中，决策者个人的情绪对决策结果的影响也很大，往往还是负面影响。情绪虽然不属于个人价值系统的范畴，但是个人价值系统是否得到满足，往往是个人情绪波动最主要的原因。所以，当情绪波动发生后，如果能够及时地控制情绪的发展，最大限度地减小情绪波动给决策选择带来的负面影响，实际上也就是避免了个人价值系统给决策活动带来的负面影响。

决策者要较好地控制自己的情绪，通常应该注意以下几点：

首先，学会在情绪产生后能及时意识到自己情绪的变化。因为只有意识到，才可能设法控制它。许多人处在过激状态下，或者自暴自弃、消极悲观、抑郁烦躁往往并不自知。所以，及时意识到自己情绪失常是进行情绪自我调控的前提。

其次，要学会以信息或理智控制情绪发生的强度。情绪是由于现实不能满足主体意愿和需求而发生的，只要产生情绪刺激的事实一出现，情绪的发生就是不可避免的了。所以，剩下的问题，就变成了能否及时意识到情绪的发生和怎样减小情绪的强度。通常的方法是以信息或理智提醒自己，控制情绪的发展和强度，或者回忆自己过去因情绪不当带来的不愉快和教训，或者回想某人善于自制的形象，以这些信息及时地把刚刚出现的不当情绪控制住，制止情绪的发展和恶化。

电影《林则徐》中，林则徐在听到某钦差大臣到广州时同洋人私通，倒卖鸦片的信息时，立即愤怒地抓起桌上的茶壶就要往地上摔，这时他看到墙上挂着他亲笔书写的"制怒"条幅，就缓缓地把茶壶放回桌上，控制自己的愤怒情绪，安排下一步工作。这就是以语词信息来缓和自己情绪不当发展的实例。

第三，学会使用极端思维法、多角度思维法调控情绪。情绪发生波动往往是对即将发生的事做了错误的"估计"而出现的。"估计"得过好，会盲目乐观，忘乎所以；"估计"得过坏，会盲目自卑，以致抑郁不乐，甚至愤怒至极，不可抑制。这个时候采取极端思维法，索性把"估计"推到极端，推到最好能好到什么程度，推到最坏能坏到什么地步。如果这种极端的结局也是可以接受的，那么，现在这种"估计"又有什么值得动情绪的呢？想到这些，情绪也就会自然平静下来了。

此外，一个问题发生后，从某一个角度来看可能会引起情绪波动，从另一个角度去看，可能就能够接受，也就不会"动肝火"了。有人又称这种方法为"焦点转移法"。比如说，在企业之间的相互交往中，对方可能会有某些不到之处，要能够予以谅解。不要对方答应合作就高兴，不答应合作就不高兴，还可以交个朋友，下次再合作。

第四，端正情绪体验，防止不当情绪再度发生。情绪体验，指的是在某一信息的刺激下产生了某种情绪，以后每次出现这一信息刺激时都会产生同样的情绪反应。所谓"一朝被蛇咬，十年怕草绳"，就是情绪体验不当造成的。

端正情绪体验，是指某种情绪在第一次结束之后及时地予以总结，分析这次情绪波动的原因，诱发因素是什么，有些什么教训等。这样，当产生本次情绪刺激的信息再次出现时，就能理智地控制自己而不会再产生情绪波动了。

（4）学会反思，逐步优化个人价值系统

在优化个人价值系统的过程中，决策者要坚信个人价值系统是后天形成的，是可以改变的。要通过反思，理性地审查自己，发现自己个人价值系统中的不妥之处。因为人们通过正面学习来优化个人价值系统往往需要比较长的时间，但是在反思错误、失误的具体案例中优化，往往印象比较深刻，效果比较好，可以在较短的时间内建立起一个合理的、健康的、积极的个人价值系统。

[思考题与案例分析]

1. 什么是计划工作？计划工作的六项任务对管理工作有什么普遍意义？

2. 计划工作的特征和类型包括哪些内容？

3. 计划工作的程序包括哪七个环节？为什么有些环节间会有反馈程序？

4. 用"木桶原理"和"限定因素原理"来阐述计划工作原理中的第一个原理"针对性原理"是否合适？为什么？计划工作原理中的"许诺原理"包含怎样

的内容？既然计划必须保持其严肃性，不可轻易改变，为什么"弹性原理"中还说计划具有灵活性？

5. 什么是目标？目标的层次性特征对管理工作有什么启示？目标的可考核性中提及定性目标和定量目标，是不是定性目标都不能测量，定量目标都可以测量？为什么？

6. 目标有哪四大作用？目标制定中要处理好哪五对矛盾？

7. 什么是战略？战略管理的过程包括哪些内容？什么是战略制定？

8. 怎样制定战略目标？战略分析包括哪些内容？常用的战略分析方法有哪五种？每一种方法如何使用？

9. 战略有哪些类型？每一种类型的战略适用于什么样的情况？战略规划有哪些内容？制定战略规划有什么要求？

10. 什么是决策？决策过程包括哪些环节？

11. 科学决策的要求是什么？

12. 为什么说，决策能力的本质在于决策者的个人价值系统？个人价值系统是怎样影响决策者决策的？如何优化个人价值系统？

13. 任意选择你过去某一次工作决策或个人生活决策，你认为那次决策的效果如何？为什么？请用学过的科学决策的五条要求来解释该决策过程。

14. 阅读下面的案例，回答案例后面的问题：

案例 2005 年 6 月的一天，重庆渝盛仪表厂的张工程师带着一个三人小分队走访本厂客户，来到湖北省荆门第一炼油厂，正好本厂生产的 20 台流量计到货。荆门第一炼油厂在开箱验收时竟然发现有 12 台精度超差，不合要求，当面提出要退货。张工程师立即到现场了解情况，每台仪器都有出厂合格证。张工程师知道本厂产品出厂要求严格，既然有合格证，说明在厂内的检测设备上是合格的，现在用荆门第一炼油厂的设备检测精度超差，很明显是由于两套检测设备标定系统不同的结果，但要以此说服荆门第一炼油厂接受，很难；邮寄回厂重新调试后再发回来，还可能会是如此；向厂里报告，让厂里派人来修，一是耽误时间，二是很可能也就让自己来修。因此，最好是自己当场修理调试，但是小分队并没有修理调试的任务，万一修不好自己责任重大。最后，张工程师决定自己调试，两天后 12 台流量计全部调试合格。

问 这个过程是一次正确决策的过程。请你用学过的关于科学决策的五条要求来对该决策过程进行解释。

[推荐阅读书目和文献]

　　读者如果对本章的内容感兴趣，还可以阅读以下文献：

　　戴淑芬.2005.管理学教程（第2版）.北京：北京大学出版社

　　海因茨·韦里克，哈罗德·孔茨.2004.管理学——全球化视角（第11版）.
马春光译.北京：经济科学出版社

　　莫寰.2005.新编管理学.北京：清华大学出版社

　　潘开灵，邓旭东.2005.管理学.北京：科学出版社

　　司有和.2003.企业信息管理学.北京：科学出版社

　　杨文士等.2004.管理学原理（第2版）.北京：中国人民大学出版社

　　喻晓航等.1997.管理学原理.天津：南开大学出版社

　　张玉利.2004.管理学（第2版）.天津：南开大学出版社

　　周健临等.1999.管理学教程.上海：上海财经大学出版社

第三章 组织工作

第一节 组织工作概述

一、组织的基本概念

1. 组织的含义

"组织"一词，在汉语里最早出现在《吕氏春秋》中，是"经纬相交，织成布帛"的意思。南朝刘思勰在《文心雕龙·原道》中说："雕琢情性，组织辞令"以引申为文章诗词的结构。后来，是唐朝著名国学大师孔颖达把"组织"一词引申到社会行政管理中的。

在现代汉语中，组织一词有两层含义：作名词用的时候，指的是"人们为了共同的目标而建立的相互合作的社会群体"；作动词用的时候，指的是"对事物进行安排，使之有序的活动过程"，即组织工作。

在管理学领域，这两层含义都存在。比如，"组织结构的设计"使用的是名词的含义。"管理的组织职能"使用的是动词的含义。

为了区别这两层含义，本书对名词含义使用"组织"二字，对动词含义使用词组"组织工作"。

2. 组织的类型

组织的类型很多。按照组织规模，可分为小型、中型和巨型组织。按照组织成员之间关系的性质，可划分为正式组织和非正式组织。按照组织的功能和目标，可分为经济组织、政治组织和群众组织。按照组织对成员的控制类型可划分为强制组织、功利组织、规范组织。

我国一些学者将社会组织分为经济组织、政治组织、教科文卫组织、群众组织和宗教组织等类型。

组织类型的划分是相对的，人们可以从研究和分析的需要出发，选择恰当的分类标准。

3. 组织的特征

关于组织的特征，可从两个方面来认识，一是组织作为社会结构之一的独立实体区别于其他社会结构的一般性特征，二是组织作为一个社会系统在其内部不同子系统（也是组织）之间相互区别的个性化特征。

（1）组织的一般性特征

在组织社会学中，组织，又称作社会组织，是与人际关系亲密的初级社会群体（如家庭、邻里、朋友群体等）相区别的次级社会群体。人类社会进入工业社会以后，社会生产力飞速发展，社会分工越来越细，社会生活和社会关系越来越复杂，初级社会群体在很多方面已无法适应社会发展和社会活动的需要。因此，完成特定目标和承担特定功能的社会组织的大发展就成为近代社会发展的必然趋势。

社会组织的一般特征主要有：

1）特定的组织目标。所有的社会组织都有自己的目标。目标是组织的灵魂。

2）一定数量的固定成员。是由两人或两个以上的人组成的系统。

3）制度化的组织结构。通过不同职位的权力结构体系，协调各个职能部门或个人的活动。

4）普遍化的行为规范。通过行为规范和辅助的奖惩制度，制约组织成员的活动，维护组织活动的统一性。

5）开放性。所有的社会组织都是一个开放的系统。

（2）组织的个性化特征

在社会系统内，一个组织之所以区别于其他组织的特征，称之为组织的个性化特征。这可以从结构性和背景性两个方面来认识：

第一，结构性特征。具体包括正规性、专门性、标准化程度、职权构造特征、复杂性、集权程度、专业化程度和人员构成。

正规性，指的是一个组织内的规章、制度、标准、程序等正式的书面文件的多寡程度和这些文件具体落实的程度。这类正式文件越多，并且落实得越好，则反映该组织的正规化程度越高。

专门性，指的是组织内专业化分工的程度。专门化程度越高，说明组织成员所承担的工作内容越细，这有助于组织成员的工作性操作越熟练、水平越高。

复杂性，指的是组织内存在的活动和子系统的多寡程度。又可分为纵向复杂性、横向复杂性和区域复杂性。纵向复杂性反映组织结构中纵向层次的数目，横向复杂性反映组织水平方向上职位和部门的数量，区域复杂性反映组织在地理区域上的分布情况。其中，纵向复杂性和横向复杂性关系密切，通常，横向复杂性越强，说明控制幅度越大，则纵向复杂性就越弱，即职权构造就扁平。反之亦然。

集权程度，指的是决策权在组织职权层级上的分布情况。决策权保持在最高层级为集权程度高的组织，决策权授予了较低的层次为集权程度较低的组织。

人力资源优化程度，指的是组织内的人员配置水平和专业化程度。人员配置水平包括管理人员的比例、行政人员的比例、技术人员的比例等。专业化程度指组织成员接受正式教育和培训的程度。

第二，背景性特征。具体包括以下五个方面。

规模，指的是通过组织拥有的人数所反映的组织大小程度。

组织技术，指的是组织的生产子系统或操作子系统的性质。它包括了组织将输入转化为输出所采取的措施和手段。

环境，指的是组织边界之外的所有要素，诸如政府、行业、客户、供应商和其他组织等。

组织目标和战略，指的是本组织区别于其他组织的宗旨和竞争手段。它规定了组织的活动范围，也规定了与本组织成员、客户、供应商之间的关系。

组织文化，指的是组织的管理者和大多数成员共同接受并共同拥有的基本价值观、信念、观点和伦理道德。它是组织成员之间的黏合剂，影响组织对成员的态度、组织的效率以及对客户的服务。

这里的结构性特征和背景性特征，是相互紧密联系的。比如，一个采用常规技术经营的大型组织，在稳定的环境下，通常会表现出较高程度的正规性、专门性和集权程度。这样，我们就可以根据这些特征指标对组织进行深入的分析，对组织的任何变革也应该在这些指标中反映出来。

4. 组织结构的类型

根据对下属实行不同的分工管理，组织结构的类型有直线型、职能型、直线参谋型、直线参谋职能型、事业部型、矩阵型等六种。

（1）直线型组织结构

直线型组织结构是最简单的一种结构形式（图3.1）。它的特点是各级管理机构按垂直系统直线排列，各级管理者对其直接下属拥有一切职权，而组织中的

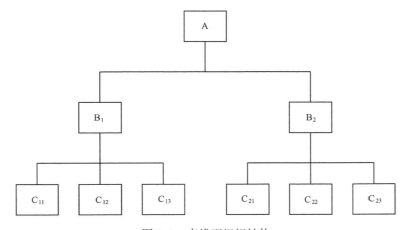

图 3.1 直线型组织结构

每个人只有一个上级，只能向一个上级报告工作。其优点是结构简单，权力集中，责任分明，命令统一，便于指挥。其缺点是如果组织规模较大，所有的职能由一个人承担，往往由于其能力和知识的限制，难于应付，顾此失彼，容易发生失误。而且，部门之间的协调比较困难。一般来说，这种组织结构适用于小型的不必进行专业化管理的企业或组织。

（2）职能型组织结构

这种组织结构的特点是，组织内除高层管理者之外，还设立了一些职能机构，分担某些职能管理的任务。这些职能部门在自己的业务范围内，有权向下级下达命令或任务，因此，下级管理者除了接受上级管理者的领导之外，还要接受上级各职能部门的领导（图 3.2）。这种类型里还有一种形式，高层管理者不直接领导下级各单位，只由各职能部门领导下级各单位（图 3.3）。

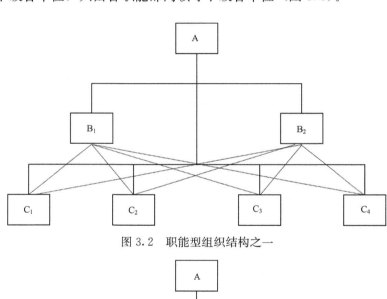

图 3.2　职能型组织结构之一

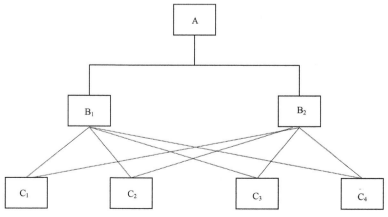

图 3.3　职能型组织结构之二

这种结构形式的优点是能够适应现代组织技术比较复杂和管理分工较细的特点，能够发挥职能部门的专业管理作用，减轻上层主管人员的负担。但是缺点是多头领导，有碍于集中统一，基层会感到无所适从，容易造成管理混乱。

（3）直线参谋型组织结构

这种结构是上述两种结构的融合。它的特点是设置两套信息联系系统，一套是按照统一指挥原则设置的指挥系统，指挥信息在这一系统中传播；另一套是按照专业化原则设置的管理职能系统，专业管理信息在这一系统中传播。直线管理者在自己的职权范围内有决定权，对其下属实行指挥并负全部责任。职能部门仅是直线管理者的参谋，只对下级管理者提供建议和业务指导，没有指挥权。这种结构的优点是命令统一，指挥集中，职责清楚，工作效率高，组织结构稳定。缺点是下级部门的主动性受到限制，部门间的信息沟通较少，上级管理者的协调工作量比较大。整个组织系统的适应性比较差，对新信息不易做出及时反应。这种结构比较适用于中、小型企业或组织（图 3.4）。

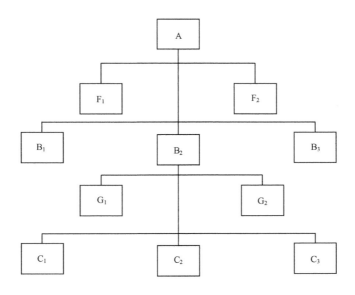

图 3.4 直线参谋型组织结构

（4）直线参谋职能型组织结构

直线参谋职能型结构融合了直线参谋型组织结构和职能型组织结构的优点，在坚持直线指挥的前提下，为发挥职能部门的积极性，将一些属于上层管理者的权力授予某些职能部门去行使，如决策权、协调权、控制权等（图 3.5）。

（5）事业部制组织结构

事业部制组织结构是美国通用汽车公司在 20 世纪 20 年代首创的。它规定在

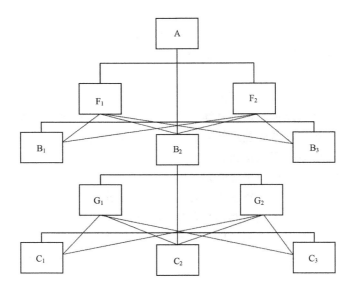

图 3.5　直线参谋职能型组织结构

总公司的领导之下设立多个事业部，各事业部有各自独立的产品和市场，实行独立核算。事业部内部在经营管理上具有自主权和独立性。这种结构是总公司集中决策，各事业部独立经营。他的优点是组织的最高层可以摆脱具体的日常管理事务，便于集中精力做好战略规划和战略决策，提高了管理的灵活性和适应性，有利于培养和训练管理人才。它的缺点是机构重叠，造成管理人员的浪费，由于各事业部是独立经营，因此，事业部之间的信息交流、人员互换和相互支援比较困难，各事业部往往只从本事业部出发考虑问题，忽视整个组织的利益（图 3.6）。

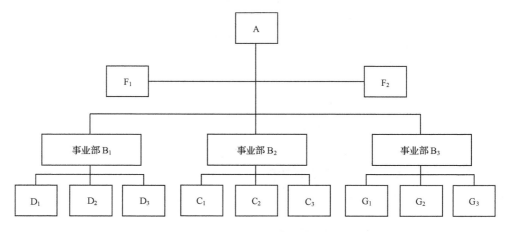

图 3.6　事业部制组织结构

（6）矩阵型组织结构

矩阵型组织结构是把按职能划分的部门和按任务或项目划分的部门结合起来，使一名员工既属于某职能部门，又是某任务部门的成员。他在组织上和业务上保持与原职能部门的联系，又参加产品或项目的具体工作。各职能部门的负责人和各任务小组的负责人都直接接受高层管理者的领导。

这种组织结构的优点是打破了一个员工只能属一个部门的传统观念，加强了各职能部门之间的信息联系，具有比较大的机动性和适应性，有利于发挥人才的作用和培养人才。缺点是这种结构实行纵横两个方向的领导，处理不当，容易造成矛盾，影响工作，而且使员工有一种"临时性"的感觉，容易导致人心不稳，容易导致员工工作的"短期行为"（图 3.7）。

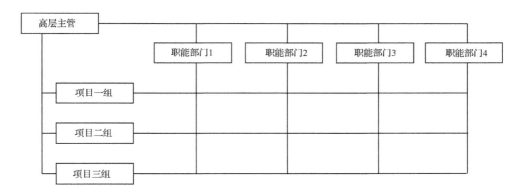

图 3.7　矩阵型组织结构

二、组织的环境

1. 组织环境的含义

据《中国大百科全书》解释，环境是围绕着人群的空间及其中可以直接、间接影响人类生活和发展的各种自然因素和社会因素的集合。

那么，据此我们可以定义组织的环境：围绕着社会组织的空间及其中可以直接、间接影响组织生存与发展的各种自然因素和社会因素的集合称作组织环境。

那种将环境定义为"除去组织本身的一切自在物"并不合适。首先，它遗漏了内部环境；其次，组织之外的自在物并不一定都会对本组织产生影响，只有对本组织产生影响的因素才是本组织的环境。

组织的环境是复杂的、不确定的，在不断地发生着或大或小的变化。如果环境要素的变化程度很大，我们称之为动态环境。如果变化程度很小，称之为稳定环境。当然稳定环境是相对的，绝对的稳定并不存在，随着时间的推移，稳定环境也会转化为动态环境。有些动态环境呈现出某种规律性的变化，是可以预测的；有些由于偶然因素导致的变化，不呈现出规律性，就不可预测了。

根据环境的范围，可以将组织环境划分为组织内部环境和组织外部环境。在本书第一章第一节讨论管理要素构成时，我们曾提及管理包括六大要素：管理主体（管理者）、管理客体（被管理者、财、物、时间、信息）、管理媒介（信息）、管理工具（机构、法规、操作工具等）、管理目标和外部环境。其实，这前五个要素就是组织的内部环境。组织的外部环境，根据其对组织产生影响的大小，又可以将其划分一般环境和任务环境。

2. 组织的一般环境

组织的一般环境，又称作宏观环境、社会大环境。它主要是指可能会影响组织生存和发展的国内经济环境、科学技术环境、政治法律环境、社会文化环境和全球经济一体化环境。

和任务环境相比，这些环境对组织的影响相对来说要间接一些。但是，"蝼蚁之穴，溃千里之堤"，间接的影响，不等于是无足轻重的影响，同样可能会导致组织的生存危机。组织的管理者不可等闲视之。

（1）经济环境

经济环境指的是组织所在国家或地区的总体经济状况。反映在消费者购买力、利息率、通货膨胀率、失业率、社会总体价格水平等指标上。

经济环境对所有类型的组织，包括赢利性组织和非赢利性组织都会产生直接的影响。因为任何组织都需要资金维持其运行，利息率和通货膨胀率的提高，就会增加组织的运行成本和对资金的可获得性。消费者购买力、社会总体价格水平的持续下降，可能有利于非赢利组织，但是赢利性组织的发展就会受到打击。失业率的下降，可能会导致劳动力价格的上涨，组织的人力资本投入就会增加，给组织带来新的负担。经济环境诸要素的影响往往不是单项的作用，而是相互影响和连锁反应的。比如，通货膨胀率的提高，并不仅仅是市场价格的提升，还会对赢利性组织的投入和产出产生严重的影响，还会影响就业、原材料供应、消费者购买力等，以致对所有的组织都会产生极大的干扰。

（2）科学技术环境

这是企业外部环境中最活跃的因素，是近二三十年来变化最为迅速的因素。新技术、新设备、新产品、新材料和新服务层出不穷，尤其是信息技术的飞速发展，信息化在各类组织中的迅速推广，极大地提高了社会劳动生产率，给各种类型的组织带来许多实惠，但是也随之带了高额投入、环境污染、能源短缺、交通拥挤等一系列没完没了的问题。科技的进步，还带来"游戏规则"的变化，当代每一个组织都要考虑如何面对新的游戏规则，否则将会面临生存的危机。

组织的内部环境总是和外部的技术环境相适应的。传统的组织以机械技术为基础，与之相适应的组织内部环境就是建立严格的组织层次、繁琐的规则章程和严密的组织纪律，只有这样才能保证机械技术效率的实现。今天的组织，自开始使用信息技术那一天起，就进入现代技术环境之中，也就要求组织的内部环境随之做出相应的变化。事实上，技术的变革正在深刻地影响着当代各种类型组织的基本构建方法、模式和管理者的管理方式。

（3）政治、法律环境

这是指影响各类组织活动的政府政治活动、法律、法规、政策以及政府官员的行为等形成的复合因素。不论在什么样的社会制度下，政府都要实施社会管理，并且从国家利益出发，制定一系列的法律、法规和政策。这些政府管理活动和法规政策，是这个国家内所有组织必须无条件遵守执行的，不论这些活动和法规文件的规定对某一具体组织的发展是否有利都是如此。组织只能接受这一环境，不允许拒绝和对抗这一环境。对于跨国组织来说，明白这一点尤其重要。

组织所在国的政治条件清明，国家政局总体稳定，政府官员对组织所持的态度较好，有利于组织部门制定长期的发展目标和战略规划，提高组织在所在国继续运作的信心，有利于吸引跨国组织的进入。这是所有组织对政治、法律环境的良好期望。组织的管理者应当努力预测其所在国的政治、法律环境的变化趋势，以便做好适应环境的准备。

（4）社会文化环境

社会文化环境指的是由生活在一定社会中的人口密度、地理分布、年龄结构和受教育程度等人口因素，以及人们的价值观、伦理、道德、态度、期望、信念、历史、风俗等构成的复合因素。

社会文化环境具有极大的渗透力。因为任何一个组织都是具体社会中的一个组织，组织的成员就是社会的成员，所以每个成员都无时无刻地不受到所处社会文化环境的影响。组织内不同层次、不同身份、不同籍贯、不同受教育程度的人，他们的社会态度、信念和价值观不可能一致，如果对他们进行同样的管理，就不可能得到同样的效果，他们就很难产生相同的满意度和满足感。这对于需要员工一致行动的组织来说，是十分不利的。

管理者必须努力缔造本组织的组织文化，以求最大限度地统一组织成员的社会态度、信念和价值观。管理者还必须十分注意社会文化环境的变化发展趋势，并能够随之变化，在管理中做出相应的改变，以求适应环境的变化。

（5）全球经济一体化环境

20世纪中叶以来，全球经济一体化的进程日益加快。人类在信息、生物、新材料、新能源、空间探索、海洋开发等许多领域取得了重大进展，一系列的新兴技术对传统的经济和人们的生活习惯、思维模式、工作方式等带来了猛烈的冲击，导致社会生产力的空前发展，跨国公司的数目急剧增长，世界贸易组织（WTO）成员国越来越多，占全世界70％的国家都已是WTO的成员国，各成员国都必须遵照统一的规则、标准体系、市场规范和经商惯例来组织生产经营活动。人类正通过无数个彼此相连的计算机终端和纵横交错的电子网络紧密地联系在一起，资本、信息、技术、能源、人力资源突破国界在全球范围内大量、迅速地流动，整个世界正走向经济一体化。

在这样一个环境下，传统的组织结构、运营模式、管理方法都已经不能适应形势的需要，原有的在工业经济时代顶礼膜拜的规模经济、专业化分工、垂直一体化、进入壁垒等已经失去昔日的光环，代之而来的是柔性管理、虚拟企业、学习型组织、管理变革、组织变革、流程再造、电子商务等。

在全球经济一体化的大背景下，一体化的不仅仅是经济，而且涉及政治、文化、科技等各个方面。它给组织带来的既是挑战，也是机遇。对于挑战，是客观存在的、无法回避的，需要各类组织的管理者认真对付。对于机遇，具体到每一个组织来说，不是现成的、必然的，而是稍纵即逝的，需要各类组织的管理者能够敏锐、果断地抓住。

3. 组织的任务环境

任务环境，指的是对组织管理者能够产生直接影响，并与实现组织目标、完成组织任务直接相关的微观外部环境。

关于任务环境，有学者称之为"具体环境"、"特定环境"。说法虽然不同，内容却是一样的，都是列举了"顾客、供应商、竞争者、其他因素"，很显然这说的是一个企业因其社会任务所面临的外部环境。所以，还是叫"任务环境"为妥。不过，这里的四个因素也只能说是"经济组织的任务环境"。

关于组织，我们在"组织的类型"中已经说过，我国学者将其分为经济组织、政治组织、科教文卫组织、群众组织和宗教组织等五大类型。对于这五大类不同的组织，它们的"任务环境"肯定不能说一样地都是"顾客、供应商、竞争者、其他因素"。对于政治组织、群众组织和宗教组织，不存在作为"购买者"的顾客，他们只有服务对象。对于群众组织和宗教组织，不存在"竞争者"，他们只有同类组织或相关组织；对于经济组织来说，除了竞争者之外还有可以合作的相关组织。而"其他因素"中所说的政府机构、民间组织、新闻媒介、社区机构等，其实也都是与经济组织相关的组织。所以，组织任务环境的要素，可以概括成三个方面：服务对象、资源供应者和相关组织。

（1）服务对象

任何一个组织的存在，都有其社会宗旨或使命。经济组织的宗旨是为社会提供有经济价值的产品和服务，具体的服务对象是顾客。政治组织的宗旨是为国家提供政治服务，具体的服务对象是政府和国民。科教文卫组织是为社会提供科学、技术、人才、文化等产品和服务，具体的服务对象是社会和国民，这其中有的是属于"购买者"的顾客，有的是免费接受服务的客户。群众组织和宗教组织的宗旨是提供各种服务，具体的服务对象是本组织成员。

所有的组织都是为了满足服务对象的需要而存在的。顾客、客户和其他服务对象是吸收组织产出的主体，是他们决定组织的成败。所以，组织必须深入了解服务对象的真实需求，满足他们的需求。

随着社会经济、文化、科技的发展，服务对象的需求也会发生变化，组织如果不能及时地预测和洞察到这种变化，没有能够满足服务对象的需求，组织就可能被服务对象所抛弃，组织也就失去存在的意义。

（2）资源供应者

任何一个组织，作为一个开放的系统，它必须不断地从外部环境中获取各种需要的资源，包括物质资源、能量资源和信息资源，以维持组织的正常活动，将这些资源转化为该组织所提供的产品或服务，输出到外部环境中去，完成与外部环境的循环交换。一旦循环中断，或者是组织接受不到资源输入，或者是组织不能输出，组织就会发生生存危机。

组织所需要的外部资源就是由资源供应者提供的。一个组织的资源供应者，可以是各种物质资源的生产公司和能源供应公司，也可能是为组织提供资金来源和服务的银行和其他金融机构，提供人力资源的高等学校和其他培训机构，提供各类技术信息的科研机构和专利机构，提供信息服务的咨询公司和中介机构以及进行自我服务的组织自身等。

产品或服务的质量、价格、交货期或提供期是资源供应者影响组织活动的三个基本因素，对组织活动的成本会产生直接影响。

（3）相关组织

在社会组织的大系统中，任何一个组织都可能和其他组织发生关系。这里的关系，有敌对关系，也有朋友关系；有竞争关系，也有合作关系。

企业竞争性情报研究告诉我们，在经济组织中，即使在同行企业，也不都是竞争对手，只有那些与本企业"势均力敌、相互争胜"的企业才是竞争对手。

但是，那些不是竞争对手的同行企业，仍旧会和本企业发生关系，影响本企业的发展，而且这类影响往往是良性的，对企业是有利的。比如，通过这类企业往往可以获得通过其他途径难以获得的竞争对手的情报。

此外，经济组织还面临一系列的对组织行为会产生直接影响但并不是竞争对手的相关组织，诸如，政府的管理机构和部门、消费者协会、行业协会、新闻传播媒介、组织所在社区的管理机构等，这些组织（机构也是组织）在其特定的范围内或者以特定的方式对经济组织（也包括其他类型组织）有着各种各样的联系，对组织的生存与发展起着促进或威胁的作用。

可见，一个组织与其他组织之间的关系是复杂的，并非只是竞争关系。但是不论它们之间的关系如何复杂，都可以简言之："它们相关"。所以，相关的组织都属于本组织的外部环境。

组织的管理者们要掌握一个原则：不仅要注意到具有竞争关系的相关组织，因为这确实是一种不容忽视的对本组织具有威胁的环境力量，而且还要注意到具有合作关系的组织，因为它们可以给本组织以帮助。我们国家在复杂的国际环境中，采取团结一切可以团结的力量，打击最主要的对手，使用的就是这一原则。

4. 组织与环境的关系

上面的分析只是指出了环境对组织具有影响，但是组织并不总是被动地接受环境的制约。组织与环境的关系是互动的，虽然组织要受制于环境，但是某些环境，尤其是任务环境，也会受到组织的影响而改变。组织的管理者懂得这一点，就可以在尊重宏观环境的前提下，主动地设法改变某些任务环境，为本组织服务。

（1）组织应对环境影响的策略

对于组织的管理者，最重要的不是环境对组织有没有影响，而是环境对于具体到自己所在的组织，影响究竟会达到何等程度。因为只有了解这一点，才可能制订出恰当的组织结构、组织目标和行动方案。

但是，组织的环境是复杂的、不确定的，在不断地发生着或大或小的变化。美国著名组织理论家汤姆孙（I. D. Thompson）提出一种"组织环境不确定性矩阵"方法可以帮助我们分析组织所处环境对组织影响的程度（图 3.8）。

图 3.8　组织环境不确定性矩阵

该法将环境的不确定性划分为两个变量：变化程度与和谐程度。变化程度是指环境因素是基本稳定还是动荡不定。和谐程度是指环境因素本身的构成和变化是相对比较简单还是比较复杂。

处于简单、稳定环境的组织，如政治局势稳定的国家中的群众组织、宗教组织，竞争对手相对较少的经济组织等。在这种环境里，组织内部可以采用强有力的行政组织结构形式，通过控制、实施严格的纪律、规章、制度和标准化操作程序进行管理。像容器制造企业、软饮料生产企业、啤酒经销商等，大多数都有自己的市场和原料供应地，都有自己的单一生产线，变化不大，竞争者也比较少。

处于复杂、稳定环境的组织，如政府、医院、大学、保险公司、汽车制造商等。在这种环境里，组织一般都是调整内部的组织结构和管理方式来适应外部变化中的环境。对于大学来说，可以改变专业设置、提高教学质量来应对。对于企业来说，可以强化市场营销机构，提高企业快速反应市场需求的能力。

处于简单、动荡环境的组织，如中小学、科研院所、文化机构、信息服务部门和某些企业（包括唱片公司、玩具制造商、时装加工企业等）。在这种环境里，组织一般都是采用非权力集中的组织形式，根据不同的产出（产品或服务）和生产线组织自己的活动。

处于复杂、动荡环境的组织，如政府、电子行业、计算机软件行业、通信行业等。这是不确定性程度最高的环境。它限制了组织对环境的选择，直接威胁组织的兴衰存亡。在这种环境里，组织的管理者必须谨慎对待，通过工作，尽可能地将外部环境的不确定性减小到最低程度。

（2）组织对任务环境的反作用

组织对任务环境的反作用是存在的，也是许可的。组织的管理者在任务环境问题上如果措施得法，可以改变某些可以改变的环境要素，从而使环境要素朝着有利于本组织的方向变化，满足本组织的需要。

第一，组织可以影响服务对象。组织与服务对象最核心的关系是组织必须满足服务对象的需求。但是，服务对象的需求是可以改变的，组织可以通过自己的工作，改变服务对象的需求，将服务对象的需求向本组织可以提供的服务方面转变。比如，政府组织可以通过宣传、教育，让公民接受国家的各项法规和政策；企业可以通过引导新的消费，让顾客喜欢本企业的新产品；大学可以宣传学校毕业生的就业率吸引学生报考；医院可以通过宣传高超的医疗水平吸引病员就医等。

第二，组织可以影响资源供应者。组织与资源供应者的关系本质上就是买卖关系。资源供应者确实是可以在产品或服务的质量、价格、交货期或提供期等三个方面给组织造成成本的上升。但是资源供应者不是唯一的，可以通过招标等方式选择供应者，或者在谈判时营造一种随时要选择其他供应者的气氛，或者提高本组织讨价还价的能力，或者签订合同、严格进货检验制度等，制约资源供应者的行为。

近年来，在越来越激烈的竞争环境下，组织与资源供应者之间从对立或竞争的关系转向"双赢"，变对立为合作，变竞争为联盟，使双方共同获益，也是一种相互影响的模式。

第三，组织可以影响相关组织。组织与相关组织的关系虽然比较复杂，但基本上可以分为两大类：竞争关系和合作关系。

组织对与具有合作关系的相关组织的影响，取决于两个组织之间的规模和实力。合作关系中规模和实力大的组织对小组织可以产生巨大的影响，反过来，小的组织要想对大的组织产生影响就比较困难。

但是，这也不是绝对的。只要管理得法，措施得当，小组织一样可以对大的组织产生影响。在政府关系中，相对于美国来说，我国的实力当然小，差距很大，但是我们今天一样可以影响美国的对华政策。在企业关系中，网景公司是远小于微软公司的小企业，但是由于它的关键产品网络浏览器超过了微软，一样可以与微软公司相抗衡。

组织对与具有竞争关系的相关组织的影响，通常有两个方法，一个是直接对抗，将对方击败。比如，提高质量，降低价格，吸引竞争对手的管理人员和服务对象等。另一个方法是回避，进行差别化竞争，在市场细分上做文章，寻找竞争对手没有察觉的细分市场并迅速占领。

（3）充分发挥跨界人员的作用是做好环境工作的关键

组织与组织之间的接触点被称作跨界部位，是组织与组织之间发生联系的位置。处于跨界部位、起着联系两个组织作用的人就是跨界人员。比如，信访人员是政府（组织）与公众（服务对象）之间的跨界人员，医护人员是医院（组织）与病员（服务对象）之间的跨界人员，营销人员是企业（组织）与顾客（服务对象）之间的跨界人员，采购人员是组织与资源供应者之间的跨界人员。

跨界人员具有组织内一般成员所没有的特征。跨界人员在环境中代表自己的组织，负责向环境输出原料、产品、服务或信息，当自己组织受到威胁时会挺身保卫自己的组织；他们掌握着对自己组织有用的信息情报，起着看守门户、收集信息情报、联络组织与环境的职责。

由于环境对组织的重要性，跨界人员的作用越来越被重视。组织的管理者必须慎重选择本组织信得过的、称职的跨界人员，这是做好环境工作的关键。

三、组织工作及其任务

1. 组织工作的含义

组织工作指的是根据组织目标的要求进行职位设计，然后将这些职位进行的工作加以分类后组合形成部门，根据管理宽度原理建立起不同的管理层次，将监督这些工作所必需的职权授予相应的管理者，并协调各层次和各部门之间的工作和活动的过程。简要地说，组织工作可以归结为"设计职位、划分部门、建立层次、分配责权和协调活动"五项工作。

由于"设计职位、划分部门、建立层次"都是在做"划分"的工作，所以组织工作又被说成是"划分、授权、协调"三项工作。

2. 组织工作的特点

(1) 组织工作是一个过程

设计、建立并维持一个科学、合理的组织结构，是为成功地实现组织的目标所进行的一系列工作的连续过程。这个过程见图 3.9。组织工作过程的结束，最终成果表现为一系列的组织系统图和职务说明书。

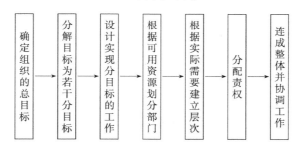

图 3.9　组织工作的过程

(2) 组织工作是动态的

由于组织的环境在不断地变化，所以通过组织工作建立起来的组织结构不可能是一成不变的，而且必须随时为适应组织内外环境的变化做出修改。比如，近些年来，国家和各省市增设的新部门"信息产业局"，一些大型企业中增设的"CIO 办公室"，大学里增设的"电子商务专业"，医院里增设的"心理咨询门诊"等，都是根据环境的变化对组织结构做出的改变。

(3) 组织工作应该重视非正式组织

无论是学者们的研究，还是大量的管理实践，都说明在任何正式组织内，同时存在着非正式组织。非正式组织是在组织成员之间感情相投的基础上，由于现实观点、爱好、习惯、志向等的一致，而自发形成的伙伴关系。

非正式组织具有正式组织所没有的特点：首先，因为它是在满足组织成员个人心理和感情需要的基础上形成的，因此比正式组织具有更强的凝聚力。其次，由于它不需要谁来批准，所以组织形式灵活，覆盖面广，稳定性弱。几乎所有的正式组织的成员，都会介入某种类型的非正式组织。

事实也证明，只有当管理者使用非正式组织来补充正式组织的沟通时才会产生沟通的最佳效果。所以，组织工作应该重视非正式组织。

3. 组织工作的任务

（1）设计职位

这是指根据组织的总目标，将总目标分解为若干分目标，分析为实现每一个分目标需要做哪些工作，将所有的工作按类别归纳、组合起来，构成一个个完整的职位，并规定每一个职位的职权范围有多大，应该做哪些，不应该做哪些，应该赋予怎样的职权和职责等。这就是设计职位的任务。

职位设计的方法很多，有"专业化分工"、"职位扩大化"、"职位丰富化"、"职位轮换"和"职位特性"法。

（2）划分部门

部门是一个组织中为了把同类型的工作组织起来便于管理所设立的基本单位。对于一个已经设计好的组织，应该将它的全部工作分门别类，同一类的工作归于一起，由一个部门管理。这样整个组织就被划分成一个个的部门。

部门划分的方法有：

按人数划分，如军队里的班、排、连，学校里的学生班等。

按时间划分，如某些企、事业单位实行的一天 24 小时三班制。

按职能划分，如生产处、营销处、供应处、运输处、财务处等。

按地区划分，比如，一个大公司在全国各大区设有分公司。

按产品划分，比如，一个计算机企业划分为计算机、打印机、扫描仪等分公司。

按服务对象划分，比如，大学里有研究生院、成人教育学院等。按设备划分，比如，医院里有核磁共振检查室、CT 检查室、超声波检查室等。

组织工作中，在实际划分部门时，应该根据管理的需要进行，上述方法可以混合使用，如果某一部门任务过重，可以再细分。

（3）建立层次

划分出来的部门不可能全部由组织负责人管理。因为任何一个管理者有效地管理（领导、监督）其直接下属的人数是有限的。这个有限的人数被称作"管理宽度"或"管理跨度"。当被管理者的人数超过管理宽度时，就必须委托几个人来代替管理者管理，管理者再管理这几个人。于是就增加了一个管理层次。

一个组织通常是建立上、中、下三个层次：上层是领导层、战略层；中层是中转层、战术层；下层是执行层、运行层。

组织层次的建立，要求各层次的管理者自上而下地、逐级实施指挥与监督，上一级授权给下一级，下一级对上一级负责，各级不得越权、失职。不过，在现实的管理中，有许多处于领导层、战略层的管理者，却做着中转层、执行层的工作，是不妥当的。

（4）分配责权

当部门划分和建立层次的工作完成之后，就要设计各部门所需人员的数量和质量要求，设计他们的职务、职责、职权和相应的报酬，并授予相应的管理人员，以便他们实施管理。关于授权方面的问题，本书在下一节"组织工作设计原理"中再详细阐述。

（5）协调活动

授权之后，组织机构即可运行。但在运行中，各部门、各层次之间必然会发生某些冲突，这个时候需要上一级管理者进行协调，了解发生冲突的部门或层次的实际需求信息，提出有利于组织目标实现的新方案，再要求发生冲突的部门遵照执行。这就是协调。

协调活动是组织结构投入运行之后的事情，但是在运行之前应该对如何协调进行设计。

第二节　组织工作设计原理

在实际管理中，许多管理者都感受到管理对象的复杂性和个人能力有限性的矛盾。在全球经济一体化的大环境里，组织的管理者们越来越感到自己的知识面太窄，需要决策的事太多，时间不够用，能力不够强。在这种情况下。唯一的办法是选择一群人来管理。这就出现了组织机构的设置问题，权力和责任的划分问题，分工与协调的问题。所以，必须设计出相应的组织结构，设计出解决授权和协调的机制。这就是完整的实施组织职能的组织工作。

有学者把"组织工作"说成就是"组织结构设计"，是不妥当的。组织结构设计只是管理职能中组织工作的一项内容。它指的是把为实现组织目标而需完成的工作，在设计新的组织结构或调整原有的组织结构中，不断划分为若干不同类型、不同层次的业务工作，然后再把这些工作组合成若干部门，并确定各部门的职责和职权的管理活动的过程。它是组织工作"划分、授权、协调"中的"划分"的细化，包括管理层次的划分、部门的划分、职责和职权的划分。

组织工作除去设计组织结构之外，还有授权和协调。虽然授权和协调的机制也需要管理者来设计，但是这不是"组织结构"的设计，而是组织设计。

组织设计的目标就是通过精心的设计，以便发挥组织整体大于部分之和的优势，使有限的人力资源形成最佳的综合效果。

综合国内外管理学家的研究成果和大量的管理实践，要进行有效的组织设计必须遵循以下基本原理。

一、组织工作的基本设计原理

1. 目标统一原理

目标统一原理要求组织设计工作必须以组织的总目标为依据，设计的组织结构体系、职权体系和协调机制，不仅要保证各级分支机构目标的实现和有利于组织总目标的实现，而且要保证各级各类分目标的总和等于组织的总目标。

以组织总目标为依据，还表现为组织设计必须首先以"事"为中心，因"事"设岗，因"事"设职，使实现组织总目标的"事"，事事有人做，以保证组织总目标的实现。

但是，过分强调因"事"设岗，也有其不足之处。因为组织目标的实现，还必须从本组织人力资源的现状出发，不能寄希望所需的人才都可以马上在人才市场招聘到。本来，组织设计工作就应该从组织内外环境的许可出发。那些从本组织人力资源现状出发、有利于实现组织目标、因"人"设岗的组织设计方案，是符合目标统一原理的。只是那种不考虑组织的总目标，仅仅是因为有某一个人，就设置一个与实现总目标没有关系的职位，才是我们要反对的。

2. 组织结构设计原理

进行组织结构的设计，必须遵循以下管理原理：

（1）管理宽度原理

正如上文所述，当被管理者的人数超过管理宽度的时候，就需要增加一个管理层次。管理宽度的存在，是产生管理层次的原因。而管理层次的存在，则直接导致管理机构体系（即组织结构）的产生。所以，为了寻求合理的管理机构体系，就需要设计组织结构。

组织结构设计的管理宽度原理，就是要求在进行组织结构设计时，应该按照管理宽度来划分部门，设置职位，建立层次。如果同一类的工作任务过多，就要考虑不能简单地将它们归并为一个部门。只有遵循管理宽度原理设计的组织结构才可以实际运行操作。

（2）层级原理

层级原理指的是进行组织结构设计时，要明确地规定出组织每一个成员所处的层级位置。组织中的每一个成员所在的岗位、职责、权限，他所处的位置（上级是谁，下级是谁，对谁负责），他的工作程序、工作信息的获取通道等，都应该在组织设计时做出规定。只有遵循层级原理设计的组织才有运行的基础。

（3）执行和监督分设原理

这一原理要求在进行组织结构设计时，必须将执行性机构和监督性机构分开单设，不能由执行机构同时承担监督的职能。比如，企业中的质量监督、财务监督和安全监督部门，应当同生产部门分开单独设置。因为只有分开设置，才能使监督机构发挥监督的作用。

当然，监督部门分开设置之后，在实施监督职能的同时，还应该加强对被监督部门的服务工作。

3. 授权机制设计原理

授权是组织工作的三大任务之一。所谓"授权"指的是组织的管理者将自己的一部分决策权和工作任务转授给下属的过程。

因为任何一个人都不可能承担实现组织目标所必需的全部任务，也没有人能行使组织所有的决策权力，再加上管理宽度的限制，组织的管理者必须将一部分职权授予下属，以使下属在各自的职权范围内进行工作。

授权机制的设计，亦有人称为"职权的配置"，要解决的问题，一是授权的通道问题，这要遵循"统一指挥原理"；二是怎样授权的问题，这要遵循"责权利一致原理"；三是授哪些权的问题，这要遵循"分权和集权相结合原理"。

（1）统一指挥原理

统一指挥原理要求组织设计时必须明确规定，组织的各级机构和个人只能服从直接上级的一个人指挥，以保证命令和指挥的统一。

根据这一原理，组织的上级指示应该从上到下逐级下达，不能越级，向下下级指挥。任何一级组织只能由一个人负责，正职领导副职，副职向正职负责。下级只接受一个上级的领导，只向直接上级汇报工作并向他负责。避免多头领导、政出多门或无人负责指挥的现象发生。

在管理实践中，如果需要两个及两个以上的管理者同时指挥的话，就必须在下达命令之前，管理者相互沟通，达成一致意见后再行下达。如果情况紧急来不及沟通，也要在事后及时把情况向其他管理者说清楚，以形成统一的意见。

统一指挥原理在实施中会出现缺乏横向联系、缺少必要的灵活性等不足。当出现两个归属关系不同的下级管理者需要联系时，如果按照"只向直接上级汇报"的原理，可能会耽误处理问题的时间，造成损失。所以，组织设计时应该明确规定，在时间紧迫的情况下，授权他们可以联系，直接处理工作，于事后再将处理结果分别向自己的直接上级汇报。

（2）权责利一致原理

权责利一致原理要求在组织设计中明确规定，授权时必须将职务、职责、职权和利益同时授予下级管理者；职务要实在，职权要恰当，职责要明确，利益要合理；并且既要明确规定每一层次和每一部门的管理者的职责范围，又要赋予其完成其职责所必需的管理权限，还要给予合理的回报。

有责无权，或责大权小，不仅束缚下级管理者的积极性，而且也无法完成管理的任务。责小权大，甚至有权无责，必然会助长瞎指挥、滥用权力和官僚主义。同时，尽责无利，也会损伤下级管理者的积极性。总之，权责利不到位，容易导致组织内发生摩擦、嫉妒和无政府状态。

关于权责利一致的问题，还有一层含义，那就是同一级别机构中的人员，在工作量、职责、职权和利益方面应该大体一致和平衡，不宜有的偏多有的偏少。不然的话，忙闲不均，会影响人员的工作积极性。

科学的组织设计应该将职务、职责和职权形成规范，定出章程，规定凡是担任该职务者都必须遵照执行。

（3）集权与分权相结合原理

集权与分权相结合原理要求在组织设计时，必须将集权和分权的程度做出明确规定，以保证将应该转授的职权一定授给下级，不该转授的职权就不授出。

集权，指的是职权集中在组织内较高的管理层次。分权指的是职权分散在整个组织之中。不过，绝对的集权和绝对的分权并不存在。集权与分权是相对的，在一个组织内，只能说是集权为主，还是分权为主。

一个组织集权和分权的程度，可以通过该组织决策的数目、决策的重要性及其影响层面和决策审批手续来判断：如果在组织内，基层决策的数目多，低一级层次的决策事关重大，影响面大，但不需审批手续，决策后呈报备案即可，则该组织的分权程度高。如果组织的上层决策数目多，下一级的决策对全局无关紧要，决策前必须呈报审批，则该组织的集权程度高。

集权的优点是有利于加强集中统一领导，提高工作效率，有利于协调组织的各项活动，可以充分发挥组织高层管理者的聪明才智。由于机构精干，用人少，还可以节约管理成本。但是，这样做显然增加了高层管理者的工作负担，影响战略性管理工作，不利于发挥下级管理者的积极性。

分权的优点是基层管理者可以从实际情况出发，机动灵活地决策，有利于调动基层管理者的积极性，也减轻了高层管理者的负担。

然而，并不好说是分权好，还是集权好。因为在成功的组织中，既有被认为是相对分权的组织，也有被认为是相对集权的组织。事实上，并不存在一个绝对的标准，可以使管理者据以判断应当分权到什么程度，应当集权到什么程度。

一个组织的集权和分权的程度，一般决定于该组织最高管理者的个性和个人价值系统，同时也与决策的重要性和组织的规模、历史、控制手段、变化程度等因素有关。组织只能根据自身的情况，将两者结合起来。

4. 协调机制设计原理

协调是组织工作的三大任务之一。所谓"协调"指的是组织的管理者在将实现组织目标所需要做的全部工作分配给组织成员之后，为了保证组织成员的各自工作能够为实现组织总目标做出贡献，对组织成员所做的指导工作的过程。

协调机制的设计，也有人称为"分工协作原理"，要解决的问题，一是分工，二是协调。组织设计中必须坚持分工要合理，协调要明确。

分工，要解决的问题是规定组织内每个员工、每个部门的工作内容、工作范围，要清楚明白，粗细适当。通常，分工越细，专业化水平越高，责任越明确，效率也越高，但是也容易发生机构增多、协作困难、增加协调工作量等问题。分工太粗，可培养多面手，且机构较少，协调工作量可大大减轻，但专业化水平和效率低，容易产生推诿现象。各有长短，组织设计时可从组织的需要和可能来决定。

协作，要解决的问题是明确规定组织内各部门之间的相互关系，针对常见的需要协调的问题制定具体可行的协调配合程序和方法，以及违反程序和规范后的惩罚措施，使协调规范化、程序化。

5. 精干高效原理

给人员配备工作规定所需人员的数量和要求，是组织设计工作的重要内容之一。精干高效原理要求组织的管理者在进行组织设计时，必须在组织总目标所决定的工作任务的基础上，减少管理层次，精简管理机构和人员，对组织所需人员的数量和质量要求做出明确规定。

精干，不是越少越好，而是不多不少最好，是保证实现组织目标需要的最少。高效，包括工作效率高，工作质量也高。如果组织层次繁多，机构臃肿，人浮于事，不仅导致人力资源浪费，而且会助长官僚主义，办事拖拉，办事效率低下。

二、组织工作的动态设计原理

在当今世界形势发展迅速、市场变化莫测、组织竞争激烈的环境下，传统的组织工作设计原理已经不能完全适应组织发展的需求。于是，组织工作的动态设计原理就应运而生了。

动态设计原理主要包括知识职能职权原理、集权分权动态平衡原理和弹性结构原理。

1. 知识职能职权原理

组织内的职权，通常分为三种：直线职权、参谋职权和职能职权。

直线职权是那些可以领导、监督、管理下属的直线人员所拥有的权力，比如，大学教务处处长的发布命令权，车间主任执行决策的指挥权。

参谋职权是专业参谋人员、参谋组织和下级管理者等参谋人员所拥有的辅助性职权。这只是建议权，没有决策权和指挥权。比如，政府的政策研究室向政府负责人的建议权，车间主任向厂长的建议权等。

职能职权是原属直线人员的、转授予参谋人员或下级管理者的权力。比如，总经理将财务信息发布权授予财务处长，财务处长将现金支票的确认权授予某一财务会计，那么，财务处长拥有的财务信息发布权、某一财务会计拥有的现金支票的确认权就是职能职权。

知识职能职权，指的是组织将原属于直线人员的、有关知识问题的、转授予某些专家、技术人员的职权。组织内的专家、技术人员等拥有知识的人员，从组织结构的角度来说，本来并没有决策权、指挥权等直线职权，只具有向上级管理者的建议权，即参谋职权。

知识职能职权原理就是为了适应知识在组织中对决策的影响越来越大的需要，允许将一部分原属于直线人员的、有关知识问题的职权转授予专家和技术人员，发挥知识的作用，保证组织能及时采纳正确意见。转授知识职能职权有三种方法：

（1）强制性磋商职权

这是指授予组织内某些知识性强的职能部门或专家与下级部门的磋商权。明确规定下级直线人员在某些知识性强的问题上，必须在行动之前和有关职能部门磋商，规定需要磋商而没有磋商的事项，上级不予批准。

比如，企业要引进了某一新技术，必须事先征求技术部门的意见。这样可以加强知识性员工，尤其是专家的发言权和影响力。

（2）赞同性职权

这是指授予组织内某些知识性强的职能部门或专家对某些知识性问题的否决权。明确规定下级直线人员在某些知识性强的问题上，不仅在行动之前要和有关职能部门、专家磋商，而且必须获得同意。该职能部门或专家没有同意的事项，上级不予批准。

比如，组织在进行职工晋级、提升时，需要得到人事部门、劳动部门的同意。这种职权的规定，使得有关部门和专家有机会纠正直线人员的一些错误，避免或减少损失。但是，否决权也不能滥用，因为专业职能部门和专家也有出错的时候，那时就会抑制创新。

（3）功能性职权

这是指将组织内某些知识性问题的决策权和指挥权完全转授给某一职能部门。该部门在这一问题上，可以直接行使直线指挥人员的权力，向下级直线人员发布命令，其效力和上级管理者相同。

比如，企业的安全人员可以在发现影响安全的情况下，让工人停产，并强制车间采取措施加以改善。但是，功能性职权的使用必须谨慎，过多的功能性职权会破坏命令一致、统一指挥原理。

2. 集权分权动态平衡原理

在传统设计原理中我们阐述了集权和分权相结合原理。那是指在静态状况下对组织内的权力分布做出设计，哪些权力保留在高层，集中实施；哪些权力分散在组织内各层次各部门。但是，组织内外的环境是变化的，组织内的权力分布也应该随之跟着变化，以实现集权和分权的动态平衡。

在组织设计中，考虑到组织内外环境的变化，随时准备调整组织内的权力分布的思想就是集权与分权动态平衡原理。

在传统设计原理中，我们提到影响集权和分权程度的因素有组织最高管理者的个性和个人价值系统，决策的重要性，组织的规模、历史、控制手段、变化程度和外部环境等。这些因素中，个性和个人价值系统、决策的重要性、组织的历史是不会改变的，那么，影响集权分权动态平衡的因素就是组织的规模、控制手段、管理者队伍和组织外部环境的变化程度。

3. 弹性结构原理

（1）弹性结构的必要性

传统的组织理论强调组织结构的明确和稳定。现代组织理论则强调组织的部门结构、职位职责结构，应该能够随时为适应变化了的环境而做出调整。这就是弹性结构原理。

弹性结构原理并不否定组织结构需要稳定。因为组织结构的重新调整、各部门职权范围的重新划分、组织成员工作任务的变动，对人员的情绪、工作方法和工作习惯，都会带来不利的影响。所以，组织要进行实现目标的有效工作，就必须要求在一定时期内维持一种相对平稳的状态，一般不宜频繁地调整。

但是，这并不是绝对的。组织是一个开放的系统，自身都在不断地变化，组织所处的环境也在不断地变化，为了适应变化了的内外环境，组织的部门结构、职权结构还是可以做出某些变动的。

弹性结构原理就是强调在需要变化的时候，组织应该不失时机地加以变化，不能固守稳定性而拒绝变化，使组织具有一定的弹性。

（2）弹性结构的类型

通常，弹性结构包括以下两个方面：

第一，部门结构的弹性化。这指的是组织在需要的时候可以随时设置新的职能部门，在发现某些部门对实现组织目标没有作用时可以随时撤销这些部门。

在许多单位，有些部门对实现组织目标已经明显没有作用了，但还是保留着，之所以如此，是因为它本来就有，或者别的单位有，或者上级单位有，甚至是因为有某个人，因"神"设庙等。这显然是不妥当的。

常用的部门结构弹性化的方法，有两种：

一是定期检查组织内的每一个部门，审查各个部门在完成组织目标上的作用，如果发现其作用已经变小，可考虑与其他部门合并；如果发现其已经不起作用，就应该撤销。

二是在现有部门不能解决问题、需要设立新机构的时候，可以先设立"工作小组"，由从各部门中抽出的、能够解决此问题的相关人员组成，问题解决后小组解散。如果属于长期存在的问题，可将"工作小组"转为正式部门。

第二，职位的弹性化。这指的是在职位设置上制定一些允许弹性变动的规定。比如，规定组织成员的职位可以随组织任务的变化而变动，各级各部门的管理者实行任期制，实行员工一专多能、一人多岗制，同时使用多种用工制度等。

（3）弹性化的依据

在上面我们在阐述部门结构弹性化和职位弹性化的时候，都使用了"在需要变化的时候"这一说法。

那么，怎样判断是否到了"需要"的时候？

通常是三大原则：组织必须适应于工作任务，必须适应于技术工艺性，必须适应于外部环境。当组织的结构、授权和协调工作不能适应这三个方面，导致组织的总目标不能完成，就是组织需要弹性管理的时候了。

当组织结构已经完全不能适应变化了的内外环境，组织的授权机制和协调机制已经呈现僵化状态，组织的变革就是不可避免的了。

第三节　组织结构变革

一、组织结构变革的含义

1. 组织结构变革与组织变革

组织结构变革指的是组织为保证实现自己的目标，采取措施对组织的部门结构、职位设计、职权关系、集权程度、管理宽度、协作机制等要素，相对于过去进行根本性改革，以求适应改变的内外环境的过程。它是组织变革的一种。

组织变革是指对整个组织进行的变革。通常是在结构、管理（技术）和人员等三个领域里进行，分别称作组织结构变革、组织管理变革、组织人员观念变革。组织管理变革主要是指工作流程、管理目标、管理方式、规章制度、设备设施等方面的改变。人员观念变革是指对组织员工的价值观念、管理观念、思维观念、工作态度、任职和行为的改变。

由此可见，组织变革的内涵实际上覆盖了管理学的全部。但是，我们有些管理学著作中，在讨论管理的"组织职能"的章节里，介绍组织变革的全部内容，这就不妥当了。这样编写的教材，给人一种逻辑紊乱的感觉，对于初学管理学的人来说是不容易看明白的。

组织变革的三项内容，"组织结构变革"应在组织职能的章节里介绍，"组织管理变革"应在战略、领导职能或控制职能的章节里介绍，"组织人员观念变革"应在人员配置职能的章节里介绍是最合适的。

2. 组织结构变革的演进

组织结构变革从组织诞生那天起就一直在不停地进行着。

最初的组织结构是直线型的，组织中各级机构、部门按照垂直系统直线排列，组织中每个人只有一个直接上级，这种结构的优点是结构简单，责任分明，命令统一，联系简洁。但是这种结构使得组织在规模较大时，各项管理职能集中由一个人承担，往往会顾此失彼，难以应付。

于是，组织结构发生变化，组织内出现了诸如生产、营销、开发、财务等职能部门，这种职能型结构与直线型结构合于一起，就比原来单一的直线型结构要好得多，大大提高了管理的效率和管理的质量。但是，随着组织规模的进一步扩大，管理层次增多，这种集权式组织结构就暴露出它固有的弱点，权力过于集中，管理信息传输不畅、信息传输失真、信息反馈迟缓，适应不了变化频繁的环境，严重影响管理效果。

为了克服集权型组织结构的弊病，一种新的分权式组织结构出现了：事业部型的组织结构。把集中于企业最高层的权力分散到各个事业部。这是组织从集权制向分权制发展的一次根本性变革。它使得组织最高层管理者摆脱了具体事务的缠绕，便于思考和抓好组织的战略决策和培养人才，便于发挥事业部的积极性和创造性，使得事业部能够实现快速反应市场的目的。但是，从组织整体来说，实际上是增加了一个管理层次，这样不仅是机构重叠，管理人员浪费，而且事业部之间的交流和协调也较为困难。

随着组织管理项目的多样化，科技管理中的课题组模式被用到管理的组织结构中来，形成为所谓矩阵结构，或称作"共同工作小组"模式。这种结构是由纵横两套管理系统组成的。一套是纵向的职能管理系统，另一套是为了完成某一项目而组成的横向项目管理系统，即项目组。它改变了过去把工作安排在不同部门分别完成、上一部门完成后下一部门接着完成的方式，将完成某一项目的若干部门的人员组织在一个项目组（即共同小组）内，采用共同讨论的办法去共同完成，十分有利于发挥各部门的作用，互相启发，取长补短。任务下达时成立，任务完成后各位成员再回到原来所在的部门。

如今，在信息网络技术的支撑下，一种被称作"内部市场"的组织结构模式出现了。借助于信息网络，大企业内的任何一个层次的部门，都可以不必经过自己的上级部门而直接和企业内其他部门在网上进行交易往来，从而形成企业内部的一个市场。它们的交易并不是独立企业的交易，仅仅是企业内部若干个部门之间的往来。这种组织结构减少了中间层次，克服了等级制中信息传输缓慢、上级领导盲目指挥、下级人员积极性受到限制等缺陷，能够适应市场瞬息万变的环境。

可见，组织结构本来就在不断地变化。当我们考察组织结构变革的发展历程时，我们看到每次组织变革都是在组织内外环境发生变化时，组织是为了适应变化了的内外环境才发生的。

二、组织结构变革的动因

正如我们在上一节结束时所说的，当组织的部门结构、授权机制和协调机制已经呈现僵化状态，完全不能适应变化了的内外环境，组织结构的变革就是不可避免的了。这就是组织结构变革的动因。

1. 组织结构僵化是变革的第一动因

组织像任何有机体一样具有生命周期。关于组织生命周期的说法，有格林纳（Greiner）提出的模式。他认为，一个组织的生命周期包括创业、聚合、规范化、成熟、成熟后等五个阶段。还有一种是许庆瑞在《管理学》一书中提出的模式，他认为，组织的生命周期包括企业家阶段、集成阶段、规范化与控制阶段、结构精细化阶段、衰亡阶段。虽然各阶段的名称不同，但是内容大体相当。

组织结构的僵化在上述生命周期的五个阶段都可能发生。具体有以下表现：

（1）部门结构的僵化

首先是机构臃肿。组织的机构越设越多，需要的新机构自然应该增设，但是可设可不设的也增设了，能够由已有部门行使的也增设了，没有作用的部门却没有撤销，以致机关管理人员越来越多，不仅人浮于事，办事效率低下，而且人为地生出许多矛盾，大大增加了上级协调的工作量，整天忙于平衡各部门的矛盾，却没有忙在点子上。

其次是反应迟钝。庞大的管理机构失去了对新事物的敏感性，尤其是失去了对客户和服务对象需求的敏感性，更谈不上对组织外部环境瞬息万变的信息能够做到迅速采集和及时反应了。

再就是文山会海。机构越多，协调工作量就越大，就越要开会，要发文件，甚至一个部门一个月没有发文件，就会受到怀疑：他们在不在工作。文山会海，汹涌而来，组织的管理者整天被开会和签署文件所困。各部门失去了雷厉风行的作风，一天可以办完的事要办 10 天，一个月可办完的事要半年。有些事经过漫长的公文旅行，早已过了时限，变得毫无意义。有些事一经递到机关，就如石沉大海。

（2）授权机制的僵化

首先是庞大的管理机构导致职位结构的混乱。职位空闲冗余，职权范围重叠、交叉，职责不明，有权无责。职权关系也跟着出现问题，多头领导，政出多门，导致员工无所适从。

其次是机构越多，干部越多，组织管理者感到难以控制，则逐步收权，组织的集权程度不断提高，组织的大小事项均由高层决策，可是事与愿违，繁琐的多层组织结构，必然导致决策信息向基层传输延缓，且经过多层传输，决策信息还会发生畸变、失真。与此同时，管理宽度也会越来越大，同样会降低管理的效率。

（3）协作机制的僵化

庞大的管理机构不仅带来了庞大的协调工作量，而且破坏了组织已有的协调机制。原先只是两个部门的事，开一次会就可以协调好的事，现在变成四个单位、五个单位的事，遇到一个单位的人过于强硬，协调会就可能一次一次地开下去不见效果。有些人思维模式僵化，不接受外界的新事物，墨守成规，话都讲不到一起去，更是难以协调。有些人倚老卖老，不受协调机制的制约，用于协调的文件、规定、制度、标准等，形同虚设，结果导致对其他人也没有约束作用。

当组织发展到这一步的时候，不论它处于生命周期的哪一个阶段，都表示组织已经进入老化时期。这时的组织就面临两种选择：要么通过组织结构变革与创新，重新获得发展，要么任其自流，就可能最终走向衰亡。

一个组织有可能由于各种各样的原因，一时对外部环境表现出反应迟钝，没有能够迅速、及时地适应变化了的外部环境，但是只要它还没有进入老化时期，它就有可能通过自身的努力，提高对外部环境变化的敏感性，重新适应外部环境，而不至于走向衰亡。所以，组织结构僵化是变革的第一动因。

2. 组织外部环境的变化是变革的根本原因

组织是存在于一定环境中的生命体。它不可能脱离外部环境，只能适应外部环境而生存。组织就是在不断地协调自身与外部环境和内部环境的动态过程中实现其目标的。

组织的外部环境，正如在本章第一节介绍的，包括一般环境和任务环境，一般环境又包括经济环境、科学技术环境、政治法律环境、社会文化环境和全球经济一体化环境，任务环境又包括服务对象、资源供应者和相关组织。对于一般环境因素，组织是无法控制的，一旦变化，只能适应，别无他法。对于任务环境，虽然组织可以有一定的反作用，我们在第一节已经阐述过了，但是那种反作用也是有限的，而且是以任务环境因素愿意接受为前提的。特别是在任务环境因素主动发生变化的情况下，组织的反作用就难以奏效了。

比如，中国加入 WTO 之后，必然导致经济、政治、法律、全球经济一体化等一系列环境的变化。这属于一般外部环境的变化。对于这些变化，组织只能设法适应，没有其他办法。

再比如，原材料涨价，劳动力价格上涨，竞争对手因新技术的使用、降低了成本、推出了新的低价格商品等，都属于任务环境。这些变化都是已经发生的，相关企业要想用"反作用"的机制来对待已经来不及了，也只能通过从其他渠道，诸如，改用低价格的原材料，也使用新技术，降低本企业产品的成本来应对。

可见，如果组织不能适应变化了的外部环境也就难以实现自己的目标了。

三、当代组织结构变革的特征

组织结构的变革虽然自组织诞生之时就已经开始，但是当代的组织结构变革所表现出来的程度之深、范围之广、形势之新，都是从来没有过的。在信息技术的支撑下，当代组织结构变革表现出集成化、扁平化和虚拟化的特征。

1. 集成化

在企业组织中，传统的生产模式是从产品研发、产品设计、产品生产、产品销售到售后服务，是一种由先后、依次、分散、各自独立的环节组成的线性模式。在政府组织中，在学校、医院组织中，也都是这种特征的线性模式。

在这种线性模式中，各个环节只注意本环节的工作效果，并不十分在意组织的整体目标和管理效果。这在组织以整体形式参与竞争的形式下，并不利于组织整体竞争力的提升。于是有人企图利用信息技术提升组织的整体竞争力。

可是，组织如果不摒弃这种组织结构模式，即使大量使用信息技术，也不能达到目的。因为在这种模式下使用信息技术，虽然可以极大地提高工作的效率，但是组织的各个部门利用信息技术也只是为本部门服务，也只是提高各个部门的效率，至于组织的整体效率各个部门是很少注意的。也就是说，组织使用信息技术的大量投入，并没有在提升组织整体竞争力上产生作用。相反，由于传统的组织结构模式，部门都是各自为政，反而会制约着信息技术潜在功能的发挥。

所以，为了达到提升组织整体竞争力的目的，只有在使用信息技术的同时，打破这种组织结构模式，代之一种以信息为中心的网络状组织结构，让组织成为搜集、整理并使用各种信息的中心。这就是当代组织结构变革的集成化特征。

集成化反映了当代组织管理的走向。组织必须不断地寻找自身存在的问题，并加以分析、改进，使系统逐步形成合理的网状结构，并不断地重复这个过程，以追求各种要素、环节的优化配置，实现高效率、高质量和低消耗的目标。

2. 扁平化

在传统的组织结构模式中，组织的管理层从高层、中层到下层，是一个金字塔式的结构模式。这种模式机构重叠，信息传播滞缓，根本不能适应"迅速反映社会需求"的新的外部环境。

信息技术和网络技术的出现，提供了高速传输信息的工具。但是，如果还是在这种金字塔模式下，重叠的机构不改变，即使使用信息技术，信息还是一层一层地上下传输，信息技术的快速传输功能就发挥不出来，所以，提升组织整体竞争力的效果还是不明显。

如果组织打破传统的直线型结构的金字塔模式，大量减少中层管理人员，改变组织的职权模式，使集权制的组织结构变成为管理宽度扩大型的扁平化结构。这样，高层管理者利用信息技术就可以代替中层管理者而实施即时指挥了。

至于在一些实行分权制的大型企业组织里，中层管理者的影响比较广泛，他们会利用信息技术扩大自己的管辖范围及其管理机构的独立性，由于本属于分权制性质，高层管理者可以把更多一些原属于高层管理者职权范围的任务划给中层管理者，比如下放某些决策权，管理更多的部门等，因此导致中层管理人员的增加，形成职权分散型的扁平化结构。

可见，在信息技术和网络技术的支撑下，传统的"管理宽度"组织理论受到了挑战，组织结构设计在某些方面可以不考虑管理宽度的影响和制约了。

3. 虚拟化

Internet、Intranet、Extranet 的建设，使组织可以在全球范围内以极快的速度、廉价的方式获取和发布信息，建立组织与组织之间的联系。组织可以不受地理位置的限制，不受自身规模的制约，只要有共同的目标和利益，就可以通过信息技术联合起来，一个目标实现之后，随之解散，有了新目标再联合新的伙伴。虚拟组织由此诞生。

组织结构的虚拟化，使组织之间的垂直联合效益向横向柔性效益转变。所以，也就出现了小规模企业的网上联合能够产生类似大规模企业经济效益的现象。

组织结构的虚拟化，使传统的"部门结构"、"目标统一原理"等组织理论受到了挑战，组织结构设计在某些方面可以不考虑组织结构体系、职能部门结构体系的完整性，不一定要保证各级分支机构目标的总和等于组织的总目标。

案例 3.1 生产运动鞋的 Nike 公司和 Reebok 公司是一种虚拟化的企业。Nike 公司只生产运动鞋的气垫系列，运动鞋的其他部分都是由别的生产厂来生产的；Reebok 公司则连一间生产厂房都没有，它们只有几间办公室，只致力于附加值最高的设计与营销，而运动鞋的具体生产则找其他制造厂来生产。

在这里，传统的组织结构理论、部门结构理论和目标统一原理都失去了往日的光辉，谁也不会再给他们扣上皮包公司的帽子。

四、组织结构变革的管理

组织结构变革和其他任何变革一样，也是一个经由准备、启动、实施和巩固的过程。为了保证变革顺利有序地进行，首先要成立变革工作小组，组织的主要负责人应该担任组长，并直接参与变革工作的全过程。在变革工作小组的领导下进行变革需求分析，拟订变革方案，并最终确定准备实施的方案。然后，在组织内启动变革，动员群众参与，化解和排除阻力，具体实施变革方案。

1. 变革的需求分析

变革的需求分析，解决的是要不要变革、为什么要变革和变革什么的问题。组织结构变革不是赶时髦、跟风，不是为变革而变革。它必须是为了解决组织结构问题提出来的。那么，组织结构是否需要变革，就需要进行变革的需求分析。需求分析的方法，就是深入调查，诊断并找准组织结构方面存在的问题。

（1）深入调查，发现问题

调查工作通常分三个方面来做：一是组织有意识、有目的、全面系统的关于组织结构问题的调查，二是面向员工的普遍调查，三是外部环境的调查。

一个组织在运行一段时间之后，就应当有意识地了解本组织的组织结构运行情况。这就和新投产的一条生产线，在运行一段时间后要了解其运行情况一样。了解的结果无非是两个：一个运行良好，基本正常，进行适当维护，可以继续运行；另一个就是存在较大问题，甚至严重问题，就需要进行变革了。

这种调查是目的明确、项目齐全的。在部门结构、职权结构、职位设计、职权关系、集权程度、管理宽度、协作机制等方面都要了解，并且是好的、比较好的、差的、存在严重问题的都要涉及。只有这样的全面调查，组织才可能对自身的组织结构有一个清晰的了解，做到心中有数。

面向员工的普遍调查，主要是了解组织结构运行之后的效果。因为组织结构设计是设计者的主观认识，实施之后到底效果如何，只有员工最有发言权。同时，还应该向员工了解对现行的组织结构有什么意见和建议。

外部环境的调查，由于在进行组织结构设计时就已经对外部环境做了比较全面细致的调查，所以这时主要是了解组织结构实施之后外部环境所发生的变化，以便针对变化对组织结构做出修订。

（2）认真分析，找准问题

在经过调查之后，再好的组织结构，也会或多或少地发现一些问题。上一步深入调查是获取信息，是为需求分析做准备。这一步"认真分析，找准问题"才是真正的"需求分析"。

需求分析可分三步进行：第一步，把采集到的问题全部集中起来，根据其对实现组织目标的影响大小，把影响最大的提选出来。当然，包括已经发生的影响和潜在的、尚未发生的影响。第二步，对那些提选出来的问题进行分析，回答改变什么可以解决这些问题，怎样改变才能得到预期的结果，预期的结果应该是什么。第三步，集体讨论，确认解决问题的方式，是一般的维护性操作，还是需要根本的变革。如果需要根本的变革，由于第二步提选出来的问题并不是都需要，或都能够在这次变革中解决，所以还需要进一步确认变革要解决哪些问题。所谓"找准问题"就是指这第三步所确认的问题准不准。

需求分析这一步是变革的第一个环节，直接关系到变革的方向。如果方向找错了，后面的努力就全是白费。

2. 变革的启动

变革的需求分析，是一种准备工作，只需要组织管理者和少数员工参与。而组织结构变革的启动，则需要组织上下一起行动才可能获得满意的效果。所以，必须动员组织全体成员参与。这就和我们通常在做一项工作时首先要进行动员一样，统一思想，分析可能出现的各种问题，设法解决这些问题，使变革工作开展起来，并正常进行下去。

（1）统一思想

组织结构变革从根本上讲，对组织有利，对组织的员工也是有利的，因此组织内的大部分员工是会支持变革的，是愿意参与变革的。组织的管理者必须看到这一点，不要因为少数人的反对意见而失去信心。

但是，这些员工都是有头脑的人，不是机器，不会在什么也没有了解之前，就会上级说什么，他就做什么。问题在于，必须首先让他们了解变革，理解变革，让他们明白变革的必要性和好处，尊重他们在变革中的地位，动员他们积极参与。

动员的方法，首先是管理层通过学习讨论统一认识，然后是召开动员大会、营造变革舆论氛围和扎实的小组讨论相结合。

通过一系列细致的动员工作，就可以将大部分管理者和员工的思想统一到组织结构变革上面来。

（2）分析变革的限制因素

当变革的动员工作在组织内全面铺开之后，进一步的动员工作，可由中、下层管理者继续深入进行，组织的高层管理者应该集中精力，对可能限制变革进行的各项因素进行分析，以便确定缓解和排除限制因素的办法。

在变革中，常见的限制因素有：

第一，组织高层管理者对变革的态度。任务确定之后，干部就是决定的因素。组织内任何一项变革的进行，没有组织高层管理者的支持是不可能成功的。不仅变革所需要的人力、物力和财力必须得到高层管理者的同意才可能获得，而且没有高层的支持，就不可能把组织的员工动员起来，参与变革；变革就是破旧立新，没有高层管理者的参与，旧的就难以丢弃，新的也难以确立。所以，组织结构变革必须首先要得到组织高层管理者的批准和积极支持。

第二，变革方案的现实可行性。在草拟变革方案时，只能是根据经验和知识来拟订，拟订的方案究竟行不行，我们可以做可行性论证，但是毕竟还没有具体实施，具体实施时是不是可行，在确定方案的时候并不清楚。因此，一旦第一次使用的方案无效，或者效果不明显，或者解决了原来的问题又产生了新的更加严重的问题，这时对变革的进一步进行影响很大，甚至会引起普遍的思想回潮，使变革进程发生倒退。所以，组织结构变革在选择实施方案时必须慎重，方案确定之后还应当有应变计划，就是方案实施后可能会出现哪些问题，预先有个准备，一旦出现问题时可以从容不迫地应对，把风险降到最低。

第三，组织内一般管理者和员工对变革的态度。我们知道，变革是需要一般管理者和员工参与的，但是他们对变革心存疑虑，观望、担心、抵触，甚至反对。这主要是因为变革具有许多不确定性因素，他们担心由于机构的改变，个人岗位的变化，自己长期以来一直习惯于原来的做法，现在要改变，以致本能地在情感上产生抵触情绪；或者他们担心变革后会使个人地位下降，或经济收入减少，也会言不由衷地提出反对的意见；至于那些原来钻旧体制的空子、变革之后会失去既得利益的人，是一定会反对变革的。

由于组织结构变革可能会因为职权体系结构的变动，导致某些原来的群体人员结构要变动，甚至连操作方式也有变动，人们要离开原来熟悉的群体，要放弃原来熟练的技术，要从零开始学习新的操作方法和技术，这也会本能地引起这一群体全体成员的抵触，构成群体阻力。

（3）化解和排除阻力的方法

从上面关于变革阻力产生原因的分析，我们清楚地看到，要让组织上下都能够齐心一致地参与变革，已经不是技术问题而是管理问题了。这些问题不解决，再好的变革方案也发挥不了作用。而要克服上述阻力，一是要正确认识阻力，二是要强化宣传。

正确认识阻力，就是要认识到阻力的存在是正常的，不必大惊小怪。尤其是要认识到，阻力的表现大多数是不公开的，要善于观察和发现；而产生阻力的动机是复杂的，不可简单处置。

强化宣传，首先向组织高层管理者宣传，争取他们的支持。其次是向组织员工强化宣传。宣传有正强化和负强化之分。

正强化，就是大力表扬符合变革要求的做法和积极参与变革的员工。通过有效的沟通，让员工理解变革的目的和重要性。

针对变革可能会影响到员工个人利益和部门群体利益的情况，事先与这些员工和部门进行磋商与协调，尽可能照顾到各方面的利益或取得他们的理解。

做好变革的咨询、培训，让全体员工了解变革，理解变革。

负强化，就是批评、控制不合变革要求的员工，比如可以取消已有的荣誉，或者处罚抵制者。这毕竟是少数人。

3. 变革方案的决策和实施

（1）变革方案的决策

变革方案决策的第一个阶段：备选方案的制定。

正如我们在本节开头所阐述的，组织结构变革不是改良，而是相对于自己的过去所进行的"根本性改革"。拟订变革方案时必须注意到这一点。

变革工作小组在进行"根本性改革"的思想指导下，充分利用需求分析中调查研究所获得的全部信息，针对所提选出来的问题和已经了解到的新的外部环境信息，提出若干个具体的变革方案。变革方案的内容包括组织的部门结构、职位设计、职权关系、集权程度、管理宽度、协作机制等要素。变革工作小组一定要广泛研究，统筹全局，做出规划。

根据决策理论，所拟订的若干个备选方案，必须具备"整体先进性"和"相互排斥性"的要求。

变革方案决策的第二阶段：评价和比较备选方案。

这就是我们常说的对变革方案进行可行性论证。论证的内容包括变革内容的针对性，方案实施措施的可操作性，实施时机选择的可行性（时机选择和组织内变革条件是否成熟），方案实施支撑条件的可行性（经济可行性、物资资源供应的可行性、人力资源的可行性）。

变革工作小组应该对每一个备选方案进行上面的可行性分析。然后将分析的结果进行相互比较，最后选择一个比较满意的方案。

通常情况下，变革工作小组在取得组织高层管理集体的同意和支持后，将这个选中的方案向组织内全体员工公布，发动大家讨论，征求意见。这有几个好处，一是可以集思广益，完善变革方案。二是动员群众，让员工在变革前就了解变革的进程，有助于消除和化解大部分员工的思想认识阻力。三是可以防止不当的变革方案进入实施阶段，减少不必要的损失发生。

（2）变革方案的实施

变革方案确定之后，就可以在方案规定的时间和范围开始实施。时机的选择，一般不宜在业务繁忙的旺季。实施的范围，既可以在整个组织范围内同时推开，也可以在组织内逐级、逐部门、分阶段进行。两者各有优势，前者可在很短时间内使变革成为组织的现实，后者可先在局部范围里积累经验，以便逐步推开。

4. 变革成果的巩固

变革实施一个时期之后，人和组织都有一种退回到原有习惯和行为模式之中的趋势。所以，组织必须适时地采取措施，以保证新的组织结构、职权体系、行为模式得到巩固。没有这一巩固的过程，组织结构变革不能说就已经成功了。

巩固变革成果的工作，通常包括以下四个方面：

一是采集变革的反馈信息，可通过调查问卷进行现状调查，召开座谈会直接征求意见，制定测评指标体系进行定量测评等方法进行，了解变革实施后取得的成果和存在的问题，了解组织员工对变革的认识和意见。

二是大力宣传变革的成果，以变革成果的现实教育员工，坚信变革是正确的、有效的，对大家是有利的。对于变革中存在的问题，及时与员工对话沟通，解释误会，承认缺点或失误，表示改进的态度和决心。

三是继续大力推进变革的进程，保证变革方案得到百分之百的落实。

四是根据调查的结果，对变革方案进行修订和完善。

第四节　　组织结构模式

一、委员会模式

1. 委员会模式概述

委员会是一种常见的管理组织模式。它指的是组织中的最高决策权由一个两人以上的群体来行使的组织结构模式。它作为一种集体管理的主要形式而被广泛地采用，尤其是在决策方面所起的作用越来越大。

委员会模式有很多种类型。有直线式的，也有参谋式的；可以是正式组织，也可以是非正式的，还常常发挥很好的作用；有长期的、永久性的，也有临时的，达到特定的目的就予以解散。

委员会模式适用于组织的各个层次。在经济型组织最高层的委员会，一般称作董事会。在群众性组织最高层的委员会，一般称作理事会。

委员会模式的优点在于，委员会由一组人组成，通过集体讨论、集体判断、集体决策，因而可以集思广益，激发管理者的积极性，便于各方面的沟通联络，代表各方面的利益，具有很好的协调各部门工作的作用，还可以避免个人独断专行和以权谋私。同时，同一个委员会的成员之间还可以相互学习管理经验和处理问题的方法，取长补短，有助于各自的成长。

委员会模式的缺点，是由于对委员会运用不当产生的。主要有：成本较高，每召集一次会议，所需的时间、设备、资金的消耗比较大；当与会的委员们意见分歧比较大的时候，往往会争论不休，难以取得一致意见，要么导致议而不决，要么就是讨价还价，妥协折中；由于委员会是集体讨论、集体决策，也就是集体对决策后果负责，结果是都不负责，这种权责分离的模式严重地影响决策的质量；当委员会中个别人或少数人由于各种原因占据支配地位时就会把个人意志强加给集体。

为了避免委员会模式存在的这些问题，于是提出了"个人负责模式"，将决策权集中在一个人身上，由一个人对组织负责。这样做，虽然权力集中，责任明确，行动迅速，效率较高，可以解决委员会模式存在的这些缺点，但是由于个人的知识、经验和能力毕竟有限，决策时难免有考虑不周的地方。特别是如果权力落在不合适的人选手中，还可能导致专制和滥用职权。

因此，委员会模式与个人负责模式两者并非十全十美，而是各有利弊，应该结合起来，取长补短。在决策方面，采用委员会模式；在执行决策方面，采用个人负责模式。

2. 委员会模式的成功运作

要成功地运用委员会模式，必须发挥其长处，回避其短处，做到以下各点：

(1) 选好委员会的第一把手

实践证明，委员会的第一把手对于正确地运用委员会模式是十分重要的。这里的"好"，不仅仅是需要他善于主持会议，具有驾驭复杂会议、善于集中与会者不同意见的能力。更重要的还需要他具备以下条件：

首先是他的个人价值系统的水平，应该与他决策所需要的价值体系基本一致，这是其决策正确与否的保证。其次是他的素质、修养和能力，不只是驾驭会议的能力，这是他实施成功领导的保证。第三是他在委员会成员中的威望，必须是委员会成员中最高的，这是他能否指挥得动的保证。第四是他团结不同意见的人共同工作的意愿和水平，要能够团结委员会一班人，尤其是要能够团结那些反对过自己、事实证明是反对错了的人。

(2) 组建好委员会的班子

这包括两个方面：一是委员会班子的组成，二是委员会班子的运行。委员会班子的规模要适当，人数一般在5～15人，人员结构要合理，与委员会的性质和任务相关，与经常性的议题范畴相关。委员会班子的建立，必须对委员会的性质要明确，是决策性的，还是咨询、建议性的；是长期的，还是临时性的。委员会班子的运行，每一次都要事先有准备，议题范围要明确，议题分量要适中。议题分量包括议题的数量和难度。召开一次会议不容易，议题数量过少、简单，不合适；议题数量过多，难度较大，讨论起来没完没了，开马拉松式的会议，不仅效果不好，而且会影响决策质量。

（3）责权利统一

这是组织工作基本原理之一，在委员会模式中当然也应该加以运用。在委员会内部，无论是第一把手还是委员，都应该具有一定的职位；具有与职位相对应的指挥权、监督权、控制权、决策权；具有与职权相对应的责任，具有与其职责和政绩、绩效相对应的利益。同时，委员会一班人，在工作量、职责、职权和利益方面要大体一致和平衡，不宜有人偏多，有人偏少。

二、团队模式

1. 团队模式的概念

关于团队的概念，有学者定义为"团队是执行相互依存的任务以完成共同使命的群体"。这个定义并无不妥，但又总觉得似曾相识。因为它与"组织"的定义"组织是人们相互合作为实现共同目标而建立的社会群体"极为相似。不过，上述团队的定义是合适的，因为团队也是一种组织。

团队与组织的区别并不在于规模。虽然大多数团队的规模小、组织的规模大，但是也有小于团队规模的组织。一支足球队一二十个人，算是团队，可是只有十几个人的企业也很多，却属于组织。这里是团队规模大、组织规模小。一个交响乐团是一个组织，我们也可以叫它交响乐队，就是团队了。这里二者的规模相同。

"团队"术语的提出，是管理实践的需要。它是一种组织结构的模式，是一种组织职能的管理理念。它是组织为了实现某一特定目标、有意识组织起来的跨职能的组织结构模式。组织的高层管理者利用这种模式，只要运行得法，可以取得比利用传统的职能机构既快也好的结果。

团队模式的产生，有学者认为发端于20世纪60～70年代的日本被称作"质量管理小组"的小团体。亦有学者认为开始于1988年彼得·德鲁克在《哈佛商业评论》上发表的论文"新组织结构的到来"最早提出了"团队式管理"的概念。

2. 团队模式的类型

组织运用团队模式具有极大的灵活性，根据组织需要实现的某一特定目标，可以组成各种各样的团队。

关于团队的分类，有学者用比喻的方式来给团队分类，有棒球队模式、足球队模式、交响乐队模式、网球双打模式等。有学者按照团队存在的时间长短，归纳为两大类：临时性团队和长期性团队。

（1）临时性团队

这是最常见的团队模式。通常称作"项目团队"，或"课题组"、"项目工作小组"、"矩阵组织"等。它是根据组织的需要，为了实现在一段特定时间内就可完成的某一特定目标所组建的团队。团队的成员来自不同的职能部门，可以是专职在团队工作的，也可以是兼职的，一部分时间在团队工作，一部分时间在原职能部门工作。任务完成后团队即可解散，成员们都返回原职能部门。项目团队建立起来后，组织提供足够的资源支持团队的工作，以确保团队目标的实现。

项目团队具有很多优点：它加强了职能的横向联系，从而克服了职能部门相互隔阂、各自为政的缺陷；不同职能的专业人员之间能互相启发，克服"近亲繁殖"导致的缺陷；使不同专业人员的技能、知识和不同的专业设备得到充分利用；而且具有极大的灵活性，不需要增加组织的人力资源投入，任务完成后各自回原单位，不会产生人力资源的闲置和浪费。

因此，项目团队被广泛地应用到各种组织之中。在企业组织里有新产品开发团队、企业信息化团队，在政府组织里有突发事件处理团队，在大学、医院有课题攻关团队等。许多组织将激励机制和项目团队相结合，用来激发员工的创造性，一般都收到比较好的效果。IBM 公司的第一台个人电脑的开发就是由一个非常成功的项目团队来完成的。

项目团队也有不足之处。一是团队解散后，它在执行项目的过程中形成的关于某一特定任务的经验、知识就会发生"丢失"。二是团队成员接受双重领导，处理不当会由于意见分歧而产生推诿、扯皮和矛盾，出了问题难以查清责任。三是由于团队是临时性组织，可能会导致团队成员产生临时观点，人心不稳、不负责任、积极性不高。组织应该设法弥补这些不足。比如，编制项目团队的过程文件，让项目团队成员继续参加后续的团队，强化项目经理与职能经理的沟通和协调工作等。

（2）长期性团队

这是指组织根据某些长期性的需求，比如为了流程整合和流程学习，所组建的跨职能的团队。根据团队与原职能部门的关系，又可分为三种不同的情形：

一是在原有的职能结构上叠加一个永久性的团队，即长期性团队和职能部门同时并存。这种团队被称作"流程团队"。这种团队导致组织结构的复杂化，团队和职能部门之间容易出现目标的不一致和冲突，如何界定团队与职能部门的职责和职权成了难以解决的大问题。

二是以流程团队取代职能部门，以求实现进一步的流程整合。这种团队被称作"水平型组织"。这种结构要求组织必须围绕流程而不是职能来构造，根据流程的目标来设计业绩目标和考核制度，管理者必须提供全方位的职能领导来取代目前的日常管理方式。很显然，要满足这些要求，就必须从整体上对整个组织的结构和制度进行变革，在目前以职能为导向的组织中难以实现这一组织模式。

三是在流程团队与职能部门叠加的基础上进行"分工"：由职能部门负责知识的开发，以满足组织对知识开发的需求；由流程团队负责为客户和服务对象创造价值，以满足组织在以客户为导向的过程中利用开发的知识为客户服务的需求。这种模式被称作"知识-流程模式"。这一组织模式已经在许多领域出现，也表现出较好的效果。但是它对组织的高层管理者的要求比较高，要有能够驾驭这种先进、复杂的组织结构的能力。

3. 团队的运作机制

团队模式的运用，不只是把团队建立起来就可以了。团队模式不会自动地提高工作效率。不同的团队具有不同的运行机制，不同的运行机制适用于不同模式的组织。所以，组织在选择团队模式时，应该根据自身的模式，选择具有相对应运行机制的团队。

团队的运行机制有两大类：交响乐队式运行机制和足球队式运行机制。

（1）交响乐队式运行机制

在交响乐队中，无论是排练或演出期间，乐谱不会改变；乐队队员各司其职，不会互相替代；队员听从乐队指挥的现场指令，节奏、强弱是固定的，是由指挥控制的，各人只要按照指挥的意图做好自己的事就可以了，并不关心演出的整个效果，考核队员水平的标准，是他所承担的演奏任务完成得如何，整个演出的效果由指挥负责、掌握，承担责任。

传统的职能管理就是这种模式。组织内各个职能部门"各司其职"，并不关心组织的整体效果。一个工人每天只需要按照给他的任务生产规定数量和质量的产品，至于仓库里这个产品已经堆积如山他并不关心；设计部门的设计工程师只关注他的设计图纸，至于这个设计，客户会有什么反应，市场前景如何，那不是他考虑的事。除了组织的高层管理者，组织内几乎所有的人考虑问题的出发点，都是如何完成好本职工作，衡量一个职员称职与否的标准也是他是否完成了本职工作。

可见，交响乐队式的运行机制反映的是职能管理理念。它适合于传统的以职能管理为导向的组织使用。

（2）足球队式运行机制

在足球比赛场上，情况瞬息万变，事先无法预料，一切都是变数。足球队员虽然各司其职，做好自己承担的任务，但随时准备承担别人的任务。当守门员没有扑住迎面飞来的足球时，站在自己球门前的无论是后卫还是前锋，都会果断地把球踢出去；而一个后卫如果遇到一个好的射门机会，也不会因为自己是后卫而把球传给前锋，他会毫不犹豫地射门得分。教练无法控制场上队员的行为，队员也无法获得教练的指令，全靠队员自我发挥，每个队员都有明确的目标：赢球，都强烈地关注比赛的结果。

足球队教练最大的贡献在于：创造一种文化氛围和价值观，指导运动员在这种氛围和观念下训练和比赛。在大起大落的比赛场上，要求队员完成任何规定的任务都是不现实的，也无法进行及时的指导和监督。通过监督手段也不能把队员推向最佳境界，只有给他们注入一种动力和理念，让他们在场上尽情发挥，才能获得全队的高昂士气。

在组织外部环境瞬息万变的今天，整个组织就像一支足球队，只有每个员工都强烈地关注组织的共同绩效，才能使组织立于不败之地。组织的管理者如果能够使自己的员工从"要我做"转变为"我要做"，那就是组织管理的最高境界。

可见，足球队式的运行机制反映的是流程管理理念。它适合以流程为导向的现代组织使用。

三、学习型组织模式

学习型组织（learning organization）是指一种新型的组织模式。这种组织能够通过不断地学习而进行自我调整和改造，以适应迅速变化的环境，求得自身生存和发展。学习型组织理论是 1990 年美国麻省理工学院教授圣吉及其小组编写的《第五项修炼——学习型组织的艺术与实务》一书首先提出的，很快风靡全球。

1. 学习型组织的内涵

圣吉在他的书中详细阐述了构建一个学习型组织所必须具备的"五项基本修炼"：自我超越，改善心智模式，建立共同愿景，团体学习和系统思考。

（1）自我超越

学习型组织理论强调，组织成员应该能够确立自己的"愿景"，并为之奋斗。"愿景"是圣吉书中出现频率极高的词汇。它是指个体发自内心地认识到，并准备努力实现的、自己最想实现的愿望。当个体建立起"愿景"并明确"愿景"和"现况景象"之间的差距后，就会感到忧虑和不安，有的人会因此消极而降低自己的目标，满足于现状；有的人受"愿景"的激励，能在内心产生一种创造性地学习和工作的热情、动力与力量，排除心理障碍，全身心投入，以实现突破"现况景象"的极限，即实现自我超越。"愿景"越清晰、越强烈、越持久，个体就越能不断地超越自己，发挥出最大的潜能。

虽然组织成员个人的学习并不等于整个组织就在学习，但是没有个人学习就肯定没有组织学习。所以，这项"自我超越"是学习型组织建设的前提和基础。

（2）改善心智模型

学习型组织理论强调，组织成员必须具有健全的心智模型。圣吉的心智模型指的是植根于人们心中的对于周围世界运作方式的认识和行为。其实指的是人们的心理素质，是个人的世界观、价值观、信念、道德标准、行为准则等所构成的相对稳定的思维体系。它是人们处理问题时的态度和方式，制约着人们认识问题、解决问题的行为。组织只有客观地、正确地认识环境的改变，才可能做出正确的决策。所以改善"心智模型"也就成了组织成员首先要学习的内容。

如何改善心智模型，我们应该从四个方面过来考虑：

一是要认识到心智模型不是先天的，是可以改变的，要提高优化个人心智模型的信心。

二是提高自我意识，区别心智模型的正负面影响，学会如何回避它的负面影响。学会反思，理性地审查自己，认真分析自己是如何从直接的、感性的认识到概括性的结论，发现不妥之处，寻找自己心智模型中存在的不足，加以改变，逐步优化个人心智模型。

三是学会探询，在与众人探讨时，在请教别人时，可以为自己的观点辩护，通过面对面的互动过程，发现自己的不足，改善心智模型。在圣吉的书中提及了反思和探询的技巧。

四是提高个人的心理素质品质，用良好的兴趣、注意、意志品质指导自己的行为，避免个人情绪的干扰（详见本书第八章有关内容）。其实，也可以说，这些心理素质本身就是心智模型的组成部分。

（3）建立共同愿景

学习型组织理论强调，组织必须建立起为组织全体成员所认可、接受和拥护的"共同愿景"。共同愿景是指能鼓舞组织成员共同努力的愿望和远景，包括共同的目标、价值观与使命感。这就是今天所说的组织文化的组成部分。

组织一旦存在，也就有了它的"愿景"。问题在于它有没有鼓舞人努力工作的驱动力。如果有，又是不是已经为全体成员所认可和接受；仅仅是少数领导人员的想法，就还构不成"共同愿景"；强加于整个组织的、少数领导的一项理念，其他人只是被动接受，就很难调动大家的积极性。只有那种一直能在组织中鼓舞人心的理念，才是能够凝聚组织全体成员、并坚持为之奋斗的共同愿景。

要建立共同愿景，首先要明确组织的发展目标和战略目标，然后鼓励组织成员在目标的范围内建立个人愿景。个人愿景经过讨论，汇集成共同愿景。这样的共同愿景深入人心后，组织成员就会主动而真诚地奉献和投入，而不是被动地服从，因为他在实现"共同愿景"的同时也就实现了"个人愿景"。

（4）团体学习

学习型组织理论强调，组织必须善于实现全体成员的共同学习，以求组织成员对共同目标的一致理解，提高组织成员相互配合、协调一致地为实现共同目标而工作的能力。团体学习的形式有两种："讨论"与"深度会谈"。

"讨论"是组织成员在一起就某一问题提出不同的看法，并允许个人进行辩护，最后形成决议。"深度会谈"是组织成员在一起就某一复杂而又重要议题，进行自由的和有创造性的探讨。探讨时各人先撇开个人的见解，克服自我防卫的心理，彼此用心聆听，各人的发言既不是评价对方的见解，也不是为了超过别人，赢得对方，只是为了解决所谈的议题。

（5）系统思考

学习型组织理论强调，组织必须具备整合自我超越、心智模型、共同愿景和团体学习等四种修炼、使之相互融会贯通并形成一体的能力。对于组织来说，单独进行哪一项修炼并不难，那对于组织没有积极意义，只有把这五项修炼整合一体，才有可能建成学习型组织。

2. 学习型组织的建设

综合国内外的研究成果，建设学习型组织应注意以下五个方面的问题：

（1）评估组织的学习状况

在进行学习型组织建设之初，首先应该了解本组织的学习状况，包括：员工是否建立起个人愿景，是否了解组织的共同愿景，员工学习的内容能否主动适应共同愿景的要求，员工彼此分享学习成果是否得到鼓舞，学习中是否有解决实际问题的计划，组织是否为员工实现自我导向的学习提供资源和条件，是否与员工就学习进行沟通等。

（2）明确互相学习的方式和内容

要建立学习型组织，必须解决学什么的问题。从理论上看，应该包括：系统地从过去和当前的研究项目、产品、服务的经验和教训中学习，从客户的信息中学习，从外界先进的技术、先进的管理思想和方法中学习，从最基层的员工身上学习，让员工彼此之间相互学习，让各部门、各班组之间在相互交流共享中获得学习等。

（3）激发员工学习的积极性

学习型组织的学习主体不是组织，而是通过组织中成员的学习来实现的。学习的结果，存在于个人、团队和组织结构中。所以，建立学习型组织必须激发员工的学习积极性。不能用高压与逼迫的方式组织学习，而应以关心、和谐的态度去动员员工学习，激发员工建立自我超越的意识，确立能够包容员工个人"愿景"

的共同愿景，使共同愿景融入员工的生活，成为员工共同努力的目标和动力。

（4）克服学习型组织学习的障碍

圣吉总结了组织学习的七大障碍：一是局限思考，把自己的责任局限在自己承担的职责范围之内；二是归罪于外，当出现问题时往往认为其原因主要是在外部；三是缺乏整体思考的主动积极，由于离开了整体，主动积极的效果往往适得其反；四是专注于个别事件，就事论事，最多只能在事发前预测，做出最佳反应，却无法学会创造；五是忽略渐进过程，对剧烈的变化警觉性高，对渐进的变化习以为常，不能在缓慢、渐进的过程看到危机；六是从经验学习的错觉，可是事实上受时空范围的限制，人们不可能事事都从经验学习；七是管理者群体的思维错位，他们有很多时间在争权夺利，却佯装在为组织目标而努力，以维持一个组织团结和谐的外貌，以致形成了"熟练的无能"——组织中充满了很多擅长于避免真正学习的人。

（5）讲究学习的效果

建立学习型组织，应该讲究效果。为了使学习能持续发展，应该保持共识，建立完善的学习体制，确立良好的学习制度；通过教育使员工获得成功；提高员工解决问题的能力。把学习与日常工作结合起来，把学习过程变为启发、教育员工的过程。通过回顾、反馈、继续进步、落实行动等系统努力来建立学习型组织。

当组织发展出现危机时，或者某个部门、某个个人出现问题时，往往正是学习的机会，平时的危机是进步与成功的前奏，它可使组织获得更多的成功。

实践告诉我们，组织唯一持久的竞争优势，源于能够比竞争对手学习得更快更好的能力。所以，建立"学习型组织"是毋庸置疑的。

四、组织外部结构模式

随着组织外部环境的迅速变化和竞争形势的日趋激烈，组织开始向外部寻求新的组织结构模式。目前，表现出很强活力的新模式有组织战略联盟模式和虚拟组织模式。

1. 组织战略联盟模式

组织战略联盟一般由一国的若干组织，或若干国家的若干组织为达到某一共同目标而组成的集团。集团内部各个成员组织在规模上可能大小不一，在经营重点上也可能各不相同。不同集团内，其成员之间的相互关系也不一样，有的是正式的，有的是非正式的。在国家组织中，像欧盟、上海合作组织等，就是相当正规、严密的战略联盟；至于"合作论坛"之类的组织就比较松散。在企业组织中，有的是正式的产权合资，有的是非正式的松散联盟。尽管如此，各个成员组织都在战略联盟中为了同一个目标而发挥各自的作用。

　　组织战略联盟的出现是组织竞争方式发展的结果。组织之间最初的竞争，主要表现为直接的对抗性竞争。在国家组织之间，其结果是军备竞赛和战争；在企业组织之间，结果是恶性竞争或过度竞争，以致两败俱伤。于是，差别化就成为一个重要的竞争策略。然而，随着形势的发展，寻求差别的活动也越来越困难。组织面对这种情况，只有通过合作，建立战略联盟，实现优势互补，风险共担，成果共享，以求达到提高组织竞争力的目的。

　　从组织结构理论的角度来看，联盟不过是一种新的组织外部结构模式。它是组织在新形势下提高组织竞争力的有力举措。

　　组织战略联盟的出现也不是偶然的。信息通信技术的空前发展，为组织战略联盟诞生提供了极好的技术条件。信息通信技术使得组织可以不受时空的限制在世界范围内寻求合作伙伴并组成联盟，更为自由和便捷地与世界各地的本组织的员工、供应商、消费者、合作者、联盟的成员进行信息交流，组织在全球范围内的业务操作变得如同在同一座办公楼里一样完整和富有效率，跨国公司和本土公司没有区别，并且可以使业务流程不间断地运行，组织的竞争由区域竞争、本土竞争发展到全球竞争。

　　在当前世界经济一体化、信息化的复杂竞争环境中，由于不确定性和风险，组织在长期竞争目标下，借助于现代信息技术，日益趋向合作竞争方式，在组织结构上就表现为组织之间在组织和策略上较稳定的分工协作关系，从而导致组织间贸易、信息交流、专用性资产投资的增强，最后表现为组织战略联盟的形成。

　　组织战略联盟对于组织的发展，已经表现出很好的作用。

　　首先，组织战略联盟可以降低包括信息搜寻成本、谈判成本、拟订合约成本和监督合约执行成本等组织运行成本。由于共同利益而引起的相互合作，可以有效避免中间环节的不完善给组织带来过高的运行成本，同时还可满足组织对高技术保密性的要求。

　　其次，组织战略联盟可以变外部资源为内部资源。组织战略联盟是一种多个组织之间的网络化系统，本属于组织外部资源的联盟内其他组织，现在与组织共处于一个系统之内，由于共同利益的原因，其资源可以方便地相互利用，使组织资源利用的边界扩大了。一方面可提高本组织资源的使用效率，另一方面又可节约组织获取某些外部资源的投入。

　　2．虚拟组织模式

　　虚拟组织是跨地区的个体或群体在信息技术的支持下相互联合所形成的一种虚拟存在的组织。在真实世界里，它是由多家独立组织，为了抓住和利用迅速变化的机遇，通过信息技术联系起来的，实现共同目标的临时性网络。

虚拟组织理论是 1992 年由戴维陶和马龙合著的《虚拟组织》一书首先提出的。它在定义了"虚拟"的概念后，以虚拟产品、虚拟服务、虚拟公司和整个经济系统的虚拟化为主线，建构起"虚拟组织"理论的框架。此后，"虚拟企业"、"虚拟工作场所"也相继诞生。

虚拟组织的形式有三大类：

一是组织结构虚拟型组织。这是指没有实体组织机构的虚拟组织。它没有金字塔式的层次结构，没有办公大楼，只是通过信息网络把分布于不同地点的资源连接起来，当任务完成后马上解散，有了新项目再按新要求来组合，例如，互联网上的销售公司、旅游公司、网上银行等便是这种类型。

二是组织位置虚拟型组织。这是指组织内各种功能的实体组织机构的地理位置分布在不同地区的虚拟组织。这类组织的产品研究开发、设计、制造、服务分别在不同地方，形成位于世界各地的产品设计中心、制造中心、顾客服务中心等。

三是功能机构虚拟型组织。这是指不具备全部生产功能组织机构的虚拟组织。在有些实体组织中，虽然运作时也有完整的功能过程，如生产、营销、财务、设计等，但在组织本部内却没有完整执行这些功能的部门机构，它只有实现本部核心功能或关键功能的部门，而其他功能是通过外部组织来实现的，也就是说，外部组织成了它执行其他功能的组织机构或部门了。这种虚拟组织在计算机软件行业中尤其突出。

这里需要特别指出的，功能机构虚拟型组织具有极为广阔的应用前景，几乎所有的组织都可以仿效。当前，不少人误以为只有网上组织才是虚拟组织，因而忽视了这种模式。

在实际组织中，有上述三种类型中单独某一类型的虚拟组织，也有两种类型或三种类型同时具备的虚拟组织。

虚拟组织管理的主要任务，一是虚拟组织各成员组织之间的管理，二是各成员组织如何管理好本组织。

由于虚拟组织的各个成员组织分布在不同的地域，相互之间的协作完全是通过网络交换信息而实现的，而且各成员组织都是独立的组织，都有各自的利益，只有遵行一定的管理原则，才可能步调一致，形成整体，产生作用，因此，至少必须具有明确的共同目标，要各有特长，能优势互补，和谐共处，所有涉及全体成员组织的事项都要事先协商一致，制定书面协议书，明确规定各自的权利和义务，包括各自应承担的职责、各自提供的信息内容、可以共享的内容等。

虚拟组织各成员组织内的管理，除了日常的实体组织的管理内容之外，还需要强化对本组织内员工的管理，要建立必要的方便易用的信息工具，加强员工使用信息工具能力的培训，让所有的员工都懂得如何在网上工作、愿意在网上工作。

[思考题与案例分析]

1. 什么是组织？组织的一般性特征和个性化特征各包括哪些内容？

2. 组织结构的类型有哪几种？各有什么优点和局限性？

3. 什么是组织环境？组织的一般环境和任务环境各包括哪些内容？组织对外部环境有怎样的相互关系？

4. 什么是跨界人员？为什么说发挥跨界人员作用是做好环境工作的关键？

5. 组织工作的含义和特征是什么？组织工作的任务包括哪些内容？

6. 组织工作的基本设计原理和动态设计原理各包括哪些内容？

7. 组织结构变革和组织变革的区别与联系是什么？组织结构变革的动因有哪几点？当代组织结构变革表现出来的特征是什么？怎样进行组织结构变革管理？

8. 委员会组织结构模式有什么优点和缺点？怎样成功运行委员会模式？

9. 什么是团队模式？什么是临时性团队和长期性团队？你对这两种团队有什么看法？

10. 什么是交响乐队式运行机制和足球队式运行机制？这两者的区别在什么地方？你认为使用团队模式的组织结构，应该选择哪一种运行机制的团队？

11. 什么是学习型组织？你对建立组织的共同愿景有什么看法？你自己的个人愿景是什么？你认为应该怎样实现它？如果你的个人愿景与你现在所在组织的共同愿景有矛盾，应该怎么办？

12. 什么是组织战略联盟？它对于组织的发展有什么作用？

13. 什么是虚拟组织？它有哪几种类型？怎样进行管理？

14. 阅读下面的案例，回答案例后面的问题：

案例　某市工商管理局的两个工作人员，在一边看杂志，一边聊天。一个说：“你看，这杂志上说，生产运动鞋的 Nike 公司和 Reebok 公司就是一种虚拟化的企业。Nike 只生产运动鞋的气垫系列，运动鞋的其他部分都是由别的生产厂来生产的；Reebok 则连一间生产厂房都没有，它们只有几间办公室，只致力于附加值最高的设计与营销，而运动鞋的具体生产则找其他制造厂来生产……”

没等这一位将杂志上的话读完，另一位马上就插进来说：“这是一个地道的皮包公司。”

两人异口同声地说：“属于查禁之列！”

问　这两个人对话的内容是否正确？为什么？

[推荐阅读书目和文献]

读者如果对本章的内容感兴趣，还可以阅读以下文献：

《管理创新》编写组 . 1999. 管理创新 . 北京：中国国际广播出版社

海因茨·韦里克，哈罗德·孔茨 . 2004. 管理学——全球化视角（第 11 版）.
马春光译 . 北京：经济科学出版社

司有和 . 2003. 企业信息管理学 . 北京：科学出版社

徐国华等 . 2003. 管理学 . 北京：清华大学出版社

许庆瑞 . 2000. 管理学 . 北京：高等教育出版社

杨文士等 . 2004. 管理学原理（第 2 版）. 北京：中国人民大学出版社

周三多等 . 2004. 管理学——原理与方法 . 上海：复旦大学出版社

第四章　人员配备工作

第一节　人员配备工作概述

一、人员配备工作的基本概念

1. 人员配备工作的含义

人员配备工作是用合格的人力资源对组织结构中的每一个岗位进行填充并持续不断充实的过程。它是组织设计工作的逻辑延续。

这里特别强调"每一个岗位",是针对国内一些学者关于人员配备定义中的"职位"而言的。因为"职位"指的组织内设立的各级管理者的位置,从基层到中层、高层,他们都是干部;"每一个岗位"则不同,不仅包括了这些"干部",而且还包括组织内所有的员工。这就是说,人员配备工作不仅包括对各级管理者的配置,也包括对所有员工的配置。

正如有的学者所说,"近些年来,人员配备被人们常常称为人力资源管理"。既然是人力资源管理,并不能是只阐述对组织内管理者的管理,也应该包括对组织全体员工的管理。

其实,人员配备作为一项独立的管理职能,从组织职能中分离出来,就是因为它将自己的内涵扩大到对组织全体员工的管理。既然分离出来了,仍旧维持传统的"组织职能"中"人事工作"内涵,只讲各级管理者的选聘、考评和培训,岂不是不合适了?等于是把人员配备的身子移到了组织职能的界线外面,可是人员配备的脑袋还留在组织职能的国度里。

国内有学者在阐述有关人员配备之所以从组织职能中分离出来,成为一项独立的管理职能,其理由有四点:一是人员配备工作需要主管人员掌握特别的知识;二是将人员配备工作独立为一项职能有利于更加注重人的因素;三是人员配备方面已经积累了相当的知识和经验;四是人员配备工作独立为一项职能有助于促使主管人员认识到这一工作是他们的责任。

说来蹊跷,国外某学者第 11 版的著作中谈到这一问题时,所说的理由也是四条,而且二者几乎连句子都很相似。

虽然这四条本身的内容并不错,但是这四条并不能解释人员配备与组织职能分离的主要原因。

　　因为事物发展变化最本质的原因是事物内部的矛盾性，即事物的内因。人员配备之所以从组织职能中分离出来，其本质的原因就是组织内对人员的管理本来就应该是对各级管理者和全体员工的管理，原来组织职能中研究管理者的管理是窄了，所以应该改变。自然，改变之后会有上面所说的"有利于更加注重人的因素"、"有助于促使主管人员认识到这一工作是他们的责任"等好处。

　　2. 人员配备工作的任务

　　它包含两个方面：一是为组织设置的每一个岗位配备适当的人，以满足组织运行的需要；二是为每一个组织成员安排适当的工作，以满足组织成员个人的特点、爱好和需要。

　　从组织需要的角度看，人员配备工作的任务，首先是给组织的各级机构部门配备管理人员和员工，使组织系统运转起来。良好的组织结构框架，只有在配备了合适的、足够数量的人员之后才可能发挥作用，组织才可能运作起来。

　　其次是为组织的进一步发展准备干部力量。组织在发展过程中，对人力资源的需求总是处于不断的变化之中，所以必须对人员需求提前做出准备。

　　第三，联合相关的管理职能工作，诸如激励工作、沟通工作和控制工作，稳定员工队伍，稳定管理人员队伍，留住人才。

　　从组织成员个人需求的角度来看，人员配备工作的任务是使组织内每个人的知识和能力能够得到公正地评价、承认和使用，并使每个人的知识和能力得到不断的提高和发展。

　　3. 人员配备工作的内容和程序

　　人员配备工作的内容，包括从组织的人才需求和人力资源供应的可能出发，进行的人力资源选聘、考评和培训等一系列活动。

　　人员配备工作的程序由以下三个环节组成：

　　(1) 分析组织人才需求的数量和质量

　　这是人员配备工作的第一个环节。因为只有了解了组织对各类不同人员的需求状况，才好进行有效的具有针对性的选拔聘任工作。

　　造成组织人力资源队伍需求的变化，原因很多：随着组织目标的更改、计划的修订、规模的扩大或缩小、组织结构的复杂化等，都会提出新的人才需求，也会同时加剧组织内已有人才的不适应；由于退休、病休、死亡、调动等原因，造成的组织内人员数量和质量的空缺。

　　所以，每一个计划年度的开始，组织都必须从组织的目标、计划和组织结构的设计出发，分析组织在各类人员的数量和质量方面应该配足多少人。再与本组织实有人员的数量和质量情况相比较，得出各类人员的缺额，在质量上都有哪些要求。做到心中有数，然后制定人力资源开发与选聘计划。

（2）从组织内外开发和选聘所需人员

这是人员配备工作的第二个环节。按照制定好的人力资源开发和选聘计划进行工作。

所谓"人员开发"，主要是指发现和激励组织内部的员工和管理者中的佼佼者，以便让他们承担新的更重要的工作。所谓"人才选聘"，当然也包括内聘，但主要是指从组织之外挑选和聘用人员，以保证组织机器运转的起码需求。在这个基础上，可以根据组织的战略规划和对组织未来环境的预测，进行人力资源储备。

（3）对组织内已有人员的考评和培训

当组织人员基本配备齐全、组织已经正常运转之后，人员配备工作的主要内容就是对组织内已有人员的考评和培训。考评的目的是为了了解已有员工是否称职，为修订人员配备计划、制定人员培训计划和进行管理激励提供依据。培训的目的是为了提高员工和管理者的水平，以便更好地工作。

关于人员的选聘、考评和培训的详细内容我们在本章后三节再做介绍。

二、人力资源意义的相对性及其对策

1. 人力资源管理的认识误区

在人员配备工作，也就是人力资源管理中，对人力资源管理的内涵，目前的表述并不统一。

有学者认为："人力资源是指能够推动生产力发展，创造社会财富的能进行智力劳动和体力劳动的人们的总称。"就是说，人就是人力资源。至于"人力资源开发与管理"的含义，他认为，是指"由一定管理主体为实现人力扩大再生产和合理分配使用人力而进行的人力开发、配置、使用、评价诸环节的总和。"这就是说，人力资源开发与管理就是人力的开发、配置、使用、评价。

另一位学者认为，人力资源管理的内涵包括四项：人员配备、招聘、培训、考核；工作专业化、工作扩大化、工作丰富化；改善传统的工作制和建立合理的工资制；精简机构。很显然，这些说法是针对个体人而言的。

还有一位学者认为，人力资源管理的内涵包括：人员的激励和报酬；人才的获得；人力资源的使用；人才培养和留住人才。这显然也是针对个体人而言的。

上述论著反映当前在人力资源管理问题上存在一个认识误区：把人力资源意义的实现，看成是只决定于员工个体素养能力水平一个方面，认为只要有了高水平的员工，就有了人力资源。于是进一步引申，各单位的人事部门派员到处去寻找、想方设法招聘，甚至不惜重金聘请高学历的人。美其名曰这是在寻找人力资源，是在进行人才储备。

可是，事实上，在许多情况下，有了人，并不一定就是有了人力资源。因为人力资源的实现，具有双重性：一方面是直接性，直接决定于员工个体的水平；另一方面又具有相对性，决定于员工的上级管理者。

2. 人力资源意义相对性的产生机理

人力资源意义的相对性，指的是同样的员工相对于不同的上级管理者，其所能发挥的人力资源意义各不相同。

因为员工要成为组织的人力资源，其核心在于员工是否能够有效地为组织工作。能够有效地为组织工作就是资源，不能有效地为组织工作就不是资源。这里的"有效"，不仅是指员工能不能干、会不会干，还包括员工愿不愿干。那么，很明显，员工会不会干是决定于员工的个体水平，而员工愿不愿干，就不能简单地认为也决定于员工个体。

因为员工个体在企业内不是孤立的。任何员工都是和他的上级管理者同处于一个组织之内。员工个体的行为，不仅受到自身的素质、修养和能力的制约，水平低的员工自然做不出高水平的工作；他的行为同时还受到他的上级管理者的影响，高水平的员工愿不愿把他的水平全部发挥出来，则受到他上级管理者的制约。

具有良好效果的教育或培训工作，仅仅是提高了员工个体的素养能力水平，解决的只是员工"能不能干、会不会做"的问题，并没有解决员工"愿不愿干、合适不合适干"的问题。

一个不愿意为组织努力工作的高水平的员工并不是组织的人力资源。

案例 4.1 《三国演义》里有一个人物叫徐庶，是一个和诸葛亮齐名的济世之才。可是他"身在曹营心在汉"，一生没有给曹操出一个主意，曹操虽然得到了他，他却并不是曹操的人力资源。因为曹操留人的手段不当，使得徐庶不愿干。

今天，许多单位的管理者和当年的曹公一样，不择手段地留人，可是留住了人却没有能够留住"心"，这样留下的人并不会成为这个单位的人力资源。

那么，怎样才能留住"人心"呢？

案例 4.2 重庆市的全国政协委员、原重庆某大学的教授和博士生导师、现汕头大学工学院院长韦云隆说得好，他在重庆晚报记者采访他时说，拿什么留住人才？除了钱还有感情！从重庆出走的人中，多数是由于单位内小环境出了问题，如上下级缺少沟通，被周围人猜疑、误解，甚至受到不公正的待遇，还不如选择"躲避"。

在上述两个实例中，从人才个体来说都是高水平的，但是并没有成为组织的人力资源，这并不是人才本身引起的，而是人才的上级管理者造成的。

相反，中国古代著名历史学家司马迁说过："士为知己用"。《战国策》中更有甚者，说："士为知己者死"。死都可以，为什么？就是因为是"知己"。也就是说，当员工感到他的上级管理者是他的"知己"时，他就会绝对忠诚于他的上级管理者，赴汤蹈火，在所不辞。这才实现了完全意义的人力资源意义。

因此，在人力资源管理中，不仅要提高员工个体的水平，还要提高员工对组织的忠诚度，留住"人心"，才可能真正实现人力资源意义。那么，怎样才能留住"人心"、让员工"愿意"干呢？

这还得从员工在组织内所表现出的不同形态来分析。

首先，在组织内，员工个体表现为"个体人"；其次，组织内员工的行为并不是纯粹的个人行为，总是一种群体行为，所以他们又表现为"群体人"；同时，员工的行为又总是完成组织任务的行为，组织内没有任务的员工是不存在的，所以他们又是"任务人"。这就是说，组织的人力资源管理者是面对三种形态的人工作，只有全面提高这三种形态人的行为水平，才可以实现真正意义上的人力资源。可是，提高这三种人行为水平的途径是不一样的。

（1）个体人

即自然人，反映的是人与物的关系。个体人的水平在于每一个体的质量，表现出来的是体力及其延伸、智力及其延伸（图 4.1）。

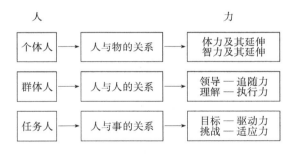

图 4.1　人力资源含义解读

（2）群体人

反映的是人与人的关系。群体人的水平并不在于组成这一群体每一个体的质量，而在于这一群体组合的人际关系质量。即使群体中每一个体的质量都很高，但是其组合质量差，则该"群体人"构不成人力资源。

群体人的力量表现为"领导—追随力"、"理解—执行力"。"领导—追随力"，指的是在群体中，下属追随领导的能力。在一个群体中，下属越是真心地认为他的领导"值得追随"，下属本身又具有追随的能力，那么它的"领导—追随力"就越强。否则，这一群体内的各个个体水平再高，也只能是一群乌合之众。

"理解—执行力"指的是群体中下属对领导指令的理解能力和执行能力。员工个体优秀可以保证这一能力的较高水平。

但是，员工个体的"理解—执行力"水平的发挥并不是自动的、必然的，而是决定于这个群体的"领导—追随力"。只有在员工真心愿意追随他的领导时，理解—执行力水平才会全部发挥出来。"领导—追随力"的水平，并不是由员工决定的。它是管理者长期以来的管理行为和言论在员工心目中的积淀并得到员工自觉认可的结果。它不是金钱可以买来的，也不是行政职务的权力、等级必然可以带来的，更不是高压的结果。一个只会借助于权力来统治下属的管理者，是不会得到下属追随的。即使下属还在他手下工作，还在完成他交给的任务，但是下属从内心不愿追随他，之所以还没有离开他，是因为别的原因。只要一旦有机会，这样的员工肯定还会离开这位他不愿追随的领导。

可见，在"领导—追随力"、"理解—执行力"中，前者决定于管理者，后者决定于员工。要实现群体人的人力资源意义，有一半的工作决定于管理者。

（3）任务人

反映的是人与事的关系。任务人的水平并不在于接收这一任务的个体人的质量，而在于任务与接受这个任务的个体人的匹配程度。如果匹配、合适，或者是更匹配、更合适，那这个个体人则显示出人力资源的意义。如果不匹配、不合适，则不论这个个体人是硕士，还是博士，都不能实现其人力资源意义。

任务人的力量表现为"目标—驱动力"、"挑战—适应力"。"目标—驱动力"指的是领导交给员工的任务或工作的目标，具有推动员工行为的力量。不论是经验还是理论都告诉我们：任务要能够对员工产生激励，只有任务是员工喜欢的、熟悉的、善长的，是员工有把握完成的。要达到这样的效果，就要求管理者能"知人善任"。管理者首先要了解员工，然后才能将任务交给最适合完成它的人。

"挑战—适应力"指的是员工具有接受挑战、适应并完成艰巨任务的能力。员工个体优秀可以保证这一能力的较高水平。

但是，同"理解—执行力"是相同的情形，员工个体的"挑战—适应力"水平的发挥也不是自动的、必然的，而是决定于"目标—驱动力"，只有在管理者交给员工的任务、目标具有驱动力的时候，员工才会被激励，员工的"挑战—适应力"才会全部发挥出来。

美国心理学家弗鲁姆（V. H. Vroom）的期望激励理论证明了这一点。他认为，人在预期其行动将有助于达到某目标时才会被激励，并得出一个公式：

$$激励强度 D = 效价 X \times 期望值 Q$$

式中，D 是受激励的程度，X 是对某一目标的偏好程度，Q 是导致成功的概率。

如果你交给员工的任务，是员工不关心、不喜欢的，即 $X = 0$，那么 $D = 0$，即这个任务对这位员工没有激励作用，没有驱动力。

如果你交给员工的任务，是员工比较关心喜欢的，即 $X > 0$，那么 $D > 0$，即这个任务对这位员工有激励作用。员工越是喜欢，即 X 越大，则 D 越大，也就是驱动力越大，人力的资本意义也就越大。

同理，如果你交给员工的任务，员工感到完不成，没有把握，即导致成功的概率为零，无期望，$Q = 0$，那么 $D = 0$，这个任务对这位员工没有激励作用。

如果你交给员工的任务，员工认为可以完成，有期望，$Q > 0$，那么 $D > 0$，即这个任务对这位员工有激励作用。员工越是有期望，越是有把握，即 Q 越大，则 D 越大，也就是驱动力越大，人力资源意义也就越大。

可见，在"目标—驱动力"、"挑战—适应力"中，前者决定于管理者，后者决定于员工个人。要实现任务人人力资源意义，有一半的工作决定于管理者。

综上所述，在组织内，个体人的水平是人力资源意义实现的前提和基础，是必要条件，它决定了人力资源意义实现可能达到的最高水平。群体人和任务人的水平是人力资源意义实现的核心，是充分条件，它决定了人力资源意义实际达到的水平。所以，在人力资源管理中，仅仅做个体人的挑选、考核和培训工作是不够的。

组织管理者不仅对个体人水平的提高负有间接的责任，需要不断地培训和教育员工，而且对群体人和任务人水平的提高还负有直接的责任。这一客观规律的结果就是：对于同一个员工，相对于不同的管理者，人力资源意义的实现将表现出不同的结果。这就是人力资源意义实现的相对性。

3. 提高人力资源意义的对策

人力资源意义实现的相对性是事物发展的客观规律，是不可抗拒的。我们只能遵循它，利用它，为企业人力资源管理工作服务。

（1）努力提高员工个体的素养和能力，为人力资源意义的实现奠定基础

针对"个体人的水平是企业人力资源意义实现的前提和基础"的规律，首先应该努力提高员工个体的素质、修养和能力，为企业人力资源意义的实现奠定基础。这一工作主要是解决个体人"能不能干、会不会干"的问题，就是现实中的员工培训工作。这项工作普遍做得比较好，有的还很有水平。

（2）努力提高管理者与员工的人际关系水平，实现群体人的人力资源意义

针对"群体人的水平决定企业人力资源意义实际达到的水平"的规律，应该努力提高管理者与员工的人际关系水平，解决个体人"愿不愿干"的问题，以求实现群体人人力资源意义的最大化。

要做好这一工作，矛盾的主要方面还是在管理者这一边。其实，说起来也不难，管理者只要能够在自己所在的组织范围内，努力塑造一个良好的自身形象，就可以达到这一目的。

要塑造良好的自身形象，一要靠自己的行为。桃李不言，下自成蹊。在日常管理工作中，管理者要能够做到言必信，行必果；发布管理指令，要前后一致，

不朝令夕改；要左右一致，不因人而异；要与自己的职权范围一致，不越权指挥；处理问题公开、公正、公平；尊重员工的人格，关心员工的疾苦，做员工的代言人，员工自然会追随你。否则，言而无信，不尊重员工，甚至欺骗员工，就不会得到员工的追随。

要塑造良好的自身形象，二要靠善于沟通的能力，强化人际沟通效果，让员工通过沟通了解你。管理者在与员工沟通时，要学会从员工的心理出发，让员工愿意听、也愿意说，使沟通能够顺利进行；要学会从表达出发，让员工听得懂；从员工的实际需要出发，让员工愿意做、能够做。这样长期坚持下去，员工自然会追随在你的身边。

（3）努力提高管理者知人善任的水平，实现任务人的人力资源意义

针对"任务人的水平决定企业人力资源意义实际达到的水平"的规律，应该努力提高管理者知人善任的水平，解决个体人"合适不合适干"的问题，以求实现任务人人力资源意义的最大化。

要做好这一工作，矛盾的主要方面也是在管理者这一边。由于只有知人，才可能善任；只有善任，才能有效地完成任务；所以善任的前提是知人。管理者必须首先提高"知人"的能力，在日常工作和生活中，在同员工的直接接触中，了解并熟悉自己管辖之下全部员工的长处和需求。这样，在需要委派任务的时候，就马上能够知道最适合完成这一任务的员工是哪一位，并把这一任务交给喜欢这个任务并有把握完成的人，实现知人善任的最佳境界。

可见，在人力资源管理中，只要注意到人力资源意义实现的相对性规律，在做好提高个体人工作的同时，努力提高自己，是可以实现人力资源意义最大化的。

第二节　人员选聘

人员选聘是指从组织内外的候选人中，为组织的当前和未来的管理者职位和员工岗位，选拔和聘用合适人选的过程。它是人员配备职能中最关键的步骤。选聘的管理人员的质量，对整个组织的活动有着极其重要的影响；选聘的员工的质量，对组织完成其目标和任务具有直接的影响；二者的结合，是任何一个组织不断取得成功的最重要的决定因素。

一、选聘的标准

在人员选聘中，主要考虑两个方面的标准，一个是人员工作岗位方面的要求，另一个是在人员素质、修养和能力方面的要求。

1. 岗位方面的要求

岗位，指的是管理者的职位、员工的工种位置。组织内职位、岗位很多，相互之间差别比较大，对任职、上岗者的要求也就各不相同，选聘时不可能用一个标准去衡量。

为此，选聘者必须首先对需要增人的职位、岗位的性质、目的、任务有一个清楚的了解。对于管理人员，可以通过组织结构设计的"职位说明书"来了解，因为"职位说明书"中对各种职位有具体的规定。对于员工，可从岗位责任制的"岗位责任文件"中了解，还可以通过职务分析和岗位分析来确定某一职位、岗位的具体要求。不论用什么方法，最后应该明确空缺岗位的岗位范围或职位范围、工作量、工作技能及其相对重要程度。

2. 个人素养能力方面的要求

人的素质、修养和能力是其从事管理工作和劳动的前提和基础。但是，不同的职位、岗位，对人的素质、修养和能力的要求是不一样的。作为组织的高层管理者需要有较高的心理素质，保持对周围环境的高度敏感性；作为一名计算机网络中心的工程师，需要有丰富的关于计算机和网络的知识修养；作为一名程控机床的工人，需要有高超的机床技术加工能力。

所以，选聘者在选聘前，除了要搞清楚职位、岗位要求之外，还要搞清楚这些职位、岗位对任职者的素养能力有些什么要求。

对于一个管理人员来说，个人素质是很重要的。个人素质虽然不是管理能力本身，但它与管理能力密切相关，是管理能力的决定因素，管理能力的大小是以素质为前提和基础的。对于员工来说，素质也是他工作能力的前提和基础。同样道理，修养既不是素质，也不是能力，但是能力的表现是以修养为条件的。

因此，选聘者把素养能力作为选聘的依据之一，是要在选聘过程中，把素质、修养和能力这三者有机地结合起来。如果只重视管理能力，而忽视个人的素质和修养，那么能力就不一定可以发挥出预期的水平；而只重视个人素质，忽略能力，将不擅长管理的人提拔到管理岗位上来，就很可能造就了一个低劣的管理者，同时也可能浪费了一个优秀的其他方面的人才。

因此，人员选聘工作要求将个人素质、修养与能力相结合，强调被选聘的人员应该具备三者综合的结构。关于素质、修养和能力的具体内容我们在第八章再做详细介绍。

二、选聘的原理

要做好选聘工作，必须遵守选聘工作的公开竞争原理、压人之长原理和实事求是原理。

1. 公开竞争原理

公开竞争原理，指的是在选聘员工，尤其是在选聘管理人员时，必须将需要聘人的职位、岗位向一切最合适的人选开放，不管他们是组织内部的，还是组织外部的，大家机会均等，一视同仁。这样才能保证组织选到自己最满意的人员。

这样做的好处，一是通过公开竞争，组织内外的人才都会应征而来，选聘到一流人才的机会就多得多。二是由于在公开竞争中，真正是素质、修养和能力结构好的人才就会显露出来而被选中。同时，本组织员工在公开竞争中也看到所选中的人确实是高质量的人才，不仅会愿意接受，也能够鼓励他们的工作积极性。三是由于选拔是公开进行的，没有选中的人也不会有怨言，减少了负面影响。

但是，如果不允许人才流动，选中的人才不能流动到位，选聘还是不能实现，那就不是真正的公开竞争。

2. 用人之长原理

用人之长原理，指的是在选聘员工和管理人员时，不要对应聘者求全责备，只要求应聘者能够适合从事组织需要聘人的职位、岗位的工作。因为人无完人，每个人有他的长处，也都有其短处，只有当他处在最能发挥其长处的职位、岗位上时，他才能干得最好，组织才能因此获得最大的效益。

所以，选聘时并不是将所有应聘者按综合能力排序，然后从高到低来选择，而是选择最适合该职位、岗位的人，使候选人能够各得其所，各遂其愿，人尽其才，又能使组织得到最合适的人选。

在管理人员的选聘中，还要注意候选人的潜在能力。这里的"潜在能力"，有两层含义：一是确实具有潜在的、还没有发挥出来的能力，二是现职工作做得虽然很好，但是能力已经发挥到顶，没有潜力了。因为在实际工作中，一个人被提拔到高一级职位，往往总是因为他的现职工作做得不错，但当被提升到高一级职位时，就显得不能胜任了。就是说他被"提升过头"了。

出现"提升过头"的现象，显然对组织不利。但是，若不这样步步提升，也可能使真正有能力的低层次管理人员的才能得不到充分发挥。所以，判断一个人是否符合选聘的要求，标准只能是人的素养能力，而不是他对组织的贡献。对组织贡献大的员工，组织对他的补偿已经体现在物质报酬上，能否予以提升，则需要对他个人潜在能力的观察和分析后才可做出结论。

3. 实事求是原理

实事求是原理，指的是在选聘员工、管理人员时，应该从应聘者的客观事实出发进行选聘工作。

首先，要求选聘者要具备较高的水平和品德，要客观、公王、公平、准确，出以公心，反对任人唯亲、拉帮结派。要像当年徐悲鸿慧眼识白石（齐白石）、熊庆来慧眼识罗庚（华罗庚）那样，唯才是举。

其次，要敢于启用年轻人。年轻人保守思想少，接受新思想、新观念、新技术、新方法既快也多，思想敏捷，精力充沛，无论是组织的员工，还是管理人员，都需要年轻人充实其中，他们是组织生存与发展的不可缺少的力量。在实际工作中，一些组织对年轻人不敢委以重任，不敢放手使用，是不妥当的。年轻人缺乏经验的缺点，可以通过委以重任，让他们在实践中得到改正。

第三，在选聘过程中，要正确对待文凭和能力、水平之间的关系。文凭只能说明应聘者在接受教育方面曾经达到的层次，并不能说明现在，更不能说明他的素质和能力。文凭低的人，水平不高的情况可能多一些；文凭高的人，并不一定就是水平高。文凭和水平并不能划等号。但是，在实际工作中，"重文凭，轻能力"的现象仍旧存在，是需要注意改正的。

三、选聘的途径

组织选聘员工和管理人员的途径就是内部选聘和外部选聘两种。

1. 内部选聘

内部选聘，是指根据一定的程序和标准，从组织内部挑选、提拔那些能够胜任空缺岗位、职位工作的员工和管理人员的选聘途径。

这样，组织内的员工，可能会从一个普通的岗位调往另一个重要的岗位，或者从经济报酬低的岗位调往经济报酬高的岗位；如果是选聘管理人员，组织中的一些人将从较低的职位被选拔到较高的职位，担负更重要的工作。

要做好内部选聘工作，要求选聘者事先必须对组织内的人员情况心中有数，建立起详尽的人员工作表现的调查登记材料，并以此为基础绘制出人才储备图，以便在某些岗位、职位出现空缺时，能够较快地据此做出选择。

内部选聘的优点：候选人是本单位的，因而比较了解、放心，可以保证选聘工作的正确性；被选中、提拔后能较快地进入工作，对新的工作影响较小；组织成员看到了只要努力工作还有被提拔的希望，因而可以鼓舞士气，对员工具有激励作用；同时，还可以看成是组织过去对被提拔者培训投资的回收。

不过，内部选聘也存在若干缺点：因为组织内的人才储备不一定能满足空缺岗位、职位的需要，因而可能会失去挑选一流人才的机会，或者因此选聘了一个不称职的人。同时，同一个单位的人选，在思想方法、知识结构方面可能比较相似，难以避免"近亲繁殖"的弊病。还有，组织内员工对其十分熟悉，尤其是有过失败和过错经历的人员，在聘用后会有"历史包袱"，而不敢放手展开工作。如果一旦选聘不当，没有能够将组织内真正水平高的人挑选出来，这样不仅会伤害高水平人员的积极性，还会影响相当一部分人的积极性。

2. 外部选聘

外部选聘，是指根据一定的程序和标准，从组织外部选拔那些能够胜任组织空缺岗位、职位工作的员工和管理人员的选聘途径。

外部招聘的渠道很多，可以通过广告、人才交流市场、就业服务机构、高等院校、组织内成员的推荐等途径来进行。要使外部招聘得以有效实施，就必须将组织空缺岗位、职位的有关情况，事先真实地向社会公布，诸如岗位、职位的性质和要求、工作环境的现状和前景、报酬以及福利待遇等。

外部选聘的优点：有广泛的人才来源，选择一流人才的机会很多。由于人才来源广泛，可以避免"近亲繁殖"的弊病，给组织带来新的经验和管理方法。选中的人选不需培训即可进入组织工作，等于节省了本组织的人才培训费用。具有"外来优势"，组织内成员不了解其过去的失败经历，有利于他展开工作。在内部选聘中，可能会选你，他不满意；选他，你不满意，外部选聘就可避免这种内部相互争执，平息和缓和紧张关系。

外部选聘的缺点：一是可能会伤害组织内能够胜任者的积极性。选中的人选，由于对本组织不熟悉，任职后有一个熟悉的过程，不能马上投入工作。而且，在选聘时很难估计应聘者的真实能力，容易发生选聘时评估的水平高于与后来实际工作表现的情况。同时，一流人才是否愿意来、组织能否满足其过高的要求，都是不定因素，所以真正要选到一流人才并不容易。

综上所述，两种选聘途径都不是十全十美的。通常，如果组织内有能够胜任空缺岗位、职位的人选时，应首先考虑从内部选拔。如果空缺的岗位、职位不很重要，并且该岗位、职位所在领域有强有力的管理人员，也可以从内部选聘。只有在空缺的岗位、职位是重要而又急需的情况下，组织内又没有能胜任这一岗位、职位的人选时，才应该从外部选聘。

如果组织内有能胜任空缺岗位、职位的人选，却在外部招聘，这样会损害内部员工的工作积极性。组织内没有能胜任空缺职位的人选，勉强提拔内部人员，会因为其不称职而导致工作的损失。

所以，在人员选聘工作中，究竟是采用"内部选聘"途径，还是采用"外部选聘"途径，要根据本组织具体情况而定，随机制宜地选择选聘途径。

四、选聘的程序

选聘的步骤，是在组织选聘的岗位、职位、数量、要求已经明确，选聘计划和选聘政策已经制定后具体筹划的。

组织需要进行人才选聘，必须建立相应的选聘工作委员会或选聘工作小组。工作小组可以就是组织的人力资源管理部门，也可以是相关部门人员联合成立的临时机构。工作小组在组织高层管理者的领导下主持选聘工作。

整个选聘工作需要按照一定的程序步骤进行。在设计程序时，应考虑到实施这些步骤的时间、费用、实际意义以及难易程度等因素。

通常，选聘的主要程序包括：

1. 启动

人员选聘工作的启动，其标志就是向社会和组织内公布选聘事项。公布的范围要根据选聘的岗位、职位的情况来确定。采用内部选聘途径，一般是颁发内部通知、张贴告示或召开启动人员选聘的动员大会。采用外部选聘途径，一般是在报刊、电台、电视台发布广告。

不论是内部选聘还是外部选聘，也不论选聘的是员工还是管理人员，在启动时都应该真实地公开发布选聘信息，包括待聘岗位或职位的范围、性质、工作量、工作技能要求、工作环境的现状和前景、报酬、福利待遇和对应聘者的要求等。

2. 获取资料，进行初选

在启动之后，很快就会有应聘者递交应聘材料，从而获得一批应聘者名单。还可以通过组织内人力资源管理部门的人才储备图、人事档案、工作鉴定、组织成员推荐等方式获得一批应聘者名单。

然后，通过审阅组织内外应聘者递交的申请材料、逐一谈话、查看档案等简单手段，对所有应聘者进行初步筛选，确定出需要进行测试考核的候选人。

3. 对候选人进行知识、能力、身体的考核检查

这是人员选聘工作的关键环节。主要是：对初选合格的应聘者，即候选人，进行测试考核，包括智力测试、业务知识测试、个性心理素质测试、工作熟练程度和能力的测试、面试以及身体检查。

（1）智力测试

这是目前一种比较流行的测试个人潜能的基本方法。通过让候选人解答某些问题，了解候选人的思维能力、记忆能力、思维的灵敏性和观察复杂问题的能力等。目前有许多这类书籍，介绍智力测试的方法。

（2）业务知识测试

这就是普通的文化知识考试。通过考试了解候选人对待聘岗位、职位所需要的基本技术知识和管理知识掌握的程度，以保证入选的候选人具备能够基本胜任

工作的知识背景。

（3）个性心理素质测试

这方面的测试，现在越来越受到大小组织的重视，运用到选聘工作之中。主要是测试候选人的兴趣、注意、性格、气质、自觉性、意志力和情绪调控等素质水平。这些个性心理素质对一个人的行为影响很大，高素质的人在工作中表现出很强的适应能力和工作能力。近年来，市场出现了许多测试个性心理素质的图书，组织在选聘人员时可参考使用。

（4）工作熟练程度和能力的测试

这里的工作熟练程度测试，主要是用在员工选聘中，通常通过现场操作进行。

能力测试主要是用在管理人员选聘中。常用的测试方法，有一组三个前后衔接的方法：竞聘演讲、案例分析讨论、情景模拟。

竞聘演讲，要求候选人在规定的时间里发表竞聘演讲，介绍自己如果能够任职的话，打算如何做，并且回答选聘工作小组的提问，进行答辩。这不仅可以考核候选人的口头表达能力，而且可以考核候选人综合运用知识和个人智能的能力，也是给候选人提供一个全面展示才华的机会，以便选聘小组更好地比较。

案例分析讨论，这是进一步在竞争环境下考核候选人综合运用知识和个人智能能力的方法。把候选人分成若干个小组，给各小组分别提供一个案例的文字材料，由候选人进行讨论，选聘小组的工作人员在一旁观察每一个候选人在讨论中的表现，看哪些人的发言最能切中案例的中心意图，看谁能够提出独到的、新颖的见解，尤其是组织者事先没有想到的内容，并且确有道理。此法可以十分清楚地显示出不同候选人的能力。

情景模拟，这是在经过以上两个环节的测试后，需要进一步了解候选人在实际工作中分析问题和处理问题的能力，提出的一种方法。此法将候选人置于一个模拟的工作环境中，然后通过观察候选人的表现判断其工作能力和应变能力。

情景模拟的方法很多，许多管理学教材和著作中都有介绍。下面选择"公文处理测验"和"无领导小组测验"两种方法转述如下：

1）公文处理测验。

首先，向候选人提供一批公文，包括下级请示、上级批文、电话记录、内部报表、外部函件等。有重要的，也有琐碎小事。公文的分量足够多，估计候选人在规定的时间内处理不完。这些公文可以是真实的，也可以是有意识设计的。测验开始时，每一个候选人得到的一批公文是相同的，要求候选人在规定的时间内把公文处理完毕。

其次，选聘工作人员在一边观察候选人处理时的表情和情绪，是有条不紊，还是紧张急躁；是就那一堆公文从上到下、慢条斯理地处理，还是先浏览全部公文，分出轻重缓急再做处理；在整个处理公文的过程中表情和情绪有无波动，是庄重、严肃、轻松，还是随便、无所谓等。

再次，在测试时间结束后，检查处理的公文份数，在处理不完的公文中，有无轻重缓急的区别。同时逐一地询问每一个候选人处理公文的依据，包括：为什么这样处理而不那样处理？有什么设想？

最后，选聘工作小组根据观测结果集体做出评价。

2）无领导小组测验。

首先，将候选对象分成若干小组，给每个小组内的成员规定相同的身份，比如都是市场部主任，或者都是某公司的总经理。由于小组成员的职务是相同的，不存在领导和被领导关系，是一个没有领导的小组，所以称"无领导"小组。

其次，向各小组成员提供相同的、与其规定身份相适合的材料。比如，规定为市场部主任职务的，就提供有关市场的材料，要求候选人根据材料提出提高公司市场份额的对策。规定为公司总经理职务的，就提供有关公司的材料，要求候选人根据材料提出增加公司利润的对策。各小组按照要求进行讨论。

再次，考核应变能力。讨论中每隔一段时间通报一次市场行情变化的信息，或者是公司生产状况变化的信息。有时，可以在讨论意见趋于一致时通报新的情况已经发生，所得结论已经不能使用，继续讨论。以观察候选人在情况急剧变化的情况下态度和情绪的变化，是焦躁不安、不知所措，还是沉着冷静，应付自如。

最后，根据观测结果，对每一个人的领导能力、合作能力和应变能力做出评价，并提出符合每个人特点的工作职位建议。

（5）面试

又称口头审查，在人员选聘中使用最为广泛的一种方法。通过口头询问，根据候选人的回答和现场表现，对候选人做出判断。为了保证面试的有效性，通常是事先制定一套规范的提问问题和答案，要求针对所有候选人提相同的问题，并在面试前对全部主持和参与面试的人员进行培训，避免候选人的第一印象对面试结果的影响，以保证在面试时标准统一。

（6）身体检查

这一环节是必须要有的，不能省略。

在经过上述六个环节的考核测试之后，可根据事先制定好的测评方法，给候选人打分。再按照综合得分的名次确定初步聘用的名单，以便公示。

4．公示和民意测验

这项工作通常是在正式宣布选聘结果之前一段时期进行。这个时间间隔由各单位选聘小组决定。这样做主要是为了避免可能会出现的选聘失当，给改正错误留有时间；也可以了解组织内员工对此次选聘工作的意见和建议。

在员工选聘时，一般采取张榜公布的办法。在管理人员的选聘时，也可张榜公布，但一般都要同时进行民意测验，了解组织内员工对所聘人员的接受程度。百分之百地拥护，虽然少见，但是大部分人都不接受的人选，是需要组织重新认真考虑的，不能把民意测验当作形式，走过场。

5. 上级主管批准

根据能力测评的综合得分，考虑公示和民意测验的结果，最后确定聘用人员的名单，报上级主管部门批准。

第三节　人员考评

人员考评，就是对组织的成员，包括员工和管理者，进行考核和评价。

人员考评是人员配备工作中很重要的一环，也是整个组织一系列的管理活动中的一个重要的管理活动。

一个正在运行中的组织，总要经常考虑：通过选聘进入本组织的人员工作情况如何，是否符合要求？原有人员的工作情况如何，有些什么变化？存在哪些问题？应该如何解决？诸如此类的问题对组织的发展十分重要。要解决这些问题，就必须进行人员考评。

一、考评的目的和要求

1. 考评的目的

考评本身并不是目的，它的目的表现在两大方面：一方面，通过考评激励组织成员以更高的热情和自觉性投入今后的工作。另一方面，通过考评了解组织成员的工作质量，为人员选聘、发放工资、颁布奖励、人员培训等工作提供依据。

（1）通过考评激励组织成员

有效的考评，可以让组织成员了解自己的工作进程所产生的实际效果，哪些工作是有效的，哪些工作是无效的，从而有助于改进自己的工作。同时，公平、公正、客观和正确的考评，有助于保持组织成员的动机和努力，可以激励组织成员以更高的热情和自觉性投入今后的工作。

不过，并不是所有的考评，都会产生这种正面效果。考评工作做得不好，会产生负面效果，影响组织成员的情绪，挫伤工作积极性。

（2）通过考评了解员工和管理人员的工作质量

组织的员工和管理人员工作质量的好坏，直接关系到整个组织的命运和前途。组织通过考评所反映出来的工作质量信息，及时采取相应措施，帮助和指导员工和管理人员，使他们的活动始终沿着推动组织发展的正确方向进行。

（3）通过考评为人员选拔和培训提供依据

通过考评，了解了员工和管理人员的业绩，也了解了他们的不足和需求，建立起有关的文字档案，据此绘制人员储备图，作为选聘员工和管理人员的依据。针对他们的不足和需求，制定培训计划，使他们不断地得到提高。

（4）通过考评为发放工资和奖励提供依据

工资是组织对其成员劳动的报酬，奖励是组织对员工和管理人员的超质贡献的认可和回报。这些工作对发挥组织成员积极性十分重要，而做好这些工作的前提就是工资和奖励必须和他的劳动相匹配。否则，将会产生负面效果。

要实现工资、奖励与其劳动的最佳匹配，最直接的办法就是对员工和管理人员进行准确的考核和评价。

2. 考评的要求

为了达到上述考评的目标，使考评工作获得预期的正面效果，推动组织不断发展，必须符合如下要求：

（1）考评指标要科学

考评指标是考评的依据和基准。它是组织在考评工作中衡量员工和管理人员业绩的尺度和标准。所以，考评指标不科学，必然导致整个考评工作的失败。

考评指标要科学，指的是考评指标必须客观、公正，符合一致性、完整性、关联性和激励性的特征。

客观、公正，就是指标的含义要准确、具体，不是含糊不清，更不是用一些抽象的概念作为衡量的标准。能够量化的指标，尽可能量化。指标体系的组成，不仅仅对本群体的所有成员是公正的，在同相邻群体比较时，也是公正的。

一致性，指的是考评指标必须与组织的目标一致，并保持随着组织战略目标的变动而改变。这样的考评指标有利于促进组织目标的实现。

完整性，指的是考评指标体系本身是完整的，能够全面反映该指标考评对象的绩效情况。缺乏完整性的指标，由于漏掉了一些应该考评的项目，往往会导致被考评者在今后的工作中忽视甚至放弃那些被考评漏掉的工作，甚至会导致某些被考评者钻考评指标的空子，以谋私利。

关联性，指的是考评指标与被考评者为取得工作绩效所付出的努力，具有直接的关联，关联性越强，就越能反映被考评者的业绩。那种被考评者个人再努力也无法达到或很难完全达到的考评指标，就是关联性差的指标，这种指标不利于获得积极的正面考评效果。

激励性，指的是考评指标具有激发被考评者工作积极性的功能。符合上述要求的考评指标就可以实现一定的激励性。

（2）考评方法要可行

这是指考评的方法能够为组织成员的大多数所接受。这一点对考评是否能真正取得成效是很重要的。它要求考评的方法简单易学，组织成员通过学习是可以掌握和运用的。在考评开始前，要让组织的成员明确所用方法的目的、意义和操作步骤。考评方法中涉及的项目、数量要适中。项目太多，过于复杂，增加了考评的工作量；项目过少，达不到全面考核的目的，也就难以做到公平。使用的方法所获得的考评结果，要客观可靠，使人信服。

（3）考评时段要适当

这是指两次考评所间隔的时间。时段过短，两次考评的结果可能差别很小，甚至没有差别，没有必要；时段过长，不利于及时纠正偏差，也不利于鼓励工作出色的职员。但是，由于考评对象既有员工，也有管理人员，还有工种、职务的区别，所以不可能规定一个统一的考评时段。只能根据不同人员、不同工种来确定。

通常，组织内对员工的考评，尤其是经济组织内对工人的考评，通常是月考评、季度考评和年考评。组织内对管理人员的考评，包括某些组织内对员工的考评，是一年一次或两次。

（4）考评结果要反馈

这是指应该把考评的结果告诉被考评的人员。这有利于被考评者及时知道自己的优缺点，以便在今后的工作中扬长避短，把工作做好。不过，考评结果的反馈，要讲究沟通的技巧。因为，考评的结果总是既有优点也有缺点，优点信息对方容易接受，缺点信息有时难以接受，"闻过则喜"的人并不多，所以在反馈缺点时不要产生对峙或给员工造成打击。

二、考评的内容

考评的内容，一般包括两大方面：一是工作业绩，即组织员工和管理人员通过自己的活动对实现组织目标做出贡献的程度。二是工作能力，即组织员工和管理人员在活动中显现出来的能力是否能保证或促使组织目标的实现。这两方面的内容相辅相成，作为组织考评的内容，是比较客观的、合适的。

1. 工作业绩考评

这是指通过考察一定时期内组织的员工和管理人员在担任某一岗位、职位的过程中所完成的实际工作，来评估他们对实现组织目标的贡献程度。

对于那些工作成果可以计量的员工来说，业绩考评比较简单，直接通过计量的数据进行比较，就可获得考评的结论。

对于管理人员以及工作成果不可计量的员工，业绩考核需要事先制定一个考评指标体系，这个指标体系应该符合上面我们说过的那些要求。指标的内容，应该是按照不同考评对象的工作范围和工作任务，选择出一些最主要的能够反映被考评对象业绩的问题组成的。

业绩考评，强调的是被考评对象对组织的贡献度，不是考评能力。因为能力强的人，由于各种各样的客观原因，贡献并不就一定大，成果就一定多。所以不能采用能力考评的指标体系来考评业绩水平。

在考评成果时要注意两点：

一是要客观地分析实际业绩取得的具体因素，因为有时业绩大，不完全是被考评者的努力，有其他侥幸客观因素；业绩差，不完全是被考评者不努力，而是客观环境有了变化，发生了人力不可抗拒的事件等。

在对管理人员的考评中，还要注意客观地区别管理人员的业绩与该管理人员所在部门的业绩，不能将部门的业绩等同于该部门管理人员的业绩，最理想的做法是能够在部门的业绩中辨识出具体某一管理人员所做努力占的比重。虽然要做到这一点非常困难，但是这一点对于考评的结果是非常重要的。

二是业绩考评是员工和管理人员的"工作范围和工作任务"为指标内容来进行的，这就要求在考评之前，组织对于每一位员工和管理人员的"工作范围和工作任务"是已经明确规定了的。

如果没有明确的规定，不仅下属没有明确的目标，不了解努力的方向，不知道应该在哪些方面去做贡献，而且使考评失去了客观的标准。这种情况下，被考评者没有做出积极的贡献，其原因不是他们自己，而是他们的上级。

2. 工作能力考评

这是指通过考察一定时期内组织的员工和管理人员所完成的实际工作，来评估他们的现实能力和潜在能力的工作。通过能力考评，分析这些能力是否符合担任现职的要求，是否在担任现职后有所提高，是否可以担任更重要的工作。

能力是人们认识问题、解决问题的本领，是抽象的，是没有办法直接测量的。直接用"操作能力"、"决策能力"、"沟通能力"、"应变能力"、"计划能力"这些抽象的概念作考评指标，只会给考评增加难度，且考评结果也难以客观、公正。

通常的方法是根据组织对不同人员的基本要求，借助于管理学知识，用一些具体的、能够说明该项工作任务的若干个问题组成指标体系，来反映从事该项工作任务的能力。

比如，考评管理人员的信息获取能力，可以要求被考评者真的去图书馆收集信息，或者上网查找文献，或者去基层搞调查，再按其获得信息的多少来判断其信息获取能力。

再如，考评决策能力，可以提出一系列的问题，问其在每次决策中确定几个备选方案；被选方案是怎样制定出来的；决策时有没有明确的本部门长短期目标；决策过程中是如何评价方案的；又是如何选择方案的；在评价方案、比较方案时，能否听得进不同的意见；有没有越俎代庖，替下级人员决策；决策实施后有没有检查；是否收集反馈意见；可以将这一系列问题设计成是非选择题，在难以设计成是非题时可以设计供选择的多种答案，诸如"优秀"、"良好"、"一般"、"不合要求"等，由被考评者选择。这样既有利于评估，也比较统一。

三、考评的方式和方法

1. 考评的方式

考评的方式可以分为两大类四种。两大类是自评方式和他评方式。自评方式就是自我考评。他评方式又包括上级考评、同事考评、下级考评。

（1）自我考评

这是组织的员工和管理人员根据组织的要求定期对自己工作的各个方面进行评价。个人工作总结是一种常用的自我考评形式。也有单位制定统一的自我考评表格，由员工和管理人员填写。

此法有利于培养被考评者的自觉性和工作责任感。但是，它很容易受个性的强烈影响。此外，被考评者会由于担心上级考评不能客观地评价自己，因而会过多地谈论自己的成绩，而较少涉及自己的不足。

（2）上级考评

这是组织对其所属全体人员，或者组织内某一部门对所其属员工和管理人员进行的考评。这是考评中最常见的一种方式。组织内的考评工作，一般都是以这种方式为主，辅以其他方式。

（3）同事考评

这是由与被考评者一起工作的同事对其进行的考评。由于同事之间朝夕相处，互相比较了解，可以使考评更加符合实际情况。这种情况现在都用来作为人员考评的重要环节之一，就是每一位员工和管理人员在接受"上级考评"时，总是先做"自我考评"，然后在其所在的基层单位报告工作，接受"同事考评"。

不过，此法受人缘的影响比较大，容易出现"你好，我好，大家都好"的现象，或者碍于面子，不好意思提别人的缺点，使考评失真。

（4）下级考评

这是由下级员工和管理人员对其直接上级的工作进行的考评。实践中经常使用的"民意测验"就是这种考评方式的一种具体形式。此法的不足是下级可能由于怕被"穿小鞋"，而不愿讲真话。

综上所述，在实际的考评工作中，除了各种方式的自我完善外，最好的办法就是采取多种评价方式，从不同的角度进行考评，以避免只采取某一种方式可能引起的以偏概全，从而使考评工作真正做到公正、客观、全面、准确。

2. 考评的方法

考评的方法很多。自评方式中有自述法、填表法、答卷法。他评方式中常用的方法有推荐法、成绩记录法、打分法、考试法、考评指标测评法等。

近年来，还出现了诸如模糊数学考评法等新的方法，有兴趣的读者可以参考有关书籍。

总之，考评的具体方法很多，既有定性的，也有定量的。在实际的考评工作中，只有多种方法相结合，定性与定量相结合，才能取得比较满意的效果。

四、考评的程序

科学、公正、有效的考评工作必须遵循一定的工作程序：首先要组建考评工作小组，确定考评的基准，然后实施考评，分析考评结果，并向被考评者传达考评结果，使其有申辩的机会，以求真正起到促进和改善的效果。

1. 组建考评工作小组，确定考评基准

为了保证考评工作正常进行，必须在一开始的时候就要组建考评工作小组，以具体实施考评工作的领导，负责考评的日常事务。

考评基准指的是组织在考评工作中确定的衡量员工和管理人员业绩的尺度和标准。考评基准不适当，必然导致整个考评工作的失败。

现在，在实际的考评工作中，用得最普遍的是以可考核的目标为基准。这种方法，在组织总体目标及相应计划清晰明确并协调一致的情况下，以员工和管理人员是否明确地设置各自的具体目标，是否能正确地规划实现目标的途径，是否能最终实现这一目标作为考核依据，制定出一系列的可考核的指标进行考核。

这种基准的考评，有三种类型：如果是综合的全面的考评，那就是年度的总考评。如果是区段性、进展性考评，用的是月度考评或季度考评。如果是连续的监测性考评，则是日考评或周考评。这种基准的最大优点就是实用，它与被考评者的实际工作密切相关，容易操作，所获得的信息客观、可信。不足的是此法考评的仅仅是业务方面的业绩，而业务业绩与被考评者的能力并不一定成正相关。

此外，著名管理学家孔茨等人提出以管理基本原理和原则为基准，用以考评人的能力。但是，此法不适合考评人的业务方面的业绩。

基准确定之后，考评工作小组就应该根据不同考评对象的岗位、职位，设计不同的考评表，通过被考评者填写这一表格获得考评的原始材料。

2. 实施考评

实施考评，简单地说，就是由谁来填写考评表。肯定不能是由考评工作小组来填。根据考评的方式，有四种填表的方式：一是由被考评者自己填，这是自我考评；二是由上级来填，主要考核被考评者的理解能力和组织执行能力；三是由相关部门来填，主要是考核被考评者的协作精神；四是由下级来填，主要是考核被考评者的领导能力和影响力。

3. 分析考评结果

为了得到正确的考评结果，必须认真地分析考评表提供的信息。

首先是可靠性分析，剔除那些明显不符合要求的、随意乱填的表格。比如，考评表中的所有选项都选择满分项或者都选择零分项，显然不是实事求是的态度。这一类的数据不加剔除，会影响考评结论的质量。

其次是考评得分与对应内容的对照分析。比如，某人的贡献得分很高，能力得分却很低，这是不合逻辑的。这时就要检查考评中有无不妥的地方。

4. 传达考评结果

将考评结果及时反馈给被考评者。反馈的方式，可以是上级管理者与被考评者的直接面谈，也可以是书面通知。这时，如果被考评者认为考评不公平，或者是不全面、不合理，应该允许申辩。如果申辩意见正确，应该尽快做出改正。

此外，正如前面我们已经说过，在反馈考评结论时，要讲究沟通的技巧，以免产生对峙或给员工造成打击。

5. 根据考评结果，建立本组织的人力资源档案

有规律的、定期的考评，可以为组织积累人力资源信息。这些信息十分珍贵，应加以利用。比如，可根据每个人的发展潜力，将组织全部人员划分为：目前可以提升的、经过培训可以提升的、基本胜任本职工作但有缺陷需要改善的、基本不合要求需要更换的等几种类型，为组织制定人事政策和培训计划提供依据。

第四节　人　员　培　训

人员培训是人员配备职能中的一个重要方面。其目的是要提高组织各级各类员工和管理人员的素养和能力，以适应组织的运行和管理工作的需要，从而保证组织目标的实现。

由于组织的员工和管理人员是组织活动的主导力量，决定着组织活动的成

败，尤其是在世界经济一体化的今天，组织的环境在不断地发生着变化，组织必须快速适应变化的环境，这其中就包括组织的人员必须快速适应变化的环境，而人员适应的任务就是依靠培训工作来实现。

所以，组织必须把培训工作作为一项长期任务，建立起稳定的培训机构和有效的培训制度，针对组织内各级各类人员的不同要求，采用多种方法进行培训，切实做好培训工作。

近几十年来，世界各国都把组织的人员培训提到越来越重要的地位，认为这方面的投资是最重要的投资。不仅各类组织都非常重视培训工作，将其作为一项长期的工作内容，而且国家也对这方面的工作给予积极的鼓励和支持。

一、培训的对象

组织人员配备工作中的人员培训工作，其培训对象包括两大类：一是员工，二是管理人员。

1. 员工的培训

对员工的培训，可分为三种情形：一是现在在岗的员工，不论其工龄长短，都要接受培训。对他们的培训重点是提高做好现岗工作的能力和新技术、新知识的学习。二是刚刚选聘进来或调来现岗的员工，对他们的培训重点是尽快熟悉新岗的要求。三是由于各种各样的原因目前待岗的员工，对他们的培训重点是针对他们的问题进行培训。违章违纪的，进行教育培训；不能胜任的，进行技能培训或操作培训；原岗位撤销的，根据其愿望进行新技能培训。

2. 管理人员的培训

对管理人员的培训，也可分为三种情形：一是现正任职的管理人员，包括组织内高、中、低层次的管理人员，不论其任职时间的长短，都要接受培训。对他们的培训，虽然具体内容不一样，但是培训原则是一致的，那就是重点提高他们做好现职的能力。二是刚刚提升任职的管理人员，对他们的培训重点是尽快地帮助他们熟悉新职的要求，如果是新近从组织外选聘来的，还应该加强组织文化的培训。三是准备提升任新职、尚未任职的管理人员或员工，对他们的培训重点是针对他们存在的各自不同的问题，抓紧补课。

二、培训的内容

在组织的人员培训工作中，对于不同的员工和管理人员，培训的具体内容是不一样的，但是其类别还是一致的，主要有以下四个方面：

1. 传递组织信息

这是培训工作最基本的要求。通过培训使受训者了解本组织的特点、任务、战略目标、具体规划等。企业组织还应使受训者了解本企业在一定时期内的生产特点、产品性能、竞争优势、工艺流程、市场状况以及竞争对手的动态等。

2. 确认组织文化

每个组织都有自己的文化、价值观念、行动的基本准则。组织成员应该了解并接受这种文化，才可能在组织内有效地工作。特别是那些新近从组织外选聘进入本组织的人员，更需要尽快地对他们进行组织文化培训，尽快与组织同化。

加强马克思主义基本原理的学习，加强党和国家方针政策的学习和爱国主义教育、理想教育，学习社会伦理道德等，遵纪守法，培养高尚的道德情操，树立远大的理想，端正各类各级组织活动的指导思想，这是我国社会主义条件下每个组织组织文化的组成部分，也是培训的重要内容。

3. 更新业务知识

现代科学技术在飞速发展，现代管理学也在飞速发展，组织的员工和管理者必须掌握最新的科技知识、生产技术知识和管理业务知识，并且必须不断地予以更新和补充。因此，组织在进行具体的培训时，应重点要求受训人员掌握与组织业务活动相关的必要的科学技术知识，掌握管理的基本原理和方法，并在此基础上尽可能地拓宽知识面。在实际的培训工作中，这方面的工作做得比较扎实。

4. 发展能力

组织内的员工和管理人员都需要提高各自能力。员工最需要的是提高实际操作能力，管理人员最需要的是提高管理能力。

管理能力的培训，主要是让管理人员运用管理科学的基本原理和方法，提高在实际工作中认识问题、分析问题和解决问题的能力。培训时，由于管理层次的不同其要求也不一样。

基层管理人员在第一线工作，技术能力、人事能力，沟通能力和人际关系能力都是很重要的。此外，他们中的大多数以前没有系统地学习过管理的基本理论，因此需要在技术培训的同时，加强管理学基本理论及方法的学习。

中层管理人员一般对管理基本理论有所了解，并且有成功的实践。但是，他们承担有大量的信息沟通、人际交往、组织协调和决策等项工作，要做好这些工作就要求有较高的领导艺术和管理技能。因此，需要在培训中加强领导艺术和管理技能的提高。

上层管理人员需要照顾全局，正确分析环境的变化，制定组织战略，进行战略决策。为了做好这些工作，就需要有较高的战略分析和规划决策的能力。所以，对他们的培训重点，是提高战略分析和规划决策的能力。

三、培训的方法

1. 理论培训

这是提高员工和管理人员理论水平的主要方法。尽管他们当中有的已经具备了一定的理论知识，但是仍旧还需要在深度和广度上接受进一步的培训。这种培训，具体形式大多采用短训班、专题讨论会的形式，时间不太长，主要是学习一些管理的基本原理以及在某一方面的一些新的进展、新的研究成果，或就一些问题在理论上加以探讨等。

2. 职务轮换

这是指让受训者在不同的岗位、职位之间轮流工作，以使其全面了解整个组织内不同工作的内容，得到各种不同的经验，为今后在较高层次上任职打好基础。

3. 提升

包括计划提升和临时提升。计划提升，指的是按照计划好的步骤、途径，使员工或管理人员经过层层锻炼，从基层逐步提拔到高层岗位的提升。这种做法有助于培养那些有发展前途的、将来拟提拔到更高一级职位上的管理人员。

临时提升是指当某个管理人员因某些原因，如度假、生病或因长期出差而出现职务空缺时，组织指定某个有培养前途的下级管理者代理其职务。临时提升，既是一种人才培养的方法，也是组织及时解决干部空缺的手段。

4. 设立副职

副职的设立，是要让受训者同有经验的管理者（正职）一道密切工作，由正职对于受训者的发展给予特别的注意。这种副职常常以助理等头衔出现。

除了以上介绍的四种方法之外，还有许多具体的方法，如研讨会、辅导、参观考察、案例研究、深造培训等。总之，各类各级组织在具体的培训工作中，要因地制宜，根据自己组织的特点以及所培训人员的特点来选择合适的方法，使培训工作真正取得预期的成效。

目前，在组织人员培训工作方面的不足，表现为三个方面，一是在培训中，过多的只是知识的传授和学习，忽视了素质的锻炼和提高；二是员工个体知识水平提高不大，即培训效果不是十分满意；三是在培训中，管理者往往过多地强调员工的学习，反而忽视了自己的学习。

[思考题与案例分析]

1. 什么是人员配备工作？为什么要将人员配备职能从组织职能中分离出来？
2. 人员配备工作的任务是什么？人员配备工作的内容和程序是什么？
3. 什么是人力资源意义的相对性？
4. 人力资源管理的认识误区是什么？应该怎样应对？
5. 从人力资源管理的角度来看，我国古代的"士为知己者死"有什么道理？
6. 人员选聘的标准是什么？人员选聘的三大原理包括哪些内容？
7. 在人员选聘的途径中，外部选聘和内部选聘各有什么优缺点？人员选聘的程序包括哪些环节？
8. 人员考评的目的和要求是什么？什么是考评指标的科学性？
9. 考评有哪四种方式？四种方式的关系是什么？
10. 你所在单位的考评工作是按照怎样的程序进行的？是否合理？为什么？
11. 组织内的人员培训，都有哪些培训对象？培训的内容有哪些？
12. 阅读下面的案例，回答案例后面的问题：

案例　1987年8月，中国第一根被命名为"春都"的火腿肠在河南洛阳诞生，并迅速受到市场青睐，带动了整个火腿肠产业在国内骤然崛起，春都的市场占有率最高时达到70％以上，资产达29亿元。然而，到2000年时，这家明星企业便跌入困境。

说起来春都人也没有懈怠过，体现现代管理理念的措施，他们一个接着一个地做：企业兼并，追求规模经济效益，股份制改造，与外商合资，组建企业集团，资产重组上市等都一一做了尝试，却依然没能阻止其走入困境的步伐。

春都曾强烈意识到人才的重要，公开宣布："只要是大学生，不管学什么的，统统要！"最多时，春都的大学生、研究生一度达到2000多人。但这些研究生、大学生进厂后，大多数和临时工一样被分配到车间拉板车、干粗活，杀猪卖肉。

春都也意识到经营管理能力的缺陷，需要专门人才的辅助。于是，他们从全国各地物色了一批"算命大师"作为智囊团。大到人事任免、投资决策，小到领导出差的方向、办公室门的朝向，都会让"大师"们看看吉凶。一位"算命大师"到春都厂区转了一圈后说，春都厂区只有一个大门，容易堵塞财路，应该再建一个，厂里马上决定新建大门。结果仅每年多支付门卫的开支就是几十万元。还有一位"大师"为了让春都支持自己在某地的生意，竟然用"国家要迁都"之类的谎言迷惑春都领导。后来，甚至在春都滑坡的势头显露后，全体中层以上干部还被安排集体听大师们讲"意念"。

到2000年时，企业亏损高达6.7亿元，并且欠下13亿元的巨额债务。

问　从人员配备工作的角度来看，春都跌入困境的原因是什么？

［推荐阅读书目和文献］

读者如果对本章的内容感兴趣，还可以阅读以下文献：

戴淑芬 . 2005. 管理学教程（第 2 版）. 北京：北京大学出版社

顾锋 . 2004. 管理学 . 上海：上海人民出版社

海因茨·韦里克，哈罗德·孔茨 . 2004. 管理学——全球化视角（第 11 版）.

马春光译 . 北京：经济科学出版社

莫寰 . 2005. 新编管理学 . 北京：清华大学出版社

潘开灵，邓旭东 . 2005. 管理学 . 北京：科学出版社

司有和 . 2003. 企业信息管理学 . 北京：科学出版社

王积俭，魏新 . 2005. 管理学 . 广州：广东经济出版社

杨文士等 . 2004. 管理学原理（第 2 版）. 北京：中国人民大学出版社

周三多等 . 2004. 管理学——原理与方法 . 上海：复旦大学出版社

张春江. 2001. 企业的误会. 商界，增刊，26

第五章 领 导 工 作

第一节 领导工作的基本概念

一、领导工作的含义

汉语里的"领导",作名词用时,是指担任一定高层职务的管理人员。作动词用时,是指挥、引导下属,对下属施加影响的意思。

作为管理五大职能的领导,指的是为了实现组织的目标,对组织成员进行指挥、引导和施加影响的过程。

这个定义包括三层含义:一是领导职能指的是上级管理者对其下属的一种职能,没有下属组织成员就不存在领导。二是阐明了上级管理者对下属的职能包括指挥、引导和施加影响三个方面。指挥是依靠上级管理者拥有的职权进行的,引导和施加影响是依靠上级管理者个人行为实现的。三是领导的目的是通过影响下属实现组织的目标。

有学者在给"领导"职能定义时,仅仅强调上级管理者的"引导和施加影响"这一方面,忽视另外的"指挥"方面,是不恰当的。

还有的管理学教材中,在对"领导"定义时,增加了使组织成员"自觉自愿并有信心地(工作)"的内容,这也不合适。因为被领导的员工们是不是"自觉自愿并有信心"并不是领导行为存在的必要条件。也就是说,我们并不能因为员工们不是"自觉自愿并有信心",就说他们的头头不在"领导",我们只会说他们的头头领导得不好。所以,是否"自觉自愿并有信心",是对领导好坏、优劣的表述,不属于领导职能概念的内涵。

二、领导工作的作用

1. 管理意图实现的关键环节

管理的本质是组织的高层管理者将自己或集体的管理意图,通过各级管理者传达给员工,转变为全体员工的行为,最终实现管理。从管理的职能来说,有计划、组织、人员配备、领导和控制。在计划、组织和人员配备职能的工作中,组织高层管理者的管理意图还只是一种理念,只是表现在计划安排、组织设计和人员配备安置等一系列的理念上,具体还没有付诸行动。而所有这些打算、安排都是靠"领导"这一职能的工作变为现实管理行为的。没有这一步，一切只是纸上谈兵。做不好这一步，管理就会落空。它是组织管理者管理意图实现的关键环节。

2. 组织发展过程的加油站

组织的目标是由高层管理者制定的，但是目标的实现是由员工具体去做的。员工对待工作的态度直接关系到组织目标的最后实现。

员工对待工作的态度有三种可能：

一是员工对工作具有热情和积极性，这当然是最理想的一种。但是，任何人的态度都是变化的，不可能总是以持续的热情和信心去工作，这就要管理者不断地给予鼓励。

二是员工所处的社会环境在变化，员工的家庭和个人生活圈也在变化，这些变化也必然会影响员工对工作的态度，这就需要管理者及时了解这些变化，给员工以关怀，鼓励员工继续做好工作。

三是员工现实的表现不尽如人意，消极怠工，情绪低落，或者不能胜任现职工作等。这就马上需要管理者给员工以教育、培训或鼓励。

导致员工工作态度变化的原因之一，是管理者的工作没有做好。诸如，员工对组织目标不明确、不清晰，或不明白其意义，或对目标的理解有歧义和误解，这同样需要管理者通过领导职能给予补救。

所以，领导职能的良好运作，等于在组织发展的征途中，设置了一个个的加油站，使得员工及时得到鼓励、引导，愿意高高兴兴地、心甘情愿地、连续地为组织努力工作。

3. 组织内部矛盾的协调员

组织是一部大型的机器。它要正常地运作，除了不断地设法适应外部环境，还需要内部各方面的配合。但是这种内部的配合，不是自动完成的，它只能是管理者自己运作、协调成功的。

组织内的协调，通常包括三个方面：

一是协调部门与部门的关系。组织内的部门，都是为实现组织总目标设置的。他们的行动，必须保持一定的同步，才可能保证组织总目标的实现。所以，当各个部门之间发生分歧、动作不能同步时，就需要有人来协调。

二是协调个人目标与组织目标。我们在本书第二章论述目标的层次性特征时就曾指出，当员工在实现组织目标的同时，不能实现个人目标，员工就会离开组织。组织目标和个人目标结合得越紧密，组织的运行状态也就越良好，有利于组织总目标的实现。所以，能够满足的个人目标，组织就应该给予满足；不能满足的个人目标，就应该设法让员工改变个人目标，将个人目标转变到与组织目标相一致的方向上来。这里的"设法"就是领导职能的具体实施，就是协调工作。

三是协调个人与个人的关系。组织内员工相互之间的关系是复杂、多种多样的，一般来说，组织对于员工之间的关系并不需要加以引导。只是在某些员工之间的相互关系已经影响组织工作时才加以管理和引导。这也是协调工作。

三、领导与管理、领导者与管理者的关系

1. 领导与管理的关系

领导与管理的关系应该是种属关系。管理包括五大职能，领导职能是五大职能之一。领导活动是管理活动的一种。管理的范畴大于领导的范畴。

所以，领导与管理确实不是一回事。领导是"局部"，管理是"整体"，一个事物的局部与该事物的整体不可能是一回事。但是，它们毕竟是局部与整体的关系，与两个不同事物之间的关系并不一样的。把同一事物的局部与整体的区别，当作两个不同事物的区别来讨论，是不恰当的。

目前，在领导和管理关系的讨论中，有的学者可能忽略了这一点。他们在概念上将二者当作两个不同事物并提比较，讨论它们的区别。

比如，有学者说，"管理是建立在合法的、有报酬的和强制性的权力基础上"，"领导更多的是建立在个人影响权和专长权以及模范作用的基础之上"。从文字上来看，这两个概念确实不一样。但是，仔细一想，这里的概念是混乱的。

该学者承认管理是包括"领导职能"在内的。所谓包括领导职能，就意味着他在这里所说的关于领导的那些内涵，是包括在"管理"内涵之内的。既然是这样，其一，他对管理所做的界定能够包含领导的内涵吗？其二，既然领导已经为管理所包容，又怎么去讨论它们的区别呢？造成这种概念混乱的原因，就是因为他把这两个概念并提来比较。

还有一位学者说，领导与管理的区别，在于"领导的范围相对小些，而管理的范围则较大"，然后就用美国总统尼克松的话："管理好比写散文，领导好比写诗"来印证自己的观点。这里用来比较的"范围"是什么含义，并不清晰；而用来进行区别的标准"相对小些"和"较大"也是模糊的。

还有学者引用美国总统杜鲁门的话作为其论证领导和管理区别的论据。

对美国总统的话不能搞"凡是"，不能凡是美国总统说的话就都是真理。至于"管理好比写散文，领导好比写诗"，让人百思不得其解。是想说领导需要形象思维？那么写散文就不需要形象思维吗？是想说领导的难度比管理大，那写诗一定就比写散文难吗？这种似是而非的东西怎么能够拿到管理学的著作中来呢！

2. 领导者与管理者的关系

领导和管理是种属关系的概念，不好并列比较，但是管理者和领导者并不是

种属关系的概念，是可以并列比较的。正因为如此，许多学者以领导者与管理者的区别，来论证领导与管理的区别。说严重了，这是偷换概念，因为"领导者"不等于"领导"，"管理者"不等于"管理"。翻阅讨论领导者和管理者区别的文献论著，很少见到有对"领导者"和"管理者"专门下定义的。

许庆瑞教授在他的《管理学》中定义："管理者是指那些从事管理过程的实现，而且对组织内的员工进行领导、组织、协调和监督其实施的人员"。显然，定义里的"领导"一词，应该是指管理的领导职能。

至于什么是领导者，尚未见到专门的定义，只见到以实例来说明的。比如：

有的说："领导者也是管理者"。

有的说："领导者是高层管理者中最具权威的管理者"。

也有的说：非正式组织中的"意见领袖"是领导者，但不是管理者。

还有的说：组织内的管理者如果没有人追随，他就不是一个领导者。

如果按照上述许教授定义的模式，似乎可以这样给领导者定义："领导者是实施领导职能的人"。由于领导职能中包括引导、施加个人影响、起模范作用、激励下属追随等特征，所以就可以将定义改为：领导者是善于对下属进行引导、施加个人影响、起模范作用和激励下属追随的人。

这个定义和上述四个关于领导者的实例定义中的三个是一致的，只是有一点，把领导者局限于高层管理者，局限于领袖，和这个定义并不吻合。

其实，这种限定并没有必要。因为从这个定义出发，一个优秀的班组长有可能成为领导者。许多优秀的班组长，在班组成员的心目中的威望远比美国总统要高，他们是班组成员当之无愧的领袖。美国总统也只是以微弱多于半数的选票当选，也就是说追随他的也只有一半的选民，他只是那一半选民的领袖。

可见，领导者是相对的，是相对于他所属的部下而言的。

据此，领导者的定义可改为："领导者是善于对下属进行引导、施加个人影响、起模范作用和激励下属，并得到其下属真诚追随的人。"

学者们对领导者进行专门讨论，其目的是希望我们的管理者们都能高标准要求自己，成为领导者。

第二节　领导工作原理与领导艺术

一、领导工作的基本原理

1. 指明目标原理

管理者在实施领导职能时，第一条任务就是向所属的员工和管理人员指明本组织要实现的目标。"指明"的含义，不仅要告知下属组织的目标是什么，还要讲明"为什么"、"怎样做",让下属正确理解目标;不仅要指明总目标,还要指明每一个下级部门、每一个员工个人的分目标,明确自己的分目标与总目标的关系。只有这样,员工努力的"水珠",才可能汇成实现组织总目标的"洪流"。

要办好重庆大学,不是重庆大学校长一个人的事。重庆大学校长的第一个任务就是向全校师生员工指明重庆大学的办学目标,并让大家明白为什么是这样的目标,怎样才能实现这个目标。

2. 目标一致原理

指明目标原理解决的是管理者对部门、对员工的工作问题。但是,即使是再好的"指明目标"工作,也只是管理者这边的一厢情愿,部门、员工是不是就一定按照指明的目标行为呢? 实践说明,并非如此简单。

首先,当组织开始运行之后,组织目标虽然不会在短期内变化,但是个人目标是会变化的,这样组织分解给个人的个人目标,和员工现实的个人目标就不一致了。这种情形一旦出现,就必须立即通过引导和施加影响,促使员工将个人目标转变到与组织目标相一致的方向上来。

其次,组织将总目标分解到各部门之后,各部门在运行中往往会由于各种原因改变分解给他的目标。这显然是不允许的。这时就需要通过指挥、引导,要求部门将现有的目标改变到与组织总目标相一致的方向上来。

3. 命令一致原理

在组织工作原理中,我们阐述了"统一指挥原理"。那是从组织设计的角度提出问题的,是要求所设计的组织机构、授权机制必须能够保证统一指挥和命令一致的要求。但是,组织机构和授权机制设计,仅仅是提供了一种命令一致的条件,再合理的设计,也不等于在实施领导职能时就一定会是命令一致。所以,领导职能原理中提出命令一致原理。

命令一致原理要求管理者在实施领导职能、指挥下属时,必须保证下达的命令要一致。命令一致因情况的不同,又分为以下四个一致:

前后一致,不朝令夕改。指的是,对于同一项工作的命令,昨天下达的,今天下达的,明天将要下达的,都要一致。

左右一致,不因人而异。指的是,对于同一项工作的命令,对张三是如此,对李四是如此,对王五也是如此,都要一致。

范围一致,不越权指挥。指的是,管理者发布的命令与其职权范围一致。

多人一致,不各行其是。在组织内有些部门具有多重领导关系,需要接受两个以上部门的领导,有的工作需要两个及两个以上的管理者同时指挥,在这种情况下就必须在下达命令之前,各部门的管理者达成一致意见后再行下达。如果情况紧急来不及沟通,也要在事后及时把情况向其他部门说清楚,以形成统一意见，不能各行其是。

比如，在实际管理工作中，有些基层党组织的干部过多地干预行政工作，经常发布一些行政工作的指令，就属于范围不一致的问题，违背了命令一致的管理学原理。党章规定，党的基层组织是监督保证作用，对于某一行政工作，党的基层干部认为不妥，应该向有关行政管理者提出，由行政管理者去指挥和引导。

4. 直接管理原理

命令一致原理解决的是管理者在指挥时的信息质量问题。直接管理原理解决的是管理者实施领导功能的方式问题。它要求管理者必须通过直接与被管理者的接触来完成指挥、引导和施加影响的职能。

直接管理原理有三大作用：

一是现场指挥，管理者可以将自己的管理意图直接告诉员工，不必经过中间层次的转述，可以避免管理信息传递过程的损失，大大提高管理效率。

二是深入基层，直接与员工面对面接触，可以真切、客观地了解第一手信息，增加对基层的了解，熟悉自己的管理对象，可以使自己的决策更加符合实际。

三是管理者在与员工的直接接触中，会使员工产生一种温暖与亲近的感受，这种感受有利于员工产生归属感和安全感，增加对组织的忠诚度，从而给管理者增加施加影响的作用。

前微软（中国）有限公司总裁高群耀在他的《用网络管理微软》的文章中说："在某种意义上，微软是一个网上的公司。如果不涉及职员见面交流的需要和企业安全的保障体系，微软可以不需要办公室，所有的人都回家工作。"可见，在已经高度信息化的微软公司内部，诸如"现场指挥"、"深入基层"等许多方面都已经不成为问题了，因为这些问题都可以在网上解决。但是这一切代替不了"职员见面的需要"，所以他们不能在家里上班。

所有的中国人都会记忆犹新，2003年春天非典型性肺炎肆虐全国的时候，许多人自己发烧，都不敢上医院就诊，担心到医院去会被感染"非典"。可是，就在这个时候，胡锦涛、温家宝等党和国家的领导人到医院去看望医护人员和"非典"患者，你不是看到穿白大褂的人都害怕吗？他们和穿白大褂的人零距离接触，和他们握手了，这比空口说一百遍"为人民服务"的效果还要好，给全国人民一种亲切关怀和温暖的感受。在这里已经不是为了获得第一手信息的问题了。

5. 沟通原理

沟通是管理者把管理意图传递给员工的主要手段，也是管理者获得组织内外信息的主要手段。在领导原理中，组织目标的信息和各类协调信息的传递，下达的一致的命令，与员工的直接接触，对员工的引导和施加的影响，都是通过沟通才可能实现。组织内的员工，不仅直接了解本组织的信息，而且由于他们与社会的广泛联系，对组织的外部信息也掌握得很多，通过沟通，管理者还可以了解组织外部的信息，为组织的计划和决策服务。

关于沟通的特征和运用，我们在本章第三节再做详细介绍。

6. 激励原理

领导职能的两大精华：一是指挥，二是引导和施加影响。这里的"引导和施加影响"的主要手段就是激励。激励原理指的是实施领导职能，必须通过各种手段最大限度地调动员工的积极性。

在"目标一致原理"中，我们已经谈到员工不会总是自动地按照组织的要求去做，总会有各种各样的变化。当员工的个人目标发生变化时，需要通过激励手段调整员工的个人目标，使员工个人目标和组织目标保持一致。当员工的工作态度发生变化时，也需要通过激励的手段，改变员工的态度，以保证组织目标能够实现。

关于激励的理论及其运用，我们在本章第四节再做详细介绍。

二、领导方式及其理论

1. 领导方式

领导方式指的是实施管理领导职能的方式，不是指领导者的工作方式。它是管理者实施领导职能，进行领导工作，所采取的方法和形式。要做好领导工作，除了要具有管理者必须具备的素养能力，还必须选择适当的领导方式。

领导方式种类很多，归纳起来可有三大类：

（1）权威方式

这种方式是指管理者个人决定一切。组织内的所有政策、规则、制度和工作程序都由管理者制定，并向下属发布执行。下属的工作分配和组合，由管理者个人决定。在这种方式里，管理者很少与下属接触，要求下属绝对服从，认为决策只是自己一个人的事情。如果遇有奖惩，一般都是对事不对人。

这种方式的优点是可以集中统一指挥，决策速度快。缺点是组织规模增大，决策工作量也会急剧上升，管理者会不堪重负，容易发生决策失误。同时，强调服从，会导致员工积极性低落，听不到基层的建设性意见和建议。

（2）民主方式

这种方式里，组织内的所有政策、规则、程序等事项均由组织成员集体讨论决定，管理者在很多方面给予鼓励和支持，共同商量，集思广益，能够上下融洽，合作一致地工作。

这种方式的优点，在于组织成员参与讨论和决策，使得组织成员对于工作程序和采用的技术有了选择的机会，从而可以充分调动组织成员的积极性，能保证决策的合理性，减少决策失误；尤其是组织成员在参与讨论中，熟悉了自己所承担任务的全貌，熟悉了决策的内容，了解了决策实施的办法和途径，非常有利于决策方案的实施。

这种方式的缺点是组织讨论、征求意见，比较耗费时间，特别是下属的意见分歧比较大的时候，更容易拖延决策时间。

（3）放任方式

这种方式里，组织的管理者对于内部事务基本撒手不管，由下属自己根据其所在岗位的工作内容自由地工作。组织成员或组织内的群体有较大的决策权。管理者只注意为下属提供信息，并与组织外部进行联系，以有利于下属的工作。

这种方式的优点是管理者的工作量大大减少，下属的积极性也会比较高。但是，在下属的工作内容偏离组织的目标时，往往不能得到及时的纠正和控制，也难以进行集中统一的指挥。

这三种领导方式各有优缺点，适用于不同的环境。管理者应该根据所处的管理层次、所承担的工作性质和下属的特点，选择合适的领导方式。通常，并不是一个管理者只能选择其中一个方式，而是同一个管理者可以随时根据自己的需要，选择不同的方式。

2. 国外的现代领导理论

自 20 世纪 30 年代起，在西方出现了关于领导理论的研究成果。研究的方面有关于领导个性的，有关于领导行为的，有关于环境对领导方式影响的。归纳起来有三大类：性格理论、行为理论和权变理论。

（1）性格理论

性格理论，又称为性格特征理论，认为领导者之所以表现出与众不同的水平和才能，其主要因素是领导者个人性格所表现出来的特征。他们通常把领导者的个性特征划分为身体特征、背景特征、智力特征、个性特征、与工作有关的特征、社会特征等。其中，有代表性的是美国管理学家吉赛利（E. E. Ghiselli）的《管理才能探索》，研究了八种个性特征和五种激励特征。

（2）行为理论

行为理论，也有人称之为行为方式理论，认为领导者能否成功，并不在于领导者个人的性格特征，而在于领导者采取怎样的行为，具体是怎样做的。行为理论的成果很多，研究的角度也各不相同。最富代表性的成果主要有：美国管理学家坦南鲍姆（R. Tannen-baum）和施莱特（W. Schliect）的"领导行为连续流"理论，利克特（R. Likert）及密歇根大学社会研究所提出的"员工参与管理”理论，阿吉里斯（C. Argyris）的“不成熟—成熟连续流”理论，俄亥俄州立大学的学者们提出的“二维构面”领导行为理论，布莱克（R. Blake）和穆顿（J. Mouton）共同设计提出的“管理方格图”理论和雷定（J. Reddin）提出的“三维构面”理论。

（3）权变理论

在行为理论的研究中，人们发现领导者的行为又决定于领导者的动机和态度，而领导者的动机和态度又受领导者所处环境的制约。环境是在不断变化的，所以领导者的动机和态度也就会随之变化。于是人们把研究的方向转向研究领导行为与环境变化的关系，提出了权变理论。正因为是研究领导者行为与环境的关系，所以这类理论又被称作“情境理论”。权变理论的代表性成果有：豪斯（R. House）的“路径-目标理论”和菲德勒（E. Fiedler）的“权变制宜理论”。20世纪80年代以后，又有豪斯的“超凡魅力理论”、巴斯（M. Bass）和博伊德（R. Boyd）先后提出的“改革精神理论”。

有关这些理论的详细内容这里就不做介绍了。

3. 中国共产党人的领导理论

中国共产党人在长期的革命实践中总结出许多关于领导的理论和方法。在西方管理理论、领导理论尚未传入中国之际，中国共产党人的这些领导理论成为党团结全国人民从胜利走向胜利的思想武器。在改革开放的今天，在介绍西方管理理论的同时，不要忘记了我们自己创立的领导理论。

毛泽东同志的《关于领导方法的若干问题》、《党委会的工作方法》都是直接论述领导工作的专著。《实践论》、《矛盾论》既是著名的哲学著作，也是指导领导工作的著作。诸如，一般和个别相结合，领导与群众相结合的思想；从群众中来，到群众中去的思想；抓主要矛盾、抓主要矛盾方面的思想；任务确定之后，干部就是决定因素的思想；关于没有调查就没有发言权的思想；关于团结一切可以团结的、包括反对过自己被事实证明是反对错了的人的思想；关于抓好党委会一班人的12条工作方法的思想等至今还闪烁着实用的光辉。

此外，还有陈云同志的“不唯上，不唯书，只唯实，交换、比较、反复”的领导思想。邓小平同志的克服官僚主义，注意工作方法，“领导就是服务”、“解放思想，实事求是”的思想。

中国共产党人在实践中总结出来的领导理论，是中华民族的精神财富，继承和发展这些思想，是我们今天管理者的光荣责任。

三、领导艺术

关于领导艺术，目前还没有统一的定义。

　　有学者说："领导艺术是富有创造性的领导方法的体现"。这个定义强调了"创造性"，自然是正确的，但是他说所的创造性仅仅局限于"领导方法"，似有不妥，因为"创造性"不应该只体现在领导方法上，还有领导理念、领导作风、领导过程等所有领导行为的各个方面，都应该创新，也可以创新。

　　此外，这个定义只提创造性，不提灵活性，也不合适。因为有时候，在实际的领导工作中，并不一定要求某一领导行为是创新的，采取的行为恰到好处，即使使用的是旧的方法、旧的过程，也是领导艺术的体现。

　　比如，一个领导者如何安排好自己分管的多项工作，就存在着安排的艺术。有的人整天忙忙碌碌，工作十小时、十二小时，放弃了娱乐、休息和学习，还感到时间不够。其实，毛泽东同志早就在《党委会的工作方法》中告诉我们，要学会"弹钢琴"。他说："弹钢琴要十个指头都动作，不能有的动，有的不动。但是，十个指头同时都按下去，那也不成调子。要产生好的音乐，十个指头的动作要有节奏，要互相配合。"在这里，仅仅是如何安排工作的问题，并不一定有多少创新，但同样存在着怎样安排更好的问题。这就是领导艺术。

　　鉴于上述观点，我们给领导艺术定义：领导艺术是领导者在实践中，创造性地将领导理论知识和方法，与具体的领导活动相结合，因地制宜、因人而异、灵活机动地选择自身领导行为的体现。

　　领导艺术存在于领导工作之中。领导艺术的内容十分广泛，目前，在管理学著述中提及的有决策艺术、授权艺术、用人艺术、沟通艺术、激励艺术、人际关系艺术、时间利用艺术、开会艺术、工作安排艺术等。

　　领导艺术是建立在领导者个人的经验、素质、修养和能力基础上的，是在领导实践过程中逐步体验、领悟而提高的。对于一个管理者来说，首先要做好现职工作，努力提高自己的管理水平。当基本掌握了一般的管理方法，对所负责的管理业务比较熟悉之后，就可以有意识地思考和实践如何提高领导艺术的事情。

第三节　沟　　通

一、沟通的基本概念

　　1. 沟通的含义

　　在管理学领域，沟通是管理沟通的简称。它是管理者将某一信息传递给被管理者，以期获得被管理者反应效果的过程。

　　这一定义，有两个方面的含义：

　　第一，沟通是双方共存互动的行为。信息的发出者之所以发出信息，是"以期"获得反馈的。这是"沟通"与"传播"最根本的区别。

　　由于与"沟通"一词对应的英文单词"communication"也被翻译成"传播",再加上二者都有信息发出者、信道和信息接受者,给人一种误解,以为沟通和传播是一回事。

　　在传播中,比如电视传播、新闻传播,它们虽然也有信息发出者、信道和信息接受者,但是他们发出信息时并没有那种"以期"的期待,他们期待的反馈,不是马上的,也不是与传播内容有关的,仅仅是为了了解受众对传播工作的反馈。

　　在管理沟通中则不同,管理者发出信息时总是存在着"以期"的需求,且需要被管理者(信息接收者)立即反馈,且反馈内容是与传递的内容密切相关的。

　　第二,沟通是一个过程。沟通过程是信息发出者与信息接收者双向交流信息的过程。完整的沟通过程,除了干扰因素,包括六个环节(图 5.1)。

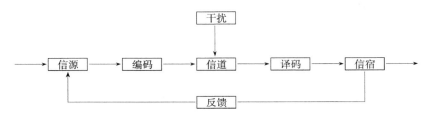

图 5.1　管理沟通的过程

　　1)信源。指信息的发出者,不能理解为只是管理者。因为沟通是双向的,当管理者第一次发出信息时,他是信息的发出者,但被管理者在接受信息后马上会做出反馈,发出反馈信息,这时的被管理者是信息的发出者,管理者则成为信息的接收者了。可见,管理者和被管理者是互为信息发出者和信息接收者的。

　　2)编码。指信息发出者对准备发出的信息进行的思考和整理。

　　3)信道。指信息的发出者选择用来传递信息的方式。通常是瞬时做出的,通过语言、动作、表情来传递的,也有事后用文字书面传递的。

　　4)译码。指信息接收者对接收到的信息所做的理解和解释。

　　5)信宿。指信息的接收者。同 1)道理,不能只理解为被管理者。

　　6)反馈。指信息接收者对接收到的信息做出的反应。包括对内容的理解、对方案的态度、对完成任务的各种考虑,以及对反馈意见的反馈。

　　"干扰"在沟通过程中是难以避免的。它是沟通所处内外环境产生的,只是沟通所处的条件,不是沟通的一个环节,沟通的质量要受到它的影响和制约。管理者在沟通的过程中要注意减少其影响。

　　干扰的产生,有沟通所处外部环境的影响,如沟通现场声音嘈杂,也有沟通双方的主观原因,如沟通双方有抵触、对立情绪,或者有一方心情不好等。关于这方面的内容我们在沟通的障碍里再介绍。

2. 沟通的特征

沟通有三种情形：人与人的沟通、人与机器的沟通、机器与机器的沟通。比如我们在电脑前工作，就是人与机器的沟通。电脑与打印机之间就是机器与机器的沟通。管理学里研究的是人与人的沟通。

人与人之间的沟通，具有其独特的特性。首先，人是有心理活动的，在沟通过程中心理活动一定伴随其中，从而对沟通产生影响。这些心理活动可能促进沟通，也可能成为沟通的障碍。其次，人与人的沟通是通过语言进行的，交流知识、情感、思想、态度和观点等。那么在语言的使用上，会产生措辞不当、词不达意、空话连篇、误解、歧义、歪曲等问题，还有方言、土语、外语也都会成为沟通的障碍。

3. 沟通的作用

沟通的作用，简单地说，就是传达上级意图，实施管理；互通内外信息，便于决策；稳定员工情绪，激发士气。

在所有的管理活动中，上级的管理意图是经过沟通之后才为员工知晓和理解的，然后员工才去行动，这时管理意图才得到实现。也就是说，只有通过沟通，才能实施管理。在本章开头，我们阐述领导工作的作用时，曾指出：领导职能是组织高层管理者将管理意图转变为员工的行为、实现管理的关键环节。没有这个环节，一切还只是纸上谈兵。做不好这个环节，管理就会落空。在这里，关键环节里的关键，则是这个环节中的"转变"，是通过沟通实现的。

在组织管理的所有决策中，都需要信息。决策所需要的信息来自各个方面，有很多不同的渠道。其中很重要的一个渠道，就是管理者与员工的沟通，高层管理者与中、低层管理者的沟通、管理者与组织外人员的沟通等。这种沟通是多方面的，有面对面的口头沟通，也有书面沟通，还有电子媒介的沟通。

此外，稳定员工的情绪，激发士气，更多的是需要面对面的沟通，管理者的引导和施加影响的作用，更多的是靠面对面沟通才能产生的。

二、沟通的类型

沟通的类型，按不同标准可得到不同的类别。以组织为界，可分为内向沟通和外向沟通；在组织内，可分为纵向沟通和横向沟通。在外向沟通里，也可以包括纵向沟通和横向沟通（图 5.2）。

至于有人将纵向沟通又分为上向沟通和下向沟通，从严格意义上讲并不合适。因为他定义的上向沟通，指的是下级组织向上级组织提出正式的书面或口头报告，信息从下向上流动，所以称上向沟通。可是在这种情况下，下级把报告递

图 5.2　沟通的类型

上去后，一次沟通并没有完成，上级是批准、不批准、还是有修改意见，上级还没有说，只有上级把处理意见告诉下级后，这次沟通过程才算完成。那么上级在反馈处理意见时，信息流的流向就是从上往下了，那是不是"下向沟通"呢？显然不是，因为这只是一次完整沟通的一部分。

下向沟通也有相同的情况。它指的是上级向下级传达命令，信息从上向下流动，故称作下向沟通。同样道理，上级把命令传递给下级后，一次沟通还没有完成，下级是坚决执行命令、还是不愿意执行命令、还是有条件地执行命令，下级还没有说，只有下级把意见告知上级，这次沟通过程才算完成。那么下级向上级反馈意见时，信息的流向就是上向了，是否说是上向沟通呢？同上道理显然也是不可以的。

按照上向沟通和下向沟通的逻辑，是不是也可以分为左向沟通、右向沟通、前向沟通、后向沟通？显然，这样分也是不合适的。

此外，还有学者将沟通划分为"单向沟通"和"双向沟通"。很明显，这样划分是不合适的。在组织内，确实存在单向传递信息的情况，但这是传统管理中存在的现象。现代管理中的沟通，其内涵就必须是双向的，正如本节一开始所说的，是否是双向进行，是沟通和传播的本质区别。所以，单向沟通的说法不符合管理学关于沟通的定义。只能说是"单向传递"、"上向传递"、"下向传递"。

和管理工作关系比较密切的分类法，是划分为正式沟通和非正式沟通。

1. 正式沟通

正式沟通，是借助于正式组织机构形成的、依据组织明文规定的原则进行的信息双向交流的过程。比如，组织与组织之间的公函往来，组织内部门与部门之间的信息交流，组织内召开的各种专门会议、组织内管理者与员工的正式谈话。现代信息技术的发展，尤其是计算机和通信技术的发展，给每一个组织迅速造就了一个现代化的正式沟通渠道。微处理机、文字处理机、打印机、传真机、信息网络等，极大地武装了正式沟通渠道，提高了正式沟通的效率。

正式沟通的优点是比较严肃，约束力强，易于保密，具有权威性，有时效果比较好。其缺点是受正式组织结构层次的制约，因而刻板、沟通速度慢，有时会出现信息失真，甚至会受到个别人的恶意歪曲。

2. 非正式沟通

非正式沟通是既不依赖于正式组织机构，也不遵循组织信息处理原则，也不受组织信息系统约束的信息沟通渠道。

非正式沟通由两部分组成：一是组织内非正式组织中的信息传递通道，二是非官方的、不很严格的、带有私人交往性质的信息通道。在这里，个人的天赋、秉性、很有见解的思想、极具创新的企业家群体等都会显示出巨大的活力。

非正式沟通在管理实践中具有不可忽视的作用：

第一，由于在非正式沟通中，流通的都是他们感兴趣的、需要的信息，再加上不是官方的正式沟通，没有公开场合的那些条条框框，因而可以做单刀直入式的交流，节省交流的时间和费用，沟通的速度很快。

第二，非正式沟通的准确率高。在非正式沟通中，沟通的双方相互熟悉、理解和信任，不是"管"和"被管"的关系，不是基于管理者的权威，是出于自身的需要和兴趣，因此不会心有余悸，很少有后顾之忧，没有憎恶、反感、逆反心理等属于沟通大忌的心理活动，所以沟通的信息准确、真实。据报道，国外有人专门研究非正式沟通的准确率，可以高达95%。

第三，非正式沟通的效率比较高。沟通的双方内心话可以毫无顾虑地尽情地说出来，各方都能做最大限度的充分的表达，想说什么就说什么；沟通双方可以相互碰撞、相互切磋，双方的讨教和传授、鼓动和激发、智力协作和情感催化都是同时完成的，沟通是全过程的。如果运用得好，在预先沟通下属思想、解决具体矛盾上有微妙的作用。

这给我们一个很重要的启示：组织的沟通渠道是一个充满整个组织的、有形和无形复合的全员信息系统。管理者如果不能抓住非正式沟通，就等于丧失了一半的管理对象。

当然，非正式沟通也有其不足，交流的信息可能不太全面，可能造成泄密，还常常会被人歪曲、夸大。谣言也容易从这个渠道扩散，以致影响工作。少数别有用心的人还会利用来搞小团体主义，搞宗派活动。

非正式沟通是客观存在的，管理者不要动辄批评非正式沟道的员工是搞小团体主义，不要认为非正式沟通必然是谣言的发源地和集散地，应该学会避免它的这些缺陷，利用它来为管理工作服务。通过非正式沟通，管理者可以"听"到许多从正式渠道不可能获得的信息。

无论是大到国家的管理，还是小到企业的管理，都有利用非正式沟通的卓有成效的实例。中美建立外交关系就是从非正式沟通开始的，是美国记者斯诺、巴基斯坦总统叶海亚·汗传递的信息；韩国与朝鲜的平壤高峰会谈，是韩国旅游部长朴智元到中国来牵的线；1956年蒋介石还曾经派特使曹聚仁秘密访问中国大陆。这些是国家管理中的案例。

在企业管理中也是如此。在日本的一些企业里，往往面向不同车间、工种的工人们，开展有奖征集合理化建议的活动。活动开展得很好，获得很多有价值的合理化建议。这就是利用非正式沟通为组织服务。因为既然是"面向不同车间、工种"，工人们要想提合理化建议，只会去找自己平时的好朋友、志同道合者。这些人就属于非正式组织的范畴、属于非正式沟通的渠道。

中国古代就非常重视非正式沟通渠道。据记载，春秋时期郑国大夫然明问国相子产，为什么不把老百姓聚集一起议论朝政的"乡校"毁掉，子产说："夫人朝夕游焉，以议执政之善否，其所善者，吾将行之；其所恶者，吾将改之，是吾师也，如之何毁之？"并表示对于老百姓的意见，吾要"闻而药之也"。很显然，乡校的信息传递上来所经过的通道，属于非正式沟通的渠道。

至于从非正式沟通渠道所获得的信息，可能存在不可靠的问题。这并不奇怪。在正式沟通渠道中也会有不可靠信息出现。问题在于我们的管理者，不论从哪个渠道获得的信息都应该问个为什么，要亲自验证。

《吕氏春秋·察传》认为，"传言不可以不察，数传而白为黑、黑为白"，所以"闻而不审，不若无闻矣！"并从信息接收者的角度提出建议：要得到全面真实的信息，应该遵循"博学"、"熟论"、"验之以理"的原则。古人都知道对于"传言"要"验之以理"，我们今天的管理者怎么还不如古人呢？

三、有效沟通的原则

在组织内，只要组织在运行，就有管理者对员工的指令，就有员工对指令的反馈。这就是沟通。对于沟通，不是有没有的问题，也不是要不要的问题，而是怎样沟通才能有效的问题。实践证明，要实现有效沟通，必须执行以下原则：

1. 准确性原则

准确性原则说的是整个沟通的效果必须是准确的。只有准确的沟通，才是有意义的。准确的沟通包括两个方面，不论是上级管理者，还是下属员工，一是指他们在发出信息时要表述准确，二是在他们接受信息时要理解准确。因为如果发出的信息不准确，接受方任是怎样理解也不可能准确。如果发出的信息准确，接受方对信息的理解还可能不准确，当然也可能准确。这就说明，要保证接受方理解准确，必须保证发出方表述准确。

那么，什么是准确？简单地说，准确就是真实、确切、完整，应该说的都说了，想说的都说了。

"真实"指的是沟通所传递的信息是确实已经发生了的，或者是肯定要发生的；"确切、完整"指的是对这个已经真实发生的事情的表述是确切的、完整的。

比如，在重庆大学与其他学校合并的过程中，解放初期在院系调整中从重庆大学分出去的×××学院坚决表示不愿回到重庆大学来，反映强烈．他们的年轻教师和学生都游行了。这是确实发生了的，是真实的。但是，在行政管理沟通中，有人说×××学院"上街"游行了。这就不"确切"了。他们没有上街，只是在校园内转了转。这说明，真实的事情还有表述确切、完整的问题。

"应该说的都说了"，是指对于沟通中所传递的信息，从道理上判断，客观上应该包括几个方面，信息发出者就已经说了几个方面。

比如，下面是一份真实的通知：

×××老师：

　　按学院有关管理规定，×××课程共有×××、×××（2004 秋季 MBA 班）2 位学员需要补修 2 次，请于 1 月 20 日前完成补修工作，具体补课时间请与相关学员商定（周一至周日均可），并报学院 MBA 办公室备案。

×××× 学院 MBA 办公室
2005 年 1 月 9 日

从这份通知的字面上来看，文通句顺，也没有错别字，但是从沟通的角度来看，就不合要求了。因为这份通知是学院 MBA 办公室与这位任课老师进行书面沟通的信息载体。任课老师作为信息的接收者，感到无法执行这份通知。因为这两个学生一直没有来上课，老师也没有他们的电话，无法执行通知中"与相关学员商定"补课时间的指令。

于是老师找到学院 MBA 办公室申述理由。办公室人员很客气地说：老师，我们已经给这两个学生发了信，他们接到信之后会给你打电话的，那时你们再商定就可以了。

原来如此！办公室人员心里明白，可任课老师不明白。

这里反映了在组织的书面沟通中存在的一个普遍性问题，起草通知、文件的人员，往往以为他们自己知道的事情，那些接受他文件的人也都知道，犯了"应该说的没有全说出来"的毛病。

这个例子还告诉我们，MBA 办公室起草通知的那个人难道不知道起草通知文件要准确吗？肯定是知道的。那他为什么还是写出了不准确的通知呢？就是说，他不是不知道应该准确，而是不知道自己写的不准确。

"想说的都说了"，指的是信息发出者对所传信息的理解和处置，他认为有几个方面，这几个方面都已经表述出来了。

比如，我常遇到这样的事：有同事找我帮助他看看他写的论文，我看了之后就问他，你的论文是不是写的这个意思？他把两只眼睛盯着我说："司老师，我不是这个意思。""那你是写的什么意思？"他说，他写的是那个意思。

其实这也不奇怪。他说他写的是那个意思，是他头脑里想写的意思。我说是这个意思，是我从写在纸上的文字中看出来的意思。也就是说，他想写的内容，并没有全部用文字写出来，犯了"想说的没有全说出来"的毛病。

上述现象相当普遍。究其原因也不复杂。在沟通中，信息的发出者对于自己将要发出的信息有一个总体的认识，我们称之为"主观含义"。在发出信息时，他要借助于语言和文字来表达，用语言表达的叫"口语含义"，用文字表达的叫"字面含义"。由于表达能力等多种原因的限制，导致"口语含义"和"字面含义"的信息量小于"主观含义"，以致沟通不准确。那么，"口语含义"和"字面含义"越是接近于"主观含义"，沟通就越准确。

这个例子同样告诉我们，写稿人也不是不知道应该准确，而是不知道自己写的不准确。

问题的严重性就在这里，沟通者犯了"应该说的没有全说出来"或"想说的没有全说出来"的毛病时，他自己并不自知。所以，需要一种验证准确性的方法。

管理的实践告诉我们，验证沟通过程准确性的方法，有两个：一个是事后复述法，一个是事前他读法。

事后复述法，用于口头沟通。如果你是一个管理者，在向员工布置工作，当工作交待完毕之后，你自己不清楚刚才的布置是不是讲清楚了，想讲的是不是都讲了？该说的是不是都说了？就可以要求员工复述一下你刚才布置的内容。这样做有两个好处，一是如果自己没有讲全面，员工一复述就可以发现了；二是即使你布置得很全面、很清楚，让员工复述一下也有好处，好知道员工理解得如何。

如果你是一个下层管理者，在接受上级管理者布置工作。当工作交代完毕之后，领导说："好了，你可以走了。"你不要马上就离开，你把刚才布置的工作复述一遍，如果是领导没有讲全面，你一复述他就会发现，并给你指出来；如果领导讲的全面，你的理解有误，这时也会被发现。

事前他读法，用于书面沟通。这是指文秘人员在起草文件、通知时，管理者在审阅和批发文件、通知时，要意识到有可能丢失一些自己事先想好了的信息，有意识地从不知道此事的角度来看看。最好是请同事看一下，如果不是做这方面工作的同事能够看明白，基本上就不会有信息量损失了。

2. 适应性原则

适应性原则说的是沟通过程中，无论是组织的管理者，还是员工，当他们作为信息发出者时，应该主动地适应信息接收者的理解能力、需求和心理状态，才能保证获得有效的沟通。

（1）适应信息接收者的理解能力

正如我们在准确性原则里分析的，沟通的准确性效果，体现在信息接收者的理解准确上。而信息接收者的理解准确，决定于两个方面：一是信息发出者发出的信息必须准确，这在准确性原则里已经阐述了。二是发出的信息要容易理解，是信息接受者可以理解的。因为晦涩难懂的信息，即使再准确也是没有意义的。

比如，某名著中说"媒体即信息"。某传播学大师说：大众媒介的出现，"只是在地球上的漫长一天的最后一秒才开始被利用的。但是就在这个时候，印刷读物已到达地球的每一个角落"、"建立一个必须要用掉的张力库"等。

试问：作为工具的"媒体"为什么会等于"信息"？这"张力库"究竟是什么含义？那"地球上漫长一天的最后一秒"究竟是什么时候？是指每天 23 时 59 分第 59 秒，还是指第 60 秒？要知道那第 60 秒已经不是今天了，而是第二天的 0 时 0 分 0 秒。这样的信息，即使是非常非常准确的书面沟通，也还是看不懂。

所以，在管理沟通中，信息的发出者应该力求使发出的信息通俗易懂，不要使用专业术语，口头沟通时不要使用书面语言和方言、土语，书面沟通时不要使用非公知公用的符号、公式、缩写语。

（2）适应信息接收者的需求

信息心理学的研究表明，人们对于能够满足自己需要的信息容易理解也容易接受。所以，在管理沟通中，信息的发出者不论所发出的信息是什么方面的内容，都应该设法和信息接收者的需求相联系。

比如，管理者要向员工布置一项新的措施，但是在短期内可能会影响员工的收益，如果在沟通时管理者把这一新措施在不远的将来会给员工带来丰厚的回报讲清楚，员工们是会乐意接受这一新措施的。

再比如，员工在接受任务的沟通中，发现所布置的任务有严重的缺陷，他当然要发表自己的看法。如果员工只是简单地说，这个方案有问题，我不做。这样势必会造成对峙。如果员工从管理者的需要出发，仔细地把这个方案缺陷的严重性讲清楚，指出将会影响本部门计划的完成，管理者是会接受员工建议的。

（3）适应信息接收者的心理状态

由于人的心理活动总是伴随着人的行为，所以也不可能脱离沟通过程。沟通的双方对于沟通中的语调、措辞和讲话方式对沟通的接受效果影响很大，尤其是下级管理者和员工，在作为信息接收者时，对此十分敏感，很可能是领导的一个不经意的疑问或声音较为严厉，都会导致下级管理者和员工将本来想说的话咽了回去，使沟通不彻底。

此外，沟通双方的情绪都会对沟通效果产生影响。在沟通中，平静的心态有助于对信息的客观理解和对反馈的客观表述，过分的喜悦情绪和自傲、愤怒、生气、抑郁、自卑等情绪表现都会导致错误理解和错误反馈。

沟通的双方都应该注意这一点。首先是要及时发现自己的情绪波动，并立即采取措施控制情绪的发展，保证沟通正常进行。其次是发现对方情绪有变化时，则要考虑自己如何改变沟通的方式、使用的语言、沟通的态度，以适应对方情绪变化后沟通的需要，或者暂时中断沟通进程。

比如，在沟通中，由于内容涉及伤心的事情，员工可能控制不住自己失声痛哭了；或者由于涉及某一事情，管理者发怒了。这个时候，当事人自己能够察觉到自己情绪的变化，加以自我控制，当然最好；而当事人能够从对方的情绪出发改变沟通的进程，也不失是一个可取的方法。

3. 聆听性原则

聆听，在汉语里，是一个书面语词，就是"听"的意思。不过，人们往往在表示"十分认真地听"的时候使用"聆听"。有的学者只提到在沟通中管理者一方需要聆听。其实，沟通的双方都要聆听。聆听是理解的关键，是正确理解的前提。没有聆听，即使满足"准确性原则"、"适应性原则"，也不能获得准确的沟通效果。

所以，聆听性原则是为了保证理解准确对信息接收者的要求。

不过，除了非正式沟通、正式沟通中的平级人员的沟通之外，大部分情况下是上级管理者与下级管理者、员工的沟通。在这种关系里，往往不能向平常人那样进行沟通，因为他们之间存在着一种特殊的关系，各自具有各自的组织角色。基于这一点，聆听性原则对他们有着不同的要求。

对于下级管理者或员工，他们知道自己的命运掌握在他的上级手里，除了在发出信息上报喜不报忧之外，往往能够特别注意上级的讲话，是会自觉地做到聆听的，只是有时做得过分，往往喜欢从上级的字里行间去揣测可能的含义，捕风捉影，上级一句漫不经心的话，可能会导致他的特别理解，会因此欣喜若狂或忧心忡忡。所以，聆听性原则要求他们要十分认真地听，"听"清楚，"听"完整，"听"确切，听到什么就是什么，不要引申、估计和揣测。

对于上级管理者，由于他们处于的特殊地位，往往喜欢滔滔不绝地"说"，甚至在心理上就认为他的任务就是"说"，而忽视了"听"。很显然，在保证沟通效果的矛盾中，上级管理者属于矛盾的主要方面，沟通效果主要决定于他们。

所以，很多学者都阐述了上级管理者在沟通中必须注意"听"的问题，而且提出并不是为了"听"而听，而要真正明确是为了提高沟通效果、从保证组织正常运作的高度来听，要掌握"倾听"的艺术。

"倾听"是尽力、细心地听取的意思，专门用于上级对下级的听取中。综合已有的关于"倾听"的论述，可有以下四个方面：

（1）营造一种轻松的沟通氛围

在沟通一开始，上级管理者应该尽力营造一种轻松的、相互信任的、能够畅所欲言的沟通氛围，尽可能地减少由于职位不同导致的隔阂心理。上级管理者不要摆官架子，下级管理者或员工一走进办公室，应该主动亲切地打招呼，或者起身示意一起坐到沙发上交谈，而不要坐在豪华宽大的老板桌后面谈话。

（2）全神贯注地仔细倾听

在沟通过程中，管理者应该尽量少说话。不论对方的谈话内容是否相关，还是无关紧要或者有不妥之处，都应该耐心听下去。在适当的间歇中，以点头、应声、微笑或简要重述对方所说的词语，表示你对谈话内容的注意和兴趣。不要心不在焉，对方说了好半天你一点反映都没有；不要不断地有秘书进来请求签字、处理工作；更不要一边听对方讲话，一边还在看别的文件、报表。

（3）谨慎做出反应

在沟通前不带任何成见或决定。在沟通过程中，即使出现不符合实际的内容，也不要马上质疑、解释或反驳。

对所说内容，态度中立。如果对方很想知道上级管理者的观点，也可以谈，但应该以诚相告，不过还是应以听为主。因为在沟通过程中，过早的表态，对某一具体事项过分的肯定和夸奖，会影响后面谈话的内容，造成沟通不彻底，甚至会导致对方转移谈话方向，影响沟通的原来目的。

当然，需要当面澄清的事项，还是需要澄清，但必须放在沟通结束时进行。

特别是当对方所谈内容出现对上级管理者不利、不尊重或者严重失实的时候，管理者也要能够控制自己的情绪，不要过于激动。

（4）发现谈话以外的信息

沟通中，不仅要听对方谈话的内容，更要注意对方的情绪随着谈话内容所显露出来的变化，比如随着谈话的进行，对方出现喜悦、伤心、愤怒的情绪，都是应该注意获取的信息，对分析谈话内容十分有用。

对于管理者需要进一步了解的事项，可以重复一下对方关于该事项的要点，提示和鼓励对方做进一步的补充或解释。

注意对方避而不谈的方面，可适当询问。也许这些方面是问题的关键所在。

4. 及时性原则

这是关于沟通速度的原则，指的是从信息需要发送开始，到信息接收者接受到此信息，做出理解并给予反馈的时间间隔，间隔越短，谓之越及时。这是一个相对的概念，并不能规定多少秒、多少分能够发出和理解为及时。

及时性原则要求，对于信息的发出者来说，当需要发出的信息一旦产生，就应该马上发出。对于信息接受者来说，一旦接收到信息之后，应给立即做出认识和理解，并给予反馈，至少要将已经收到该信息和对该信息态度的情况反馈回去。

沟通的及时性原则对于信息的利用十分重要。因为在管理沟通中传递的信息都是管理意图、管理反馈等许多重要信息，需要及时处理。不然的话，会影响正常工作。在实际工作中，许多文件迟迟不下发，或者下发的文件迟迟得不到落实，都是沟通不及时的表现。

5. 全员性原则

全员性原则不是说组织全体成员同时参加沟通。当然，召开组织全体成员大会就是全体成员参加的沟通。这里说的全员性原则指的是另一种含义。

我们在阐述非正式沟通时曾指出，组织的沟通渠道是一个充满整个组织的、有形和无形复合的全员信息系统。管理者如果不能抓住非正式沟通，就等于丧失了一半的管理对象。就是说，管理者在进行沟通时，必须同时考虑从两个系统来进行，既要进行有形系统的正式沟通，也要进行无形系统的非正式沟通。只有当管理者使用非正式的组织来补充正式组织的信息沟通时，才会产生最佳的沟通效果。这就是沟通的全员性原则。

四、沟通的障碍与控制

沟通的障碍可以分为两大类：主观障碍和客观障碍。

有的教材说："沟通的障碍主要是主观障碍、客观障碍和沟通方式的障碍。"这个说法是不符合逻辑学中关于概念划分原则的。因为当我们对于某一个对象按照主观、客观来进行划分时，只可能分成主观、客观两个子项，不可能在主观、客观之外还有第三个子项。沟通方式确实可以成为沟通的障碍，但是，它不是主观的，就是客观的。

1. 沟通的主观障碍

主观障碍，指的是由于人的心理、语言、经验、文化水平等因素造成的障碍。

（1）心理因素造成的障碍

个人的性格、气质、态度、情绪、记忆、思维能力、表达能力等，会造成表述不准确。上级人员的过于严厉、气势逼人，下级人员的畏惧、憎恶、反感、不信任等，会造成理解不当。

比如，在实际工作中，人们往往比较关心那些与自己个人物质利益相关的信息，对于与自己个人关系不大的信息，诸如组织的战略目标、管理决策等不大感兴趣，这样在进行这些方面信息的沟通时效果就比较差。这就是态度对沟通的影响。

再比如，上下级之间如果互不信任，沟通的时候就会出现反感、抵触、对立的情绪。这种情绪是非常影响沟通效果的。

（2）口头语言和书面语言造成的障碍

语言是沟通的工具，不同场合的沟通对语言表述的要求不同。由于个人受教育水平的差别，表达能力的不同，会产生措辞不当、词不达意、空话连篇、误解、歧义、歪曲等问题，造成理解不当。

还有，方言、土语、外语也都会成为沟通的障碍。

（3）个人经验和知识造成的障碍

在沟通中，如果双方在经验水平和知识结构上的差距过大，也会产生沟通的障碍。一方所表述的内涵，另一方不可能完全理解。

（4）沟通方式选择不当造成的障碍

沟通的方式是多种多样的，也有各自的优缺点，应该根据组织的目标及其实现策略来进行选择。沟通方式选择不当也会造成障碍。比如，对于一项大多数人尚未接受的举措，应该先通过非正式沟通，让大多数人意见已经比较一致后，再贯彻执行。如果一开始就采用正式沟通的方式向下贯彻，可能会适得其反。

2. 沟通的客观障碍

组织机构过于庞大，中间层次太多，信息在从最高决策层到下级基层单位的传递过程中会产生畸变、失真，而且持续时间过长，影响沟通的及时性。

社会文化背景的不同、种族的不同，也会影响信息的沟通。比如，美国的埃克森石油公司的广告语：“把老虎放进你的油箱里（Put a Tiger in Your Tank）”，风行全美国。在泰国则成了一句侮辱人的话。

在西方国家，一般情况下，一个人所说的话就是他的本意。在中国却不同，有时沟通中使用的一些词语并不一定是其本意。比如，一个上级管理者表示要提拔一位下级人员，这个下级人员会表示我的能力还不够，显得很谦虚，但是他心里却是非常希望马上就提拔他。

对于国家管理、跨国公司的管理来说，这种障碍的影响可能比较大一些。

至于时空因素的影响，这在信息通信技术非常发达的今天，已经比较小了。现在在全球范围内及时通话都是轻而易举的事。不过，能有定期的面对面的沟通，其效果会更好一些。

3. 沟通的控制

沟通的控制指的是沟通者的双方，主要是指管理者一方，通过一定的努力，克服沟通的障碍，使沟通的进程朝着有利于实现组织目标的方向进行的过程。

有学者在讨论沟通的控制时，提出“信息的收集、信息的加工处理、传递的控制”的沟通三阶段控制模式。从道理上来说，这个模式的三点是没有错误的。但是，在实际工作中的沟通，大多数情况下是很快就完成的，没有多少时间来一步一步地完成，往往是在瞬间就完成这三步工作的。

案例 5.1　车间主任正在向全车间员工传达厂里的关于未来五年战略规划的征求意见稿。有几名员工感到与自己的关系不大，就在底下说话，车间主任发现后，问他们在说什么，这几名员工见问就不再说了。“没有事就不要在底下开小会"车间主任就继续传达。

这个过程就是一次沟通的控制。"车间主任发现"，这是信息的收集；"问他们在说什么"，这是调查、核实，是"信息的加工处理"；"不要开小会"这是信息传递；"不再说了"，这是沟通得到了有效控制。这个过程就在一瞬间完成的。

我们认为，从以下三个方面来认识沟通的控制，可能会更加实用一些。

（1）从表达出发，让对方听得懂

提高口头表达能力和写作能力，学会分析信息接收者的心理需求，从沟通对象的需求出发来表述自己要沟通的内容，掌握验证准确性的方法，口头沟通时使用事后复述法；书面沟通时使用事前他读法。关于这两个方法，我们已经在本节的"沟通的原则"中介绍过了。

（2）从需要出发，让对方愿意做、能够做

运用需求理论，选择沟通语言，布置工作。这样，对方就会愿意接受沟通的内容。关于"需求理论"我们在下一节"激励"中再详细介绍。

（3）从心理出发，让对方愿意听、愿意说

由于沟通是面对面的交谈，对方的心理活动是可以观察、询问和推测出来的。从心理出发来进行沟通可有以下技巧：

一是从双方共同熟悉的人或事谈起，以求寻找共同的话题，让沟通顺利开始。这样可以避免对立、抵触情绪的产生，避免冷场的发生。

二是说话只说对方用一两句话就能回答得了的问题，双方一问一答，就可以交谈起来，让沟通能够继续。

三是设身处地从对方角度交谈，让沟通以心交心。

四是注意角色地位和讲究倾听，让沟通双向进行。

第四节 激 励

一、激励概述

1. 激励的含义

激励是一个心理学术语，指的是心理上的驱动力，含有激发动机，鼓励行为，形成动力的意思。管理学中的激励指的是管理者通过一系列的措施，激发被管理者产生管理者所需要的特定动机，并鼓励进一步转化为管理者所需要的特定行为，形成推动被管理者的动力，去完成组织目标的过程。

在实际工作中，组织成员的工作态度是不一样的，今天这一部分人工作缺乏热情，明天那一部分人工作消极；同是一个人，有时积极肯干，有时消极怠工。员工的这种状况显然是不利于组织发展的。为了使员工恢复和保持高昂的工作热情，愿意尽自己的最大努力为实现组织目标贡献聪明才智，就需要设法根据员工的心理需求，激发他们产生热爱本职工作的动机，鼓励他们投入为实现组织目标的工作中去，推动他们去完成组织分配给他们的目标任务。这里的工作就是激励工作，管理者给予员工的就是激励力量。

2. 激励的本质

激励的存在是由于人的行为具有一定的活动规律形成的。心理学研究表明，人的行为是由动机推动的，动机是由需要决定的。根据这一规律，我们这样思考：组织的目标是清楚的，为了实现组织的目标需要员工做出什么特定行为也是清楚的，能够推动员工产生这种特定行为的特定动机也就可以分析出来，下一步我们只要寻找到能够促使员工产生特定动机的需要，就可进行激励了（图5.3上）。

实际进行激励的时候，逆着这一思路进行，首先满足员工的需要，这种需要就会导致员工产生特定动机，特定动机就会推动产生特定行为，有了这特定行为，就可完成组织的目标，激励过程结束，激励就实现了（图5.3下）。

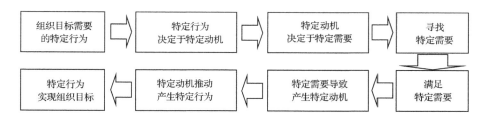

图5.3　激励产生过程的分析

从图5.3可以看出，图中的八个方框，有七个方框的任务是容易完成的，唯独最难的是右上角的"寻找特定需要"。问题就难在这个"特定需要"上。因为要找到有利于实现组织目标的"特定需要"是容易的，但是这个需要是否就是员工的需要呢？因为只有是员工的需要才可能激励员工去行为。

很显然，实现组织目标的特定动机，经过激励工作为员工知晓后，如果与员工的现实动机一致，那就会直接产生所需要的特定行为完成组织的任务。如果与员工的现实动机不一致，员工就不会产生所需要的特定行为，激励就失败了。

所以，如何选择这"特定的需要"成为激励能否成功的关键。

图5.4所示，组织目标的特定需要，导致需要特定的动机。员工现实的需要，导致产生员工的现实动机。而组织目标的需要和员工的现实需要虽然不可能完全一样，但总会有一定的重合部分。那么，这重合部分的因素，既是组织目标的需要，也是员工的现实需要。也就是说，用重合部分的因素进行激励，既可以满足实现组织的目标，也可以满足员工个人的现实需要。

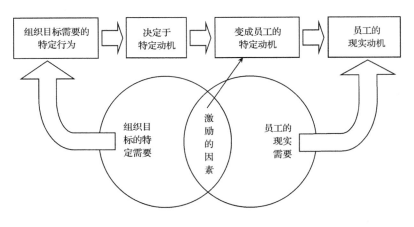

图 5.4　激励本质的分析

3. 激励的因素

（1）外部激励因素

这是指人们为了维持自身生存而产生的对外部环境需求的因素。

人生活在世界上，首先要生存。所以，生理的需求是最迫切的。饥饿的时候，食品是最急需的因素，因此有饥不择食的表现。经过失业之后，竞争上岗，才会珍惜重新工作的机会。

其次，人类的需求表现出复杂性。由于每个人的年龄、职业、文化程度和所处环境的不同，导致每个人的需求千变万化。对于同一个因素，你非常需求，他一般需求，我可能会无所谓。即使同一个人对于同一个因素，也会随着时间的推移而表现不同，今天如获至宝的因素，明天会毫无感觉。

正是基于以上原因，经济上的激励，如工资、奖金、津贴等；物质上的奖励，比如奖给一台笔记本电脑、一辆豪华的汽车、一栋舒适的别墅等；精神上的激励，比如职位提拔、职称晋升、委以重要的岗位、上级的表扬和信任等。这些都是外部激励因素，可以强烈地驱使人们为满足这些欲望而努力。

不过，外部激励因素虽然具有强烈的推动激励作用，但是有一定的局限性。人们对这类因素一旦满足，需求一旦实现，更高的需求欲望就会产生，因而导致这类激励因素缺乏持久性。所以，管理者在选择外部激励因素时，必须明白，对员工的需求欲望不仅要因人而异，还要对同一个人因时而异，才能达到激励的目的。

（2）个体内在动力

这是指人类个体为了维持内在主观世界生存而产生的需求因素。

通过教育、培养，提高人的素质和修养，使人对世界产生新的认识高度，从而产生强烈的责任感、义务感、事业感，激发起人的内在动力，自觉地从事他认为应该从事的某些工作。他们具有强烈的自我实现的愿望，他们自我尊重，自觉发挥聪明才智潜能。在完成一项工作任务之后，会产生极大的满足感，更加激发他继续进行类似的工作。在工作过程中，他们能自我指导、自我学习、自我控制。

组织的管理者在激励工作中，一方面要充分用好、用足外部激励因素，另一方面，致力于对员工的培训，提高员工的内在动力，以求达到激励的最高境界。

4. 激励的作用

激励的作用在于告诉管理者，不要指望组织成员会自动地为实现组织的目标而热情高涨地工作，而要了解他们的需求、动机和期望，设法调动他们潜在的积极性，才能为完成组织目标而自觉自愿地努力工作。

美国哈佛大学教授威廉·詹姆士曾做过一个实验，他研究发现，在按时计酬的制度下，一个人如果没有受到激励，仅能发挥其能力的 20% ～ 30%，如果受到正确而充分的激励，就能发挥其能力的 80% ～ 90%，甚至更高。

在组织行为学中，有一个公式：

$$绩效 = f（能力，激励，环境）$$

可见，一个人的工作绩效，与他的能力大小、所受激励的程度和所处的环境有关。在他能力不变的情况下，工作绩效的大小，决定于在特定环境下所受到的激励程度。

二、激励的基本理论

人们为了探讨激励的基本规律，提高激励水平，从 20 世纪 50 年代起，先后出现许多关于激励理论的研究成果。这些成果大多数是围绕着人的需求实现及其特点识别、如何根据需求类型和特点的不同来影响主体的行为等方面展开。这里对有代表性的激励理论做一简单介绍。

1. 需求层次理论

这是美国心理学家马斯洛（A. H. Maslo）1954 年在他出版的《动机与个性》一书中提出的理论。几十年来，该理论流传很广，为许多学科所引用。

马斯洛需求层次理论的内容，包括以下四个方面：

一是人的需求是分层次的，可分为五个层次：生理的需求、安全的需求、社交和爱情的需求、自尊与受人尊敬的需求、自我实现的需求（图 5.5）。满足人的需求，就可以构成对需求者的激励。

二是需求的五个层次是由低级到高级，逐层递进的，不是截然分开，而是相互叠合的。生理和安全的需求是较低层次的、物质方面的需求；社交、自尊和自我实现的需求是较高层次的、精神方面的需求。能够产生激励作用的是占主导地位的需求。当低层次需求获得相对满足后，则上一层次需求才会显现，占据主导地位,满足需求就具有激励作用,同时低层次的需求也就构不成激励。

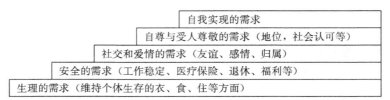

| 自我实现的需求 |
| 自尊与受人尊敬的需求(地位,社会认可等) |
| 社交和爱情的需求(友谊、感情、归属) |
| 安全的需求(工作稳定、医疗保险、退休、福利等) |
| 生理的需求(维持个体生存的衣、食、住等方面) |

图 5.5　马斯洛需求层次理论

三是人的需求是变化的。随着人的经济条件等社会环境的变化,人的需求也会不断变化。不仅是从低层次到高层次的变化,同一层次的需求,可能会因为难以实现而变化,也可能随主体认识的变化而变化。

四是需求具有明显的个体差异。人们常常是五种层次的需求同时存在,只是各自的需求强度不同,而强度最大、占主导地位的需求决定人的行为。由于需求强度的不同,不同的人呈现出不同的需求结构。如果用横坐标的长短表示需求的强度,则可以将人们的需求分为五种结构(图 5.6)。

图 5.6　五种典型的需求结构

据中华全国总工会 1986 年的一次"全国职工队伍情况调查",当时,我国职工队伍的需求结构分别为:生存人占 33%,安全人占 20%,社交人占 7%,尊重人占 20%,自我实现人占 15%。

正因为存在不同的需求结构,虽然五种需求同时存在,也会表现出明显的个体差异。在高级需求和低级需求发生矛盾的时候,有的人会舍弃高级需求而去谋取低级需求,有的人会为了实现高级需求而放弃低级需求。

案例 5.2　2001 年的《解放军报》曾报道,解放军第三军医大学新桥医院(重庆)的博士后张贤亮在肾脏病研究方面很有造诣。但是,由于他的家在苏州,所以博士后出站时他要求回苏州。苏州、无锡的好几个医院都愿意接受他,并答应给他很好的待遇。就在这时,新桥医院提出了"人才培养目标及实施办法",五年内要投资 150 万元进行学科建设。于是,张贤亮决定不走了,并主动说服爱人将家安在了重庆。

很显然,新桥医院满足了他自我实现的需求。苏州、无锡那几个医院的条件自然很好,但是缺少科研的投入,不能满足他继续从事科学研究的需求。

案例 5.3 2001 年 6 月 9 日的《中国青年报》曾报道，对将近 200 名跳槽的信息技术青年所做的调查，其中，因能力得不到发挥而跳槽的占 63.4%，吃苦玩命、以事业发展为标准的占 45.2%。这同样是为了实现高级需求而放弃低级需求的表现。

综上所述，人是有需求的，人的需求是多样的、复杂的，人的具体需求是可以改变的。因此，管理激励工作可以通过改变人的需求来实现。在管理实践中，当员工个人需求并不妨碍组织目标实现时，可以满足个人需求；当员工个人需求和组织需求相矛盾时，就通过管理者的工作改变员工的个人需求，使个人需求与组织需求相一致，再满足个人需求，达到激励的目的。

马斯洛需求层次理论为我们研究人的行为提供了一个比较科学的理论框架，成为管理激励理论的基础。从人的需求研究人的行为，为设计管理激励方案提供了一个正确的思路。

但是，马斯洛需求层次理论对需求层次的分析比较简单、机械。比如，同时存在的需求会同时产生不同的动机，不同动机之间会产生斗争，最后获胜的动机才能导致人的行为。这一机制该理论并不能反映出来。我国古代"贫贱不能移，富贵不能淫，威武不能屈"，"不为五斗米折腰"等，用"递进规律"是解释不了的。在有些情况下，人的需求层次的上升，是因为人的社会地位的提升，并不是低层次需求的满足。此外，马斯洛需求层次理论的理论前提是"人都是自私的"，都是出于利己的本能，否认无私的真实性，是不符合社会实际的。

2. X-Y 理论

这是美国心理学家、行为科学家麦格雷戈（D. M. McGregor）1960 年在他出版的《企业的人性面》一书中提出的理论。该书就人性问题提出两种假设：经济人假设和自我实现人的假设。经济人假设被称作"X 理论"，自我实现人假设被称作"Y 理论"。这两个假设的基本内容如下：

（1）X 理论的要点

1）一般来说，人在本质上是好逸恶劳的，总是想方设法逃避工作。

2）多数人没有雄心大志，不愿负任何责任，并心甘情愿受别人领导。

3）多数人只能用强制、惩罚的方法，强迫他们为实现组织目标而工作。

4）多数人干工作只是为了满足基本的需要，只有金钱和地位才能鼓励他们。

也就是说，人是一种"经济人"，人的一切行为都是为了最大限度地满足自身的利益。因此，人的工作动机是获得经济利益。采取的管理方式就是经济报酬、惩罚、强制、独裁。

实践证明，这种人性假设是不恰当的，用惩罚并不能激励员工。但是，在今天的管理实践中，仍旧有一些管理者采用这种观念来进行管理，以为只要多花钱，就可以调动员工的积极性。结果，事与愿违。所以，了解 X 理论，可以提醒我们不要再使用这种不合适的管理激励方法。

（2）Y 理论的要点

1）一般人都是勤奋的，如果环境条件有利，工作如同游戏和休息一样自然。

2）人们在执行任务中能够自我指导和自我控制。

3）在适当条件下，一般人不仅会接受某种职责，还会主动寻求职责。

4）大多数人在解决组织困难时，愿意发挥自己的想像力、聪明才智和创造性。

5）有自我实现需求的人，往往将自己对实现组织目标所做贡献当作最大报酬。

6）在现代社会条件下，一般人的智能潜力只得到部分的发挥。

也就是说，人是一种"自我实现的人"，人的一切行为都是为了自我价值的实现。因此，人的工作动机是满足自我实现的欲望。采取的管理方式就是尽可能满足员工的欲望，或者设法使员工在完成组织目标的过程中产生一种自我价值实现的满足，而不需要其他激励，员工还会通过自我激励来完成目标。

显然，Y 理论与马斯洛需求层次理论是对应的。它为动机诱导技术的发展开辟了新的道路。

3. 双因素理论

这是美国心理学家赫茨伯格（F. Herzberg）1959 年在对美国匹兹堡地区203 名工程师和会计人员的调查之后提出的。

通过对调查结果的分析，他发现，在薪金、管理方式、地位、安全、工作环境、人际关系、政策与行政关系等方面，如果处理不好，不能满足员工的需求，员工反映强烈，意见大，表现出强烈的不满。但是满足这些需求之后，员工们仅仅是没有不满，工作情绪是稳定了，并没有从中受到激励，没有表现出满意。于是，赫茨伯格把这些能够维持组织基本稳定的因素叫作"保健因素"。

而在工作本身、赏识、进步、成就、责任、成长的可能性等方面，如果未能满足员工，员工只是没有满足感，但并不是不满；如果能够给予满足，员工则非常满意，具有强烈的满足感，会产生很大的激励。于是，赫茨伯格把这些因素叫作"激励因素"（表 5.1）。

表 5.1　赫茨伯格双因素理论的保健因素和激励因素

保健因素		激励因素	
薪金	管理方式	工作本身	赏识
地位	安全	进步	成就
工作环境	人际关系	责任	成长的可能性
政策与行政关系			

这就是说，保健因素的存在虽然不能激励员工，但是非有不可，否则员工会产生不满；而激励因素才可以产生激励作用。在管理工作中，应该尽可能地选择这些因素来激励员工。

赫茨伯格改变了传统的"满意-不满意"的思路，认为，满意的对立面不是不满意，而是"没有满意"，不满意的对立面是"没有不满意"。这样我们对问题的判断就变成了三种可能的选择："不满-没有不满或没有满意-满意"。这一思想不仅可以用在管理激励工作中，在其他方面也具有指导意义。

比如，表 5.2 是××大学校级干部"三讲"活动后，发给基层员工填写的意见征求表。该表设计了三种情形，实际上就是"满意-不满意"两种情形，特别是该表的"如果选择'不满意'，请填写理由"的说明，会使人违心地不选择"不满意"，这就等于只有一种选择。这种征求意见表是违背上述管理学常识的。

表 5.2　××大学校级干部"三讲"活动意见征求表

姓　　　名	满　　　意	基本满意	不　满　意
×××			
×××			
×××			
×××			
×××			

说明：　请在每个姓名后的选项中打√，如果选择"不满意"，请填写理由。

双因素理论产生于温饱问题早已解决的美国，要用在我国，必须结合我国的国情。当前，我国大部分人的温饱问题还没有完全彻底解决，因此，工资和奖金并不仅仅是保健因素，只要运用得当，还会有显著的激励作用。如果工资和奖金的发放方法不当，比如搞"大锅饭"、"平均主义"，就不能产生激励作用，最多也只是保健因素而已。

赫茨伯格双因素理论的不足，一是他的调查样本少，只有 203 人；调查的对象缺乏代表性，只是工程师和会计人员，这些人的工资、安全、工作条件等方面都比较好，因此对他们不会起激励作用，但这不能代表一般员工的情况。

二是他认为，满意必定导致生产率的提高。事实上并非如此，满意与生产效率的提高并没有必然的联系。

4. 三需要理论

这是美国管理学家麦克莱兰（D. C. McClelland）1953 年提出的激励理论，认为人在工作情境中有三种基本的需求：对权力的需求、对归属的需求和对成就的需求。这三种需求都与管理紧密相关。

（1）对权力的需求

这种需求强烈的人，一般都向往权力和操纵控制他人，而自己则不愿受他人的控制，喜欢追求领导的职位，性格坚强，头脑冷静，健谈，敢于发表意见，好争辩，气势咄咄逼人，喜欢教训别人和作公开演讲。

（2）对归属的需求

这种需求强烈的人，一般具有建立友好关系的愿望，希望在被别人接纳中得到快乐，并尽量避免因为被团体拒绝而带来的痛苦，经常关心和寻求维持融洽的社会关系，希望获得他人的友谊，结交知心朋友，在社团的亲密接触和了解中获得快乐，乐于帮助和安慰危难中的伙伴。

（3）对成就的需求

这种需求强烈的人，一般都有强烈的成功欲望，寻找具有一定难度、但又是可以实现的、挑战性的工作，敢于承担责任。他们渴望自己将所从事的工作做得更完美，更有成效；希望在可以发挥其独立工作能力的环境中完成任务，并且使工作绩效能及时得到明确的反馈，以显示自己是否有成就。他们以现实的态度对待风险，不靠运气，不愿意接受那些被人们认为特别容易或者特别困难的工作。他们认为，那些成败可能性均等的工作正是使他们能够在自己的奋斗中获得成功喜悦的极好机会。

在现实生活中，一般人都会同时具有这三种需求，只是各种需求的强弱程度不同。企业家往往是有很高的成就需求和权力需求，归属需求则很低；一般管理者也会有较高的成就需求和权力需求，以及低的归属需求，但在高和低的程度上都不及企业家。

大量研究发现，高成就需求的激励，可以通过教学的方式来实现，可以在训练中逐步得到提高，甚至对于身处不同文化环境的人员也可以传授。增强个人成就需求的训练，包括着重于声望、实施变革的可行性、传授高级成就者们所使用的语言和思考方式、交流经验等。

具有高度成就需求的人对组织十分重要。一定数量的这类人才，会大大促进事业的发展，组织也会更加兴旺发达，但是也不是越多越好。因为组织内的大量工作，除了需要有成就的推动力之外，还需要有其他许多特征。每个组织既需要有高成就需求的管理者，也需要高归属需求的管理者。高归属需求人员对于组织内成员共同工作、协调全体成员的工作来说尤其重要。

5. 期望理论

这是美国心理学家弗鲁姆（V. H. Vroom）提出的激励理论。他认为，人在预期其行动将会有助于达到某个目标时才会被激励。这就是说，人们在能够预先估计到自己的某一特定行为会使自己实现某一目标，并且这个目标对自己有极大的吸引力，就可能被激励去完成这一特定的行为。

弗鲁姆把他的理论归结为一个公式：

$$激励强度\ D = 效价\ X \times 期望值\ Q$$

式中的 D 是受激励的程度，效价 X 是对某一目标的偏好程度，期望值 Q 是导致成功的概率。从公式可见，如果某一目标是员工不关心、不喜欢的，即 $X = 0$，那么 $D = 0$，即这个任务对这位员工没有激励作用，没有驱动力。同样道理，如果员工对该目标没有把握，感到自己不能完成，即导致成功的概率为零，无期望，$Q = 0$，那么 $D = 0$，这个任务对这位员工没有激励作用。这就是我们在第四章中曾经详细论证过的，管理者能够知人善任，就是最好的激励措施。

6. 公平理论

这是美国心理学家亚当斯（J. S. Adams）于 1976 年提出的理论。该理论研究的是工资报酬的合理性、公平性对员工积极性的影响。

公平，是通过比较来判断的，是人的一种主观体验。亚当斯的公平理论认为，每个人不仅关心自己收入的绝对值，即自己的实际收入，而且关心自己收入的相对值，即自己收入与他人收入的比较。当他发现在投入方面，如努力的程度、经验和受教育程度等，和自己相差不大、近乎相等的人，得到与自己相同的报酬，就认为是公平的，心情就舒畅，就会努力工作；如果得到比别人还多的报酬，就会更加努力工作；如果得到的报酬比别人少，就认为不公平，从而产生不满，就会在行为上表现出来，降低生产效率，或减少产量，甚至离开组织。

由于公平是一种主观感受，要达到真正的统一是比较困难的，但是，对于某一件事，确立一个相对一致的公平标准，来统一大家的思想又是可能的。所以，在进行工资、奖金分配前，应该公布明确的分配标准，大家对标准的认识没有统一之前不要过早进行分配。当统一的分配标准为大家接受之后，各人用来判断是否公平的标准也就一致了，也就不会感到不公平了。

7. 强化理论

这是美国心理学家斯金纳（B. F. Skinner）提出的理论。强化，是指通过改变环境的刺激因素来增强、降低或消失某种行为的过程。

斯金纳认为，行为是由外部因素控制的。控制行为的因素称为强化物。强化物是在行为发生后紧跟着的一个反应，具有提高重复或制止该行为可能性的作用。

当人们因为采取某一行动而受到奖励，他就有可能重复这种行为。这种作用被称作正强化。正强化中又有积极和消极之分。这指的是，虽然表现为某一行为得到重复，但是导致重复的原因是积极的，谓之积极强化；导致重复的原因是消极的，谓之消极强化。比如，员工努力工作是因为得到了奖金，属积极强化；员工努力工作仅仅是为了逃避上级的批评，属消极强化。

当人们因为某种行为受到惩罚后，他就有可能停止这一行为。这种作用被称作负强化。

如果在一段时期内，某一行为一直没有得到正强化，该行为就会逐步减少出现的频率，最后消失。

根据强化理论，管理者的激励手段，奖励比惩罚更有效。惩罚可以消除某些不良行为，但是这种效果是暂时的，使用不当，有时还会产生副作用。奖励的使用，要及时，延缓提供奖励会降低强化的效果。要观察奖励的实际效果，看奖励的行为是否随着奖励次数的增加而增加。奖励的次数不宜过于频繁，凡事要新颖多样。定期奖励成了人们预料中的事情，会大大降低强化的效果，不定期奖励的非预期的强化效果更好。

比如，组织负责人祝贺某一员工的生日确实是一种非预期奖励，效果很好。可是有的单位将全体员工的生日列表，由职能部门届时祝贺，成了人们预料中的事情，就没有奖励效果了。

8. 波特-劳勒模式

这是美国心理学家、管理学家波特（L. W. Borter）和劳勒（E. E. Lawler）在期望理论的基础上引申出来的一个比较完善的激励模式（图5.7）。

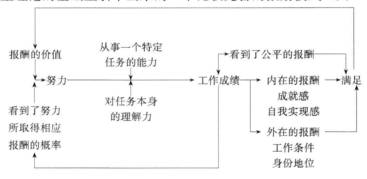

图 5.7　波特-劳勒的激励模式

如图 5.7 所示，"努力"即受到激励的程度，取决于"报酬的价值"和"看到了努力所取得相应报酬的概率"。上一次工作成绩的印象，使他看到努力所取得相应报酬的概率比较大。由于"从事一个特定任务的能力"和"对任务本身的理解力"的原因，在这一次"努力"之后，便可获得"工作成绩"。在获得工作成绩之后，必然就会产生"内在的报酬（成就感、自我实现感）"和"外在的报酬（工作条件、身份地位的改变）"，从而获得"满足"。满足感的产生，使得他在下一次活动中可以看到"报酬的价值"。同时，工作成绩的取得和满足感的产生使得他"看到了公平的报酬"。

这个模式说明,激励不是一个简单的因果关系,而是一个"努力—成绩—报酬—满足"的连锁结构的关系。

三、激励实务

1. 激励的主要手段

（1）思想政治工作

在我国,组织内的思想政治工作是极为重要的激励手段。它对于提高员工觉悟,加强组织纪律性,努力学习和精通本职业务,掌握现代科学技术知识和技能,建设有中国特色的社会主义具有重要的作用。

从本质上讲,思想政治工作就是将组织内员工的思想统一到马克思主义、毛泽东思想的轨道上来。其实,在西方发达国家的组织内,包括在各种企业组织内,也要做员工的思想工作,因为任何一个组织,不从思想上凝聚组织成员,那就还是一盘散沙。只不过他们不叫"思想政治工作",什么行为科学,什么组织行为学,都是研究人的行为、组织的行为,使之服从组织、国家的法律法规。明白了这一点,我们就不要一提思想政治工作,就认为是讲套话,就反感。

问题在于我们要改变过去传统的思想政治工作模式,不是单调、刻板的说教,应该是生动活泼、细致入微的思想工作,要深入组织内工作、生活和学习之中。许多优秀的思想政治工作者创造的经验都可以借鉴来使用。

组织通过思想政治工作,让组织成员明白,个人利益和国家利益是一致的;当二者发生矛盾时,应该以国家利益为重,顾全大局。

（2）奖励

大多数激励理论都涉及内在报酬和外在报酬。内在报酬包括成就感、自我实现感;外在报酬包括利益、赏识、地位标志和金钱。要使组织成员获得这些报酬,通常采用物质奖励和精神奖励。

物质奖励包括计件工资、晋升工资、奖金、股票期权、实物奖励、提供生活条件等。其共同点都是以金钱为基点。但是,金钱并不是在所有的情况下都能起激励作用。事实证明,只有将金钱与员工的工作绩效相联系、并且具有一定的力度才会产生激励作用。精神奖励包括成效的认可、记功命名、表彰、授予称号、提级升职、委以能显示员工水平的工作任务等。

根据强化激励理论,奖励必须是新颖的、变化的、及时的。因为它比陈旧的、重复的奖励产生的激励作用要大。频繁的、不及时的奖励会使激励效果大减。在奖励的同时,还应辅以惩罚的手段,教育组织内的违规者。

（3）参与管理

组织员工参与管理，就是在不同程度让员工和下级管理者参加某些上一级的组织管理活动，如战略计划的讨论、决策方案的研究、生产运作的指挥、某些环节的咨询服务等。

员工参与管理不仅可以让员工了解组织，了解管理，使员工不仅知道要做什么，还知道为什么做、怎样做，更重要的是可以极大地激励员工，因为员工在参与过程中处于平等的地位讨论组织的大政方针，会产生一种被上级认可、信任的感受，会体验到组织的利益与自己的利益密切相关，从而产生强烈的责任感。上级管理者在与员工商讨问题并最终取得一致的时候，双方都会体验到被对方重视的感觉，从而双方都会产生一种成就感。

员工参与管理只是一种激励的手段，其目的仅仅是为了激励员工，并不是要管理者放弃职责。管理者在这个过程中，可以积极地鼓励下属和员工参与，共同讨论问题，认真聆听下属的意见，但是最终还应该是管理者做出决策。

（4）工作丰富化

根据赫茨伯格双因素理论，当工作中缺少保健因素时，员工就会对工作不满。当保健因素增加时，员工的不满就随之减少直至消失，但不会因此产生对工作的激励；只有增加激励因素，才会提高员工的积极性，提高工作效率。

那么，根据赫茨伯格提及的成就、赏识、责任等具有挑战性的激励因素设计工作内容，就可以使员工在完成这类工作时得到激励。于是，"工作丰富化"的激励手段应运而生。

工作丰富化是指让员工承担的工作比原来更具有挑战性和成就感。

实施工作丰富化，要和工作扩大化区别开来。工作扩大化是横向扩大工作的内容范围，是企图通过消除因重复性操作带来的单调乏味感提出的方法。它增加了工作的广度，但没有增加工作的责任。因而不具备挑战性，不能激起成就感。

工作丰富化是纵向扩大工作的内容范围，在增加工作的深度的同时增加责任。

工作丰富化的内容，一是增强员工的责任。在决定工作方法、工作程序和工作速度等方面，给员工更多的自由，让他们感受到所承担的责任。二是鼓励员工参与管理活动，鼓励他们与人交往，提合理化建议。三是及时反馈员工的工作情况，采取措施使每个人都能看到自己对组织、对部门的贡献。四是给员工提供培训的机会，满足员工提高的需求，以满足组织发展对员工的要求。

这种方法的优点是，比工作扩大化、工作专业化和工作轮换等办法要好，可以为员工提供比较多的激励和满意的机会和可能，可以帮助员工提高工作效率，减少厌烦和不满情绪，减少员工的跳槽和缺勤，提高整个组织的效率。

但是，它也有一定的局限性。它在实施过程中，必然要支付更多的报酬，增加培训经费，从而增加了组织的成本。

2．有效激励的过程

有效的激励，一般包括五个步骤：①深入实际，洞悉员工需求；②发现问题，及时判断是否属于激励问题；③根据组织和员工的需求，选择激励因素；④坚持物质利益为主、按劳分配、公平合理的原则。⑤采取适当的沟通组合进行激励。与此同时，要创造一个宽松的环境，激励便可成功（图 5.8）。

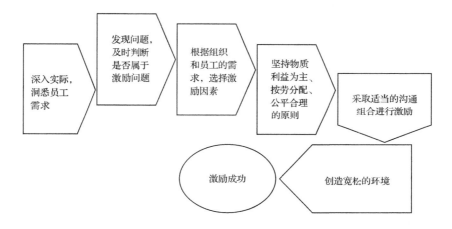

图 5.8　有效激励的过程

虽然每一个管理者都在做激励工作，但是他们也都体会到真正有效地激励又是很困难的。上面所述的有效激励的步骤，是指一个有效激励必须经过的步骤，并不等于说照着这几步去做的激励就一定会有效。

因为你认为是重要的报酬，可以用来激励，可是别人认为不重要，就不起激励作用。对某个人重要的报酬，曾经产生过很好的激励作用，可是并不是始终对他有激励作用。有的人对报酬要求高，报酬可以起激励作用。有的人对报酬要求不高，报酬就对他不产生激励。你认为是一个人成功的机遇，可以产生很大的激励作用，可是有的人并不认为是机会，也就产生不了激励。

所以，激励工作一定要因人而异，因时而异，因事而异。

3．有效激励的要求

（1）知人善任

这属于工作激励，通过分配恰当的工作来激发员工的积极性。工作的分配一定要考虑员工的专长和爱好，这样可以激发员工的内在工作热情。

这一点在第四章的"人力资源意义的相对性及其对策"中已经论证过了，这里就不重复了。

（2）报酬公平

这属于成果激励，通过正确地评估工作成果，给职工以合理、公平的报酬。要做到报酬公平，首先要正确地评估工作成果，评估公平了，报酬才可能公平。

（3）批评适当

这属于批评激励，通过正当的批评来激发员工改正错误行为的信心和决心。批评时，要对事不对人，要注意方法，要选择适当的场合、时机和语言。为了批评能起作用，一定要事先核准错误事实。

如果所批评的错误事实有出入，不仅不能起到激励作用，相反会大大降低管理者的威信，影响今后工作。

（4）教育培训

这属于教育激励，通过提高员工素质，激发员工的工作热情。根据组织的实际情况，有重点、有针对性地制定员工培训计划，提高员工的思想觉悟和业务技能，激发员工的工作热情。

［思考题与案例分析］

1. 什么是领导？领导职能包括哪三层含义？领导工作的作用是什么？

2. 领导与管理、领导者与管理者的关系是什么？你对"领导者是高层管理者中最具权威的管理者"的说法有什么看法？

3. 领导工作原理包括哪些内容？

4. 什么是沟通？沟通在管理中有什么作用？

5. 你认为将沟通划分为"上向沟通"、"下向沟通"是否合适？为什么？

6. 什么是正式沟通和非正式沟通？非正式沟通在管理实践中有哪些作用？

7. 沟通的原则包括哪些内容？为什么人人都知道沟通应该准确，可是自己在沟通中往往不准确？怎样可以避免自己沟通时的不准确？

8. 沟通的障碍有哪些？关于沟通有主观障碍、客观障碍和沟通方式的障碍等三大障碍的说法对不对？为什么？

9. 什么是激励？你是怎样认识激励本质的？激励的主要手段有哪些？有效激励的过程包括哪五个环节？

10. 教材中介绍的需求层次理论、X-Y 理论、双因素理论、三需要理论、期望理论、公平理论、强化理论、波特-劳勒模式等激励理论，各包括哪些基本内容？

11. 阅读下面的案例，回答案例后面的问题：

案例　在公司总裁办公室，总裁严厉地质问公司二分厂厂长王明如："你是怎么回事？你去二分厂已经两年了，怎么现在厂里职工情绪低落，缺勤情况严重，生产任务完不成，废品率不断上升，利润增长率越来越小？"

王明如满腹委屈地说："我也不知道是怎么回事。这两年在厂里，我是豁出命地在干。经常开大会，布置工作，对全体职工要求都非常严格；我对全厂的每一件事都安排得妥妥当当，还经常亲自到车间，直接指挥生产；为了保证产品质量，我拿着图纸一点一点地给工人讲，监督他们的操作；发奖金时他们都比我高，对每个人都一样，对谁也没有丝毫歧视，没有亏待任何人。"

　　问　从管理学的角度来看，王明如厂长工作失败的原因是什么？如果要你去接替他，你将准备怎样去做？

　　12. 阅读下面的案例，回答案例后面的问题：

　　案例　李老师的学生赵明从广州回来看望李老师，赵明说："我们公司的董事长是一位在美国学习计算机多年的博士，总经理是美国斯坦福大学的博士。他们两人紧密合作，创造了一套有效的管理员工的方法。他们在公司设立了健身房、游泳池、图书室和文化娱乐室，工作日免费提供午餐，每周五晚举行酒会或职工舞会；年终时，根据员工的工龄和表现赠送公司的股票作为奖励；并要求每位员工制定在本公司的自我发展五年计划。他们二人都是极为随和的人，喜欢同员工们一起交谈，经常到各部门去了解情况，商讨问题，并且总是先让部门经理自己拿主意，而且经常是按部门经理的意见做决策。不过他们也担心公司的人才会流失，因为现在人才竞争极为激烈，必须谨慎对待。"

　　问　从管理学的角度来看，赵明所在的公司采用了哪些激励方法？

［推荐阅读书目和文献］

　　读者如果对本章的内容感兴趣，还可以阅读以下文献：
　　李品媛 . 2005. 管理学 . 大连：东北财经大学出版社
　　刘正周 . 1998. 管理激励 . 上海：上海财经大学出版社
　　潘开灵，邓旭东 . 2005. 管理学 . 北京：科学出版社
　　司有和 . 2003. 企业信息管理学 . 北京：科学出版社
　　司有和 . 2003. 行政信息管理学 . 重庆：重庆大学出版社
　　王积俭，魏新 . 2005. 管理学 . 广州：广东经济出版社
　　杨文士等 . 2004. 管理学原理（第 2 版）. 北京：中国人民大学出版社
　　周三多等 . 2004. 管理学——原理与方法 . 上海：复旦大学出版社

第六章 控制工作

第一节 控制工作概述

一、控制工作的概念

1. 控制工作的定义

管理的控制职能，指的是组织保证计划与实际运行状态动态适应的过程。

控制工作是为了保证组织目标以及为此拟定的计划得以实现，根据事先确定的标准，对下级的工作进行衡量，并在出现偏差时进行纠正，以防止偏差继续发展或今后再度发生，或者根据组织内外环境的变化和组织发展的需要，在计划执行过程中修订原计划或制定新计划，并调整整个管理工作的过程。

从上述关于控制的定义可以看出，控制工作实际上就是两大部分：一部分是纠正偏差，维持现状，按原计划执行；另一部分是适应变化了的现状，确定新的行动方案，突破原计划，按新计划执行。

案例 6.1 据报道，在北伐战争时期，北伐先遣团一位连长接到追击敌人的命令，命令规定只能追到某处的木桥前，然后就地待命。可是当他追到桥头时，敌人已经逃过桥，并且开始放火烧桥。这位连长开始犹豫：追过桥去，就违抗了命令；如果不追过桥，就会坐失战机，给以后行动带来不利。于是，连长毅然下令追过桥去，最后大获全胜。战斗结束后，先遣团团长叶挺大大表彰了这位连长，称赞他主动出击，控制了战局，也控制了全团的行动。

连长之所以是正确的，是因为战场上的形势瞬息万变，原来的命令是根据原来的环境信息做出的。现在环境发生了变化，行动也就要跟着变化。这是典型的突破现状的控制。其实这也不稀奇。在几千年的封建社会里，金口玉言的皇帝也知道这个道理，所以有"将在外，君令有所不受"的说法，就是说允许前线的指挥官根据实际情况指挥战斗，皇帝的话也可以不听。

2. 控制工作与计划工作的关系

控制工作与计划工作有着密切的关系。首先，计划中的大、小目标都是控制的标准；计划中的政策、程序和规则，在实施的过程中都具有控制作用。计划越明确，控制效果越好。没有计划，就无法判断行动是否偏离了目标，更谈不上纠正偏差。所以，计划是控制的前提。

其次，控制是完成计划的保证。没有控制，没有实际运行状况与计划的比较，就不知道计划完成的程度。

再次，一个有效控制系统的设计依赖于计划的内容，反过来，计划的修订从本质上说就是一种控制行为。

最后，管理的控制职能使管理工作成为一个连续的螺旋式上升的过程。在通常情况下，控制工作往往是一个管理过程的终结，另一个新的管理过程的开始。有人说"控制职能使管理工作成为一个闭路系统"。此话并不妥当。因为如果是闭路系统，那就是说，系统到了控制阶段时又回到了原出发地。如果真是回到了原出发地，只能说明控制没有效果。所有有效的控制，系统都不会回到原出发地，而是在原出发地的上方，所以是螺旋式上升的过程。

二、控制工作的类型

控制工作的类型很多，按照不同的标准可以给控制以不同的分类。

按照控制工作的业务范围，可以划分为生产控制、质量控制、成本控制、财务控制、库存控制等。

按照控制工作的控制对象，可以划分为局部控制、全面控制。

按照控制工作的工作方式，可以划分为预算控制、非预算控制。

按照确定控制标准与控制因素的函数关系的方法，可以划分为程序控制、跟踪控制、自适应控制和最佳控制。

按照控制来源，可以划分为正式组织控制、群体控制、自我控制。

按照控制工作的主体类型，可以划分为直接控制、间接控制。

按照控制活动的性质，可以划分为预防性控制、更正性控制。

按照控制工作控制点的位置，可以划分为事前控制、过程控制、事后控制。

按照控制工作信息馈入方式，可以分为反馈控制、前馈控制。

需要特别说明的是，我们在上面介绍了控制的不同类型后，不能说控制有九类二十五种，只能说可从九个角度给控制分类，每一个角度可以分出两种、三种或四种。实际工作中的每一种控制，在这九个方面里都可以找到位置。

比如，企业组织的在质量检验室发现产品不合格之后采取的控制行为，在控制工作业务范围类型中属于质量控制，在控制对象类型中属于局部控制，在控制工作方式类型中属于非预算控制，在控制标准与控制因素的函数关系类型中属于跟踪控制，在控制来源类型中属于正式组织控制，在控制工作主体类型中属于间接控制，在控制活动性质类型中属于更正性控制，在控制点位置类型中属于事后控制，在控制工作信息馈入方式类型中属于反馈控制。

下面，我们选择过程控制、反馈控制和预先控制做一简单介绍。

1. 过程控制

过程控制又称同步控制、实时控制、现场控制。它指的是纠正措施作用于正在进行的计划执行过程的控制工作。通常是基层管理者实施的一种控制。

过程控制的内容，主要是基层管理者通过深入现场，亲自监督检查、指导下属人员的活动。具体包括向下级指示恰当的工作方法和程序，监督下级的工作，以保证完成计划中确定的目标。发现不合标准的偏差时，立即采取措施予以纠正。

比如，车间主任在巡视车间时，发现工人的操作不合标准，立即指出，并当场示范操作给工人看，直到工人的操作完全正确为止。著名的麦当劳"走动管理"就是一种现场控制的模式。

案例 6.2　据报道，美国著名的快餐企业麦当劳的创始人克罗克曾经创造一种被称之为"走动管理"的模式。正当麦当劳面临严重亏损危机的时刻，克罗克发现其中一个很重要的原因是企业各职能部门的经理有严重的官僚主义，习惯于靠在椅子上指手画脚，把许多宝贵的时间耗费在抽烟和聊天上。于是，克罗克想出一个"奇招"，下令将所有经理的椅子靠背都锯掉。起初，很多人不理解。但不久，大家就悟出了他的一番苦心，于是纷纷走出办公室，深入基层进行"走动管理"，及时了解基层情况，在现场解决问题。终于使企业扭亏为盈，走出了困境。

有些管理学教材中，在介绍现场控制时，提到基层管理者在现场检查产成品时发现有次品、废品，立即检出来作废，也属于现场控制。这种表述并不恰当。既然已经是产成品，说明关于这一产品生产的"计划执行过程"已经结束，与过程控制的定义不合；虽然发现的地点是现场，但是这和在质量检验室里检查到，已经是同样性质的事了，应该属于反馈控制。

用一句形象的话来说，过程控制或现场控制，管理者如同汽车司机一样，把握方向盘，驾驭着现场的员工进行工作；至于管理者如同警察那样，设卡检查，就不属于现场控制了。

过程控制的依据，主要是在计划工作中确定的组织目标、政策、规则、程序和标准。基层管理者临时确定的标准或随心所欲主观确定的标准，将导致控制工作的混乱。过程控制的有效性，在于基层管理者发现问题的能力、表达能力和个人作风，以及其对下属的沟通理解能力，切忌主观片面。比如，企业的质量检验人员由技能和知识都比较好的老工人担任，控制效果会好一些。

2. 反馈控制

（1）反馈控制的含义

反馈控制又称事后控制、成果控制。它是根据系统输出的、已经产生的偏差信息进行的控制工作。是一种在组织活动过程结束之后，根据活动过程表现出来的偏差采取控制措施，或者是对活动过程中的资源利用状况及其结果进行控制。

反馈控制是人类使用最早、最广的一种控制。传统的控制办法几乎都是属于这一类型。《战国策》中"亡羊而补牢，未为迟也"的记载就是一种反馈控制。工业企业中的质量控制，在一开始也仅仅局限于成品的检查，把次品、废品从中挑出来，以保证出厂产品合格。在今天的组织管理中，常用的反馈控制有："财务报告分析"、"成本控制分析"、"质量控制分析"和"组织员工工作绩效评定"等。

（2）反馈控制的过程

关于反馈控制的过程有三种不同的情形（图 6.1）。

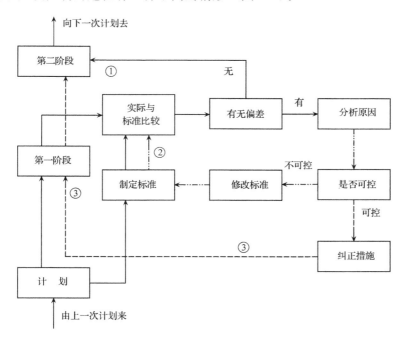

图 6.1 反馈控制的三种情形

首先，当计划制定好之后，计划中的目标、政策、规则、程序和标准都也同时制定好了。由于计划总是分阶段进行的，在计划的第一阶段基本结束之后，管理者就会将执行计划实际完成的情况，与标准进行比较，看有无偏差。这时只有两种可能，一是无偏差，二是有偏差。

无偏差，即偏差值为零，也是一种反馈，表明计划安排合理，执行正常，可以进入第二阶段，即图 6.1 中①所示的反馈回路。

有偏差，就要分析产生偏差的原因，分析这个原因是否处在标准可以控制的范畴之内。如果不可控，就必须在保证实现计划目标的前提下修改标准，直到进入标准可以控制的范畴，即图 6.1 中②所示的反馈回路。

如果产生偏差的原因，已有的标准可以控制，就按照预先规定的方式采取纠正措施，纠正偏差，避免偏差再次发生或累积，即可进入计划的第二阶段，即图6.1中③所示的反馈回路。

任何一项计划都不是孤立的，都是组织计划流中的一段。它总是从上一个计划来，再向下一个计划去。所以，上面所说的三种反馈形式仅仅是发生在计划流的一个阶段，计划流的每一个阶段都会发生这种形式的反馈。而随着计划流的流动，进入计划下一阶段时，还会产生对上一阶段、上上阶段的反馈。我们把前者在每一个阶段都存在的、先后串列的反馈称作"串行反馈"，把后面阶段对前面各阶段的反馈称作"并行反馈"（图6.2）。

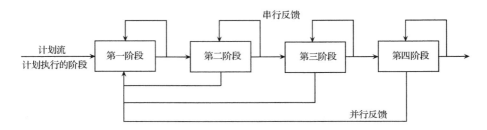

图 6.2　反馈控制中并行反馈和串行反馈示意图

（3）反馈控制的优点

第一，既可以控制最终成果，也可以控制中间成果。前者称之为端部控制，后者称之为局部控制。比如，企业组织根据销售量、利润、产量等做出的反馈控制属于端部控制。对新产品样机、工序质量、在制品库存量的反馈控制属于局部控制。通过局部控制，有利于改善控制功能，可以及时了解情况，发现问题，排除隐患，避免造成更为严重的后果。

第二，能够稳定整个系统。在系统不稳定的时候，加强反馈控制，可以达到稳定系统的目的。比如，组织内员工对某些问题有意见，情绪反应强烈，形势不稳定的时候，可以通过对话，了解员工的需求，获取反馈，能够在一定程度上起到缓和形势、稳定员工情绪的作用。

第三，能够跟踪既定目标、抗干扰。在若干个变量中，如果需要控制某一个变量，就可以在设计控制系统时将这个变量作为反馈变量，一旦这个变量达到临界控制值时，系统就会自动做出反馈控制。在受到多个不确定干扰影响的环节中，不必一个一个地去排除全部干扰，可以设法建立一个局部反馈回路，将这个环节放入该反馈回路之中，就可以达到抗干扰的目的。

（4）反馈控制的缺点

反馈控制的最大特点是根据系统的输出信息来进行，这时偏差已经发生，损失已经形成，要想避免这一次偏差、挽回这次偏差造成的损失，已经是不可能的了。这时的控制只能是避免偏差的再发生。

比如，企业的月利润率是否按计划完成，首先要在一个月之后，对企业一个月来的全部收支进行统计、计算，并要耗费一定的时间才可能得知这个月的月利润信息，然后再与计划中确定的本月月利润指标相比较，才能发现这个月的月利润有无偏差发生。当发现月利润大幅度下降时，利润已经下降了，损失已经无法挽回，这时的控制只能是避免下个月的利润率不要再下降。

由于在管理实践中，有许多事情只能是在事后才知道做得如何，不可能在事先就知道，所以反馈控制还是被广泛地应用在管理实践中。为了避免由于反馈信息滞后所带来的损失，则尽量设法缩短获取反馈信息的时间，诸如利用信息技术和计算机信息系统，可以使获取反馈信息的时滞减少到忽略不计的地步。

此外，运用基于预测的反馈控制和前馈控制，不失为是弥补反馈控制缺点的一种办法。

3. 预先控制

预先控制，又称前馈控制、预防控制。它是事先考虑事后可能出现偏差的情形所进行的控制。鉴于基于预测的反馈控制也属于这种情形，一并在这里介绍。

（1）基于预测的反馈控制

这是事先考虑事后可能出现偏差的情形所进行的一种控制。它是指根据系统输出的最新变化的信息，预测系统输出在未来的变化趋势，将预测结果与计划目标相比较，针对可能出现或肯定会出现的偏差，采取措施，避免偏差的发生。

这种控制在实际中很多。比如，猎人瞄准正在逃窜的猎物要有提前量。如果猎人瞄准的是猎物的现在位置，等子弹射到该位置时猎物已经不在该位置了，于是偏差发生了。通过预测，估计猎物在子弹到达时的位置在猎物的前方某处，采取措施，瞄准前方某处射击，就可以打中，就避免偏差发生了。

再比如，物体的升温都有一个热惯性，在加温时，不能等到已经达到目标温度时才停止加温，那样在停止加温后，温度还会继续上升。所以，人们总是在达到目标温度前某一个温度时就停止加温，从而保证能够获得需要的目标温度。

（2）前馈控制

前馈控制虽然也是事先考虑事后可能出现偏差的情形所进行的控制，但是它与基于预测的反馈控制不同，它是根据系统输入的信息或存在的扰动信息，分析可能会对系统产生的不利影响，然后在上述不利影响产生之前，采取措施，消除这些不利影响，避免偏差的发生。在管理实践中，标准成本控制、预算控制、入库验收、招聘考核以及使用政策、规则和程序进行的控制，都属于前馈控制。

比如，在2003年冬天的保暖内衣销售大战中，北极绒公司早在9月份就估计到竞争会相当激烈，且必定会抢购"拉毛面料"的扰动信息，于是采取果断措施，将"拉毛面料"主要供应商的全部产品买断，避免了可能发生的抢购"拉毛面料"对自己不利的影响，保证了销售计划的成功。

再比如，汽车司机为了保持一定的速度，在上坡的时候，并不会等到速度已经慢下来之后才去踩加速器，而是因为知道要上坡，速度会下降，就在速度下降之前踩加速器，以避免速度降低的发生。

（3）前馈控制与反馈控制的区别

前馈控制和反馈控制的区别的主要表现是，反馈控制的控制目的是防止已经发生的偏差继续发生，馈入信息是系统的输出信息，控制对象是系统运作的结果；前馈控制的控制目的是防止可能发生的偏差发生，馈入信息是输入信息，控制对象是系统运作的原因（表 6.1）。

表 6.1　前馈控制和反馈控制的比较

控制类别	比较项目		
	控制目的	馈入信息	控制对象
前馈控制	防止偏差发生	输入信息	控制原因
反馈控制	防止偏差继续发生	输出信息	控制结果

三、控制工作的重要性

1. 控制是维持组织生存的必要条件

由于组织所处的环境在不断地变化，组织自身的复杂程度也越来越大，加之管理者决策失误的存在，因此组织的管理工作偏离计划目标的方向是常有的事情，如果没有有效的控制，组织或者会产生混乱，或者会偏离正确的方向而不自知，给组织带来损失。

管理的实践证明，控制无效会导致计划无效、组织无效和人员配置无效。所以，任何组织、任何活动都需要控制，控制是维持组织存在的必要条件。

2. 控制工作存在于管理其他四大职能之中

管理活动包含五大管理职能：计划、组织、人员配置、领导和控制，除了控制本身，其他四大职能中都存在控制的问题。

在制定计划时，当采集的信息不能满足制定计划的要求时，就会重新采集信息；当战略目标和近期目标发生某些矛盾时，就会修订战略目标或近期目标等，这些行为都属于计划控制。

当组织运作起来之后，发现组织结构设计存在问题，或者需要继续维持某一机构，或者需要增设某一机构，这是组织控制。

当组织内发生大量人才流失时，就迫切需要制定留人措施，控制人才外流。

同样道理，在领导工作中，控制随时都会发生。管理者在现场指挥时，发现前一个方案不尽合理，就会立即采用第二、第三个方案，马上实施控制。

第二节　控制工作过程

控制工作是一个过程。控制工作的类型虽然很多，但是在控制过程上是基本一致的，主要包括拟订控制标准、获取偏差信息、分析偏差原因、采取纠正措施四大环节。

一、拟订控制标准

1. 控制标准的含义

控制工作的标准具有它特定的含义。它指的是组织用来评定工作成效的尺度、计量单位或测定方法。

比如，计划中确定的企业今年的利润率上升 2.5%，大学里计算教学人员的工作量一律将其他工作折算为“学时”，政府行政部门公务员的工作绩效用专门设计的“打分表”来打分确定等。

在标准化工作中，也使用“标准”一词，专门指“对重复性事物和概念所做的统一规定”。我们在计划职能中所说的组织需要制定一些标准，指的是这个概念。当然，这种标准肯定是控制工作的标准。但是，控制工作的标准，在外延上比标准化工作中所说的“标准”要大得多。比如，上面所说的“学时”、“打分表”，肯定不属于标准化中的“标准”，却是控制工作的标准。

控制标准并不是员工工作绩效和成果的最高水平，在本质上，它是一个难以取得，但又是可以达到的水平。

2. 控制标准的类型

组织内的控制标准种类很多，与组织的性质、规模相关。不同的组织拟订的控制标准并不一样。有实物标准和财务标准，有定量标准和定性标准，有有形标准和无形标准。有形标准又可分为实物标准、成本标准、资本标准、收益标准、目标标准。无形标准指的是不能用实物和货币衡量的标准。它也不是定性标准，往往是一种主观的判断，有时纯粹是一种感觉。如果组织能够制定一些可考核的定量目标和定性目标作为控制标准，应该是最理想的。

3. 拟订控制标准的程序

(1) 明确控制的对象

在拟订标准工作一开始，必须明确控制的具体对象，解决组织内需要控制的有哪些方面。这些方面的情况如果不清楚，就不知道需要拟订什么标准。

那么，怎样明确组织需要控制的对象呢？通常用的是下面的思路。

首先，组织的业务活动绩效必定是重点控制对象。因为任何组织的工作都是为了保证自己能够获得良好的业务绩效。

其次，控制业务绩效，就是要获得预期的业务成果，那究竟应该控制哪些因素；由于不同组织业务活动绩效的构成要素并不一样，所以必须区别对待。比如，企业组织业务活动的绩效，往往要考虑赢利性、市场占有率等要素；政府组织业务活动的绩效，则比较注重社会公益性、公众满意度等要素。构成要素明确之后就是设法将这些要素量化，从数量上规定所需要的业务绩效在正常情况下希望达到的水平，也就是业务绩效各构成要素应该达到的数值。

第三，要考虑还有哪些条件会影响组织实现预期的绩效水平。因为组织要实现预期的绩效，就必须在绩效最终形成之前，纠正一切和预期绩效的要求不相符合的活动。因此，这些会影响组织获得预期绩效的因素也应该是控制的对象。

能够影响组织实现预期绩效的因素主要有三大类：

一是关于组织外部环境的预测。因为组织的计划都是基于对未来环境的预测做出的，如果预期的环境没有出现，或者现实环境超出了预期，甚至发生了无可抗拒的变化，那么预期的业务绩效就不能实现了。所以，制定计划时，对什么是"正常环境"应该定出标准，现实环境一旦越出标准，就表示对环境因素要做出控制。

二是资源投入。资源包括物质资源、人力资源、财力资源、信息资源和时间资源。组织的业务绩效是这些资源转化而成的。没有或者缺乏这些资源，组织的预期绩效也就是一句空话。过分地投入资源，也会降低组织的预期绩效。所以，对于资源的投入要进行控制，在资源的数量、质量、金额和时机上制定标准，并保证按标准控制投入，以保证符合组织获取预期绩效的需要。

三是组织的活动。因为投入的资源要变成组织的预期绩效，是通过组织成员的活动完成的。没有组织成员的活动，或者组织成员活动的数量不足、质量不高和时机不合适，都会导致组织预期绩效的落空。因此，对于组织成员的活动规范、各个阶段成果的衡量标准都要做出规定，以便对他们的活动进行控制。

(2) 确定控制的重点

明确控制对象之后，很明显，组织没有能力、也没有必要对所有控制对象都进行控制，只需要选择那些对于本组织来说是最关键的环节作为重点控制对象，然后针对这些对象制定相应的标准。比如,对于一个企业组织来说,控制的重点通常包括赢利能力、市场地位、生产率、产品的领导地位、人员发展与态度、公共责任、长期目标和短期目标的平衡等。

赢利能力,这是企业经营成败的综合标志,通常用利润率来表示。利润率的实际情况与计划的偏离,可能反映了生产成本的变动和资源利用效率的变化。这也就为企业管理者提供了改进管理的方向。

市场地位,指的是企业对自己产品在市场上所占份额的要求。如果企业的市场占有份额下降,可能是由于价格、成本、质量或服务方面存在问题,应该从这些方面加以控制。

生产率,用来衡量企业各种资源利用效率的标准。通常用单位资源所能生产的产品数量来表示。其中最重要的是劳动生产率标准,企业其他资源的充分利用很大程度上取决于劳动生产率的提高,当生产率低于标准时,必须立即予以控制。

产品的领导地位,这是指产品的技术先进水平和功能完善程度。它表明企业在工程、制造和市场方面领导一个行业的新产品和改良现有产品的能力。企业要维持已有的产品领导地位,必须定期对自己的产品质量、成本和客户满意度等方面进行评估,并及时加以改进和强化,这就是控制。

人员发展。企业的长期发展,依赖于员工素质的提高。所以,必须测定企业目前的活动和未来发展对员工的技术和文化素质的要求,并将它与员工的现实素质相比较,以确定提高员工素质水平的培训措施。要制定企业人员发展计划,为企业及时提供足够的经过培训的人员,为员工提供成长的机会。这是一种长远的控制。

人员态度。员工的工作态度,直接影响企业的经营绩效。可以通过"员工离职率"、"员工缺勤率"来判断员工对企业的忠诚度,可以通过统计参与改进作业方法、提合理化建议活动的员工数量来分析员工对企业的关心程度,还可以通过定期调查来发现员工态度的变化。如果发现员工的态度不符合企业的预期,任其下去,是非常危险的,应该马上采取有效措施改变他们的态度。

公共责任,这是指企业应该具备的社会责任。因为企业的存续是以社会的承认为前提的。而企业要获得社会的承认,就必须履行必要的社会责任,包括提供一定的就业机会,参加公益事业,信守社会公德等。这就是公共责任。公共责任不仅仅是企业应该履行的义务,而且它与企业的社会形象和企业预期绩效的实现直接相关。企业应该根据有关部门对社会公众态度的调查结果,了解企业的实际社会形象同预期的差异,改善企业的对外政策,采取有效措施,承担应该承担的公共责任,提高社会公众对企业的满意度。

长期目标和短期目标的平衡。企业目前的生存与未来的发展是相互依存、不可分割的。因此制定计划时,必须统筹长期目标和短期目标的关系,检查各个时期的经营成果，分析目前的高收益是否会影响未来的收益，以确保目前的利益不是以牺牲未来利益和经营的稳定性为代价来获取的。

（3）选择拟订控制标准的方法

常用的拟订控制标准的方法主要有以下三种：

一是统计方法，根据组织的历史纪录，或是对比同类组织的历史水平，来确定本组织标准的方法。据此建立的标准，通常被称作统计标准。它有可能是历史数据的平均值，也可能是高于或低于历史数据中位数的某个数。

中位数和平均数不是同一个概念。中位数，指的是在若干个数据中，从大到小，排在中间位置的那个数。比如有 9 个数：23、36、65、68、70、90、200、203、400，中位数就是第 5 个数：70。平均数，则是指这 9 个数相加之后被 9 除，结果为 128.3。

利用本组织的历史性统计数据作为某项工作的标准，简便易行。但是，必须考虑将此标准与行业平均水平相比较，如果低于行业平均水平，这样的标准是不合适的。因为企业即使实现了这个标准，在行业内还是水平很低。所以，至少要高于行业平均水平，并且努力向行业卓越水平看齐。

还可以运用统计学的方法来制定控制标准。最常用的有统计平均值、极大值、极小值和指数等。统计方法常用于拟订与企业经营活动和经营效益有关的标准。

二是工程方法，以准确的技术参数和实测的数据为基础拟订的控制标准。通常被称作工程标准。工程方法的重要应用，是用来测量劳动生产者个人或群体的产出定额，并以此定额作为这类生产者的操作标准。这种测量在管理学史上被称作工时研究和动作研究。

三是经验估计法，由有经验的管理人员凭经验来确定，通常作为上面两种方法的补充。

不同的标准需要使用不同的方法，在拟订标准时应该做出准确的选择。

（4）形成文件，公布执行

标准制定好之后，一定要形成正式文件，下发组织内各基层单位，要求遵照执行，成为控制工作的依据。

二、获取偏差信息

有了控制标准之后就可以实施管理控制了。实施管理控制的第二步工作是了解组织实施计划的现实状况，将了解到的实际情况与标准相比较，衡量组织工作的成效，获取偏差信息。如果没有偏差信息，包括偏差为零的信息，管理者就不知道是否需要控制，或者说控制工作就无法进行下去。

获取偏差信息的方法很多，可以是管理者个人亲自观察，或者组织抽样调查，也可以是下级管理者或员工的书面报告、口头报告，还可以是组织成员的自我考评报告、相互考评报告等。

无论是管理者直接获取偏差信息,还是下级管理者与员工的报告,都应该保证偏差信息的可靠性、及时性和适用性。

1. 偏差信息的可靠性

偏差信息是控制决策的依据,可靠与否,直接关系到控制措施的选择,错误、畸变和失真的偏差信息会导致产生错误的控制决策,给组织带来损失。

偏差信息的可靠性,指的是信息内容的真实、准确和完整。

"真实"是指必须是真正已经发生了的,或肯定会发生的;"准确"是指对真实事件的表述(口头或书面)是确切的,没有差错的;"完整"是指对事件的表述是全面的,没有遗漏的。

2. 偏差信息的及时性

及时性有两层含义:一是指偏差信息从发生到被管理者获取的时间间隔,间隔时间越短为越及时。它要求第一线的工作人员必须及时发现、及时记载、及时加工整理。二是由于偏差信息总是发生在第一线,第一线的人在第一时间可以非常及时地发现它,但是具有控制决策权的人并不在第一线,因此,就有一个将偏差信息传递给有决策权的人所需要的时间,这个时间间隔越短为越及时。

3. 偏差信息的适用性

在组织的第一线所发生的事情很多,信息也非常之多,但并不都是控制工作需要的偏差信息。所以,必须选择对管理控制工作有用的信息及时向上传递。

三、判定偏差原因

控制工作的第三步必须是判定偏差原因,没有这一步无法具体拟订控制措施。因为偏差信息的可靠性解决的只是偏差的表现,而具有相同表现的偏差,产生的原因可能并不一样,那么处理的措施就不能一样。为了保证处理措施的正确,必须先要进行偏差原因的分析。导致管理工作中偏差的产生,最常见的原因有:

1. 标准要求不当,无法达到

组织制定的控制标准过高,最好的员工,或者大多数员工经过努力无法达到,以致产生未达到标准的偏差。在这种情况下,偏差虽然发生在下级管理者和员工的身上,但是根子却在管理者。控制的措施显然不能指向下级管理者和员工。

比如,本书在第二章曾提及重庆某大学为正、副教授制定的"每 5 年获得部、省(市)级 3 等奖 1 项"的考核标准就是一个无法达到的标准。全市 16000

个教授和副教授，只有 3000 个获奖机会，就是排队轮着来，五年中一个人也轮不上一次。如果据此判定那 13 000 个教授和副教授为不合格，显然是不妥当的。

2. 工作指令不当

由于管理者在指挥过程中，下达的指令不明确、不恰当，导致员工的工作不符合控制标准，这在实际工作中是常见的现象。当然，也不是管理者故意把指令下达的不明确、不妥当，而是正如本书在第五章"沟通"一节中所说的，管理者在发出信息时自己表述得不准确，自己并不自知。同样道理，下级管理者和员工不能对这种情况下产生的偏差负责。

3. 相关工种出了问题

在组织内各部门和机构都是相互紧密联系的，有时候，偏差发生在这个部门，而导致偏差发生的直接原因，却在上游部门。

比如，重庆某摩托车集团的第二组装厂，接到山西太原销售部发来的用户投诉信，说该厂组装的摩托车发动机严重漏油。该摩托车集团总部在及时、妥善地处理好用户的投诉之后，并没有批评组装厂，却批评处分了该集团的发动机厂。这样处理自然是正确的。

4. 外部环境变化或个人不可抗原因造成偏差

任何一个组织都处于一定的内部和外部环境之中，组织内的员工也不可能脱离这个环境。由于环境变化导致组织成员不能完成任务，或者由于个人不可抗拒的原因，导致下级管理者和员工产生偏差，在实际中也是常有的事情。

诸如，由于原材料价格上涨、导致企业产品成本上升、利润率下降；由于发生暴风雨、台风、车祸等原因导致员工迟到；由于雷击导致电路损坏、生产任务无法完成；由于组织高层领导的越级调用，导致下级管理者或员工无法完成任务等，和正常情况下的故意迟到、不完成生产任务是不能等同处理的。

5. 行为失误和不能胜任

由于下级管理者的形势分析判断失误、决策失误，或者是员工的操作失误导致偏差的发生，是应该由产生偏差的直接责任人负责。这类偏差的控制，通常是追究一定的经济责任，帮助总结经验教训，以防再度发生。

由于个人的知识结构缺乏、智能水平低下，导致下级管理者和员工不能胜任本职工作而产生偏差，也应该由产生偏差的直接责任人负责。这类偏差的控制，通常是先对该员工进行培训，使得员工在学习培训之后能够胜任本职工作。如果经过培训仍旧不能胜任，就应该调离该岗位，将其安置在他能够胜任的岗位上。

6. 玩忽职守，违章操作

由于下级管理者或员工缺乏责任心，玩忽职守，导致偏差的发生，或者是明知故犯，违章操作，导致偏差的出现。

这类人员与不能胜任者不同。不能胜任者至少在主观上并不愿意产生偏差，而是能力不够导致的。因此，不能胜任者经过培训，提高能力，他们就可以胜任，控制就会有效了。而玩忽职守、违章操作者之所以产生偏差，不是他们不会做，而是不愿做，或者是不愿好好做。因此，对这类人的控制措施是处罚、批评、教育，经教育而不改的，应该辞退。

四、采取纠正措施

当查明偏差发生的原因之后，就要采取纠正措施，实施管理控制。通常就是以下三条原则：如果属于管理没有到位的原因，就应该强化管理，按原计划执行；如果属于人员方面的问题，就应该强化培训、教育，或撤换人员，改善管理，继续按原计划执行；如果属于外部环境的原因，就应该修订目标，修改计划，按新计划执行。

第三节　控制工作原理和要求

在管理实践中，一般的管理者对于控制职能的运用往往处于被动的位置，往往是哪里发生问题了，赶紧去处理，好像控制本身就应该是这样。虽然这也确实属于控制工作的范畴，但是控制工作远不止是这一点内容。控制工作必须针对组织的计划目标、组织结构、关键环节和下级管理者的特点来设计思考。管理者在实施控制职能的过程中，在思想上必须建立起全面的、符合本组织实际需要的控制理念。这个理念就是控制工作的原理。

一、控制工作原理

1. 反映计划要求原理

反映计划要求原理指的是管理者在控制系统的设计上，必须使自己的控制系统充分、明确、全面、完整地反映计划的目标和要求。因为控制的根本目的是为了实现计划的目标，计划目标的实现程度是衡量控制有效性的标准，所以越是能够反映计划的目标和要求，就越表明控制是有效的。

这里所说的"控制系统"，不只是指计算机控制系统。它是包括计算机系统在内的广义的控制系统，包括控制人员、控制理念和控制方法。比如，关于控制对象的选择、控制标准的制定、控制信息采集的方式、控制信息传递的通道、活动成效评定的方法都属于控制系统的范畴。相对于不同的控制对象，这些内容便构成各自的控制系统，如质量控制系统、成本控制系统、人力资源控制系统。

反映计划要求原理有三层含义：

第一，组织的计划是千差万别的，战略计划、年度计划、生产计划、信息化工程计划、工会计划等，各不相同，而且对于控制对象的选择、控制标准的制定、控制信息采集的方式、活动成效评定的方法，都有不同的要求。因此，没有一个统一的控制系统模式，必须按照不同计划的目标和要求分别设计。

第二，许多控制方法具有广适性，诸如预算、定额工时、定额费用、各种财务比率等，可以应用到许多场合。但是，并不等于它们在任何一种情况都必须用到。所以，管理者在控制中，必须根据不同的计划选择不同的控制方法。

第三，在控制的类型中，我们分析过，对于计划实施过程中可能出现偏差的及时预报、对于已经发生偏差的及时发现和上报，可以大大减少偏差带来的损失。这种及时发现和预告偏差发生的系统，应该是控制系统的重要组成部分。而这种系统的设计同样必须符合计划的目标和要求。

综上所述，不能反映计划要求的控制系统，控制功能再强也是没有意义的。

2. 组织适宜性原理

组织适宜性原理指的是管理者在控制系统的设计上，必须使自己的控制系统与组织结构相适应。组织结构不仅规定了组织所设置的部门机构，而且规定了组织内各个成员所担任的职务和职责。这里的职务和职责，应该是和控制工作中所需要的职务和职责是一致的。具体来说包括以下两点：

第一，控制工作的实施，需要具体的实施人员，很显然，每个部门的控制工作就应该由那个部门的负责人承担，每个部门控制工作的具体内容应该与那个部门的职务内容相一致。控制工作中需要的内容，与组织结构中的职务越是一致，控制效果越好。

第二，当偏差已经发生，控制人员提出控制措施时，同时就要认定偏差的责任者，只有准确地、客观地认定对所发生的偏差承担责任的人员，才可能实现有效的控制。这主要借助于组织结构设计时对各类人员职责的规定。新的控制系统中对人员责任的追究越是与组织结构相一致，也就越有利于控制措施的落实。

有的管理学教材中提出，控制系统的设计"必须切合每一个主管人员的特点"，"不仅要考虑具体的职务要求，还要考虑担当该项职务的主管人员的个性"。这一提法并不合适。这里的"主管人员"本身就是控制工作的管理者，他要求他的下属员工给他上报的各种反馈信息必须符合他的个性，这种要求本身就是荒唐的。作为一个管理者，即使下属上报的信息不符合自己的个性，他也没有权利拒绝这一信息，相反，他有责任认真地了解这一信息，从中寻找对工作有用的部分。

至于"主管人员"在自己负责控制的范畴内，预先设计好反馈控制信息的各种格式规范，这是应该的。即使在这种情况下，下属没有用规范的格式反馈控制信息，管理者也没有权利拒绝这一信息的上报。如果因为拒绝这一信息而延误控制的时机所造成的损失，其责任仍旧应该由管理者承担。

管理者在设计反馈信息的格式规范时，主要是从工作本身的特征和控制工作的需要来设计。

比如电话记录单，至少应该有来话人姓名、单位、电话号码、来话时间、来话主要内容、领导处理意见、处理时间等。

进度报告表，至少应该有报告事项、进度时间区间、本期情况、例外情况、与计划相比的差距、与上期相比结果、本期结果分析、与下期相联系提出具体措施、报告人、报告时间、上级处理意见、处理时间等。

在设计图表时，坐标图通常应该把横坐标设为时间轴，表格中需要比较的数据，应该按照纵行排列，以便观察比较。比如，表 6.2 的数据比较是需要横看的，表 6.3 的数据比较是需要竖看的。显然，表 6.3 看起来比表 6.2 要舒服一些。

表 6.2　盛源集团公司开发部历年科研经费情况统计表

单位：万元

年　　份		2000	2001	2002	2003	2004
中长期项目	课题数	52	48	29	21	16
	年投经费	280	260	208	182	198
短期项目	课题数	32	41	40	56	63
	年投经费	90	128	166	189	213
技术革新	课题数	11	68	97	132	184
	年投经费	15	188	275	334	498

表 6.3　盛源集团公司开发部历年科研经费情况统计表

单位：万元

年　　份	中长期项目		短期项目		技术革新	
	课题数	年投经费	课题数	年投经费	课题数	年投经费
2000	52	280	32	90	11	15
2001	48	260	41	128	68	188
2002	29	208	40	166	97	275
2003	21	182	56	189	132	334
2004	16	198	63	213	184	498

表格中的非零数字一般保持两至三位即可，数字过大或过小，可用幂指数的方法表示。表格中的单位，同一横行单位相同，单位注在表格该横行左侧框内；同一竖行单位相同，单位注在表格该竖行最上方的框内；全表单位相同，单位注在表外右上角。

3. 控制关键点原理

组织内每一个部门的工作中，需要控制的内容可以说是多如牛毛。任何一个组织既没有精力也没有必要监控所有的控制内容，只需要选择那些对于本组织来说是最重要的、对完成计划具有关键意义的控制点作为控制对象。事实也证明，控制了关键点，也就控制了全局。这就是控制关键点原理。

此外，控制工作和其他工作一样，也要讲效率。控制工作效率指的是在探查计划执行过程中所产生的偏差或可能产生的偏差时，或者在寻找控制对象中的关键点时所付出的费用最低。因为任何一个企业能投到控制工作中的费用总是有限的，因此组织的管理者，只能将有限的投入用在最关键的一些环节的控制上。

控制关键点的选择，在控制工作中是非常重要的一个环节。有效的控制往往取决于这一点。目前，已经开发出不少有效的方法。比如，计划评审技术（program evaluation and review technique，PERT）就是其中的一种。

4. 控制趋势原理

控制趋势原理是一种重要的控制理念。它指的是控制工作的着眼点不是现状本身，现状所产生的偏差固然需要纠正，但更重要的是要能够控制现状所预示的发展趋势。只有这样，才能最大限度地减少组织的损失。

趋势是由多种复杂的因素综合形成的。控制变化的趋势比仅仅控制现状重要得多，也困难得多。因为趋势往往被现象所掩盖，不易察觉。

比如，某高压继电器厂在当年销售量增长 5% 的情况下十分高兴，实现了企业从来未有的增长。可是，从全国新增的发电装机容量推测，高压继电器的市场需求比上一年增长了 10%，所以该企业当年虽然增长了，相对市场地位实际上是下降了。在这里，相对市场地位下降的趋势被本企业销售量增长的现象所掩盖。

如果上述企业经过几年的高速增长之后，就会进入一个停滞或低速增长时期。这个时候营销人员再努力也无法改变局面，只有突破现状，把主要精力抓营销转到新产品开发和信息化改造上来，才能够从根本上扭转被动的趋势。

控制趋势原理的运用，需要管理者具有较高的分析能力和趋势预测能力。传统的运用已有数据描绘趋势曲线的办法已经不能使用。有学者说："通常，当趋势可以明显地描绘成一条曲线，或是可以描述为某种数学模型时，再进行控制就为时已晚了。"这话是很有道理的。

5. 例外原理

例外原理也是一种重要的控制理念。它指的是在控制工作中，不仅要注意关键点的控制、趋势的控制，还要注意例外情况的控制。

例外原理有两层含义：

第一，是指与控制标准相比较的例外。因为控制的标准一般在规定一个具体数值时往往要给一个以该数值为中心点的一个范围，运行中绝对符合控制标准数值的情形比较少，总是有时高一点，有时低一点，只要高低数据处于所规定的范围内就是允许的，可以接受的，不必采取控制措施。如果越出这个范围，则为例外，需要采取措施加以控制。

比如，在医院内，护士要一天三次给病员量体温，并且要画出体温曲线，当体温在 37.5℃ 线内，虽然每一次的体温值并不一样，但是都属于正常。一旦越出这个界限，则属于例外，就需要加以控制了。

第二，是指与管理者制定计划时所拥有的全部信息相比较的例外。就是说，组织面临一个从来没有遇到过的情况，也就是本书在第二章讲到的"例外问题"。虽然例外问题中，小的可能只是某一新近购置的设备发生故障，无碍大局，但是大的可能会大到导致组织的生死存亡。

比如，我们在第一章"决策"中曾经提到的，2000 年 11 月 16 日国家卫生部宣布停止生产和销售含有 PPA 成分的感冒药，康泰克位居第一名，对于天津中美史克公司来说就是一次典型的例外事件。这一天被媒体称作是让康泰克遭到"灭顶之灾"的日子。当然，中美史克公司卓越的危机管理控制了这个例外事件给企业带来的冲击，实现了有效的控制。

案例 6.3 汉代有一宰相，名丙吉，有一次在巡视的路上遇到杀人案件，问："报案没有？"当地人回答："已经报县衙门了。"丙吉听说后，不予理睬，继续前行。后来，他看到一头牛在路边大口喘气，立即大声命令随从停下来，仔细询问牛的主人是怎么回事。随从很奇怪，问："人命关天的大事你不理会，怎么会关心一条牛的性命？"丙吉说："路遇杀人，自有地方官去管，而牛异常喘气，就有可能是发生瘟疫，那是关系民生疾苦的大事，地方官和一般人又往往不太注意，所以查问清楚才放心。"

在这个案例中，如果将"杀人案件"看作是例行事件，那么"牛喘"就是例外事件，这就是例外原理。管理者应该将例行问题交给下级人员去处理，自己保留对例外问题的决策权和监督权。

由此可见，那种把例外原理仅仅理解为已知控制点上所发生的异常偏差，是不全面的。组织必须时刻警惕那些可能会严重影响组织生存的例外问题的发生，并加以及时控制。

6. 直接控制原理

直接控制原理是关于对偏差责任人的控制。在实际工作中，组织成员都有可能决策失误，也都有可能在出现偏差之前看不出偏差将要发生的征兆，以致偏差发生了。在控制工作措施的制定中，就有一项着眼于发现工作中的偏差、分析偏差产生的原因、追究偏差责任人责任的工作。其目的是教育偏差责任人，使之改进未来的工作，以防止未来再发生偏差。这就是我们所说的"间接控制"。

当然，间接控制也是可以保证控制质量的。只是间接控制是一种反馈控制，它是在偏差已经发生之后的控制，偏差造成的损失已是既成事实，无法挽回了。

为了解决这一问题，通过提高下属人员的素养和能力，着眼于培养合格的管理者，使他们能够熟练地进行管理，以防止因管理不善而产生偏差。我们把这种控制称作"直接控制"。

二、有效控制的要求

要实现有效控制，除了运用上述六大原理之外，还要符合以下五条要求。

1. 目的控制

这是说控制工作必须为实现组织的目标服务，每一项控制工作都必须具有具体的目的，并且这一目的是与组织目标相一致的。因为组织千差万别，组织内层次各不相同，再加上不同性质的工作、不同类型的控制对象，控制的目的自然也是各不相同的。这是正常的。但是，目的必须是确定的、清楚的，与实现组织目标是一致的。不是为控制而控制，搞形式主义。

2. 及时控制

这是指控制措施开始运行的时间与偏差发生的时间间隔，间隔越短越及时。在组织活动中，偏差已经发生，如果得不到及时的控制，偏差就会继续发生并且累积，损失就会继续扩大。所以，控制措施越早越好，控制就越有效。

最理想的是在偏差发生之前就能预测到偏差将要发生，预先采用防范措施，使偏差不会发生，就可避免损失。如果预测的偏差是无法避免的，也可以采取措施遏制偏差产生后的不良影响，把损失降低到最小程度。

许多组织在控制系统中设置警戒线的做法，是保证及时性的有效方法。当组织活动的偏差超过警戒线时，系统能够自动发出警报，立即进行控制。

3. 适度控制

（1）防止控制过多或控制不足

这是指在控制工作中，要使控制的范围、程度和频度恰到好处。

控制过多，可能会对组织中的人员造成某些伤害，因为控制就要追究偏差责任者的责任，要对组织成员的行为做出某些限制，再加上"事多有失"，可能会发生控制失误，从而会打击组织成员的积极性、主动性和创造性，会抑制他们的首创精神，影响个人能力的发挥和工作热情的提高，最终影响组织的效率。

控制不足，不能使偏差得到纠正，不能使组织活动有序地运转，组织内各部门不能协调地工作，造成组织资源的浪费，组织就要受到损失。同时，还可能助长歪风邪气，使少数人我行我素，目无组织纪律，甚至谋求个人私利，最终将导致组织的涣散和崩溃。

但是，怎样才是适度，并没有一个统一的规定。它与组织的活动性质、管理层次和下属接受教育的程度有关。

比如，同是企业组织，智力密集型的信息企业，其控制程度比劳动力密集型企业要低；在同一个企业内，对科室人员的控制程度比现场的生产作业人员要低；对中、高层管理者的控制程度比对基层管理者要低。

此外，组织的外部环境不同，员工所能接受的控制程度也不同。

比如，2003 年春天非典型性肺炎流行时期，各个方面对人的行为的控制相当多，但当时为了遏制非典型性肺炎蔓延，大家都是愿意接受的。而现在，人们就要求有较高的自由度。

（2）实施重点控制

适度控制反对不分轻重缓急的全面控制。事实上没有必要、也没有可能进行全面控制，只能是重点控制。关于这一点，我们已经在"控制关键点原理"中阐述过了，这里就不重复了。

（3）控制经费支出适度

在控制工作中，采集偏差信息、分析偏差产生的原因、实施纠正偏差的措施等，都是需要支出费用的。当然，通过控制，纠正了偏差，也会产生一定的收益。一项控制工作，只有它的收益大于或等于支出时才是值得的。当控制范围过大，导致控制费用上升，控制收益不能同步增长，就不合适了。

4. 客观控制

客观控制指的是控制工作必须是从客观存在的问题出发，制定符合客观需要的控制措施。任何有效的控制都是客观的，符合组织实际情况的。客观的控制主要来源于对组织活动的客观观察和客观评价。

首先，控制过程中采用的检查、测量技术和设备是科学的、正常的，使用这些技术设备的人员对设备的使用是熟练的，态度是认真负责的，只有这样才能保证所采集到的信息是客观的。其次，参与控制工作的人员，熟悉分析方法，态度端正，才能保证对所采集信息的分析、评价也是客观的。第三，组织应该定期检查过去规定的控制标准、计量规范和购置的测量设备。没有客观的标准和规范，也就谈不上客观的测量，也就不可能有客观的控制。

需要特别指出的是，在那些无法用准确的定量测量方法获得信息的指标上，往往容易产生主观判断。所谓"情人眼里出西施"、"要给人一个好的第一印象"等现象的存在，就说明对人的判断容易产生主观的结论。这一点，管理者在判断偏差的责任人时尤其需要注意，以免做出错误判断。

5. 弹性控制

这一点和计划的弹性原理是相似的。它要求在拟订控制标准时，给出一个控制的范围，而不是一个绝对数值。这样，在控制过程中，在是否属于偏差、是否需要控制的判断上，具有一定的灵活性。

第四节 控 制 方 法

一、预算控制

1. 预算的含义

"预算"一词的含义，众说纷纭。在一些管理学教材中说："预算是以数字表示未来某个时期的计划"。就是说，预算是一种计划。可是，按照计划的概念，计划包括"目标"和"实现目标的途径"，预算中只有被数字化的"目标"，却没有实现这些目标的途径，因此预算仅仅是计划的目标部分，不是一个完整的计划。

有的管理学教材中还说："预算是一种控制手段。"按照在计划职能中的说法，预算既然是计划，计划怎么又是控制？这种说法在逻辑上存在矛盾，何况预算不过是写在纸上的数字化的目标，它的本质不过是组织某一时期的目标，怎么成了控制的手段？如果可以这么说的话，那么，组织的战略目标、近期目标也都是目标，为什么不说这些目标也是控制的手段？

有人说，我们经常听到这样的话："你这件事可以办，今年有它的预算。""你那件事的设想很好，可惜没有能包括在预算之内。"这种说法就表明预算是控制手段。不对！说这话的人确实是在进行控制，但是预算只是他的控制标准，并不是他的手段，他的控制手段是语言。我们只能说，编制预算是制定控制标准；执行预算是以预算为标准进行控制。预算并不是控制手段。

那么，预算究竟是什么？

其实很简单，据《辞海》说："预算是指经过法定程序批准的政府、机关、团体和事业单位在一定期间（年、季、月等）的收支预计。如国家预算、地方预算、单位预算。"它的中心词是"收支预计"。据此我们定义：

预算是一种通过预测计算的、组织未来一段时期内的收支预计。

预算既不是计划，也不是控制手段，它是控制的标准。以预算为标准的控制叫预算控制。

2. 预算的种类

预算的种类很多。它与制定预算的组织或部门的性质、规模等因素有关。不同的组织或部门需要的预算种类也不尽相同，由于本书篇幅的限制，这里不能全部加以介绍。以企业组织为例，最常用的预算有三大类：

（1）业务预算

业务预算是指企业日常发生的各种基本经营活动的预算。它主要包括销售预算、生产预算、直接材料采购预算、直接人工预算、制造费用预算、营销与管理费用预算等。

销售预算是对销售预测的详细、正式说明。销售预测是企业计划的基础，企业主要是依靠销售产品和提供劳务所获得的收入来维持自身的生存，因此，销售预算也就成为业务预算中最关键的预算种类。

生产预算是根据销售预算中的预计销售量，按照产品品种和数量分别编制的。生产预算是生产进度安排的依据，通常是根据生产预算中的分季度预计销售量，结合本企业的实际情况，编制分季度的生产进度日程表。

直接材料采购预算、直接人工预算、制造费用预算是根据生产预算和生产进度日程表来编制的。这三项预算构成企业的生产成本预算。

营销与管理费用预算，是关于制造业务以外的各种费用的预算。一般包括广告费、行政人员工资、保险费、折旧费、办公费、交际应酬费等。

（2）财务预算

财务预算是关于企业现金收支、经营成果和财务状况的预算。由于上述的业务预算和下述的专项预算中的数据都可以折算成金额反映在财务预算内，所以财务预算成了反映各项经营业务目标和专项目标的总目标，故称为"总预算"。

财务预算主要包括现金预算、预计收益表、预计资产负债表、预计财务状况变动表。

现金预算是反映企业在计划期内现金收入、现金支出、现金余额及融资情况的预算。财务部门据此安排和筹措资金，有关部门在此范围内使用资金，企业管理者据此可以了解企业计划内的现金流动趋势。为了充分地发挥资金的使用效率，现金预算的编制期越短越好。西方国家不少企业是按周编制预算，甚至有按天编制的。我国企业最常见的是按月或按季度编制。

预计收益表，又称预计损益表、预计利润表。它是用来综合反映企业在一定时期内经营成果的一种预算表，是根据业务预算的内容编制的。通过预计收益表还可以了解企业的赢利能力。

预计资产负债表，是反映企业在本次计划结束时的财务状况的预算表。它可以反映企业的现资产、收益、负债、偿债等方面的情况。它是根据上次计划结束后、本次计划开始时的资产负债表和本次计划的其他预算资料编制的。

预计财务状况变动表，是反映企业计划内的资金来源、运用及其变化情况的预算表，是根据上述财务预算指标编制的。

（3）专项预算

专项预算是指企业内不是经常发生的、一次性的预算，如固定资产投资预算、资本支出预算、专项拨款预算等。

企业固定资产投资预算主要是用于固定资产的购置、扩建、改造、更新。它在固定资产建设可行性论证的基础上编制。由于固定资产投资的资金来源受企业自身条件的限制，投资的回收期又长，所以，投资预算一般都需要和企业的战略以及长期规划紧密联系起来考虑。

3. 编制预算的方法

（1）增量预算编制法

增量预算编制法，又称基线预算编制法，就是传统的预算编制方法。它是以上一年度的实际发生数为基础，用外推法将过去的支出趋势延伸到下一年度，再结合预算期的具体情况，将数额酌情予以增加，以适应工资提高、物价上涨引起的人工成本和原材料成本；将数额再予以提高，以满足增加了上一年度没有的新项目的支出和修改原计划需要追加的支出。

传统的增量预算编制法，实际上等于是假设：上年的每一项支出都是必要的、最佳的，在下一年中都是必须继续进行的，下一年充其量只需要调整人工成本和原材料成本。显然这种假设是不合理的。

正是由于这些下意识的假设，导致预算编制中的不良后果。企业在每年编制预算时，不去认真地做好有关信息收集、调查和研究等工作，只是以上年实际支出为基础，再增加一笔，并巧妙装饰一番就报了上去。上级审批者也知道下级是这样在做，明知有水分，但是一时又分不清真假，于是只好好坏不分地一律砍掉20％或30％。下级不同意，便开始争论，经过一段时间争论后，达成妥协，预算就编制完成了。年复一年，都是如此，没有起色。

对于这种不分青红皂白地"一刀切"的做法，有经验的财务人员就有意地把预算造得大大超过实际需求，即使一刀切过后还能满足需要；那些新手和老实人，对此则叫苦不迭，只好"吃一堑，长一智"，明年再造预算时他也就如法炮制了。结果，不会的也渐渐地学会怎样编假预算了。

（2）弹性预算编制法

由于企业所处的环境是变动的，所以，制定计划必须考虑环境变化给企业业务量带来的变化。预算编制当然也是如此。考虑到计划期内的业务量可能发生的变动，编制一套可以适应多种业务量的预算，以便能够分别反映各种业务量所对应的费用水平。由于这种预算可以随着实际业务量的变化做机动调整，故称作弹性预算。

编制弹性预算，一般是把费用分为变动费用和固定费用两类。固定费用是不随业务量变化而变化的费用，变动费用是随业务量变化而变化的费用。编制弹性预算时，只需要按照业务量的变动调整变动费用即可，不必调整整个预算。

（3）滚动预算编制法

同样是为了适应环境变化，以便可以对预算加以调整，提出滚动预算编制法。滚动预算是将一年的预算，按 12 个月或 4 个季度，分成 12 块或 4 块，当预算执行了一个月或一个季度后，只剩下 11 个月或 3 个季度的预算数，就向后延伸 1 个月或 1 个季度，使预算期始终保持 12 个月或 4 个季度。

滚动预算的优点在于，可以根据前面预算的执行情况，调整下一阶段的预算，使预算更加符合实际和可行，容易适应不断改变的环境。同时，它给企业保持了一个稳定的短期计划目标，有利于企业的管理和运作。

（4）零基预算编制法

零基预算是指为了避免传统预算编制的缺点，将新的计划年度所要进行的全部项目的开支，都不是从原有基础出发，不考虑这些项目在上期的开支情况，本期全部从零开始考虑各项目费用的必要性和规模来编制的预算。

编制零基预算的步骤，一般有以下几步：

第一步，准备。在编制零基预算工作开始后，首先要解决如下问题：组织的目标是什么？组织内各项活动的目标是什么？具体到每一项活动，有何收益？是否必要？不做可不可以？可选方案有哪些？有没有更好的方案？各项活动的重要性的次序是什么？这些活动总共需要多少资金？

第二步，定标。根据准备环节的思考，将企业的目标和各项活动的目标汇总起来，建立一个新的、可考核的目标体系。

第三步，安排。将目标体系中的每一个目标所需要的活动，都作为第一次进行的活动做出精心策划安排。新增加的活动，要有可行性报告，论证增加该项活动的必要性。上一计划期间有过的活动，要提供完成情况报告，并论证继续进行的必要性。新计划中要进行的所有活动都要报告，说明开支的数目、目的和效益。

第四步，排序。根据每一项活动对完成企业目标的作用和意义，排出各项活动重要性的次序。其目的是在不能支持全部项目的时候，便于选择。

第五步，成文。根据上面的工作成果编制具体预算，最后成文。

零基预算的实施，可以避免传统预算编制的缺点，有利于对整个组织进行全面的审核，有利于管理者把精力集中于解决重大问题和克服各种随意性支出，有利于充分发挥有限资金的作用。

但是，由于所有的活动都从零开始，编制和审查预算所耗费的人力、物力、财力太大，时间太长，同时企业的大部分活动在各自的部门都有其重要意义，要排出合理的先后次序也很困难。因此，零基预算在政府部门、事业单位和企业的行政部门比较适用，对于有明显的投入产出关系的企业组织并不合适。

4. 预算控制的作用及其局限

（1）预算控制的作用

预算控制在政府部门和企业组织中得到广泛的运用，是因为它在组织的控制工作中发挥了其他控制方法无法发挥的作用。

首先，由于预算是用统一的货币为单位来编制组织及其各个部门的计划目标，这就使得组织在不同时期、不同部门的活动效果、经营业绩具有可比性，管理者可以从预算的变化来了解组织运行状况的变化趋势、组织内的优势部门和问题部门，为调整组织活动指明了方向。

其次，预算的编制和执行，始终与控制过程相联系。编制预算是为了给组织各个部门的控制工作确立财务标准，使控制过程实现绩效量化衡量，也就很容易看出实际活动对预期效果的偏离程度，为采取纠正措施奠定了基础。

（2）预算控制的局限性

第一，预算编制者为了方便、直接地以预算为标准进行控制，就把预算项目编得越来越细，往往对极为细微的支出也做出规定，致使中下层管理者只能照预算规定进行，等于丧失了对自己部门的自主权，导致授权名存实亡，伤害中下层管理者的积极性。

第二，预算只适用于那些可以计量、主要是可以用货币计量的业务活动，至于组织文化、组织形象、组织活力、信息化水平等不能计量的活动就不能在预算中得到体现，由于预算中没有这方面的项目指标，这方面的工作就常常被组织管理者所忽视。

第三，传统的增量预算编制法现在还为大多数组织所使用。这种方法编制的预算往往以参照上年活动为主，导致上年有的本年不需要的项目仍然沿用，本年必须要有、但上年没有的项目会因为缺乏先例而不能获得批准。同时，这种方法编制的预算无法适应变化的环境。

第四，在预算执行过程中，许多组织都出现了用预算目标取代组织目标的"目标置换"现象。在这些组织里，各级管理者们想的不是如何去实现组织的目标，只是考虑把本部门的费用限制在预算范围之内。比如，企业在订货会上把宣传本企业产品的"产品目录"发完了，由于再增加印刷量就超过印刷费预算了，也就没有加印，这很可能会因此失去一大批潜在的客户。还有的人，不是考虑实现组织的目标应该花多少钱，能不花的就不花，而是考虑如何把预算的钱花完，因为这样做好使他在下一年将预算金额维持在现有水平，并能有所增加。

导致"目标置换"的原因，一是预算控制的管理问题。比如，预算编制过于繁琐和细微，或制定了过于严厉的超预算制裁规则，或者是有过高的预算节约奖励措施，都有可能导致"目标置换"。二是预算本身的问题。某些部门的预算与该部门的计划、目标联系不紧密、不明确。

为了防止预算控制负面效应的产生，各类组织的预算编制者们应该潜心研究，寻找预算的细化与授权的最佳协调，寻找预算对计划目标的直接体现，寻找预算控制的"度"，使预算具有一定的灵活性。

二、非预算控制

非预算控制方法主要有比率分析、审计控制、损益控制、投资报酬率控制、视察法和报告分析法。下面我们就介绍其中几种方法。

1. 比率分析

在数据分析中，单一的数据往往并不能说明什么问题。比如，企业本年度赢利 50 万元，某汽车制造厂本年度生产 20 万辆汽车，或本期人二支出费用为 65 万元等，这些数据本身并没有意义，只有将它们与相关数据联系起来加以比较才能说明某个问题。比率分析就是将企业资产负债表和收益表上相关项目的数据加以比较，形成一个个的比率，从中分析和评价企业的经营成效和财务状况。

企业中常用的比率分析有两大类：财务比率分析和经营比率分析。

（1）财务比率分析

常用的财务比率有三大类：赢利比率、偿债比率和营运比率。

赢利比率，又包括资本金利润率、销售利润率、成本费用利润率等。

偿债比率，又包括资产负债率、流动比率和速动比率。

营运比率，又包括应收账款周转率和存货周转率。

·资本金利润率，这是指企业的利润总额与企业资本金总额的比值。这是反映企业利用资金的能力和资金利用效果的指标。其计算公式如下：

资本金利润率 ＝（利润总额／资本金总额）×100％

式中，利润总额是测评时期的税前利润，资本金总额是企业在工商管理部门登记的注册资金。资本金利润率高于银行贷款利率或债券利率，企业才能经营下去。

·销售利润率，这是指企业的利润总额与企业产品销售收入或营业收入总额的比值。这是反映企业获利能力的指标。其计算公式如下：

销售利润率 ＝（利润总额／产品销售收入）×100％

·成本费用利润率，这是指企业的利润总额与企业产品销售成本或营业成本的比值。这也是反映企业获利能力的指标。其计算公式如下：

成本费用利润率 ＝（利润总额／产品销售成本）×100％

　　·资产负债率，这是指企业的负债总额与企业全部资产的比值。它反映企业利用债权人提供资金进行经营活动的能力。其计算公式如下：

　　　　资产负债率 ＝ （负债总额 ／ 全部资产总额）×100%

　　·流动比率，这是指企业的流动资产与企业流动负债的比值。它反映企业在短期债务到期以前，可以将企业流动资产变为现金用于偿还流动债务的能力。这种能力称为"短期偿债能力"。其计算公式如下：

　　　　流动比率 ＝ （流动资产合计数 ／ 流动负债合计数）×100%

　　由上式可知，流动资产大于流动负债，即流动比率大于1，表明企业偿还短期债务能力强。但是，并不等于流动比率越大越好。流动比率过大说明企业资金利用效率低，很可能是一种不能利用的现金、超出周转需要的各种存货、造成过于扩张的应收账款营销方式等经营管理上的问题导致的，或者就是企业缺乏利用短期信贷的能力。当然，流动比率过小也不合适，说明企业偿还短期债务的能力低。经验表明，流动比率等于2对大多数企业比较合适。

　　·速动比率，这是指企业的速动资产与企业流动负债的比值。这是比流动比率更为敏感的、反映企业短期偿债能力的指标。其计算公式如下：

　　　　速动比率 ＝ （速动资产 ／ 流动负债）×100%

式中，速动资产是指流动资产减去存货等流动性较差的资产后的差额，具体包括流动资产中的现金、银行存款、短期投资、应收票据、应收账款等能够变为现金的资产。在企业面临困境时对偿付能力的测量，这种比率是很有用的。一般认为，这个比率低于0.6时，就表明企业内某些事情可能很糟糕了；低于0.4就表明接近破产的边缘了。在美国，一般以大于1为好。

　　·应收账款周转率，这是指企业的赊销收入净额与平均应收账款余额的比值。这是反映企业收回应收账款效率的指标。其计算公式如下：

　　　　应收账款周转率 ＝ （赊销收入净额 ／ 平均应收账款余额）×100%

式中

　　　　赊销收入净额 ＝ 销售收入－现金销售收入－（销售退回 ＋ 折让）

　　　　平均应收账款余额 ＝ （期初应收账款余额 ＋ 期末应收账款余额）÷2

　　应收账款周转率表明企业销售债权的回收速度。回收速度越快，说明企业的资产利用率越高。

　　·存货周转率，这是指企业的销货成本与企业平均存货的比值。这是反映企业销售能力和管理存货效率的指标。其计算公式如下：

　　　　存货周转率 ＝ （销货成本 ／ 平均存货）×100%

式中

　　　　平均存货 ＝ （期初存货余额 ＋ 期末存货余额）÷2

（2）经营比率分析

上述财务比率是从企业内部财务数据的角度进行的比较，主要是用来衡量企业的财务状况，当然可以用来分析企业的经营状况。此外，还有以企业的数据与企业外的数据相比较的各种比率，可以更直接地反映企业的经营状况。这类比率称作"经营比率"。主要有市场占有率、相对市场占有率、投入产出比率等。

市场占有率，又称市场份额，指的是企业的主要产品的销售额在该产品市场同期的销售总额中所占的比重。市场占有率是企业为之奋斗和捍卫的目标。只有取得稳定的市场占有率，企业才可能在竞争中获胜。而市场占有率下降，是一个企业衰败的显著特征。有时，市场占有率的下降容易被销售额的缓慢增长所掩盖。比如，在一个增长率为 10％的市场中，年销售额增长 5％，其市场占有率还是在下降。

相对市场占有率，这是指企业的销售量占该企业所在市场前三名竞争对手销售量总和的比重，或者是占该企业所在市场最大的竞争对手销售量的比重。这往往在无法获得市场总规模数据的情况下使用。

投入产出比率，这是将企业的投入与产出进行比较。投入方面，常用到的指标有工资、奖金、实用工时、生产能力、原材料、能源等。在产出方面，常用的指标有产量、销售量、销售收入、工业总产值等。每一项投入都可以和任何一项产出相比较，获得一个比率，以衡量某一方面的工作效率。比如，工业总产值与实用工时（日）之比是日劳动生产率，能源消耗量与销售收入之比是收入能耗率等。

2. 审计控制

审计是依照法律规定独立进行经济监督的一种形式。它根据国家的有关法律和法规以及公认的专业准则，由独立于当事人之外、被授权或委托的专业人员对各级政府机关、企业、事业等单位的经济活动进行审查，以评价其经济活动的合法性、合规性、合理性和有效性，以及反映经济活动的会计资料和其他资料的真实性、准确性、完整性和合规性，从而肯定成绩，揭露弊端，挖掘潜力，达到维护法纪、改善管理、提高效益的目的。

从组织的管理控制来说，通过审计发现问题、发扬成绩、改正缺点，确实是一个很好的控制方法。

审计的种类很多。从审计主体来看，有外部审计和内部审计。从审计内容来看有财务审计和管理审计。从审计的组织类型来看，有国家预算审计、政府部门审计、财政金融机构审计、税利审计、事业单位审计、企业审计和基本建设审计。

审计的对象包括：经济过程中的资金收支状况，反映经济活动的全部会计资料和会计记录，以及进行这些经济活动的单位对国家财政、经济法律和各种财务制度的执行情况。

审计的依据：一是事实依据。这是审计的基础。主要指经济过程中发生的经济往来业务，资金收支实况，反映经济业务的账、表、单证以及与此有关的内部控制制度等。通过审计可辨别经济业务的真伪，明确各自的经济责任。

二是理论依据。指会计原理、会计准则、会计方法。通过审计可判断这些会计资料、会计记录和会计处理的正确性。

三是法律依据。指国家的政策、法令、制度、纪律规定以及决议等。

（1）外部审计

外部审计是由组织外部的专门审计机构对组织进行的独立审计活动。外部审计人员需要检查组织的基本财务记录，验证其真实性和准确性，检查其财务报表及其反映的资产和负债的账面情况与组织的真实情况是否一致，并分析这些记录是否符合公认的会计原理、会计准则、会计方法和相关法律。

外部审计对组织内部虚假、欺骗行为是一个很好的系统的检查。由于外部审计总是要进行的，组织内人员就会努力不做那些在审计时可能会被发现的事情。因此起着控制组织行为、规范组织行为的作用。

由于审计主体是由组织外部人员组成的，与被审计的组织管理层不存在依附和从属关系，不必看组织管理者的眼色行事，只对国家、社会和法律负责，所以可以保证审计的独立性和公正性。

但是，审计人员不是本组织的成员，对本组织的组织结构、人员关系、管理流程和组织特点等情况不熟悉，在审计过程中会有许多困难；同时，处于被审计地位的组织内成员可能会有抵触情绪产生，不愿积极配合，也会增加审计的困难。

我国从1983年起，各级审计机关相继成立，各省、市、自治区还纷纷出现了审计师事务所等社会审计组织，形成一个庞大的政府和民间相结合的审计体系。我国各级审计机构是国家经济监督部门，代表党和国家行使经济监督的权力。

（2）内部审计

内部审计和外部审计相比，不仅仅是审计主体的变化，审计的任务也不相同。审计主体从外部审计机构转为组织内的专门机构，有的单位有审计部门，没有审计部门的由财务部门负责进行。审计的任务，不仅要和外部审计那样，核对财务报表的真实性和准确性，还要分析组织的财务结构是否合理；不仅要评估财务资源的利用效率，还要检查和分析组织控制系统的有效性；不仅要检查组织的现状，还要提供改进现状的具体建议。

内部审计任务的变化，使其给组织带来许多外部审计所没有的优点。

一是由于它既要核对财务报表的真实性和准确性，还要分析组织的财务结构是否合理，所以它实际上为组织提供了检查组织现有控制系统能否保证组织实现既定目标或执行既定政策的手段。比如，内部审计对企业采购部门的检查，不只是检查和分析采购部门的账目是否真实、齐全、准确，还要检查其采购的原材料的质量是否符合要求。

二是由于它既要评估财务资源的利用效率，还要检查和分析组织控制系统的有效性，所以它会对组织的政策、工作程序和方法提出改进的对策建议，使组织的政策更加符合实际，工作程序和方法更加合理。

三是由于它既要检查组织的现状，还要提供改进现状的具体建议，有助于组织内推行分权化管理。因为组织的控制系统越完善，控制手段越合理，上级管理者知道可以通过完善的控制系统了解和控制下属，也就愿意将某些权力授予下级，从而也就越有利于推行分权化管理。

但是，内部审计也有其局限性。

内部审计的任务对审计人员的要求比较高，他不仅要懂得财务工作的规范，知道哪些做法是对的，哪些是错的；发现了问题，不仅要指出问题与计划的偏离，还要能够提出解决问题的办法。

同时，内部审计人员对上要受到本组织高层管理者的影响，对下要受到本组织成员的影响，在审计发现问题之后，审计人员的"打不开情面"，员工的抵触情绪，都随之会产生，影响信息的沟通，影响对问题做客观、公正的分析。

（3）管理审计

管理审计是一种对组织的所有管理工作及其绩效进行全面系统的评估和鉴定的控制方法。它利用公开记录的信息，从反映组织管理绩效及其影响因素的几个方面，将本组织与其他同类组织或同类著名组织进行比较，以判断本组织现实管理状况的水平和存在的问题。

管理审计所涉及的内容，与组织本身的性质有关。比如，对于企业组织，一般要涉及企业的经济功能、组织结构、收入合理性、研究与开发能力、财务政策、生产效率、营销能力以及对管理者的评估。

由于外部审计机构进行的审计，仅仅是关于财务的内容，要求他们进一步根据审计的结果提出管理上的对策建议是有困难的。所以，管理审计一般由组织内部审计机构进行，但是为了避免某些敏感领域受内部成员影响不能得到客观评价，往往从组织外聘请若干名专家参与审计活动。

虽然有人认为，管理审计只是过多地着眼于对组织的过去做出评估，并没有为组织做出预测和指导未来，但是它毕竟是对整个组织的过去做了全面的评估，比起那些只能对几个容易测量的活动进行评估来说，对组织的帮助还是比较大的，对组织的下一步工作还是有积极参考价值的。

3. 视察控制法

视察控制，指的是管理者直接到其所属的下级部门、机构，直接了解情况，然后根据情况做出控制的控制方法。

严格意义上来说，"视察"本身不是控制，视察是管理者获取基层信息的一种方式，在所获取的信息中有属于控制所需要的偏差信息，管理者根据所获得的这些偏差信息采取措施进行控制。所以，我们有了上面的定义。或者，我们可以说得更直接一些，利用视察获得的偏差信息进行的控制工作叫做视察控制。

视察控制和我们在第五章讲到的领导工作原理中的"直接管理原理"是一致的。就是说，管理者实施直接管理原理，能够把所获得的偏差信息用于改进工作，就是在进行视察控制了。

视察控制的优点和直接管理原理的优点一样，便于管理者了解第一手信息，管理者在视察过程中与员工的直接接触，可以有一种情感的交流，具有对员工的激励作用，对管理者来说，可以保持和不断更新自己对组织的感觉。不过，过多的视察行为，可能会导致员工的误解，以为领导是对他们不信任，产生消极作用。

4. 报告控制法

报告控制，指的是管理者根据下属递交的工作计划实施报告所提供的信息，做出工作偏差的判断，然后提出控制措施进行控制的控制方法。

严格意义上来说，和视察一样，"报告"本身也不是控制，报告是管理者获取基层信息的一种方式，在所获取的信息中有属于控制所需要的偏差信息，管理者根据所获得的这些偏差信息采取措施进行控制。所以，只能说利用报告所提供的偏差信息进行的控制工作叫报告控制。

控制报告是下属撰写的。在设计控制系统时，组织的管理者应该规范控制报告的格式要求，诸如，报告中不仅要有本期计划的执行情况，应该有上期计划的实现情况，还应该有下期计划的实施打算，要指出在本期计划中出现的例外情况和处理例外情况的措施。管理者还应该向下属提出撰写控制报告的要求：要及时，要突出重点，要简明扼要。

但是，有一点必须特别指出的是，我们确实可以做出这些规定，也可以向下属提出这些要求，但是当下属没有按照这些要求来做的时候，管理者绝对不能拒绝接受这类不符合规范的控制报告，而是有责任把这不符合规范的报告看完，并且要以高度负责的精神在其中寻找有没有重大的偏差信息，以免错过控制的时机。

[思考题与案例分析]

1. 什么是控制工作？控制工作与计划工作具有怎样的关系？
2. 控制工作有哪些类型？
3. 什么是过程控制、反馈控制、预先控制？
4. 反馈控制的过程有哪三种情形？什么是串行反馈和并行反馈？
5. 汽车司机在上坡前就加大油门，以防上坡时汽车减速；猎人打猎在瞄准时要有提前量，以防打不准猎物。这两种情况的控制是否是同一种控制？为什么？

6. 控制工作过程包括哪些环节？每个环节的具体要求是什么？

7. 为什么说，发生了相同的偏差不能用相同的办法去纠正？

8. 控制工作原理包括哪些内容？

9. 什么是预算？预算控制有哪些种类？每一种都有哪些内容？

10. 编制预算的方法有哪些？各有什么优缺点？

11. 非预算控制有哪几种？

12. 阅读下面的案例，回答案例后面的问题：

案例　魏文王问名医扁鹊："你们家兄弟三人，都精于医术，到底哪一位医术最好呢？"扁鹊回答："大哥最好，二哥次之，我最差。"文王再问："那么为什么你最出名？"扁鹊说："我大哥治病，是治病于病情发作之前，由于一般人不知道他能铲除病因，所以他的名气无法传出去，只有我们家的人才知道。我二哥治病，是治病于病情刚刚发作之时，一般的人以为他只能治轻微的小病，所以他只有在我们村里才小有名气。而我扁鹊治病，是治病于病情严重之时，一般人看见的都是我在经脉上传针管来放血，在皮肤上敷药等大手术，所以他们以为我的医术最高明，因此名气大一些。"文王连连点头称道："你说的是。"

问　从管理控制的角度来说，扁鹊三兄弟对病情的控制各采取的是什么控制？文王说扁鹊说的有道理，如果从控制的角度来说，他指的是什么意思？

［推荐阅读书目和文献］

读者如果对本章的内容感兴趣，还可以阅读以下文献：

崔卫国，刘学虎. 2005. 管理学故事会. 北京：中华工商联合出版社

李品媛. 2005. 管理学. 大连：东北财经大学出版社

李金，孙兴民，付俊红. 2004. 管理学原理. 北京：北京工业大学出版社

莫寰. 2005. 新编管理学. 北京：清华大学出版社

潘开灵，邓旭东. 2005. 管理学. 北京：科学出版社

司有和. 2003. 企业信息管理学. 北京：科学出版社

王积俭，魏新. 2005. 管理学. 广州：广东经济出版社

杨文士等. 2004. 管理学原理（第 2 版）. 北京：中国人民大学出版社

周三多等. 2004. 管理学——原理与方法. 上海：复旦大学出版社

周健临等. 1999. 管理学教程. 上海：上海财经大学出版社

第七章　信息管理工作

第一节　信息管理工作概述

关于信息管理，国内管理学教材中涉及不多，有两本教材中仅仅在"控制"一章做点介绍，并且内容也很陈旧，甚至有错误的表述。其实，信息管理的理论和方法，不仅仅在控制职能中需要，正如本书在下面论证的，信息管理和其他常规管理是并存一体的，信息管理在常规管理中的作用越来越大，加上近十年来信息管理的理论和方法发展迅速，我们的管理者应该把信息管理的新成果用到自己的日常管理中去，提高自己的管理水平。鉴于此，本书专门增加了信息管理工作一章。

一、信息及其资源意义

1. 信息的含义

信息的定义很多，不同的学者从各自不同的角度给信息定义，这也无可厚非。但是有一些定义，明显是错误的，在管理学教材中还在引用。比如，"信息是具有新内容的知识和消息"、"信息是具有决策参考价值的数据"等。这些定义在信息管理学领域早已不用了，因为这些定义的面窄了。旧的知识和消息、没有参考价值的数据，不也是信息吗，不过是旧的信息、是没有参考价值的无用信息。

信息管理学认为，信息是事物本质、特征、运动规律的反映，是事物之间相互联系、相互作用的状况和规律的反映。不同的事物有不同的本质、特征、运动规律。人们是通过接受事物发出的信息来认识该事物、将该事物区别于其他事物的。

由此，笔者在2001年出版的《信息管理学》一书中这样给信息定义：信息是按照一定的方式排列起来的信号序列所揭示的内容。

所谓"信号"，指的是从信源发出的，能够为信宿接受的各种客观存在的"刺激"。"刺激"是信息存在的条件，没有刺激就没有信息的传递。但是仅有"刺激"本身还构不成信息，只有当这些"刺激"按照可以揭示某种内容所特有的方式排成序列时才成为信息。"序列"是信息的本质特征，是揭示信息内容的主要手段，序列不同，即使刺激量相同，所揭示的内容也不同。

比如，"A_1 和 A_2 是不完全相同的"和"A_1 和 A_2 是完全不相同的"，二者的信号量是相同的，但是它们所揭示的内容却不一样。造成内容不同的原因就是信号排列的顺序不同，即"信号序列"不同。这属于二维空间的序列不同。

还有汉语里有趣的回文对联、回文诗，比如，对联"客上天然居，居然天上客"，上下联 5 个字完全一样，就是序列不同，含义也就完全不同，组成了一个妙趣横生的工整的对联。

再如，现在人们都已熟知的 DNA，中文名称叫"脱氧核糖核酸"，是两条由脱氧核糖和磷酸组成的长链，通过许多个四类不同的碱基连接在一起，互相扭曲组成一个双螺旋结构的大分子。可见，组成 DNA 分子的成分就是脱氧核糖、磷酸和四种碱基，这六种相同的成分，却以不同的数目、不同的顺序组成了千姿百态的人类世界和生物界。这是三维空间的序列不同。

关于信息的特征、信息的功能、信息的类型具有丰富的内容，这里就不做介绍了。感兴趣的读者可参考笔者的《企业信息管理学》或《行政信息管理学》。

2. 信息的资源意义在于对信息进行管理

"信息就是资源"的口号，给人一种误导，使人以为信息资源和物质资源一样，只要有了信息就有了资源。其实并非如此。

信息的资源意义与物质资源不同。物质资源的资源功能是客观的、确定的，资源的获得与开发者无关，资源使用价值的实现与使用者无关。信息资源则不同，其资源功能是不确定的；不同的信息开发者在同一个信息源中开发出来的信息，具有不同的资源意义；而不同的信息使用者，即使是使用同一个信息，其使用价值也不一定是相同的，而且往往是不相同的。

案例 7.1　某制鞋厂厂长派两个营销人员去某地区考察鞋市场的行情。两天后，第一个营销人员回来说："厂长，那里没有鞋市场，因为那里的人没有穿鞋的习惯。"第二个营销人员回来说："厂长，那里的鞋市场潜力可大着呐。"厂长问："不是说那里的人没有穿鞋的习惯吗？"第二个营销人员回答说："是的，那里的人是没有穿鞋的习惯，但是如果我们工作做得好，让那里的人都愿意穿鞋，那么鞋的市场潜力就大得不得了。"

在这个案例中，两个营销人员，面对的是同一个信息：那里的人没有穿鞋的习惯，可是两个人却得出完全不同的结论。这个信息，对于第一个营销人员来说只具备常规的、知识的意义，对于第二个营销人员来说则具备"资源"的意义，因为他据此发现了一个巨大的潜在的鞋市场。

这个案例虽然没有办法考证它的真实性，但是在中国人还没有喝啤酒的习惯时，那在中国生产第一瓶啤酒的人，不就是经历了这种思考吗？

这充分说明信息的"资源"意义并不在于信息本身，也不在于你是否已经掌握了这个信息，而在于你掌握这个信息之后，对信息的思考和策划，即信息持有者对信息的管理。

案例 7.2 2000 年夏天，在国内饮用水市场发生了一场天然水与纯净水营养价值区别的营销战。农夫山泉在它的新闻发布会上公开宣称，纯净水把人体需要的微量元素都净化掉了，因此长期饮用纯净水对人体健康没有好处。结果引起纯净水厂家的强烈不满，诉诸法律。农夫山泉早有所料，立即奉陪。他们认为，"只要你一告，媒体就报道，那更多的人就知道了天然水和纯净水的区别，这正是我们所需要的。"于是，一场官司沸沸扬扬打了一个夏天。

在当年那场天然水与纯净水之争中，农夫山泉是在自身形势十分严峻的情况下采用的一种"差别化营销战略"，为自己的市场转移、确立良好的企业形象起到了很好的作用。有人建议农夫山泉的举措应该被评为 2000 年的十大经典营销案例。直到后来有人要收购农夫山泉，农夫山泉仍旧坚持这一差别化战略。

然而，"天然水与纯净水营养价值的区别"是一个陈旧的、有争议的知识信息，并没有确切的结论，多少人都知道这一信息，谁也没有意识到它有什么资源意义，独独农夫山泉的经营者用它来为企业服务了。这里，关键的还是那一条：信息的资源意义，并不在于信息本身，也不在于你是否已经掌握了这个信息，而在于掌握这个信息后对信息的思考和策划，即信息持有者对信息的管理。

可见，信息并不就是资源。信息只是信息，信息不可能自动地变为管理者的资源，不会自动地对组织的管理产生作用。我们只能说信息可能成为你的资源，要将这种可能性变为现实性，就必须对信息实施管理。

所以，美国前国家公共服务署首席 CIO 托马斯·巴克霍尔兹在他的著作《明天的面孔：信息水平——开启后信息时代的钥匙》中说："信息是一种需要管理的资源。"

著名经济学家奈斯比特在他那本轰动世界的著作《大趋势》中说："没有控制和没有组织的信息不再是一种资源，它倒反而成为信息工作者的敌人。"

综上所说，信息的资源意义在于对信息进行管理。

二、信息管理的含义

信息管理如此重要，那么，什么是信息管理？目前，学者们对此尚无统一说法。笔者在《信息管理学》中是这样定义的：

信息管理是人类为了实现确定的目标对信息进行的采集、加工、存储、传播和利用，对信息活动各要素（信息、人、机器、机构等）进行合理的计划、组织、指挥和控制，以实现信息及有关资源的合理配置，从而有效地满足组织自身和社会信息需求的全过程。简言之，信息管理就是对信息和信息活动的管理。

1. 信息管理是对信息的管理

对信息进行管理的工作，其内容和程序包括："采集—加工—存储—传播—

利用—反馈"六个环节（图7.1）。

| 信息采集 | → | 信息加工 | → | 信息存储 | → | 信息传播 | → | 信息利用 |

| 信息反馈 |

图 7.1 信息管理的内容和程序

一般来说，信息管理工作的这六个环节一项都不能少，少了某一项，信息管理工作就会出差错；这六个环节工作的先后次序也不能颠倒，因为每一个环节，都是下一个环节的准备，提前做下一步的工作，不是无法进行，就是浪费劳动。信息管理这六个环节的内容相当丰富，感兴趣的读者可找有关信息管理的著作来看。

2. 信息管理是对信息活动的管理

信息活动指的是人们为了达到生产信息、采集信息、传播信息、使用信息、保护信息的目的所采取的行动。

信息活动的类型很多。比如，信息生产活动有信息开发、技术创新、流程再造、组织创新、竞争情报、电子商务、虚拟企业等；信息传播活动有新闻发布会、产品展览会、商品交易会、市场营销会等；信息保护活动有申请专利、签订合同、注册商标和域名、著作权保护、信息存储安全等；信息使用活动有商务洽谈、个别谈话、CIO体制的实施、信息化工程、信息服务、管理控制等。

信息活动是人们的有意识、有目的的活动，不是自然发生的，需要事先精心策划，加以管理，才可能达到活动主体预期的目的。

案例7.3 2000年的一天，北京某建筑涂料厂召开的新闻发布会如期举行，到会的有200来人，把会议室挤得水泄不通。正当会议主持人宣布："为了表明我厂生产的涂料没有毒性，我们可以当场让小猫小狗喝涂料。"话音刚落，门外突然有人大喊："且慢！"三个彪形大汉闯了进来，为首的一个说："我们是海淀区动物保护协会的，决不允许拿小动物做实验。"会场上一下子鸦雀无声，静得连一根针掉在地上都能听得见，会议主持人和全场人都把目光投向了厂长。厂长略显为难，马上就果断地端起盛有涂料的杯子，说："保护动物，我赞成，小猫小狗不能喝。但是，涂料是我设计的，我知道没有毒，你们不信，我来喝！"，说完就"咕嘟、咕嘟"把一杯涂料喝完了。顿时，全场爆发出热烈的掌声。

这是一个非常成功的企业信息发布会。在信息发布会的既定议程和动物保护协会的压力所造成的现场双方对峙、处于僵局、企业信誉可能毁于一旦的紧急关头，涂料厂厂长果断地决策，力挽狂澜，使得所有在场的人深信该厂的涂料确实没有毒性。信息发布会获得非常好的效果。

后来，一次偶然的机会，知道内情的人告诉我，那三个彪形大汉并不是动物保护协会的人，而是涂料厂自己安排的。就是说厂长喝涂料是事先策划好了的。

这使人更为震惊和佩服，这真是一次精心策划的企业信息活动。试想，如果不是这样，而在信息发布会一开始，涂料厂厂长就说，这涂料是我自己设计的，我知道没有毒，你们不相信，我可以当场喝下去给你们看。那就绝对没有现在这样的效果。

案例 7.4　2001 年春天，北极绒公司召开信息发布会，宣布了两件事：一是北极绒公司要进军羽绒服市场，二是北极绒公司在东北某地购买了一个大型的现代化的养鸭场。到了同年 9 月 1 日，北极绒公司在电视上打出广告，亮出生产鹅绒服的底牌，给了全国鸭绒服厂家一个措手不及。9 月 3 日，鸭绒服厂家为挽救危局，联合起来召开现场直播的专家论证会，企图借专家之口来说明鸭绒服并不比鹅绒服差，结果论证会上专家与专家吵了起来。9 月 5 日，羽绒服界最大的厂家波司登公司宣布，鹅绒服确实比鸭绒服好，本公司也要生产鹅绒服。"鸭鹅大战"这才息事宁人。结果，2001 年的冬天，全国的鹅绒服销售一空，而鸭绒服竟然积压了 8000 万套。

在这场被国人称作"2001 年冬天的鸭鹅大战"中，北极绒公司大获全胜，其中最重要的原因就是 2001 年春天的那次企业信息发布会。那是一次精心策划的信息发布会。它的高明之处有两点：其一，它使用了模糊语言，只说进军"羽绒服市场"，并没有说是生产鸭绒服，还是生产鹅绒服；其二，它只说买了一个养鸭场，并且是真的买了养鸭场，但是并没有说买养鸭场是为了生产鸭绒服。认为北极绒要搞鸭绒服那是信息发布会上与会者的认识，实际上是一种"错觉"。这正是"明修栈道"要达到的目的。所以，媒体在报道这一案例时，称其真是一个"明修栈道，暗渡陈仓"的绝妙策略。

案例 7.5　2003 年的一天，杭州某企业请了一位歌星来举办企业产品新闻发布会。在离开会还有半个多小时的时候，广场上已经来了 1000 多人，大多数是追星族，盛况空前。企业的头头们十分高兴。这时，当地公安机关来了几个警察，对着喇叭宣布："国家法律规定，凡是超过 800 人以上的群众集会，必须事先申报，获得批准之后才能进行。今天的会议没有事先申报，现在到会人数已经超过 1000 人了，这种集会是违法的！必须立即解散，请同志们自动离开会场。"结果，到场的人们"轰"的一声就解散了。企业的新闻发布会还没开始就结束了。

很显然，这是一次失败的企业信息发布会。它说明这个企业的管理者对信息发布会缺少事先策划，或者说策划得不够、不全面。因为与会人数超过法律规定的情形是可能发生的，这在事先策划时就应该预见到。不仅要有所预见，并且要策划一旦发生应该如何处理。事实说明，他们没有预见到，更谈不上事先策划如何处理了。当然，他们没有预料到事件的发生，与他们法规知识的缺乏、法律意识的淡薄不无关系。这是他们平时缺少采集相关法律知识信息的结果。

这三个案例充分说明，信息活动需要事先精心策划，你这样策划它就这样发生，你那样策划它就那样发生，如果不策划它就不会发生。策划得好，可以为实现企业目标做出大的贡献；策划得不好，就可能会给企业带来损失。所谓策划，就是对信息活动进行管理。

组织内的大部分活动都是信息活动，都需要事先精心策划，精心管理，以便使它们向有利于实现组织目标的方向发生、发展。

三、信息管理的认识误区

在组织的实际管理中，许多管理者对信息管理的内涵不甚了解，甚至有许多认识误区，妨碍信息管理工作的开展。这主要表现在以下三个方面。

1. 信息管理就是运用计算机信息系统进行管理

持这种认识的管理者相当普遍，严重地阻碍信息化的进程。我们完全承认计算机信息系统（MIS、SIMS、ERP 等）的强大功能和巨大的处理信息的潜在能力，而且在系统功能范围内的事件，计算机系统可以不知疲倦地长时间连续处理下去，并保证准确无误。所以，我们一定要使用计算机信息系统。

但是，计算机系统并不是万能的。首先，计算机信息系统并不能解决它自身的一切问题，系统本身的许多问题需要人来解决；其次，在组织内的管理工作中，还有许多信息管理的任务用计算机系统无法完成，要靠人来解决。

（1）计算机信息系统并不能解决自身的一切问题

第一，系统的输入信息，计算机系统不会自主识别。

要让计算机系统工作，就必须向系统输入信息。可是，哪些信息可以输进系统，哪些信息不必输进系统，哪些信息根本就不能输进系统，计算机系统本身是不会自主识别的，当输入信息表明，原先的行动目标已经发生变化了，系统并不能自主改变原来的行为。这一切都必须由人来做。这些关于系统输入信息的鉴别、筛选、复核等工作，就是不使用计算机系统的信息管理工作。

案例 7.6　2001 年 10 月 4 日，乌克兰军队正在进行军事演习，一枚现代化的地对空导弹直射长空，可是导弹并没有打中靶机，却将远在里海上空的一架民航客机打了下来，机上乘客和机组人员共计 70 余人全部遇难。

我们并不怀疑原苏联奠定了坚实基础的乌克兰导弹部队制导系统的水平，当导弹错误地飞向里海上空，接近民航客机时，民航机的标志信息自然也就输入了导弹的制导系统，可导弹却不能识别那是一架不该打下来的民航客机，仍旧"认为"那就是它要击毁的"靶机"。

案例 7.7　山东某大学的一位教授，在国外进修时研究乳腺癌治疗取得了比较好的成果，在国外刊物连续发表了两篇论文。他告诉国内同行，可以在网上检索到他的论文。可是，国内同行根据他所说的路径却检索不到。他很奇怪，明明每天都可以上网查到自己的论文，在国内怎么就查不到呢？后来回国后他才知道，为了防止黄色信息的入侵，国内网络采用了过滤的技术手段，因为这两篇论文中都有"乳房"一词，所以都被当作黄色信息过滤掉了。

本来，网络具备过滤功能，不让国外、境外的黄色信息污染国内的网络是应当的。可计算机系统并不能识别同样含有"乳房"一词的信息哪些是黄色信息，哪些是医学论文。

第二，系统只能输出运算的结果，根据输出结果做出决策是由人来进行的。

计算机信息系统在获得输入信息之后，不论是怎样繁多的数据，也不论是怎样复杂的运算，它都可以很快地运算出结果，并且准确无误。但是，系统也就只能做到这一点，根据系统输出的运算结果究竟应该做出什么样的决策，系统并不会直接做出选择，还是需要人来做。

案例 7.8　第一次海湾战争过去十年时，有记者采访了当时在伊朗海域作战的一位美军少校。少校说："当时，海面上战斗十分紧张，突然一架飞机从海域上空飞过，我连发三次信号询问，没有得到回答。这时，我发现该飞机正向我舰俯冲，而且速度很快，于是下令发射导弹把飞机打了下来。"结果，击落的是一架伊朗民航客机。后来，记者又采访当时在场的另一位美军少校。这位少校说，屏幕上显示的是飞机正在爬升，而且速度很慢。记者设法调出计算机硬盘，存储信息显示飞机当时确实是在爬升，速度很慢。

很显然，美军舰载计算机系统是世界一流的，显示的信息准确无误，可是根据世界一流的计算机系统提供的准确无误的信息，美军少校却做出了错误的决策。可见，还是使用系统的人出了差错。

案例 7.9　1996 年 6 月的一天，在伊拉克禁飞区上空，两架美国 F-15 战斗机和一架预警飞机正在巡逻。突然，F-15 机长发现 100 公里以外有一个目标，按照美国空军的规定程序，先向预警飞机报告，在得到预警飞机的指令后才能采取行动。但是，F-15 机长在报告后并未得到指示，就擅自发射了一枚空对空导弹打下了目标。结果，目标是一架联合国的直升机，机上一名联合国中将官员和 16 名北约官员，全部丧生。

和上一案例是同样的道理，美军 F-15 战斗机机载计算机制导系统肯定是世界一流的，但是却把联合国的飞机打了下来，这是美军机长违规、擅自发射导弹造成的。所以，这位美军机长也因此被送上了国际军事法庭。

第三，系统的建设和系统功能的发挥同样取决于人。

企业信息化、政府信息化已经推行多年，许多政府部门、企业单位都建立了许多计算机信息系统。但是，这些建立起来的信息系统功能要完全发挥出来，并不在于系统本身，而在于使用系统的人。

比如，我们在重庆市企业信息化课题的调查中发现，在我们调查的 76 家企业中，建有网站的占 55.3%。就是说，这些企业已经具备条件进行网上交易了。

但是，实际在网上进行交易的企业只有 7.9％，甚至其中有 21.7％的企业根本就没想过要进行电子商务，52.5％的企业只是用于简单发布产品信息和形象宣传。

还有，调查表明 57.9％的企业已经建有内部局域网，就是说，这些企业已经完全可以实现企业内部的信息共享。但是，仅有 7.9％企业实现企业内全体成员可以共享，各个部门之间可以调用的也只有 18.4％。

可见，这些已经建好的信息系统的作用没有发挥出来的原因，是人员素质不高、信息管理水平跟不上。

（2）计算机信息系统并不能解决企业的一切问题

与上述情形同时存在的是计算机信息系统并不能解决组织内的一切问题，组织内还有许多信息管理的任务不能用计算机系统来解决。

第一，计算机系统对于例外问题无能为力。

计算机系统是一种"人-机系统"，由信息源、信息接收器、管理者、信息处理机组成。其功能是收集、存储、处理和传播信息，为组织管理服务。它的优点是可以大大提高处理那些重复出现的、例行问题的效率，可以及时提供该系统功能范围内可以提供的总体信息。我们固然可以在设计时尽可能地使系统的功能全面一些，但是，系统的程序一旦设计好之后，系统的功能和处理信息的范围就固定了，在出现例外问题、出现系统程序没有包括的问题时，系统就无法处理了。

第二，不能捕获组织某些外部重要信息。

组织在活动过程中需要的信息，确实有许多都可以从计算机系统、网络系统中获得。但是还有许多重要信息不是从计算机系统上获得的。要获取非计算机系统、非网络系统上的信息，就要靠管理者采集信息的信息管理能力。

案例 7.10　2000 年下半年，美国、英国、俄罗斯等国先后宣布禁止使用含有 PPA（苯丙醇胺）的药品制剂。11 月 16 日，我国国家卫生部已发出通知，宣布暂停销售含有 PPA 的 15 种药品，中美史克公司的康泰克榜上有名。康泰克是国内销售量最大的一种感冒药，凭借着药品本身的高质量和"主要用于缓解感冒初期症状"的功能，占有感冒药市场份额的 40％。它的退出，留下了巨大的市场空间。奇怪的是，直到 2001 年 9 月 4 日"新康泰克"重登市场，在长达 292 天的时间里，国内竟然没有一家感冒药产品来抢占这空出来的市场份额，乘机取代康泰克的市场地位。"新康泰克"依然雄踞感冒药市场。

这种千载难逢的机遇没有被利用，只能说明我国制药行业的管理者们信息意识太差了，信息管理水平太低了，以致坐失商机。

案例 7.11　重庆某橡胶股份有限公司叶先生，一次去昆明出差，住进宾馆后，发现室内的抽屉里有一张昆明钢铁公司的《昆钢报》，是几天前的一张旧报纸，显然是上位住房旅客不需要而丢下的。就在他把报纸揉成一团准备放进字纸篓时，突然发现报上有一条简讯：昆明钢铁公司材料供应厂即将进行改扩建。一个念头闪电般从头脑中掠过："材料供应厂改扩建，必然要增添新设备，新设备里会有输送机，输送机上需要橡胶输送皮带"，他想到这里，立刻根据报上的电话询问昆钢公司：材料厂设备招标开始没有？要不要输送带？对方回答，招标还没有开始，输送带与输送机合一招标。他回到重庆，立即在重庆寻找输送机厂，结果找到钢铁研究院输送机厂在准备投标，而且正为没有找到合适的输送带厂家着急，两家一拍即合，联合行动一举中标。其中输送带一项就获得经费 300 多万元。

叶先生到昆明出差，并不是为了调查昆钢材料厂改扩建工程招标的，能够在事先毫无思想准备的情况下，从一张废弃的旧报纸上发现商机，并能够从昆明到重庆把发现的商机变成现实的效益。这种商机的获取，全凭他个人的素质、修养和能力，计算机信息系统并不能帮他什么忙。

第三，组织内部信息的获取。

在组织内部，有许多信息是管理者实施管理所必需的。尤其是组织员工的信息，他们的精神状态、工作态度、思想压力、个人困难等信息，都是管理者管理工作所需要的。这些信息的采集，无法从计算机系统上获得，只能是管理者在与员工的直接接触、进行面对面信息沟通时才可能实现。

第四，利用非正式组织进行的信息沟通。

本书第三章说过，在任何有正式组织结构的地方，都存在非正式组织。几乎所有正式组织的成员都介入某种类型的非正式组织。在实际管理中，尤其是关于员工思想问题的解决，往往是通过非正式组织的渠道与员工沟通，比通过正式组织来沟通，要有效得多。这方面的工作也是不需要计算机信息系统的。

可见，计算机信息系统并不能解决组织内的一切问题，组织还有许多不使用计算机信息系统的信息管理任务。运用计算机信息系统进行管理只是信息管理的一部分。

2. 组织内的文献信息管理可以照图书馆模式进行

持这种观点的管理者也不在少数，使得组织内的文献信息管理工作没有发挥出应有的作用。组织内的文献信息是指政府、部门、企业等组织，在自身活动的过程中形成的技术档案、人事档案、文书档案和相关的图书报刊资料。由于组织的文献信息管理对象与专门的文献管理单位图书馆、档案馆的管理对象相似，从而给人一种错觉：成熟而又完善的图书馆、档案馆管理模式可以照搬到组织内来使用。

其实不然，由于组织的文献信息管理在"服务对象"和"服务目的"上，与图书馆、档案馆并不相同，因此二者存在以下三个矛盾：

关于收藏与使用的矛盾，图书馆、档案馆只注重收藏，图书馆、档案馆自己并不使用自身收藏的信息，使用是读者的事。组织则不同，不仅注重收藏，而且是本组织自己利用，不允许他人使用。

关于收藏与清理的矛盾。图书馆、档案馆属于社会公益机构，其收藏原则是越多越全越好，新旧信息都要收藏，即使是过时的、目前看来是无用的信息也要收藏，因为那可以在将来满足历史研究的需要。组织则不能这样。组织内文献信息的收藏只可能是"有用原则"，有用才收藏。随着时间的推移，组织内存储的文献信息越来越多，其中对本组织已经没有使用价值的信息也会同步增长。这些无用信息的增长，不仅会增加存储空间和费用，而且必然会增加检索有用信息的困难和检索费用，所以组织必须剔除那些无用信息，而且要求不断加快剔除无用信息的速度。

关于服务与责任的矛盾。图书馆、档案馆虽然是为读者服务的，但是读者在图书馆、档案馆里找不到所需信息，图书馆、档案馆并没有责任，也不会因此有任何损失，读者并不能指责档案馆、图书馆的工作。组织则不同，组织使用信息所得结果的好坏，与组织管理有着直接的利害关系。组织内的文献信息管理部门是直接为本组织管理者决策服务的，能够及时为决策提供有效的信息是他们追求的最高目标。当组织在需要某一文献信息时没有能够及时提供，或者提供的是过时、失真的信息，就不是没有责任，而是一种失职。组织会因此造成决策延误或决策失误，使管理受到影响，甚至会给组织带来重大经济损失。

所以，组织的文献信息管理不能照搬图书馆、档案馆模式。组织内的文献信息管理者不能像档案馆、图书馆工作人员那样，来不得半点马虎和懈怠。组织要真正管理好自己的文献信息，除了建设好计算机文献信息检索系统之外，还应该建立崭新的企业文献信息管理的理念和管理模式。

不过，档案馆、图书馆模式中的信息集中统一管理，对组织的信息管理是有用的，只是一般组织在信息管理中还没有做到。如果能够做到所有的组织信息都集中统一管理，实现全员共享，那将会最大限度地发挥信息的潜在价值。

3. 信息管理就是对信息部门的管理

这种观点认为，组织内部设立的资料室、档案室、信息中心、统计中心、数据中心等信息部门，信息管理是它们的任务，组织高层管理者的信息管理任务，就是管好这些信息部门就行了。

这种认识在企业中相当普遍。在相当多的企业里，信息管理的任务都是由信息部门或企业信息主管（CIO）承担的，或者是由一名企业副总经理来兼管。

产生这种认识的原因，可能与传统的财务管理、人事管理的理念有关。因为在一般单位里，财务管理就是财务部门的事，人事管理就是人事部门的事，单位主管人员只要抓好财务部门、人事部门就可以了。所以，当信息管理提到议事日程上来的时候，自然也就认为信息管理是对信息部门的管理。

其实，这种认识是不全面的。因为组织内信息部门的工作固然是信息管理工作，管好信息部门当然是信息管理工作的重要内容，但是，组织的信息管理工作不只是这一个方面。

信息管理与财务管理、人事管理有所不同。常规管理中的财务部门、人事部门，其工作的内容、规律和方法，一般的主要管理者都是懂得的，在管理实践中也同时要过问财务和人事工作，能够理解部门工作人员提出的方案、建议，并有能力判断这些方案、建议的正确或错误，不会做出违背财务、人事工作规律的错误决策。这就是说，组织的主要管理者对财务、人事的管理，除了对财务部门、人事部门的管理之外，自己也还是直接参与其中的。

而信息部门则不同，信息部门是一种新兴的管理部门，管理者一般并不懂得或并不熟悉信息管理的规律、方法和内容。

首先，一个不懂得信息管理的总经理（CEO），就没有能力判断信息部门或信息主管提出的建议、方案是否正确，有可能轻易否定信息部门或 CIO 的正确建议，也可能会盲目肯定信息部门或 CIO 的错误方案，做出违背信息管理规律的错误决策。

所以，CEO 应该懂得信息管理。信息管理应该成为 CEO 的经常性管理业务。正如吴启迪教授在论文《关于信息化带动工业化策略的若干思考》中所说的，企业最高领导者应当有充分的思想准备，要把信息管理作为企业的主业。

其次，考察 CIO 的发展历程，20 世纪 50 年代是计算中心经理；60 年代是电子数据处理经理；70 年代是管理信息系统主任；80 年代是首席信息经理，其本质都是计算机信息系统的管理。而组织内还有大量的不用计算机系统管理的信息管理任务，这些任务还是需要 CEO 来承担。

所以，对于 CEO 来说，管好信息部门或 CIO，是信息管理中不可缺少的重要内容，但是这并不是信息管理任务的全部，他自己还要学会信息管理。

第三，CEO 的职责要求他必须学会从事信息管理。因为组织内各职能部门负责人的主要精力是关心本部门的目标，而对于组织的总目标一般注意较少，只有 CEO 对总目标是时时关心的。

四、信息管理工作的内容

信息管理是一个崭新的命题，无论是在理论上，还是在实践上，其内容在不断地发展变化着。从已有的研究成果来看，信息管理应该包括以下内容：

1. 组织信息基础设施的建立

组织信息基础设施，指的是能够维持本组织信息管理需要的最起码的信息系统及其相关设施。本来，任何一个组织都存在着信息系统。因为组织在成立的那一天，信息系统伴随着组织行政管理系统和生产管理系统就自然生成了，只不过这种自然生成的信息系统并不一定完全符合组织信息管理的需要。所以，组织信息管理的第一项任务，就是建立本组织的信息基础设施。这一工作主要包括组织信息系统和信息网络的建立，信息技术装备的配置，组织信息机构的建立，组织信息资源设施的建立，组织信息管理工作规章制度的建立，组织信息管理工作人员的配备。

2. 组织信息系统的运行管理与开发

当我们将组织信息系统建立起来后，接下来的任务就是系统的日常运行管理，如果系统并不尽如人意，还需要进行再开发，不断地加以改善，甚至重建。这方面的工作主要包括组织在线信息系统（计算机信息系统）的日常运行与维护，组织非在线信息系统的运行管理，组织信息系统的开发、改善与重建。

3. 企业信息化或电子政府建设项目的实施

企业信息化建设，是企业实现信息管理的必要条件。电子政府是实现行政信息管理的必要条件。企业和政府组织必须从思想观念、管理模式、技术设备、组织机构等许多方面，对自身进行一次全新的信息化改造。只有这样，才有可能全面实现信息管理，提升组织的竞争力。这方面的工作主要包括：技术信息化，这是组织信息化的前提和基础；管理信息化，这是实现组织信息化的手段；人员信息化，这是组织信息化的核心。详细内容见本章第四节。

4. 组织内信息和信息活动的管理

组织内的信息管理，主要是信息的采集、加工、存储、传播、利用和反馈。组织内的信息活动，与组织的性质有关，所以其内容也有所不同。

企业的信息活动主要包括企业信息创新，企业竞争情报管理，企业战略信息管理，企业 CIO 体制实施，企业信息化活动，企业流程再造活动，企业信息公开，企业信息保护等许多方面。信息创新又包括信息开发、信息利用、技术创新、流程再造、组织创新等。

政府组织的信息活动主要包括电子政府政务公开、办公自动化、行政信息创新、政府战略信息管理，政府信息化工程，行政 CIO 体制实施，行政信息公开，行政信息保护等许多方面。

5. 信息管理的定量分析

这主要是指组织实施信息管理之后对组织的信息化水平测评和对组织的信息管理绩效的测评。

6. 信息管理者的配备和提高

配备高素质的信息管理人员，建立一支能够及时为管理者决策服务的信息管理队伍，是搞好信息管理工作的根本保证。这里所说的信息管理人员，不只是指计算机管理信息系统中的系统主管人员、程序员、录入员和操作人员，而且包括各级管理者和各级信息管理部门的工作人员。

组织的信息管理人员，应该具备什么样的素质、修养和能力，如何进行自我提高，本书在第八章再予以论述。

第二节　信息管理与常规管理并存一体

常规管理是组织管理中的业务管理、生产过程管理、质量管理、人力资源管理、物资管理、营销管理、财务管理等所有非信息管理的管理活动的总称。

常规管理的提法，在国内的管理学著述中尚未见到。笔者在《企业信息管理学》一书中首先提出这一概念，是为了便于和信息管理相区别。

本节则是集中讨论组织的常规管理与信息管理并存一体的关系。

一、从管理过程看信息管理与常规管理并存一体

本书第一章指出，管理的过程，简单地说是："制定计划—实施计划—总结工作，制定新的计划"。仔细分析，这个过程的本质是："管理是管理者将自己的意图（计划）变为被管理者行为（实施计划）的过程。"

在这个过程中，管理者首先要确立自己的意图，其次向被管理者传递意图，再次则是被管理者执行这一意图，最后是管理者了解执行这一意图的结果。

从信息管理的角度来看上述过程，管理者确立意图的依据是信息，因此管理者必须进行信息采集、信息存储；管理者意图产生的过程是信息加工的过程；管理者要让被管理者了解意图，就必须进行信息传播；被管理者要把管理者的意图变为行为，即执行"意图"或者管理者自己执行"意图"，则都是信息利用；最后，管理者了解执行"意图"的结果，就是信息反馈。

可见，信息管理过程的"采集、存储、加工、传播、利用、反馈"六个环节贯穿于常规管理的全过程，组织的信息管理与常规管理并存一体。

二、从管理职能看信息管理与常规管理并存一体

管理的职能包括"计划、组织、人员配备、领导、控制"。我们分析这五大职能的具体内容，也会发现常规管理职能的实现，与信息管理是密切相关的。

1. 计划职能与信息管理

计划职能的内容包括前期准备、目标确立、决策等项。前期准备工作包括组织发展历史与现状的了解，与组织有关的技术环境、经济环境、政治环境的了解，未来计划实施期间可能发生事项的预测等内容。了解组织的历史、现状、环境是信息的采集，预测的过程是信息的采集、加工、传播和利用的过程，预测的结果本身就是一种信息，而预测结果的使用则是信息利用。可见，前期准备工作的三个环节都属于信息管理的范畴。

确立目标，是运用前期准备中获得的有关本组织的历史、现状、环境的信息和预测结果信息，把预见性和现实性结合起来，通过管理者的创新思维活动，找出合理、可行的目标方案，然后经过集体讨论，形成计划目标。可见，目标确立的过程是一个信息加工的过程。

决策是在若干个可供选择的方案中选择一个方案的过程。决策普遍存在于常规管理的四大职能中。计划职能中的决策是指对若干个计划方案的比较和选择过程。决策过程包括拟订若干待选方案、评估和比较待选方案、选择一个方案等三个环节。拟订方案时，决策者必须根据已经采集到的各种信息进行加工处理，找出实现目标的途径和方法。评估方案时，要对几个方案进行比较，比较的内容是信息，比较的依据也是信息，只有掌握了大量的与方案相关度很高的信息，比较才会是有效的，而比较的结果，即选择某一方案，则是信息加工的结果。可见，决策的原材料是信息，决策的过程是信息加工的过程，决策方案则是信息加工后的"信息产品"。

总之，计划工作的全过程就是信息管理的过程。

2. 组织职能与信息管理

组织职能的内容包括划分管理层次和部门，向各层次、各部门主管人员授权，协调各层次、各部门之间的关系。

首先，划分管理层次和部门，自然是根据目标和活动信息进行划分，这属于信息加工范畴。其次，向各层次、各部门主管人员授权，就是将职权信息传播给下级，这属于信息传播范畴。第三，协调各层次、各部门之间的关系，就要先收集各部门存在的不协调的信息，经信息加工得出协调方案（信息），再把协调信息传播给各部门，这里有信息采集、信息加工、信息传播。

从组织的宏观效应来看，组织如果离开信息就不能称其为组织。组织是一个群体，只有依靠信息在组织内的传播，才可能把组织的各部分和它的成员联系起来、协调起来，使组织从无序到有序，使组织活动富有成效。信息是组织的强有力的黏合剂。一个组织的内部各部门之间和组织与环境之间的信息交换量越大，它的自我调节和控制的能力就越强；组织内的信息传播过程，越是能够减少信息传播的层次和中间环节，就越能够防止信息传播阻滞和失真，就越是能够充分掌握员工的各种信息；对员工进行合理组合，就越能够提高组织的效率。

这里的信息采集、加工、传播都属于信息管理工作的范畴。

3. 人员配备职能与信息管理

人员配备工作包含两个方面的任务：一是为组织设置的每一个职位配备适当的人，以满足组织的需要；二是为每一个组织成员安排适当的工作，以满足组织成员个人的特点、爱好和需要。

那么，要为组织的各级机构部门配备管理人员和员工，首先就要了解这些部门需要多少人，需要什么样的人，只有掌握这些信息才可能完成这一任务。获取这些信息属于信息采集。其次，要了解哪些人能够胜任哪些工作，只有将那些最适合做某部门工作的人配置在某部门才是正确的。所以，采集组织内每一位员工的工作能力、爱好等具体信息成了人员配备工作的先决条件。

至于招聘、考核、培训更是与信息管理密切相关。招聘工作，要了解应聘者的信息，要分析应聘者的信息是否适合本组织的需要，这是信息采集和信息加工；考核工作的过程就是采集员工工作实际业绩信息的过程；培训则是提高员工信息水平的主要措施。

综上所述，人员配备工作中处处都有信息管理工作。

4. 领导职能与信息管理

领导职能指的是管理者对组织员工的行为进行引导和施加影响的过程。本书第五章指出的领导工作六大原理，本质上都与信息管理工作相关。

指明目标原理，是要求管理者把目标信息传递给员工。

协调目标原理，是指管理者采集员工与员工、部门与部门之间不协调的信息，然后对这些信息进行信息加工，形成协调信息，再将协调信息传递给不协调的员工或不协调的部门，要求双方遵照执行（信息利用）。

命令一致原理，无论是前后一致、左右一致，还是范围一致，都是对信息内容质量的要求。

直接管理原理，是指管理者在与员工直接接触的过程中获取第一手信息，增进管理者与员工的情感。这些工作属于信息采集范畴。

沟通原理，是指管理者与员工之间将信息传递给对方，以期获得对方做出相应反映效果的过程。所有的沟通都是信息双向传播的过程。

激励原理，是指管理者将能够引起员工产生特定动机的激励信息传播给员工，以期引起员工产生有利于实现组织目标的特定行为的过程，是信息采集、信息加工和信息双向传播的信息管理工作的过程。

5. 控制职能与信息管理

控制职能指的是在计划执行过程中，当计划实际运行状态偏离计划目标时，采取措施纠正偏差，防止偏差继续发生和积累，或者组织环境已经变化，通过修订计划或制定新的计划，并调整整个管理工作的过程。可见，首先要掌握偏差信息或环境变化的信息，没有这些信息，控制工作就无从说起。因此，在一定意义上说，管理过程就是利用信息进行控制的过程。没有信息，就无所谓控制。

控制的过程包括制定控制标准、收集偏差信息、分析偏差原因、采取纠正措施等四个环节。制定的控制标准是一种信息，已经产生的或将要产生的偏差是一种信息，组织内外环境的变化也是一种信息，这些信息的获取属于信息采集的范畴。分析偏差产生原因的过程，实际上是信息加工的过程，偏差原因本身是一种新的信息。"纠正措施"则是根据上述信息进行加工后得到的结果。为了实施控制，管理者还要将纠正措施的信息通知第一线的员工，这是组织内的信息传播。而员工对纠正措施的执行，则是信息利用。可见整个管理控制过程就是信息管理的过程。

综上所述，管理的五大职能的运行与信息管理是并行不悖的。

三、从企业管理的内容看信息管理与常规管理并存一体

企业管理的内容相当丰富。一般将企业管理分成两大类型：企业生产管理和企业经营管理。我们分析这两类管理的具体内容，也会发现企业管理与信息管理是密切相关、并存一体的。

1. 企业生产管理与信息管理

企业生产管理，具体包括生产过程组织、质量管理、物资与设备管理、人力资源管理等。

（1）企业生产过程组织

生产过程是企业最基本的活动过程。任何产品都必须经过一定的生产过程才能制造出来。企业的生产过程是由以下五个部分组成的：生产技术准备过程、基本生产过程、辅助生产过程、生产服务过程和附属生产过程。

生产技术准备过程，指的是产品投产前的产品设计、工艺设计、工装设计和制造、标准化工作、定额工作、劳动组织、设备布局、新产品鉴定等。这里的工作，都是为即将开始的生产过程做准备，而且都是一种信息准备，是关于产品、工艺、标准、定额、布局等方面的信息。这些信息的获得，并不是由体力劳动生产出来的，而是由脑力劳动，即经过信息加工获得的。

基本生产过程，指的是为某一具体产品的实现所进行的生产活动。虽然这里表现出来的是体力劳动，但是不可否认，它是在将生产技术准备阶段所准备的有关产品、工艺、标准等方面的信息付诸实现，所以，从信息管理的角度来看，基本生产过程就是信息利用的过程，是信息的物化过程。

至于，现在企业生产过程中大量使用 MIS、MRP、MRPII、JIT、ERP、CIMS 等，则是地地道道的信息管理工作了。

辅助生产过程，指的是为保证基本生产过程的正常运行所从事的各种辅助性生产活动，如动力生产、工具制造、设备维修等。且不说这些生产本身与信息管理密切相关，就是它要辅助好基本生产过程这一点，就离不开信息。它必须与基本生产过程保持紧密的信息联系，随时掌握基本生产过程的需求信息，及时了解自身辅助基本生产活动的反馈信息。

生产服务过程，指的是为基本生产和辅助生产服务的各种生产服务工作，如原材料和半成品供应、保管、运输、试验、理化检验、包装、发运等。同样，要做好这方面的服务工作，必须随时掌握基本生产和辅助生产过程的需求信息，及时了解自身服务工作的反馈信息。

附属生产过程，指的是企业根据本身的条件和市场需求，生产某些非企业专业方向产品的过程。比如，机械厂利用边角废料生产小五金产品等。要做好这方面的工作，必须了解本厂的生产条件信息，包括设备条件、人员条件、资金条件、技术条件等，还要了解市场的需求信息。可见，在企业"生产过程组织"的过程中，同时存在着信息管理的工作。

（2）质量管理

质量管理指的是确定质量方针、目标和职责，并在质量体系中通过质量策划、质量控制、质量保证和质量改进及其实施的全部管理活动的总和。虽然质量管理专家们在表述质量管理时的观点并不完全相同，但是谁也不否认先要制定质量标准，再就是发现质量问题，三就是解决质量问题。那么，制定质量标准，这是根据各方面的信息做出的结论，所以这是信息采集、信息加工；发现质量问题（信息），这是信息采集；解决质量问题中的解决方案是根据质量信息做出的判断，即信息加工；而质量问题的解决，则是具体运用上述"判断"的结果，属于信息利用。所以，质量管理的过程完全是信息管理的过程。

（3）物资与设备管理

物资与设备管理指的是企业对生产过程中所需的各种生产资料的供应与管理。主要包括物资计划的编制，物资的采购、运输、验收入库、保管发放、统计核算、综合利用等方面的工作。在这个过程中，采购涉及对物资市场信息的了解，入库、保管、发放等涉及物资信息的存储、检索，统计核算则是信息的加工等。缺少信息管理的理念，物资工作是不可能做好的。

（4）人力资源管理

人力资源管理的概念，国内的学者意见分歧还比较大。但是，关于人员的招聘、考评和培训还是一致的。

正如上文我们已经指出的，"招聘"最重要的就是如何获得有关应聘者的素质、修养和能力的真实信息。"考评"其本意就是为了获得本企业各级各类人员管理业绩的信息。至于要做好"培训"工作，其前提就是要了解受训者的需求信息，对症下药才可能收到良好的培训效果。

2. 企业经营管理与信息管理

企业经营管理包括企业经营战略、市场营销、企业财务。这三个方面的工作与信息管理的联系更加紧密。

企业经营战略，这是企业根据其外部环境和自身条件，对企业未来发展目标及其实现途径和措施的一种全局性的总体谋划。

这里的"外部环境和自身条件"是关于环境和企业的信息，企业管理者依据这些信息做出"全局性的总体谋划"，"谋划"的过程是信息加工的过程，而"谋划"的结果本身则是一种信息。所以，从一定意义上说，战略管理其本身就是战略信息管理。

其实，人类社会进入信息社会以来，不仅仅在企业经营方面需要战略信息管理，在企业生产方面也需要战略信息管理，企业战略信息管理早在20世纪90年代中期就已经形成了。

市场营销管理，指的是企业以满足顾客需要与欲望为目的，运用一定的方法和手段，使企业产品和服务有效地转移到顾客方的各种活动的总和。且不论这些"各种方法"是如何的千差万别，单就一点，企业必须首先了解"顾客的需要与欲望"，这就是信息采集；而"有效地转移"的具体方法和手段，则是根据顾客信息和企业管理者拥有的信息进行加工所获得的结果。企业所采取的方法和手段是否"有效"，还要依据从顾客那里反馈回来的信息才可以做出判断，这便是信息反馈工作。

企业财务管理，内容相当广泛，包括企业理财环境、企业理财观念、短期资金筹集、长期负债资金筹集、流动资产管理、固定资产管理、证券投资管理、成本费用管理、收入利润管理、财务预测与计划、财务分析与财务控制等。

不论财务管理的名目如何繁多，整个财务管理的实施是依据财务信息进行的。也就是说，财务管理的客体对象是财务信息。所以，财务管理过程就是信息管理过程。当前，在财务领域，会计信息失真、财务信息发布不规范等问题的存在，要真正得到解决，恐怕还是要从信息管理的角度入手才行。

由此可见，企业的常规管理与信息管理是密切相关、并存一体的。

第三节　信息管理的原则

一、系统原则

信息管理的系统原则，是以系统的观念和方法，立足整体，统筹全局地认识管理客体，以求满意结果的管理思想。这是因为信息管理的对象本身就是一个系统，这个系统是信息流的通道，是信息功能得以实现的前提和基础，同时，信息系统也是进行信息管理的工具，离开了信息系统，信息管理就无法实施。

系统原则的内容包括整体性、历时性和满意化等三个理念。

1. 整体性理念

这指的是管理者在管理中应该把管理客体作为一个合乎规律的由若干个部分组成的有机整体来认识。

因为系统本来就是一个整体，要认识系统、管理好系统，首先就应该把握系统的整体性质，按整体规律去处理问题。而系统的整体性质和规律，存在于整体所属的各个部分之间的相互联系之中，孤立地认识每一部分的性质和规律就不能揭示系统的整体属性。

同时，任何系统不仅自身是一个系统，而且总是另一个大系统的子系统。系统内各个部分之间、系统外与其他系统之间是相互作用和相互制约的。因此，整体性理念要求人们要把管理客体作为一个整体来认识，从整体和部分的相互关系上来揭示管理客体的运动规律。

在实际管理工作中，由于只能一个一个地分别加以考察，所以往往不自觉地把管理客体分割成若干个部分，在分别考察完之后只是机械地叠加起来，没有能够从整体的角度、从相互之间的相互作用和相互制约的角度来思考问题，也就是违背了系统的整体性，结果使管理工作出现问题，甚至失败。

比如，有的组织为了引进人才，给了许多优惠条件，比本组织内部同等水平、同等层次的人才所享受的待遇还要高。这对于内部原有的人才是有不利影响的，也不利于留住人才。从信息管理的角度来看，就是没有把系统看成是一个整体，将系统内的各个部分（引进人才部分、原有的人才部分）割裂开来的结果。

整体性理念要求，当从整体来看是必要的，在局部来看是不利的，局部也必须去做；当在局部来看是必须的事，从整体来看却是不可行的，局部则不能做。比如，1998 年，中国电信一分为三，就是从整体出发必须做的事，对于局部不利，局部也要去做。

2. 历时性理念

这指的是管理者在管理中必须注重管理客体的产生、发展的过程及其未来的发展趋势，要把管理客体当作是一个随时间推移而变化着的系统来考察，根据管理客体在形成的过程中所表现出来的规律来认识客体。

系统作为一个整体，有一种自适应能力。随着系统内外环境的变化，系统自身能够随之变化，或者变得越来越强，或者变得越来越弱，乃至消亡。管理者能够把握这种变化的规律，就能够使自己管理的系统走向强大，避免衰弱和消亡的发生，即使是避免不了的消亡，也能够寻找到新的发展点。

比如，企业信息化的内涵体系，就是如此。20 世纪 80 年代所说的企业信息化，最多也就是 MIS 水平的管理系统，到今天就又有了 CIMS、ERP、CRM 等，内容大不相同了。

3. 满意化理念

这指的是管理者在管理中必须对管理客体进行优化处理，从整体的观念出发，调整整体与局部的关系，拟订若干可供选择的调整方案，然后根据本系统的需要（目的）和可能（条件），选择满意度最高的方案。它包括两层含义：

(1) 决策方案的选择标准是"满意"而不是"最优"

这是因为在管理实践中，往往普遍认为是最优的方案，并不能给管理带来很满意的结果。决定组织的信息管理工作成败的因素很多，某一方案从这一角度来看是最优，从另一角度来看可能就不优了；有的方案从理论上看是最优，但缺少可操作性，无法实施，也就不能选择；或者方案虽然最优，但成本投入太大，也是不值得选择的；或者方案虽然最优，但是本组织实施该方案的条件还不成熟，该方案现在也就不能选择等。所以，在实际工作中，只能是权衡利弊，统筹全局，兼顾各方，选择满意度最好的方案。

我们在第二章讨论"有限理性决策"时提到一个概念："满足"，和这里的满意不是同一个概念。那是针对决策者来说的，是表述决策者不愿花费精力、深入寻求更好方案的一种自我满足的心态。这里是针对管理科学学派提出的"决策的最优标准"来说的，指的是决策方案的实际使用价值。

(2) 决策的满意化方案，可以通过调整组织的信息系统结构来实现

任何组织的信息系统本身都是可以通过人为调整、进行优化处理的。经验告诉我们，对于一个系统，局部最优，不等于整体就一定最优；局部不优，也不等于整体就一定不优。在组织的信息系统中，组成整体的各个局部会因为组合方式的不同而使整体表现出强弱不同的功能，可能使本来都是最优的局部，却组成了不优的整体，也可能使本来不优的局部，却组成了一个满意的整体。

历史上有名的田忌赛马的故事就反映了这个道理。齐威王的上马、中马、下马，都分别比田忌的上马、中马、下马强，每次比赛田忌都输于齐威王。后来，田忌采用了孙膑的策略，以自己的上马对齐威王的中马，中马对下马，下马对上马，结果是两胜一负，赢了齐威王。这就是说，田忌原来是由三个局部弱势组成的弱势整体，经采用孙膑的策略，仍旧是原来三个局部弱势，却组成了一个强势的整体。这就是通过改变内部组合对赛马系统的优化处理。

二、整序原则

信息管理的整序原则是指对获得的信息按照某种特征进行排序的管理思想。

信息管理中之所以存在整序原则，首先是因为信息管理中面临的信息量极大，如果不给予有序排列，查找起来会非常困难。管理者可以根据自己的需要选择信息的特征进行整序，获得方便检索的信息序列。其次，整序之后，同类信息归并一起，可以显现所采信息的总体内涵和外延，也能够发现所采信息的冗余和漏缺。未经整序、散在排列的信息只能反映单条信息的内容，不能显示信息整体的内容。

整序原则中有分类整序、主题整序、著者整序、号码整序、时间整序、地区整序、部门整序、计算机整序等方法。

1. 分类整序

分类整序是以信息内容的某一特征作为信息标识，以该特征固有的层次结构体系为序的整序方法。它的本质是按照逻辑划分规则对所拥有的信息进行划分。

信息的分类规则，有两种方法：一是采用国内通用的《中国图书馆图书分类法》或《中国科学院图书馆图书分类法》的标准分类法对所采信息进行分类。这通常是用于组织内的文书、档案、书刊、资料类的文献信息分类。二是对于那些不便使用上述"分类法"进行分类的信息，可按逻辑学中关于划分的规则来自行分类。

分类整序的步骤和方法如下：

（1）面向用户，提取特征

根据自己对信息使用的需要和为了检索的方便，从将要对其整序的信息群中提取一个确定的信息特征，然后以这个特征为标志（分类学中称之为"标识"），按照逻辑划分的规则，对所掌握的信息群进行划分，逐级划分出子项、子子项，形成一个分类体系。这叫类间整序。

信息特征的抽取，应该以方便用户检索为原则。因为所提取的信息特征，规定了信息整序后的排列顺序，提取不当，会使整序后的信息难以检索，使用起来很不方便。比如，将教务处编制的各学院学生名单拿到学校收发室就不合用，就是教务处提取的特征是学生所在学院和专业班级，而收发室应该提取姓名特征，按姓氏笔划排列，查起来才方便。

（2）确定类名，明白单义

分类体系列出之后，给每一层次的每一子项确定一个名称，即类名。类名要做到单义、明白、准确，不要给出"死类名"。比如，重庆某大学全校选修课的学生点名册上，全校各学院各专业的学生都有，所以要排序，先是按年级排，每个年级再按专业排，专业名称是第三级类名。可是，有些类名就不太合适。比如，"国经"，既可以理解为"国民经济"，也可以理解为"国际经贸"，就不是单义了。再像"工工"、"材控"就令人不知所云了。"死类名"，是指用户检索时根本不会想到的那种类名。

（3）类内再整，字顺为序

在最低一层的类名之下，如果还有许多信息单元时，需要给这些信息单元再整序。这叫类内整序。类内整序通常是以信息单元名称的首字字顺为序。

所谓字顺为序，有音序法和形序法两种。音序法，指以汉字的汉语拼音为序的整序方法。形序法，指以汉字的笔画为序的整序方法，包括部首法、笔画笔顺法和四角号码法。笔画笔顺法，是指在类间整序时，按笔画为序，按信息单元名称首字的汉字笔画多少排序；在类内整序时，按笔顺为序，即同一笔画内的信息单元按其名称首字汉字起笔笔顺为序排列。笔顺的顺序习惯是"一、丨、丿、丶、フ"。

（4）编号得表，基本稳定

给划分出来的类名编号，得到一个由类号、类名组成的"分类表"。分类确定之后要保持分类表的相对稳定，不要随便改动。必要时可再编"类名索引"。

分类整序的适用范围：对于组织内的图书室、资料室、文书档案室所藏公用信息资源的分类整序，若是文献型信息，应严格按照学科来分类。最好用前面提到的标准分类法进行分类。若是数据型或事实型信息，则可按实际拥有的信息，自定分类特征，按分类规则进行分类。

自用信息资源整序，可以不受分类规则的限制，也不必按学科分类，只要自己明白、方便就行。

2. 主题整序

主题整序是以能够代表信息单元主题的词语作为信息标识、再按词语的字顺为序的整序方法。

主题整序中主题词的选取，要尽可能地满足以下要求：

一是必须从被整序的信息单元所包含的内容中选取。

二是必须是能够代表信息单元内容的词语，尽可能使其概念单一、准确，概念的外延应尽可能地缩小，最好是能和信息单元的外延相一致。

三是尽可能地选择规范词，学术性文献应该选择正式出版的《汉语主题词表》中所列的规范词，公文用主题词应该按国务院办公厅发布的《国务院公文主题词表》中所列的规范词。如果实在没有规范词，或者不熟悉主题词表，可以选用本学科内使用频率高、比较通用的词语。这些非规范的词被称作"关键词"。

主题整序主要适用于公用文献型信息资源和机关公务文书的整序。

3. 其他整序

著者整序，按著者姓名的字顺为序的整序方法。

号码整序，按信息单元的固有序号为序的整序方法。

时间整序，按信息单元发表时间或数据、事实发生的时间为序的整序方法。

地区整序，按组织所在行政区划名称的字顺为序的整序方法。

部门整序，按部门名称的字顺为序的整序方法。

计算机整序，运用计算机的排序功能，给存入计算机的信息进行整序的方法。可以是字顺的、音序的，也可以是分类的、主题的。

三、激活原则

信息管理的激活原则是对所获得的信息进行分析和转换，使信息活化，为我所用的管理思想。

信息管理中之所以存在激活原理，是因为信息不会自动地为管理者服务，未经激活的信息没有任何用处，只有在被激活之后才会产生效用。

信息激活的内容很多，这里就介绍综合激活、推导激活和联想激活三种。

1. 综合激活法

这是通过对已经拥有的众多相关信息，进行深入分析和理解，根据需要将它们逻辑地组合起来，或加以转换，以求获得新信息的方法。

它包括以下两大类：

（1）简单综合

这是"部分相加等于整体"的综合，或"1＋1＝2"的综合，是指将已有的众多信息，简单地合并在一起，以求获得新信息的方法。

由于合并信息的方式不同，又可分为以下 5 种：

第一，纵向综合。这是将过去的信息和现在的信息合并一处，以求获得新信息的方法。比如，本节"历时性理念"里提到的"企业信息化的内涵体系"，从信息激活的角度来看，就是一种信息的纵向综合。

第二，横向综合。这是将同一时期各种相互关联的不同区域、不同方面的信息综合一处，以求获得新信息的方法。比如，当年日本松下公司买来世界上最好的全部单项电视技术，组装出全世界最好的电视机。

第三，外观综合。这是将具有某种关联的若干外表现象、外观信息综合一处，以求获得新信息的方法。比如，TCL手机和珠宝合一的产品设计。

第四，方面综合。这是将有关管理客体的某一个方面的全体信息提取出来，以求综合成新信息的方法。比如，专利申请者为了避免暴露自己的技术发展动向，就有意识地把自己的某一技术分割成若干个小技术分别去申请专利。于是，对某一时期一个企业的全部专利技术进行简单综合，往往可以发现该企业的技术动向。

第五，纵横结合的综合。这是针对拥有的若干信息，综合运用上述四种手段，以求获得新信息的方法。比如，日本的钢铁工业发展很快，是因为它综合吸收了奥地利的转炉顶吹技术、美国的高温高压炼钢技术和德国的熔钢脱氧技术。

（2）辩证综合

这是"部分相加大于整体"的综合，或"1＋1＞2"的综合。它是通过对已有信息的多侧面综合，并加以推演和发展，以求获得新信息的方法。它可以是综合后的深化，也可以是由简单综合出复杂，还可以是从信息群中发现具有共同点的综合。

由于综合推演的方式不同，又可分为以下3种：

第一，兼容综合。这是将来自不同区域、不同角度、不同方面、不同层次的信息集中起来，兼顾考虑，进行推演，以求达到多样统一的综合。

案例7.12　第二次世界大战前夕，英国作家雅各布出版了一本关于"希特勒将要发动世界大战"的小册子，震动了全世界。书中记载了德军各军区司令部、参谋部的人员概况，连最新成立的装甲师步兵小队也写了进去，甚至具体无误地写出了168名陆军各级司令官的姓名和简历。

希特勒大发雷霆，抓来雅各布进行审问，雅各布的回答让希特勒及其上下官员目瞪口呆。雅各布说：我的小册子里的材料，全部都是从你们德国的报纸上得来的。比如，书中写道："哈济少将是第十七师团的指挥官，并驻扎在纽伦堡"，那是纽伦堡报纸上的一则讣告上说的，讣告说新近调往纽伦堡的第十七师团指挥官哈济少将也参加了葬礼。在一份乌尔姆报纸的社会新闻栏里有一条消息，报道菲罗夫上校的女儿和史太梅尔曼少校举行婚礼。这条消息中说菲罗夫上校是第二十五师团第三十六联队指挥官，史太梅尔曼少校是信号官。这则消息中，还提到一位从斯图特前往参加婚礼的沙勒少将，是当地驻军的师团指挥官。

雅各布将这些来自不同区域、不同角度、不同方面、不同层次的信息集中起来，兼顾考虑，最后达到多样统一，揭示了"希特勒将要发动世界大战"这一最本质的新信息。这就是兼容综合的方法。

第二，扬弃综合。这是对于若干内容上相互矛盾的信息，既不是全部抛弃，也不是全部接受，而是辩证地分析，扬弃其中的伪信息，保留真信息的综合方法。

案例 7.13　当年，日军为偷袭珍珠港，从计划到组织实施长达三个月之久。在这期间，为了给偷袭做准备，不得不选择与珍珠港相似的海湾进行军事演习，反复进行模拟训练；派出大批间谍甚至潜艇去珍珠港刺探情报；在外交密电中不得不披露对珍珠港特别感兴趣等。这些都是不得已必须做的真信息。为了掩盖其真实意图，又故意做出一些假信息。比如，与此同时，日本任命与罗斯福总统私交甚厚的海军上将野村为驻美大使。在临近偷袭之前，日本驶往美国檀香山的商船照开不误，还将大批的日本水兵接到东京度假等，这些都是假信息。

美国军方当年在珍珠港事件上的失误，被日军偷袭成功，其原因之一就是美军在获取上述信息后没有进行扬弃综合，也就没有能够发现日军的真实意图。

第三，典型综合。这是根据具有典型意义的局部信息做出整体判断的综合。局部和整体有着某种结构表达上的联系，局部信息包容整体所有信息内容的现象，无论是在自然界，还是在人类社会，是具有一定普遍性的。比如，原子结构和太阳系的结构很相似，植物的叶形、果形与整个株形相似，人的耳针穴位系统对应着全身各个部位，人类社会的工厂、村庄、家庭在某些方面就是社会的缩影。这就是"全息"的意思。故本方法又谓之全息综合。

典型综合的关键在于典型性，确实具有典型意义的信息被识别了，被识别的典型性信息所具有的典型意义被准确判断了，典型综合才是有意义的。如果所拥有的信息本身就不具备典型性，那由此综合出来的新信息就不可能是正确的。

2. 推导激活法

推导激活是从已知的信息出发，根据已知的定理、定律或事物之间的某些联系，进行逻辑推理或合理推导，以求获得新信息的方法。它包括以下四种：

（1）因果推导

这是根据事物之间的因果关系，从属于"因"的已知信息出发，做前因后果的纵向推导，以求获得新信息的方法，如电影《林家铺子》中的"一元货"。

（2）关联推导

这是根据事物之间的已知规律或某种相互关联，从已知信息出发做前后左右的横向推导，获得由已知信息可能引起发生的新信息的方法。

比如，1973 年 3 月，非洲的扎伊尔（今天的金沙萨刚果）发生叛乱，让远在日本的三菱公司发了一笔大财，就是三菱公司对"扎伊尔叛乱"的信息进行关联推导，推导出与扎伊尔在地理空间上相关联的赞比亚是世界上最重要的产铜基地，扎伊尔叛军一旦向赞比亚移动，就必然导致世界市场上铜材价格的波动，获得成功的。

（3）辐射推导

这是以已知信息为中心，向四周做发散思维，以求获得对自己有用新信息的方法。由于发散思维就是进行多角度思考，故此法又叫"多角度思考"法。根据辐射的中心点不同，可分为四种：

第一，要素辐射。这是指在组成信息的若干要素中，以其中某一个要素为中心进行的辐射推导。比如，某一地区农业大丰收，从信息要素之一"农民收入增加"，就可辐射推导出该地农民购买力上升、储蓄额增长、货运量上升、春节货物供应量大等新信息。

第二，功能辐射。这是指以已有信息的功能为中心进行的辐射推导。就是说，已知信息是这一种功能，辐射考虑能不能获得那种功能，如果能，对我们是否有利。比如，日本索尼公司发现美国安培公司专门供电视台录制节目用的录像机技术很好，就想到这种"电视台用"的功能是不是可以转为"家用"，于是索尼公司在世界上首先推出了家用录像机产品。

第三，范围辐射。这是指在已有信息的范围内、以不同的信息处理方法获得新信息的辐射推导。同样的信息范围，可用这种方法处理，也可用那种方法处理，哪一种方法所得的结果对我们有利，我们选择哪一种。

案例 7.14　20 世纪 60 年代初，西方国家关于离心法浓缩铀的文献逐渐减少了，根据数理统计和常规推理表明离心法在发展中遇到困难了，无法同扩散法竞争，所以人们都逐渐放弃了。我国科技情报人员并没有满足于这一结论，而是否定了这个结论和这种推理，从另外一个角度提出认识，文献发表少了，也可能表明离心法在技术上有了重大突破、有意保密、不予发表的结果。事实果然如此，8 年之后，英国、荷兰、联邦德国三国宣布联合建造离心法浓缩铀工厂，而美国突然宣布它已经研制成功 100 公斤分离功单位的大型离心机。

如果不是这样进行范围辐射，就会出现判断上的失误，因为这一判断对于当时中国研制原子弹的工作是十分有意义的。

第四，延伸辐射。这是指以辐射后的新信息为中心再进行辐射的推导。

比如，1981 年，英国王室宣布将为查尔斯王子和黛安娜举行盛大的结婚典礼，消息传出，伦敦的商家都在做婚庆的生意。有一家企业由此进一步想到结婚盛典时在人群后面的人看不清楚怎么办，从而做起潜望镜生意，结果大获成功。

（4）逆向推导

这是从已知企业信息出发，通过由果到因的思考，或者是向已知信息相反方向思考，以求获得新信息的方法。比如，2000 年初，在全世界到处都是企业兼并浪潮的时候，安捷伦科技有限公司却从原惠普公司分离出来，成为一家独立的高科技企业。这就是一种逆向思维。

原来，惠普公司的业务主要是打印机和测试仪器仪表，可是现在一提起惠普，人们知道的只是打印机，如果继续合在一起，仪器仪表这一部分会被打印机淹没的。所以，在兼并浪潮席卷全球的时候，仪器仪表这部分毅然逆潮流而动，从惠普中分出来，而且连惠普这一名称也不要了，虽然惠普是从仪器仪表起家的，现在将名称也留给了打印机，而重新启用新名称"安捷伦科技"。

3. 联想激活法

联想激活是从已知信息联想到另外一条信息或几条信息，以求获得新信息的方法。经过联想获得的信息，可能是管理者所需要的，或者可以用它们综合成新信息，或者可以从它们中得到启发产生新的信息。

联想和推导不同，联想并不像推导那样经过逻辑推理或者合理推导，而是由此（已知信息）直接想到彼（新信息），有时是非逻辑的思维过程，或者是仅仅因为此（已知信息）而得到的启示。

联想激活又分为相似联想、接近联想、比较联想三种。

（1）相似联想

这是由已知信息联想到与此相似的另一信息，而另一信息是管理者需要的新信息的方法。

比如，第二次世界大战期间，苏集团军炮兵司令员根据参谋长肩章上附着的冰雪融化后水珠清晰地勾画出肩章的轮廓，联想到德军阵地上清扫积雪会暴露其掩体的轮廓和兵力部署，然后通过航空照相侦察，搞清楚了德军的兵力部署，为苏军实施有效的炮火攻击提供了可靠的依据。苏军炮兵司令使用的就是相似联想。

（2）接近联想

这是由已知信息联想到与此相接近的另一信息，而另一信息是管理者需要的新信息的方法。这里的"接近"可以是时间上的接近，也可以是空间上的接近。

比如，白手起家的美国百万富翁哈默，听到罗斯福总统在竞选演说中表示要实行新政，废除禁酒令，马上联想到禁酒令一解除，酒厂就会恢复生产，那么酒桶的需求量肯定空前骤涨。于是，哈默办起了酒桶厂。届时，禁酒令一解除，哈默的酒桶就被各家酒厂用高价抢购一空。在这里，哈默并没有做合理推导去办酒厂，而是办了酒桶厂，从"解除禁酒令"到"酒桶厂"，两者之间，并不是唯一的必然的结论，哈默的结论是"接近联想"的结果。

（3）比较联想

这是将已知信息与由此联想到的另一信息进行比较，激活产生出管理者所需要的新信息的方法。比较时，运用类比的方法叫类比联想，运用对比的方法叫对比联想。类比联想就是从两个信息中具有相同特征的部分出发，经比较得出其余部分的特征也相似的联想。对比联想就是从两个信息中具有不同特征的部分出发，经比较得出其余部分的特征也不同的联想。

比如，报纸上曾有《韩企帝国的崩溃，牵涉中国企管四大痛点》，报道韩国著名的现代企业集团峨山公司董事长郑梦宪跳楼自杀，认为"韩企帝国崩溃"的原因之一是企业的家族式管理。从而联想到中国的家族式企业的发展前景。

　　还有一篇报道《从"高尔文精神"的失落，看中美家族企业的异同》，报道了摩托罗拉公司第三代总裁高尔文在董事会的要求下辞职，认为在西方国家的家族企业，一般在第三代时就转移到职业经理人手中，孙子辈的家族成员虽然握有大部分股票，但大多数都不参与企业的管理了。然而，在中国家族企业家的眼里是不可理解的，并详细地和中国的家族式企业相对比。

　　虽然上述两篇文章的结论正确与否还有待证明，但是他们结论则是通过"类比联想"和"对比联想"获得的。

四、共享原则

　　共享原则是指在信息管理活动中，为充分发挥信息的潜在价值，力求最大限度地利用信息的管理思想。

　　信息管理中之所以存在共享原则，是因为信息具有共享的特征。而且信息的共享可以使信息相互激活，挖掘出信息和信息活动的潜在价值。

　　不过，信息共享只可能在有限的范围内实行，而且必须是具有某种共同利益的群体范围。在这有限的范围内，既要求范围内的成员贡献自己的信息，又要防范范围之外的人占有本范围的信息。我们把前者叫"贡献原则"，把后者叫"防范原则"。

1. 贡献原则

　　贡献原则，指的是管理者要善于最大限度地将组织和全体员工所拥有的信息都贡献出来，供组织和全体员工使用的管理思想。贡献原理包括以下内容：

　　(1) 动员全体员工把信息贡献给组织

　　员工处于组织的最基层，他们拥有许多最新鲜、最真实、最有用的信息，这些信息与组织的利益息息相关，及时地获得这些信息，对管理者的决策十分有利。因此，组织要造就一种文化，让员工在组织内无话不谈。只有这样，员工信息才会及时地贡献出来。

　　(2) 把组织内各自独立的信息系统联成局域网

　　目前，国内许多组织，无论是企业还是政府部门，都相继建立了计算机信息系统，诸如信息管理系统、财务管理系统、办公自动化系统等。但是，往往都是各自独立存在着，成为一个个的"信息孤岛"，而系统的使用者们却处于一种"自我感觉良好"的状态。

　　这种格局由于缺乏横向联系，既束缚了系统自身功能的发挥，也限制了组织整体对信息系统的利用。只有将组织内各自独立的信息系统联成局域网，调整和提升各自系统的功能，使信息化向更高阶段发展，就可以实现各自系统单独存在时所没有的功能，即实现各自系统将自己的信息贡献出来，供组织及其员工共享了。

（3）组织及时地向员工公布应该公布的信息

这是共享原则的另一个重要方面。组织除了需要保密的信息之外，应该经常地将那些应该向员工公布的信息公布出来，让员工共享。如果组织不能做到这一点，员工们也就会渐渐地不向组织贡献信息了。

（4）利用社会公益信息系统和信息市场共享组织外部的信息

任何一个国家都有一些社会公益信息系统，诸如各种互联网的网站、图书馆、展览会、交易会等。这些系统提供的信息是免费的或低费的。这是贡献原则在国家、社会层面的体现。此外，各类组织还可以通过信息市场的信息商品交易的方式获得信息。这属于信息的有偿贡献。

（5）让员工和管理者都建立起"共享"他人信息的意识

这是贡献原则能够产生作用的前提。因为如果大家把信息都贡献出来了，却没有想到去使用这些信息，信息是不会自动地产生作用的。关于这一点，国内许多组织、企业、单位并没有引起重视，不说员工普遍没有共享他人信息的意识，就是许多管理者也没有共享他人信息的意识。

2. 防范原则

正因为信息是可以共享的，国家的信息、企业的信息也会被敌对势力、竞争对手所共享，由此产生了严峻的信息安全问题，要求管理者严加防范。这就是信息管理的防范原则，也叫安全原则。

（1）信息安全问题严重存在的表现

第一，竞争对手的恶意攻击。这方面的信息安全问题，主要表现在直接截获组织的信息、对组织信息系统和网络系统进行破坏。有的通过计算机病毒破坏对方的信息系统，使对方系统瘫痪，指挥失灵，陷于被动挨打的局面。据报道，1999 年 4 月，Microsoft 公司承认，在他们的软件中加有一个密码，"利用这个密码确实可以非法地进入全球成千上万的互联网网址"。1999 年 4 月 13 日，Intel 公司 Pentium III 处理器的市场部主任在北京就承认 Pentium III 处理器的序列码功能，确实带来了个人隐私泄漏问题。

第二，信息泄密。由于人员的调动、报刊文章、私人交往不慎等，使组织的核心机密信息发生外泄，给组织造成巨大的损失。此外，随着我国对外开放和国际交流的日益扩大，国内外、境内外互相往来的人员大量增加，这在客观上给窃密活动带来可乘之机。从发生过的案件可以看出，国外、境外的间谍人员利用合法身份，通过如参观、采访、学术交流等合法渠道，窃取我国国家和企业的机密信息。

随着办公自动化系统的日益发展，计算机、传真机、无线电话等先进的办公设备在管理中大量使用。这些先进设施传输的内容涉及秘密信息的很多，但它们辐射的信号却很易被现代化手段所截获，因此，迫切需要解决在使用现代化办公设备时的信息保护问题。

发生在重庆的美心公司与大川公司的一起诉讼案，就是人员流动以致泄密造成的。在今天这样一个信息社会里，当组织内一名员工辞职离开时，尤其是接触核心机密的员工跳槽时，组织的管理者就应该马上意识到，该员工所接触到的信息有可能会外泄，必须立即采取防范措施。

第三，观念落后、技术落后。在今天信息社会里，各项技术更新的速度都非常快。组织所掌握的技术，如同逆水行舟，不进则退。技术上落后就要受制于人。所以，技术上的落后，也属于信息安全问题。

观念的落后，也会导致我们在处理和利用信息时做出错误的决策，甚至是做出了错误决策还不自知。所以，观念的落后，也是一种信息安全问题。

（2）信息保护的内容和方式

第一，封闭式。这是将信息局限在规定范围内的保密方式。这要求管理者教育规定范围内的员工，提高保密意识，建立保密制度，健全保密措施，达到将需要保密的信息封闭在规定的范围内的目的。现在，有许多组织将内部管理网络和对外宣传、营业、获取信息的外连网络分开，双网并行，避免计算机上互联网同时受到信息攻击。这实际上就是传统的"封闭式"办法的延伸。

第二，技术式。这是通过技术手段保护信息的方式。具体有：一是伪装式。通过制造假信息，迷惑竞争者，以达到保护核心信息的目的。二是密码式。通过给计算机信息系统设置密码，使窃密者无法获取其中所存的信息。三是技术创新。由于技术上的落后也会造成信息安全问题，所以技术创新，尤其是能够创造出具有自主知识产权的信息技术及产品，也就成了保护信息安全的重要措施了。我国首次试制成功具有自主知识产权的"龙芯一号"芯片，虽然只相当于 Pentium II 的速度，但是它毕竟是我们自己制造出来的，用它我们才放心。

第三，法律式。这是通过法律保护信息的方式。传统的信息保护方式，是一种被动防范的方式。现在，在信息保护问题上的主要趋势，不再是以传统的密码学为核心，而是规范人们信息活动的行为，提高人们的素质，通过信息法律、信息伦理，约束人们信息活动的行为，达到保护信息的目的。通常，用来保护信息的法律有：专利法、商标法、著作权法、合同法和反不正当竞争法等。

五、搜索原则

信息管理的搜索原则是千方百计地寻求有用信息的管理思想。信息管理中之所以存在搜索原则，是因为信息是可以任意索取的，而且任何人在获取后都可以为己所用。

搜索原则包括强烈的搜索意识、明确的搜索范围和有效的搜索方法。

1. 强烈的搜索意识

（1）凡事先查，有意搜索

这指的是在做任何事情之前，都要去查一查有关这一事情的现实和历史情况的信息管理观念。

"凡事先查，有意搜索"的观念要求管理者在做出一个新的决策方案之前，应该先查一查别人有无做过与此方面类似的决策。在提出一个新的研究课题时，先查一查别人在这个方面已经做过了哪些研究工作。要搞技术创新，先查一查别人在这一技术方面已经做过了哪些工作。要进生产线，要上一个新的项目，要开辟新的市场等，不论做什么事，都应该先查一查别人在这些方面已经做过了哪些，还没有做哪些；别人哪些是做得对的，哪些是做错了的。然后才决定自己做什么，怎么去做。

比如，发生在 20 世纪 60 年代的"以镁代银工艺"的案例，著名数学家华罗庚屡屡遭遇退稿苦恼的案例都说明凡事先查是多么重要。

（2）随意获取，抓住不放

这指的是管理者在事先毫无思想准备的情况下，对于发生在身边的、瞬息即逝的信息流，能够发现其中与自己相关的信息，并且能够及时地抓住不放，进一步予以激活和利用的信息管理观念。

这一观念的特点在于管理者并无具体的搜索目的，事先并不知道他所需要的信息会突然出现，没有任何思想准备，因此是一种偶然的发现。当然，偶然之中包含有必然。

心理学认为，认识主体在没有思想准备的情况下对身边发生的信息产生注意是一种无意注意。无意注意的产生，往往是由于感受主体内心长期思考形成的一种潜在需求，只不过主体还没有意识到这种需求的存在，一旦身边的信息与这个潜在的需求相一致时，便引起了主体的无意注意。这就是无意注意的产生机理。

可见，能够引起主体产生无意注意的信息往往就是主体需要的、但还没有意识到的信息。从这个意义上讲，管理者在日常的工作和生活中，如果发现身边的某一信息似乎对自己有用，当这种"一闪念"产生的时候，不要熟视无睹、充耳不闻，马上就放弃，而应该立即抓住，做进一步思考，在确认无用后再放弃，因为这很可能是一个对自己有用的信息。比如，武汉某硅钢片厂情报信息室的工作人员在家中闲暇无事，从一本杂志上的广告发现该厂在日本订购的变压器功率过大，及时向日方交涉，挽回了经济损失，就得益于"无意获取，抓住不放"的信息搜索意识。

（3）确立目标，刻意搜索

这是指管理者在确定了某一目标信息之后，千方百计地去获取该信息、不达目的决不罢休的信息管理观念。

这一观念的特点在于管理者已经有了一个明确的目标信息，其工作就是去获取该信息的具体内容。

所谓"目标信息"，是指管理者想要得到，但还没有获得的信息。

这种信息往往是管理者在实际决策中最需要的信息，就其性质来说，就是那种"万事俱备，只欠东风"中的"东风"性质的信息。不过，确定目标信息并不难，难的是如何去获得目标信息。搜索原则中强调这一搜索意识，就是要我们建立一种理念，为了获取目标信息必须有一种不达目的决不罢休的精神。

（4）遇有困难，咨询解决

这是指管理者在工作中遇到困难自己又没有能力解决，或者是确定了目标信息自身却没有能力或条件去采集时，能够知道寻求社会帮助的信息管理思想。

这一观念的特点在于管理者将自我搜索，扩展到求他搜索，请求他人帮助来搜索本组织所需要的信息。这应该成为信息管理者的一个重要观念。

在实际管理工作中，由于各种各样的原因，管理者不可能把本组织所需要的目标信息都能采集到，这并不奇怪，也不能说管理者的水平低，问题在于当你遇到这种情形时，能不能意识到去向社会寻求帮助。如果能够想到这一点，这是信息搜索意识强的表现。

社会上专门提供咨询服务的机构和组织很多，还有大专院校和科研机构、行业协会、学会、研究会，都可以帮助组织解决各种问题。

2. 明确的搜索范围

通常，可供搜索的信息源有文献性信息源、实物性信息源、口头性信息源、电子性信息源、社会现实信息源、组织内部信息源。当然，并不是在每一次信息搜索中要把这些信息源都搜索一遍，而是在每一次信息采集之前，根据本次搜索的目标和任务，选择好需要的信息源。

3. 有效的搜索方法

搜索方法包括现场观察法、社会调查法、文献阅读法。这些方法的内容十分丰富，本书受到篇幅限制，就不能详细介绍了。

第四节　企业信息化与电子政府

一、企业信息化

1. 企业信息化的内涵

关于企业信息化的概念，国内最早出现在 1997 年。几年来，陆续发表了许多论著，但至今并没有统一的表述。总结几年来我国企业信息化的实践和理论研究的成果，企业信息化应该包括以下三个方面的内容：

（1）技术信息化

抓紧建设企业的信息基础设施，在企业内全面使用计算机、通信等现代信息技术，力求"将企业的生产过程、物料移动、事务处理、现金流动、客户交互等业务过程数字化"，这是企业信息化绝对不可缺少的。不过，这只是"电子计算机化"，是企业信息化的初级阶段，不能以为有了"电算化"就是对信息资源的合理有效的利用了，大量使用信息技术只是实现信息化的前提和基础。

（2）管理信息化

管理信息化，指的是从管理理念、管理组织、管理方式、管理手段等方面都要与企业信息化的要求相匹配。

有人说，管理信息化就是使用计算机信息系统进行管理，甚至说管理信息化就是 ERP。这是不恰当的，这只是一个方面。企业大量使用信息技术之后，必须变革自己的组织机构，规范企业的管理流程，以业务信息流为导向，优化业务方式和手续，让企业的产、供、销的业务流程以及财务处理、业务处理管理工作在流程改造中一体化，建立企业的共享信息资源，建立和健全企业的各项信息和信息活动的规章制度，提高营运效率，降低成本，实现集成化管理。一句话，所有的管理要素都要与使用信息技术相匹配，才能提升企业竞争力。

信息化的结果是加速各种管理的运作。如果不对不合理的流程、规范、标准进行改造的话，现代化的信息技术设备反而会加剧不合理，这既是投资的浪费，也会造成企业信息化建设的失败。

管理信息化的提出，是西方发达国家企业信息化发展的经验总结。当年许多大型企业争相投入大批资金购买计算机，可是并不是所有这样做的企业都成功了。究其原因，其中很重要的一点是对企业没有进行彻底的组织重建和管理变革，先进的计算机系统支持的是落后的组织结构和管理模式，于是人们提出了"管理变革"的主张，这就是"管理信息化"。

（3）人员信息化

人员信息化，指的是企业的各级管理者要对自己的管理理念进行全新的改造，建立和增强信息意识，确立信息管理观念，实现管理者观念信息化。这是决定企业信息化能否成功的关键，因为再好的信息技术、再好的组织结构，是由人来使用、人来指挥的。如果企业的管理者没有一个信息化的理念，或者对信息技术一窍不通，或者对信息技术设备的具体操作不甚明了，或者对企业信息化的运作心中无数，把信息管理看成就是计算机系统的管理，带着工业化的思想云指挥信息化，自然信息技术设备的潜力得不到充分发挥，企业信息化自然不可能获得成功。

技术信息化、管理信息化和人员信息化是整个企业信息化建设过程中不可分割、不可替代、不可或缺的三个组成部分。

企业信息化提升企业竞争力的作用机制表现为：技术信息化是提升企业竞争力的基础和前提，决定提升企业竞争力可能达到的最高水平。管理信息化是提升企业竞争力所不可缺少的手段。人员信息化是提升企业竞争力的核心，决定企业竞争力实际能够达到的水平。

2. 企业信息化的发展阶段

关于企业信息化发展阶段问题，已经有过许多研究，他们从不同的角度反映企业信息化的发展过程。其中有：美国管理信息系统专家诺兰（R. L. Nolan）于1979年提出的六阶段"诺兰模型"，英国管理学家 C. 埃德沃斯等人提出的"系统进化模型"和北京长城战略研究所在2000年提出的渐进式企业信息化模型。

综合已有的的研究成果，企业信息化可以分为以下六个阶段：

（1）初始阶段

企业购买了第一台计算机，企业信息第一次有了数字化的存在形式。企业信息化由此开始。

（2）单点数字化阶段

企业内某些部门开始使用计算机系统来处理数据和文件，通常是为了提高内部某项工作的效率或为了降低成本，如财务软件、办公软件、或者单机拨号上网获取有关信息等，但只限于编辑、查询、存储和输出。

与此同时，信息技术开始在企业内扩散，企业内的信息系统专家开始宣传应用信息技术的作用，企业管理者开始注意信息系统投资的经济效益。

（3）单点自动化阶段

企业的注意力转向以管理信息为目的的各种管理信息系统（MIS）。企业内某些部门的业务流程开始自动化，使用办公自动化系统、计算机辅助设计系统、计算机辅助制造系统、人力资源管理系统等。虽然主要还是用于数据处理目的，但是提出了新的要求，要求能够在需要时修改系统，每个部门都力求发展自己的系统；为了适应信息化的需要，还能够对部门内的业务流程进行重组；建立部门业务需要的数据库；各门类的信息资源逐步实现有序化。

在信息化管理上，管理信息中心成为一个正式的部门，以规划和控制企业内部信息系统的活动。但是，各部门之间没有联系，都是单点各自发展，不能进行电子数据的交流，没有实现较好的数据共享。

单点自动化是企业信息化的基础，企业可以不断地改进和深化单点自动化阶段的管理，把这一阶段工作做扎实，才好向下阶段发展，不要盲目追求形式上的整体效果。

以上三个阶段信息技术的使用，基本上处于战术层次，属于自动化和信息沟通的工具。

（4）联合自动化阶段

企业认识到自身在信息系统建设中的责任，从对计算机系统的管理转向信息资源管理，努力整合前三个阶段里形成的各自独立的信息系统，开始有完善的系统建设的规划，各部门之间有联合的集成框架，技术上使用数据库和远程通信技术，内部各部门之间实现数据和资源的整合、优化和共享，企业可以在一个平台上利用系统进行管理活动。

企业与外部的系统相互连接，实现电子数据交换，某些相同的操作，各企业之间不必重复，比如，订单、发票，以及其他共用文件都被电子传送。企业管理者开始尝试全新的管理方式。

这一时期的联合，最初可以是两个部门之间的整合，然后逐步发展为全企业各部门的联合，形成内部局域网。

（5）决策支持自动化阶段

企业有了所有人员都能使用的辅助决策的知识平台和协调机制，决策信息和数据进入自组织状态，可以在适当的时间自动合理地流向需要它们的人；使用计算机专家系统、决策支持系统，决策能力得到加强等。

同时，开始注意评估系统的成本和效益，企业能够有效地承担自己在信息系统中的责任，能够全面解决信息系统中各个领域之间的平衡和协调问题，并进一步提高企业之间的信息系统，使供应商、经销商和企业之间的交易过程合理化，企业间数据共享。

（6）敏捷的虚拟的企业阶段

企业实现了基于信息技术的敏捷性和虚拟化，借助计算机信息系统，实现了快速反应市场，快速整合社会资源，快速组织生产，满足市场需求。上中层管理者认识到系统的重要，正式的信息资源管理计划和控制系统开始使用，以确保信息系统支持业务计划。

以上三个阶段，信息技术的利用处于战略层次。

企业在实施信息化项目之前，应该深入分析本企业的信息化基础条件，认真评估本企业所处的信息化阶段，有针对性地制定企业信息化的规划和方案。

3. 企业信息化的基本方式

企业信息化的基本方式，主要有以下五个方面：

（1）技术辅助

这是企业信息化中实现"技术信息化"的主要方式。这里的技术指的是"信息技术"，"辅助"说的是信息技术在企业信息化中的地位。它有两层含义，一是指信息技术在企业信息化各要素中处于辅助的位置，不要搞成企业信息化就是"信息技术"化。二是在实施信息化项目的企业里从事信息系统开发的专业人员要处于辅助的位置，要按照企业的要求去做，要能够与企业的业务人员沟通一致，不要越俎代庖，不能代替企业去思考和决策。

但是，"辅助"不等于不重要，信息技术设备和信息产品是企业信息化的基础和前提，是绝对不可以缺少的。

（2）组织变革

这是企业信息化中实现"管理信息化"的方式之一。它又称作"组织重建"，是管理组织重建的一部分。

管理组织重建是指传统企业从提高企业的运行效率和经济效益出发，通过获取信息服务、信息技术和信息内容，用科学的原则，对企业的组织机构、工作程序、作业流程、管理目标、规章制度、员工素质等方面进行彻底的根本性的变革。

管理组织重建的内容，包括工作流程重建、组织机构重建、管理目标和方式重建。其中，对组织机构的重建称作"组织变革"。企业的组织变革主要包括企业内部组织结构的扁平化和网络化变革、联盟化和虚拟化变革、企业组织环境的变革、企业组织目标的变革等。

（3）管理变革

这是企业信息化中实现"管理信息化"的方式之一。在管理组织重建中，除了对企业组织结构的变革之外，还有对工作程序、作业流程、管理目标、规章制度等管理方面的变革，这些工作被统称为"管理变革"。由于重建的对象不同，又叫公司重建、流程重组、流程再造等。

目前提出的管理变革的新思想、新模式比较多。其中有代表性的有哈默的"企业再造"理论；圣吉的"学习型组织"理论；戴维陶和马龙的"虚拟企业"理论以及"精益生产"、"敏捷制造"、"业务外包"等生产管理变革模式。

（4）观念变革

这是企业信息化中实现"人员信息化"的主要方式。观念变革就是观念创新，要求在企业信息化的进程中，不能局限于信息技术，仅仅只做技术上的改造，还要同步进行各种创新。创新包括技术创新、制度创新和管理观念创新。管理观念创新包括价值观念的变革、思维观念的变革、管理模式和管理理念的变革等。

（5）扩容增殖

扩容增殖是企业信息化中实现"管理信息化"的方式之一。它是指向物质产品注入信息技术，或者利用信息技术将丰富的信息注入产品之中，提高产品的信息含量，以提高产品的附加值，达到增加企业经济效益的目的。比如，洗衣机装上芯片就是将信息技术注入普通物质产品提高产品附加值的做法。

二、电子政府

1. 电子政府的含义

电子政府，又称"电子化政府"、"虚拟政府"、"网上政府"、"政府在线"。在我国是通常所说的"政府上网"，是政府管理信息化建设的新概念。它是指政府通过计算机网络和现代信息技术、信息通信设备，在网上完成某些国家政府行政管理工作的任务，实施政府管理职能的工作。

电子政府最重要的内涵，是通过互联网提供在线信息与在线服务，即运用信息技术和通信技术，打破行政部门的界限，在互联网或各种网络上建构一个虚拟机关，使人们可以从不同的渠道取用政府的信息及服务，而不是传统的经过层层关卡、书面审核的作业方式；政府机关部门之间、政府与社会各界之间可以经由各种电子渠道相互沟通；政府可以依据公众的需求、公众可以使用的形式、方便的时间及地点，提供各种不同的服务选择。

在世界各国积极倡导的"信息高速公路"的五个应用领域中，"电子政府"被排在电子商务、远程教育、远程医疗、电子娱乐等应用之前，名列第一位。

电子政府不只是一个技术运动，而是一次社会公正的全面提升和创造社会效率的深刻革命。它将创造效率和社会价值，信息技术将使政府、社会和人民获益。电子政府的建立具有极为深远的意义：一是顺应了全球一体化、信息化的潮流。二是可以加速行政管理民主化建设的进程，提高政府行政工作的透明度，并有助于公民在网上的舆论监督，是促进行政管理民主化建设的好形式。三是可以拓展政府服务的空间，优化政府服务的手段，提高政府工作效率。四是为广大公众议政、参政提供了通道和手段，社会公众可以通过电子选举、电子邮件、电子民意调查、电子公民投票等方式，进行利益表达，以影响政府的决策，拓宽了公众议政、参政的渠道。五是可以促进我国的信息产业的发展。

2. 电子政府的应用

（1）政务公开

这是指政府在网上设立网站和主页，向公众提供非保密的政府信息的过程。当然，政务公开并不是只在电子政府中才有的。在以往的非电子政府时期和现在的非电子政府地区，也都有政务公开的事情，只不过那是通过书面的告示来实现的。实施电子政府的部门和地区，因特网为政府机构的政务公开提供了新渠道。

因特网的一大特征，是它能够把信息迅速传播到千家万户乃至世界各个角落，比印刷媒体及广播、电视等其他电子媒体具有更多的优势，传输速度快、信息负荷量大、高保真、多媒体性质、使用方便、有效。

电子政府的建立，政府将其职能、机构、办事程序、办事规章、政策法律法规、政府公告、政府官员的背景资料、施政方案，以及某些重大工程从提议到决策，某个备受瞩目的大案从立案、侦破到判决、执行，诸如此类以往讳莫如深的内情，凡是可以公开的，都可以在政府网站上直接披露，打破黑箱操作，实现政府信息资源共享，成为政务公开的新渠道。

（2）网上办公

网上办公，又称电子政务，指的是将过去在办公室里所做的工作，改为现在在网上办理的过程。

在电子政府的条件下，实现网上办公，公众就不必到政府机关驻地，可以直接在网上递交办事申请，行政管理者或办事人员不必见到公众，直接在网上审批、处理事务，而且不必像以往那样一个部门、一个部门、先后依次地进行审批处理，各个相关部门可以在网上同时审批处理。至于有些必须有实物证明才行的公务手续，可以通过建立一个电子文件资料中心来解决。

采取网上办公，不仅大大提高社会公众的办事效率，也可利用电子自动化的手段，节省政府工作办事时间，提高办事速度，精简政府部门，减少政府开支。

虽然不是所有的政府管理工作都能够在网上进行，但是确实有很多政府行政管理工作可以借助网络手段，改变传统的办公方式。比如，银行的网上支付系统、海关的报关单和外汇联网的外汇核销系统、远程教育系统、网上医院系统、增值税发票稽核系统和电子报税系统、进出口配额许可证网上发放系统、网上防洪信息发布系统、地震监控网络系统、劳动就业信息网络系统等，都是相关政府部门在网上办公的系统。

网上办公，还使公众信息数字化，实现信息共享，简化了办事手续。以往，公众、企业、团体在每一个政府机关都会有关于其身份特征的基本信息登记，电子政府对这些信息数字化，进行统一存储和管理，公众、企业、团体在不同政府机构办事时，可以直接调出使用，不需要反复填写这些基本信息。

比如，公民因工作就业时填写了个人信息之后，再办理营业执照，或缴纳个人税款，或结婚登记，或申领护照就不用再填写个人信息了。这些服务将给予公众最贴近的互联网服务的感受，使公众充分体验和享受电子政府的便利和效率。

网上办公，还使传统的行政管理中跨部门的联合办公得到很好的解决。在传统的行政管理中，涉及跨越多个部门的工作时，要么是办事的公众一个部门、一个部门地跑，要么是相关部门选择同一个时间和地点，进行联合办公。联合办公并不尽如人意，在过去那种条件下，也就只能如此。

建立电子政府，实现网上办公，行政管理人员不必选择同一时间，也不必把办公桌搬到同一地点，在网上随时都可以"联合办公"了。只要把原先相关的，但各自独立的业务进行网上链接，就可以实现跨部门、跨机关网上联合办公。

（3）电子商务

电子商务，是一个被媒体炒得很响的概念，但迄今尚无一个统一的说法。一般认为，电子商务是指应用电子及信息技术进行的经济贸易活动。电子政府中的电子商务，包括两个方面的内容：政府网上市场和政府网上采购。

政府网上市场，指的是政府机构可以建立专业化网上市场，以繁荣市场，推动经济的发展。比如，国家对外经济贸易合作部就建立了一个网上交易站点。这个站点里有上百万家厂商的产品供用户查询交易，这远比举办真正的交易会要节省得多，而且24小时都可以入市。这种网上交易会场被称作"永不落幕的交易会"。广东省一些地方政府，设专项资金为花农建立的专业网站，效果就很好。

这种模式，可以为各部委、局和地方政府效法。"政府搭台，企业唱戏"，由政府牵头组建，既具有权威性，避免重复建设，又可更多地吸引大家前来参与，迅速形成规模和气候，产生出巨大的社会效益和经济效益。

政府网上采购，指的是政府机关在网上采购自身需要的物资。政府机关是一个很大的集团消费者，因为它既要为社会提供大量的公共产品，又需要维持自身机构的运作。政府采购一直是行政管理中的一个重要课题。

网上采购的优点在于：政府将采购需求在网上公布，发出要约，进行公开招投标，买卖双方在网上结算和支付，还减少了采购报告等文本工作，降低了采购成本和缩短了采购时间，所有过程都有电子记录在案，增强了透明度，提高了管理效率，大大减少采购中腐败现象的发生，使政府消费更加合理、公平和有效。

（4）运作方式变革

电子政府的实施，可以改善行政管理的传统方式，使行政管理运作方式获得一次根本性的变革，可以实现无纸化办公，可以从网络上获取信息，包括机构内部的工作流信息和从机构外部获取的反馈信息，还是行政管理民主化的重要手段。

行政管理民主化的重要内容就是满足公众的民主要求，诸如知情权、参政权、选举权、监督权、意愿表达权等，应该给予保障。在传统的行政管理中，这种保障都是通过法律化、制度化来实现的，并没有理想的渠道。

网络作为一种大众传媒，其特点在于信息发布不记名、不丢失，安全可靠，以最小的失真度把信息传递给不计其数的人，它改变了政治交流的结构与流程，由自上而下转为双向、多向互动，它畅通了公众表达意向的渠道。借助于网络的交互性，可以实现社会、公众与政府的双向交流。

现在，政府网站一般都设有电子邮箱，接受并处理群众意见，及时转接到相关部门，督促和监督问题的解决。通过政府网站，政府还可以就一些问题展开网上调查，作为各部门工作的参考，促进政府决策民主。

3. 电子政府的建立

电子政府工作应坚持统筹规划、统一标准、条块协调、整合发展、互联互通、资源共享的原则，广泛采用现代信息技术，以网络为基础、应用为重点、信息资源开发利用为核心，推动职能转变和政务公开，提高工作效率和服务水平。

建立电子政府系统，应该有一个详尽的可实施的计划，具体建立步骤如下：

（1）办理相关的登记与申请手续

首先要向工商行政管理局办理行政登记手续，如果已办理过相关登记、现在需要变更行政项目的，应该向工商行政管理局办理变更登记。其中，政府域名的确定，应予以特别重视。政府的域名，如同是政府的商标，或者说是政府的网络商标。

（2）决定网站的设立方法

政府网站是否自行设立主机或是委托服务，由主办者做出选择，并寻找和选择合适的ISP（互联网服务供应商），确定今后的系统维护方法。

（3）采购需要的硬件设备和软件

如果政府自行设立主机，需要考虑购买适当档次的主机、路由器、服务器、终端机等硬件设备以及防火墙和其他相关软件，并向选定的ISP申请专线等。如果借用其他部门网络或是租用ISP的硬盘空间，只需购买个人电脑并向网络运营商申请专线或拨号接线即可，并由他们负责今后主机的维护。

（4）设计制作精美的政府网页

政府网站的网页制作，要使网页具有感染力，使公众感觉舒服和有信任感，能引起公众的兴趣；要对行政事务进行适当的分类，并及时提供充分的行政信息，以方便公众查询；要设计简便的搜索功能，使群众网上信息了解的流程畅通，网页中要避免图片过大和内容太长，以免影响公众的下载速度；网页的内容要经常定时更新，老面孔的政府网页将会很快地失去群众。

（5）后台处理功能的设计

客户完成网上申请、咨询后，其余的工作由电子政府系统的后台作业处理来完成。后台处理包括行政数据库管理等。一般情况下大部分政府无能力自行设计后台作业系统，都委托专业公司设计，或是购买国外大公司成熟的套装软件。

（6）系统的连线测试

电子政府系统建立后在正式上网运行前，需要先进行细致的连线测试。测试内容包括：系统功能及其在不同环境下的测试，如离线和连线测试、不同时段拨号接线测试、同一时段多人同时连接测试、不同平台连接测试、不同浏览器测试、不同解析度测试等，确定运行正常、没有问题之后才能正式上网，以确保今后系统能长期正常地工作。

（7）电子政府系统的正式运作

完成上述各项步骤后，可以确定一个日子正式开始电子政府的运行。一般情况下，应该尽可能在开始之前，利用一切传播媒介和手段进行宣传，以引起社会公众的注意，争取开门红。

4. 电子政府的管理

（1）网上信息的管理

这主要包括信息的发布、采集和更新。实施电子政府，必须进行认真严格的信息发布和信息采集管理，建立网上信息发布的规章制度，不允许随便、草率发布信息，更不允许在网上泄露国家机密；必须建立网上信息采集的规章制度，不允许对网上公众的呼声不闻不问，要有接受，有处理，有结果；建立网上信息更新规章制度，规定信息的发布量，规定信息更新的时间。

（2）上网政务的管理

这是指上网政务事项的选择和实施。因为并不是所有的行政管理任务都可以在网上完成，所以需要精心选择，上网后确实能够实施办理。

很显然，应该上网、也能够上网办公的事务，如果不上网，是不妥的。不能上网办理的事务，强行上网也是不妥的，因为即使在网上公布出来，在网上也还是办不成。虽然能够在网上办，但是从许多方面考虑一时还不宜上网的事务，强行上网也是不妥的。因为局部总是要服从全局的。

（3）公众信息的管理

公众、企业、社会团体等在政府机关办理各项事务时，提供的其个人或组织身份的信息，电子政府将其统一存储在专门的信息库，以便网上办公时使用，不必重复填写。这种信息库的建立和运行需要管理。

（4）办公向导流程管理

在网上实现联合办公，既有技术上如何实现的问题，还有相关行政机构的认可和协作的问题，否则，系统把信息传递给某一机构，某一机构的行政管理者却不予办理，网上联合办公还是实现不了。所以，必须对网上流程进行管理，对每一种联合办公流程中的相关机构、人员的职责与办事逻辑做出规定，包括上级机关和下级机关、上级领导者和下级被管理者，都应该做出明确的规定。

（5）政府采购管理

采购管理虽然是一个传统的常规管理任务，但是网上采购的管理还是一个新课题。在网上究竟如何招标和揭标，如何洽谈，如何进行交易，如何支付货款，如何确认货物质量，如何进行应标者身份认证和资信审查，多年来行之有效的采购管理方法在网上采购中用不上。这只有通过有效的网上采购管理才能解决。

（6）广告管理

政府网站一般没有广告。不过，一些经济性的政府组织或部门的网站上还是有广告的。有广告就应该有广告管理，包括广告内容、播出时间、费用计算等。

[思考题与案例分析]

1. "信息是具有新内容的知识和消息"、"信息是具有决策参考价值的数据"、"信息就是资源"等说法对不对？为什么？你在学习本章之前对这些概念是怎样认识的？现在有什么看法？

2. 什么是信息管理？信息管理包括哪些内容？

3. 为什么说信息管理就是运用计算机信息系统进行管理的说法不妥当？

4. 图书馆、档案馆的管理模式能不能用在组织的文献信息管理中？为什么？

5. 为什么信息管理并不只是对信息部门的管理？

6. 为什么说信息管理与常规管理是并存一体的？

7. 信息管理的五大原则各包括哪些内容？

8. 分类整序的步骤包括哪些？每一步都有什么具体要求？

9. "主题整序中主题词的选取，就是从文献的标题中选择几个词就可以了。"这种说法对不对？为什么？

10. 共享原则中"贡献原则"和"防范原则"是否对立？为什么？

11. 学校收发室为了及时将地址不详的信件送到同学手中，从教务处要来了全校各院系学生名单。这个名单收发室是否合用？为什么？

12. 根据你的了解，你认为目前信息安全问题主要表现在哪些方面？

13. 信息搜索意识主要表现在哪些方面？你平时是否有这些方面的表现？

14. 激活原则包括哪三大类？你平时有没有过激活信息为自己服务的体会？

15. 什么是企业信息化？学习本章后你对管理信息化是怎样理解的？

16. 什么是电子政府？你对我国当前电子政府的现状有什么看法？

17. 阅读下面的案例，回答案例后面的问题：

案例　黄河摩托车集团总裁自认为企业信息化做得比较好。一次集团技术部赵至卓工程师申请的一个政府资助研究项目获得批准。这天，赵工程师拿着银行转账的项目研究经费票据，到财务部来办理经费入账手续。财务部会计告诉他，应该先到项目开发部登记，扣缴科研管理费；再到技术部入账，开收款发票；最后才到集团财务部来办理。赵工程师不太理解，说：你们这几个部不是都有计算机吗？联成网，我们不是可以不要这么跑了吗？会计说，是啊！联上网就可以了。可现在还没连上，你就还是一个单位、一个单位地跑吧。赵工程师无奈地摇摇头。

问 从企业信息化内涵看，黄河摩托车集团存在的问题属于什么问题？

18. 宏渝咨询公司业务部的信息员小刘指着盛源集团公司送来的统计表（表7.1）说："中长期研究项目的投资越来越少，会影响公司未来发展的。"业务部主任赵明说："从表上看他们没问题。你来个辐射推导，把数据处理一下看。"小刘恍然大悟。请问小刘是怎样处理数据的？那样处理有没有意义？

表 7.1   盛源集团公司开发部历年科研经费情况统计表   单位：万元

年 份	中长期项目		短期项目		技术革新	
	课题数	年投经费	课题数	年投经费	课题数	年投经费
2000	52	280	32	90	11	15
2001	48	260	41	128	68	188
2002	29	208	40	166	97	275
2003	21	182	56	189	132	334
2004	16	198	63	213	184	498

[推荐阅读书目和文献]

读者如果对本章的内容感兴趣，还可以阅读以下文献：

长城企业战略研究所 . 2000 . 企业信息化研究报告 . 经济研究参考：1～46

杜栋 . 2004 . 信息管理学教程（第2版）. 北京：清华大学出版社

娄策群 . 2005 . 信息管理学基础 . 北京：科学出版社

司有和 . 2003 . 企业信息管理学 . 北京：科学出版社

司有和 . 2003 . 行政信息管理学 . 重庆：重庆大学出版社

司有和 . 2001 . 信息管理学 . 重庆：重庆出版社

滕佳东 . 2005 . 信息管理学教程 . 大连：东北财经大学出版社

托马斯·巴克霍尔兹 . 2000 . 明天的面孔：信息水平——开启后信息时代的钥匙 . 黄瑾等译 . 北京：北京工业大学出版社

王众托 . 2001 . 企业信息化与管理变革 . 北京：中国人民大学出版社

杨志 . 2005 . 企业信息管理 . 北京：清华大学出版社

张广钦 . 2005 . 信息管理教程 . 北京：北京大学出版社

T. 普罗克特 . 1999 . 管理创新 . 北京：中信出版社

第八章　管理者自我提高的管理

第一节　自我提高与自我管理

一、管理者及其群体

1. 管理者

（1）管理者的含义

关于管理者的含义，有一个发展变化的过程。早期传统定义的管理者，是指组织中指挥他人的人。这一定义在当时区分了"管理者"和"所有者"的职能。

随着独立的大型长期性组织的问世，组织内出现一类从事管理工作但并不指挥他人的人。比如，一些大公司的财务主管，主要从事的是企业的财务工作，其任务是同能为企业提供资金的人、机构和金融部门打交道，他可能只有两三个下属，甚至没有下属，他是以个人方式为企业做贡献。但是，不可否认，他是公司高层管理班子中的一员。所以，管理者不仅应该包括管理他人的人，还应该包括为组织独立工作的人。

于是，有人定义，管理者是在组织内一定职位上担任职务、拥有监督和指挥权的人。但是，有人提出，管理者的标志不是他是否拥有指挥权，而在于他对组织是否承担有责任和做出过贡献。管理者的责任是对自己的工作负责，而不是对他人的工作负责。也就是说，管理者应该是泛指所有执行管理任务的人。

据此，我们定义，管理者是指那些从事管理过程的实现、对组织内员工进行领导、组织、协调并监督其实施的人。许庆瑞的《管理学》□亦如是说。很显然，这个定义也包容了自我管理中的管理者——自我。

在现有的管理学著作中，有的把管理者称作"主管人员"，有的称作"管理人员"，有的详细地区别了"管理者"与"管理人员"的不同内涵。笔者以为后者是恰当的。"管理人员"指的是在各类管理机构和部门里具体从事同管理有一定联系的业务工作的人员，如会计人员、统计人员、销售人员等，国外都称作职员。"管理者"是指在这些机构和部门里领导这些管理人员的人。

（2）管理者的类型

通常，对自我管理中的管理者并不划分类型。而组织管理中，管理者的情形表现较为复杂，可从如下两个方面进行分类：

第一，管理者纵向层次类型。由于组织结构是分成层次的，所以管理者也是分成层次的。通常，在一个组织内，管理者被划分成三个层次：高层管理者、中层管理者和基层管理者。

高层管理者，对整个组织实施领导、指挥和控制的管理者。主要负责对组织环境的监视，并能够对环境的变化做出正确预测，据以进行整个组织的战略思考，对组织的今后发展做出决策。

中层管理者，处在组织中层的一大批管理者。主要负责实现高层管理者所拟订的战略，并对基层管理者进行指导和监督，同时还承担着上下级之间的信息传递工作。

基层管理者，在最基层对第一线的员工进行指挥、协调和监督的管理者。

所谓高层、中层和基层，其实也是相对的。对于一个企业来说，总裁、总经理、副总裁、副总经理是高层管理者，职能处室的负责人、车间主任等是中层管理者，班组长则是基层管理者。在大学里，校长、副校长、教务长等是高层管理者，学院院长、系主任是中层管理者，教研室主任是基层管理者。但是，在大一些的范围里，这些情形就会有所变化。比如，在一个国家的信息产业领域里，信息产业部部长是高层管理者，各省市的信息产业局局长是中层管理者，而具体到某一个信息企业来说，企业总经理就是基层管理者。同样道理，国家教育部部长是高层管理者，省市教委主任是中层管理者，大学校长就只能是基层管理者。

第二，管理者横向业务类型。按照管理者承担的业务工作类别的不同也可以对管理者进行分类。比如，对于企业组织来说，一般会有生产经营管理者、市场营销管理者、财务管理者、人事管理者、行政管理者、技术开发管理者、信息管理者以及其他业务管理者。

（3）管理者的任务

任何一个自我管理者或组织管理者，不论他是哪个层次、从事什么类型的业务，都必须完成以下五项任务：

第一，拟订目标。他必须拟订他所负责的那个领域或部门或自己的目标，保证所制定的目标与组织总体战略目标相一致，并且明确实现该目标必须做的事情，能够将目标向自己的下属讲清楚。目标的拟订，可以是根据上级的意图独立制定的，也可以是转述上级的意图。

第二，精心组织。他必须将实现目标的工作，划分为可以管理的作业，将人员和物资与作业进行配置，组织一个个的作业小组，采取必要措施做好激励工作，并指挥他们具体实施。

第三，联络沟通。他必须与和自己共同工作的所有人员保持密切的沟通联系，了解他们的工作情况，对他们的工资、安置和晋升做出决策，并保持与上司、同事的经常联系。

第四，认真考核。他必须规定他所负责的那个领域或部门的考核标准，既注重整个领域或部门的工作绩效，也注重每一成员的工作绩效，并及时地将考核的结果传达给下属、上司和同事，以便做必要的改进。

第五，培养人才。他必须在他所负责的那个领域或部门进行培训，发现人才，给下属以必要的指导，提供及时必要的咨询服务，为人才成长，包括自己的成长，提供有利条件。

2. 管理者群体

（1）管理者群体的含义

在组织管理中，有管理者，就有管理者群体。组织目标的实现，并不总是由管理者个人单独完成的，往往都是由管理者群体共同实现的。

管理者群体是从事某一共同管理工作任务的管理者的集合体。组织内各层次的管理者实际上就是一个管理者群体。

（2）管理者群体的结构

管理者群体结构是指构成该群体的诸元素及其相互关系的总和。研究管理者群体结构，可以为特定的管理者群体的优化或重建提供理论依据和现实施行的方案，为管理者群体的行为及其控制提供决策参考。

第一，年龄结构。这指的是管理者群体中群体成员的年龄分布。理想的年龄结构应该是老、中、青相结合。老年人经历的事情比较多，拥有丰富的管理经验，考虑问题细致周全，作风稳重，讲究实效，但是求稳怕乱，思想趋于保守固执。青年人富有工作激情，敢想敢说敢做，敢于开拓，敢于冒险，但缺乏经验，容易偏激，办事有时欠周到。中年人既有老年人成熟的一面，又有年轻人热情的一面，有一定的管理经验，懂得深思熟虑的重要，决策时兼有大胆和谨慎。因此，一个好的管理者群体的年龄结构以两头小、中间大为好，以中年管理者为主，兼有年轻人和老年人。

第二，知识结构。这指的是管理者群体中群体成员所拥有的知识门类和数量构成。理想的知识结构应该是从整体上看，所拥有的知识能够满足该群体完成其所承担的管理任务。它并不要求群体内每个成员都具有全面的知识，只要求每个成员成为本领域或本部门范畴内某一方面的专才，然后由若干个专才组成了整个管理者群体的"全才"。

管理者群体的知识结构，又称作修养结构。具体包括理论修养、知识修养、业务修养、语言艺术修养。详细内容请看本章第二节。

第三，能力结构。这指的是管理者群体中群体成员所拥有的能力构成。理想的能力结构应该是从整体上看，所拥有的能力能够满足该群体完成其所承担的管理任务。和知识结构一样，它并不要求群体内每一个成员都具有全面的能力，它要求每一个成员应该具有完成本领域或本部门范畴内某一方面工作的能力，使整个管理者群体具有能够全面解决问题的各种能力。

管理者群体的能力结构，具体包括获取和处理信息的能力、思维能力、管理能力、表达能力、社会交际能力。这里的能力自然不是说管理者群体会思维、会表达，而是指群体中每个人能力的总和。详细内容请看本章第二节。

第四，素质结构。这指的是管理者群体在处理各项事务中显露出来的态度和方式。体力强壮、勇敢顽强是一支足球队必备的群体素质。反应敏捷、自觉性强、记忆水平高是大学少年班的群体素质。

管理者群体的素质结构，具体包括政治素质、文化素质、管理素质和群体心理。还有人提到管理者的气质、性格等因素。详细内容请看本章第二节。

二、管理者自我管理概述

管理者的自我管理，在现行的管理学著作中尚未见给予明确的定义。南开大学出版社出版的《管理学原理》认为："管理者的自身管理是最为重要的，处于管理诸要素的首位。"这一观点是非常精辟的。笔者完全赞成。但是，他也没有给"自身管理"定义。

自我管理是客观存在的，存在于生活、学习和工作中。这一点，我国古代名人学士们早就有许多论述。先秦的《论语》中有："其身正，不令而行；其身不正，虽令不从"，"若安天下，必须先正其身"，"吾日三省吾身"等；汉代桓宽《盐铁论》中有："善治人者，能自治者也"；宋代王安石《洪范传》中有："能自治然后可以治人"等。近两三年，连续有不少关于自我管理的文献发表，管理学的研究者们应该予以关注，并引入教材和编著中。

1. 自我管理的概念

有学者这样定义：自我管理就是在一定的社会历史条件下，具有自我意识、自主意识和自由能力的人在正确认识自己的前提下，通过合理的自我设计、自我学习、自我教育和自我控制等环节，以获得自我实现和全面发展并能推动社会进步和人类解放为目标的能动活动。

这个定义，主要精神是可以的，但是有一些不妥之处，如下：

自我管理自古就有，不论什么社会条件下都有自我管理，加上"一定的社会历史条件下"，没有必要。

至于"自我意识"虽然和"自主意识"是不同概念，但是有自主意识的人也都有自我意识，所以只用"自我意识"就可以了。没有自由能力的人也会进行自我管理。所以，"自主意识"和"自由能力"可以略去。

至于"在正确认识自己的前提下"，有的人过高地估计自己，给自己做了一些安排，其结果并不一定都会失败，我们就不能因为他对自己的认识不正确，就说他不在进行自我管理。应该说他的自我管理工作没有做好。

还有以"全面发展并能推动社会进步和人类解放为目标"这句话，这当然可以是自我管理的目标，但他并不是唯一的目标，具体目标是多种多样的，但是有一点是共同的，那就是都是为了自我实现。

据此，笔者这样定义：自我管理是具有自我意识的人，根据对自己的认识，通过自我设计、自我学习、自我实践和自我控制等环节，以求获得自我实现的能动活动的全过程。

自我管理具有管理的全部特征：有管理主体，是人的自我；有管理客体，也是自我；有管理媒介，是信息；有管理目标，是为了获得自我实现；有管理职能，自我设计是计划职能，自我学习、自我实践是领导指挥职能，自我控制是控制职能，因为只是自我一人，不需要组织职能；并且也是一个经历"计划、实施、反馈、调控"等阶段的过程。

关于"自我管理"，目前有两种说法：

一种是个人的自我管理。这是指管理主体是自然人的自我管理。它又分为"管理者的自我管理"和"非管理者的自我管理"。每一个管理者都需要进行自我管理；社会上的每一个人也都需要自我管理。

另一种是组织的自我管理。这是指管理主体是社会组织的自我管理。包括企业自我管理、行业自我管理、团体自我管理和国家自我管理。和个人的自我管理不同，这里的"自我"不是指的自然人自己，而是指组织，强调的是组织不需要在社会的督促下，自觉地按照社会的法律、规范和惯例管理好组织本身。所以，这种"自我管理"其本质还是组织管理，不属于本书所说的自我管理的范畴。

2. 管理者自我管理的内容范畴

管理者自我管理的内容，包括自我设计、自我行为管理、自我形象管理和自我提高管理。

（1）自我设计

自我设计相当于一般管理中的计划、战略，就是自己给自己确定战略目标。我们在第二章讲到战略时，曾经指出，对于企业来说，战略制定者要确定合适的战略目标，通常要回答三个问题：我的企业是一个什么企业？应该是一个什么企业？能够是一个什么企业？

对于自我管理中的自我设计，也要回答三个问题：我是一个什么样的人？应该是一个什么样的人？能够是一个什么样的人？

和企业的思考是一样的，第一个问题要解决的是了解现状。第二个问题要解决的是本人最理想的目标，可能达到的最好目标。第三个问题要解决的是从本人自身实际情况出发，实际上能达到的目标，换句话讲：什么目标对自己最合适。

同样，最难回答的也是第三个问题，一个人要真正了解自己并不容易。过高地估计自己的能力，可能导致战略目标定得过高，以致成才之路受阻，战略目标不能得到实现。过低地估计自己的能力，可能导致战略目标定得过低，以致失去发展的战略机遇。

著名美籍中国物理学家、诺贝尔物理学奖获得者杨振宁教授在中国科学技术大学曾经讲述的关于选择战略方向的故事，就很能说明这个道理。

案例 8.1　杨振宁教授说，当年，他是抱着为振兴中国实验物理学的理想，到美国去学实验物理的。可是，在美国阿贡加速器实验室干了 20 个月也没有多大长进。他的导师泰勒教授见他理论物理方面能力很强，劝他改学理论物理。起初他还想不通，可当他改学理论物理后仅仅两个月就获得了物理学博士，这才有后来的杨振宁。

杨振宁教授又讲述了他于 1972 年接受的一个研究生，中国台湾学生赵舞，跟随他学习理论物理。两年后他发现赵舞的动手能力很强，对计算机很熟悉，程序编得很好。于是杨振宁就劝他改学实验物理。和杨教授当年一样，赵舞在开始时也想不通，杨振宁教授亲自把赵舞推荐到布鲁克海汶实验室加速器中心工作。两年后赵舞就成为加速器极化问题方面的专家。

杨振宁教授最后归纳说，一个人选择主攻方向有三条原则：第一，要选择自己最感兴趣的科目。第二，从自己的实际才能出发。就是说，我自己是怎样一个人，我最适合做什么事。第三，要有远见，选择今后有较大发展的那些学科。

杨振宁教授这里所说的三条，就是自我管理中自我设计的三条原则。不过，这两个故事中，"自己最适合做什么"的环节，虽然都是老师向自己提出来的，但是都还是自己最后决定的。

其实，又何止杨振宁是如此，达尔文学医学、数学和神学，只能算是"慢班"的学生，可是他喜欢旅行、收集标本，成了他发现物种起源的捷径；卢瑟福的研究生阿波莱顿没有跟他研究原子核物理，选择了自己热爱的无线电，结果阿波莱顿发现了电离层，因此获得诺贝尔奖。这些都是他们自我设计的结果。翻翻科学史，哪一个成功的课题，不是研究者自己确定的？翻翻文学史，有哪一本名著是别人给他定的选题？目标总是由自己选定的，这就是自我设计。

不过，杨振宁教授的三条原则中，还隐含着一条原则没有明确说出来，那就是在自我设计初步完成之后，还要进行可行性分析。因为这三条只解决了我应该做什么和我能做什么，必须再加上一条：环境许可我做什么！如果客观环境不许可做，再好的方案也是没有意义的。因为一个人的爱好是多种多样的，爱好是可以培养和迁移的。爱好不等于擅长，而擅长必定爱好。如果客观环境不许可发展某一爱好，还可以换一个爱好，发展成擅长。只有客观环境是可行的，你才可以按你的自我设计去行动，即可行方可行！

(2) 自我行为管理

这是指管理者对自己的行为进行管理。它包括两个方面的内容，一是对个人成长过程中的行为进行管理，二是对管理者完成管理工作任务时的行为进行管理。

诸如信息的获取、兴趣的扩展、注意的强化、意志的确立（困难时的坚持）、情绪的调控（失败、受批评或成功、受表扬时的情绪控制）、失误的控制等方面的行为管理，是上述两种管理中都会遇到的。至于自我设计的实施，属于个人成长的行为管理；角色的把握，则属于管理者在完成管理任务时的行为管理。

(3) 自我形象管理

这是指管理者对自身形象塑造的管理。它包括自我形象塑造、自我形象测评和自我示范。无论是一个在现实中担任职务的管理者，还是没有担任管理职务的一般员工，都有一个自我形象塑造的问题。用一句俗话说，就是你要给别人一个什么印象。一个新进入企业的员工总会想如何给顶头上司一个好的印象，刚刚提拔的管理者也会这样想，其实这就是自我形象塑造的开始。

所以，自我形象管理指的是在他人心目中塑造一个自己所希望的、他人愿意接纳、理解和欢迎的形象的过程。

自我形象塑造，尤其是管理者自我形象塑造，要注意到形象的复杂性：有管理者自己头脑里的主观形象，有自身在实际中显示的客观形象，还有下属眼中对你的角色形象。主观形象好于客观形象、客观形象好于角色形象，都会导致管理者失去下属的追随和指挥失灵。三者形象越是一致，就越能获得下属的信任和追随。

案例8.2 据报道，世界著名经济学家张五常是新制度经济学的创始人之一，曾担任1997～1998年度美国西部经济学会会长，被评为美国最优秀的教师，应邀参加诺贝尔颁奖大会，面对众多诺贝尔经济学奖得主发表演讲，声名显赫一时。可是，在他应聘到香港大学当教授时，却被授予"最差教学奖"。全港哗然！原来，他虽然讲课生动，富有启发性，很受学生欢迎，但是他又不拘小节，不按常规办事，不备课，不板书，不布置作业，不介绍参考书……因此，按照香港大学的有关规定一条一条打分，他就得了最低分。

在这个案例中，我们并不想评论香港大学的规定是否合适，但是有一点是很明确的：张五常缺乏自我形象塑造的工作。他没有能够做到主观形象、客观形象、角色形象的一致，至少他忘记了作为一个大学教师的角色形象。

(4) 自我提高管理

这是指管理者对自身素质、修养、能力不断提高的管理。它包括自我学习、自我教育和自我实践。

鉴于本书篇幅有限，下面只介绍自我提高管理的内容。

3. 管理者自我管理的方法

（1）感知、自学

这是指管理者在自我管理中对新信息的感知和理解。它包括两个方面：一是对外界环境中新信息的感知和理解，往往是通过直接观察、社会调查和阅读文献来实现；二是对新的自我信息的感知、理解和评价，心理学上称之为"自我知觉"，这往往是通过管理者的自我意识和自悟来获得的。

西方学者 D. J. 比姆 1972 年提出自我知觉理论，认为，当人对内部状态模糊不清、不明确，或者对自己做出什么反应不太关心时，可以通过自己的行为和行为发生的情境来了解自己的态度、情感和内部状态。

（2）亲自实践

这是指管理者在自我管理中，无论是自我设计中内容的落实，还是在管理工作中对自身行为的管理，都需要付诸实践，亲自参与。仅仅停留在口头上，自我实现的目标是实现不了的。

（3）自悟、自省、自律

自悟，指的是管理者在自我管理中，不需要别人指点和教育，对自己的成功、失败、采集的信息、经历的过程等方面情况所产生的一种内心的升华和顿悟，悟出其中某些源于具体事件，但高于具体事件的规律或道理。这是管理者在自我管理，尤其是自我提高的过程中的主要手段。究其本质，自悟不过是一种思维能力。勤于思维的人，往往自悟能力也比较强。

自省，指的是管理者在自我管理中能够经常地反思自己做过的事情，寻找存在的问题，以求改进。它与自我批评还有所区别。自我批评一般都是在公开的场合下对自己做出检讨，自省则总是由个人独自进行的。

自律，指的是管理者对自己行为的限制，规定自己可以为和不可以为的范畴，并自觉付诸实现。

（4）自我意识

自我意识，指的是人对自己的属性、状态、行为、意识活动的认识和体验，以及对自身的情感、意志活动和行为进行调节、控制的过程。它是管理者进行自我管理的前提和基础。缺乏自我意识的人，是无法进行自我管理的。

三、管理者自我提高概述

1. 自我提高的含义

自我提高，指的是管理者通过自身的努力，在自身素质、修养、能力等方面，相对于自己的过去有所提高的过程。这一定义有四层含义：一是自我提高是由自己完成的；二是自我提高的内容主要是自身的素质、修养、能力；三是所谓"提高"，不是指绝对水平的高低，而是指相对水平，是相对于自己的过去有所提高；四是自我提高是一个过程，不是一次就可以完成的。

自我提高的过程，通常包括了解过去水平和情况，确定未来目标，制定实现目标的计划，亲自实施计划，检验实施效果，做好反馈控制。

2. 自我提高的内容

自我提高的内容就是管理者的素质、修养和能力。关于这方面的具体内容在本章第二节再做介绍。但是，目前在管理学领域，对于管理者的素质、修养和能力，看法还很不统一，使广大管理者在自我提高中无所适从，带来许多困惑。

（1）管理者素养、能力研究的现状

为了说明目前管理学领域对管理者素质、修养、能力研究的现状，下面简单摘引一些著作的观点：

中国人民大学出版社 1994 年第一版、2004 年第二版的《管理学原理》和红旗出版社 1997 年出版的《组织行为学》认为，领导者应该具有的"素养"，"一是指素质，二是指修养。素质主要侧重于先天的禀赋、资质；修养主要侧重于后天的学习、锻炼"，修养的具体内容包括：懂得领导者应具备的知识、移情作用、客观性和自知之明。很显然，强调素质是"先天的禀赋"并不合适，给已经有了自我意识的管理者们无疑会有很大的刺激，因为素质是先天的，爹妈给了我什么素质就是什么素质，要想提高素质看来是不可能了。至于该书指出的四个方面的修养，作为一个管理者确实是应该具备的，但是谁都会明白，作为一个管理者，仅仅只有这四条又肯定是不够的。

浙江教育出版社 1998 年出版的《现代管理学》认为，现代管理者应有的素养，一是素质，二是修养，具体内容包括：①博学多识、通情达理；②多谋善断、灵活机变；③知人善任、善于人同；④公道正直、以身作则；⑤铁面无私、赏罚分明；⑥敢负责任、敢担风险，共计六个方面十二条。可是，这十二条中，哪些是素质，哪些是修养，并没有说明。

复旦大学出版社 2004 年出版的《管理学——原理与方法》（第四版）和南京大学出版社 1998 年出版的《管理原理》认为，领导者的素质包括思想素质、业务素质和身体素质，其中业务素质包括业务知识和业务能力。

中山大学出版社 2001 年第 22 次印刷的《行政管理学》（第二版）认为：行政领导者个人的素质结构包括政治素质、知识素质、能力素质、心理素质。

清华大学出版社 2003 年第 18 次印刷的《管理学》认为，在中国，领导者应具备的素质，包括政治素质、思想素质、知识素质、心理素质、能力素质。

高等教育出版社 2000 年第 5 次印刷的《管理学》认为，现代管理者应具备的素质，包括品德、知识、实际能力。其中，品德包括管理意愿和心理素质。

复旦大学出版社 2001 年出版的《行政学原理》认为，行政领导者的素质包括两大方面：内在素质和外在技能。内在素质包括性格、品德和体质；外在技能包括知识水平、智能水平、决策能力、组织控制能力、协调能力和用人能力。

在上述论著中，虽然素质体系总体结构的说法不一致，但是有一点好像趋于一致，就是大多数著述中认为知识和能力都属于素质的组成，有知识素质、能力素质的说法。本来，学术观点不一致是正常现象，也无可厚非。但是，这种说法，等于将素质、知识（修养）、能力三者合一了，或者说，素质除了政治、身体之外，还是由知识和能力来体现的。这种认识不能给管理者自我提高以具体实际的帮助。因为循着这种思路推下去，管理者要提高，自然是提高素质，素质包括知识，要提高素质就包括提高知识，要提高知识就是多读书。可是事实上，许多人读了许多书，并没有感到素质有所提高。

此外，在现有的关于管理者素养、能力的论述中，在谈及这些素养、能力的具体内容时，大多数是处于现象描述和论证阶段，只是阐述应该有哪些素养和能力，或者举一下国内外著名企业家、领导者的实例加以证明。当然这些做法本身并没有错，也是有意义的，但是究竟应该怎样才能获得这些素养、能力，并没有给出具体的方法。可以说，所有读到关于管理者素养、能力章节的读者，并不是为了欣赏那些管理大师们的精彩表现，而是在想我自己怎样才能也达到这个水平。

可是，现有的理论能告诉他的，就是多读书、多学习、多实践。于是，许多单位为了提高人力资源队伍的水平，办班、讲课、进修、读书，许多管理者都在设法提高自己，读研究生课程班，读 MBA，以致不惜工本地读 EMBA。可是，班也办了，书也读了，学位也拿了，却总是感到提高并不明显。就是说，许多人已经是"读书破万卷"了，却还不能"下笔如有神"。

（2）管理者素养、能力研究现状存在的问题

现有的关于管理者素养、能力的研究成果不能解释下面的事实：

第一，既然已经"读书破万卷"，为什么还不能"下笔如有神"？

"读书破万卷，下笔如有神。"是我国唐代著名诗人杜甫的两句千古绝唱，出自他的《奉赠韦左丞丈二十二韵》。杜甫自二十四岁进士落选，到写此诗时已有十三年，到长安也已三年，结果处处碰壁，素志难伸。这首诗是在唐玄宗天宝年间，他困守长安时，求尚书左丞韦济引荐的诗。

纨绔不饿死，儒冠多误身。　　丈人试静听，贱子请具陈：
甫昔少年日，早充观国宾。　　读书破万卷，下笔如有神。
赋料扬雄敌，诗看子建亲。　　……

杜甫确实无愧于"读书破万卷，下笔如有神"。也正因为杜甫是如此，长期以来给人们一种误解：以为只要"读书破万卷"了，就一定可以"下笔如有神"。

可是，事实上又不是如此。这其中的原因在哪里？请看图 8.1 所示。

杜　甫：　　破万卷＋？＝如有神

一般人：　　破万卷＋0＝不能如有神

图 8.1　一般人与杜甫的差距

　　显然，杜甫"破万卷"就能够"如有神"，而一般人就不能"如有神"，这说明"破万卷"只是决定"如有神"的一个因素，只具备一个因素还不行，还要具备另一个因素。另一个因素，一般人没有，为零；而杜甫有，那就是素质。

　　"破万卷"解决的是"知识"问题，知识属于修养。可见，决定能力的根本因素是素质，知识只是一个条件。素质和知识（修养）不是一回事，是两个概念。如果"知识"和"素质"是一回事，就解释不了已经"读书破万卷"还不能"下笔如有神"这一现象。

　　这个结论，我们在实践中也能观察到。在实际工作中，某些很有管理知识修养的管理者也会犯知识性错误，而缺少管理知识修养的人也会做出优秀的决策。这同样说明一定还有修养以外的条件因素控制或制约着管理者的行为。很显然，这个因素就是管理者的素质。

　　第二，"茶壶装元宵"，为什么"有货倒不出"？

　　这是中国古代的一句谚语。说的是有些人，虽然肚子里有"货"，也就是有知识，但是表达不出来。知识是修养，表达是能力，就是说虽然修养高，但是能力还是不强。这是为什么呢？

　　因为茶壶嘴的设计，本来只是为了倒水的，并不是为了倒元宵的。也就是说，倒元宵的能力，固然需要有元宵，没有元宵肯定是倒不出元宵来。但是，现在有了元宵，还是倒不出来，这说明，能否倒出元宵，并不只是决定于茶壶里装没装元宵，装了多少元宵，还要决定于茶壶嘴。茶壶嘴太细，只能倒水，先天素质不行，所以倒不出来。可见，决定表达能力的根本因素是素质，知识只是一个条件。

　　只有素质和修养不是同一个概念才能解释得通这一现象。

　　第三，"一个人在校的学习成绩"为什么"与他事业上的成功无关"？

　　美国哈佛商学院企业管理教授列文斯敦通过对大量获得管理学硕士学位的人在实际工作中的使用发现，他们在学校里的成绩同管理上获得的业绩之间并无直接关系。他认为，如果学习成绩能与事业上的成功相等，那么，这个受过良好教育的经理就是一位神话中的人物了。

　　这话说得未免有些过于绝对，但是我们不能否认这确实是一个比较普遍的现象。列文斯敦教授只是指出了这一现象，并没有解释原因。

　　原因也是素质与知识的关系。因为在校学习成绩好，就是考试考得好，考试考的是记忆，考试好说明记得的知识多。就是说，学习成绩好仅仅说明其知识接受得好，并不表明他的素质就一定高。在学校学习中，解决的疑难问题，都是老师给的，因此都有一个心理准备：老师给的题目，再难，也都会有结果。因此，做起来心理上比较轻松，只不过花的时间可能多一些。

但是，学生进入社会之后，遇到了问题，需要什么知识来解决，并不一定需要他能够记住这个知识，只要他届时知道如何去找，并能够找到这个知识就足够了。如果遇到一个难题，这个难题有没有结果，会是什么样的结果？是好的结果，我怎样去得到它？是坏的结果，我怎样去回避它？这一切都是不确定的，不可能有丝毫的心理准备，仅仅靠知识是解决不了这些问题的，只能靠素质。

可见，素质和知识（修养）不是一回事，知识不是素质，知识不能代替素质，决定事业成功的因素，知识只是条件，素质才是根本。所以，光靠读书并不能解决能力提高的问题，要提高管理者的能力，应该努力于素质的提高。

美国前国家公共服务署首席信息官托马斯·巴克霍尔兹在他的著作《明天的面孔：信息水平——开启后信息时代的钥匙》中说，"信息水平是指通过有效运用信息制定和达成目标的能力。从操作上来说，信息水平包含了做出和执行决策的素质。"可见，素质是决定管理者信息水平的重要因素。

可见，素质、修养、能力是既相互独立，又相辅相成、紧密联系的三个不同概念。那么，什么是素质？怎样才能提高素质？素质、知识（修养）和能力三者的关系是什么？本章在第二节再详细介绍。

3. 自我提高的方法

自我提高的方法，就是自我提高管理者的素质、修养、能力的方法。当然，不可能有一个统一的方法，但是有一个观念应该是统一的，就是：要坚信自己的素质、修养、能力是可以提高的，只要方法得当，不求一劳永逸，更不求一步到位，用积跬步以至千里、积小流以成江海的精神，日积月累，总是可以得到提高的。关于具体的方法，详细内容见本章第三节。

第二节　管理者自我提高的内容

一、管理者的素质及其内容构成

1. 素质的概念

（1）素质的定义

"素质"一词，早在公元前六世纪，就出现在《管子·势》中，写道："正静不争，动作不贰，素质不留，与地同极。"到了晋代，学者张茂先（张华）在他的《励志诗》写道:"如彼梓材,弗勤丹漆,虽劳朴斫,终负素质。"这些地方,都是"本质"的意思。所以,《现代汉语词典》、《辞海》、《辞海》(增补本)都指出了素质的这一层含义。

在近代,心理学传入中国后,素质增加了一层含义,用于表述"心理学上指人的神经系统和感觉器官的先天的特点"。

现代意义的素质,基本上保留了这两层含义。一层是指先天的解剖生理方面的特点,即心理学中的定义,这是生理素质(含身体素质),通常称作狭义的素质。另一层是指个人天赋禀性以及经过长时间社会实践所形成的、在处理各项事务中显露出来的态度和方式。通常称之为广义的素质。

素质具体包括生理素质、思想素质、心理素质、文化素质。前者又称先天素质,后三者又统称后天素质。

管理活动中,它们对管理者的行为都有直接的影响和制约作用。

(2) 素质的性质

素质具有先天的部分,但是大部分是后天的,是通过教育和社会环境的长期影响逐步形成和发展的,是教化的结果,是可以后天培养、造就和提高的。

素质具有相对稳定的理性特征,同时又具有潜在性。它是通过人外在的语言和行为来体现的。它是一种可以指挥或制约人的行为的因素,而且是一种潜在的、持久的指挥或制约的力量,左右行为主体对外界和自身的态度。具备哪一种素质的人在处理其遇到的事件时,总是不自觉地、"自动化"地按那种素质所确定的态度和方式去行为,并且行为之前主体在主观上并不是明确意识到的。

素质品质是指行为主体遇到某种情况时,必然采取的态度和方式所达到的水平。它贯穿于管理活动的全过程,时时处处都会起作用。它可以"帮助"主体迅速进入待处情境之中,"沟通"眼前的情景与大脑储备信息间的联系,做出判断,指挥主体去行为。而这种"帮助"、"沟通"是下意识的、自动化的、瞬间完成的,是行为主体主观上意识到之前就完成了的。那么"进入"的速度越快,"联系"得越准确,其素质水平越高。

心理学认为人的个体具有差异性就是这个原因。

2. 管理者个体素质的内容构成

(1) 思想素质

思想素质,是指个人在长期社会实践中所形成的在处理政治信仰、生活态度、自我评价和道德观念等观念意识形态方面的事务中显露出来的态度和方式。包括世界观、人生观、价值观、责任感、义务感、荣誉感等。它对于管理者行为的影响和制约具有决定性意义。

政治信仰,包括政治立场、世界观、法制观念等,是管理者从事管理工作的基本立足点。信仰社会主义，拥护中国共产党的领导，在管理工作中就会一切从人民的利益出发；信仰辩证唯物主义，就会一切从实际出发；信仰唯心主义，就会以我为中心、随心所欲地处理问题。

生活态度，通常表现为认真、负责、严谨、踏实。它体现管理者行为的作风，直接制约管理者的信息采集、信息加工、信息利用、信息反馈等方面的管理行为。生活态度认真的管理者，对信息、数据、现象，一丝不苟，认真查对，哪怕是对自己的工作业绩有不利影响也是如此；而轻浮、玩世不恭的管理者，则常常暴露出肤浅、夸夸其谈、信口开河的毛病，管理中出现的明显问题也会漏过去。

自我评价，是管理者在管理过程中自我调节和处理问题的尺度。自我评价适当的管理者，诚挚谦逊，为人朴实，平易近人，与下级管理者和员工能够打成一片，在同他们的相处中自然、融洽、友好；自我评价不当的管理者，虚伪狂妄，话语之中总是流露出一种傲慢，布置工作时总是带着一种教训的口吻，即使用语上彬彬有礼也会影响沟通效果。

道德观念，世界观的一种特殊形式。它与精神文化的各个领域密切相关，渗透在人的一切精神活动之中。管理工作作为一种精神活动当然也不例外。道德观念必然贯穿在整个管理过程之中，影响和制约管理活动。

忠于职守、实事求是、甘当无名英雄等，都是管理工作领域特有的职业道德。弄虚作假、瞒上欺下、擅离职守、行贿受贿等都是职业道德低下的表现。

可见，思想素质对管理者管理活动的影响和制约是相当广泛的。

比如，在邪教"法轮功"痴迷者队伍中也有教授一类的高级知识分子。他们是知道地球、太阳、银河系等科学知识的，但是他们为什么还会痴迷李洪志"十八层天"的说教呢？这说明，科学知识并没有制约他们的行为，而是个人政治信仰（思想素质）决定了他们的行为，决定了他们处理这类事务的态度和方式。

科学史上有一些科学家，其本身是搞自然科学的，是唯物论者，可是又是信神的。这二者统一在一个人身上，并不奇怪，就因为知识只是知识，不是素质，不能左右人的行为，能够左右人的行为的要素才是素质。

案例8.3　世界著名科学家牛顿，44 岁时就出版了《自然哲学的数学原理》，创立了三大运动定律。可是，自他 52 岁当上英国皇家铸币大臣之后，到 85 岁去世，在长达 30 多年的研究中，给人类留下的是 150 万字的著述，但都是研究神学的，并无实际用途。

比如，在研究分析月亮为什么没有因为万有引力而掉到地面上来的问题时，是因为月亮在绕地球运转，月地之间的万有引力正好等于月亮做圆周运动的向心力，所以月亮不会掉到地面上来。月亮之所以会绕地球运转，是因为月亮具有初速度，那么月亮的初速度是怎样来的？是谁第一次推动了月亮？牛顿研究的结论就是，除了神的推动没有别的解释。

可见，牛顿自己创立的万有引力定律也没有能够左右他自己的行为和思想。

（2）文化素质

文化素质，是指管理者在运用文化知识时所表现出来的态度和方式，是管理者头脑中理性的历史沉淀和审美情趣、文化品位、格调等，是管理者后天学习或接受教育的结果，是管理者接受古今中外文化的熏陶，主要是接受本民族文化熏陶在头脑中形成的一种思维定势。文化素质高，才能保证管理者的文化修养不断得到提高并能获得充分的发挥。

文化素质与文化修养不同。文化修养是指掌握文化知识的内容和量，在深度、广度、复杂度方面的量；而文化素质则是指管理者在管理过程中，只要一涉及某一文化事务，就必然地"自动化地"表现出来的处理该文化事务的态度或方式。就是说，文化修养指的是文化的内容，是客观的，"文化素质"是处理文化事务的态度和方式，随主体的不同而不同。

比如，在伊拉克战争中，已经撤离到约旦首都安曼的凤凰卫视中文台记者闾丘露薇独闯战火纷飞的巴格达；在"911"事件中，当第一栋世贸大厦倒塌的时候，与世贸大厦还隔几条街的曾喆，在他们单位所有的人都向外跑的时候，独独他向里跑，来到第二栋世贸大厦的底层参加抢救伤员，以致殉难。闾丘露薇和曾喆难道不知道他们要去的地方很危险吗？他们是知道的，这一点知识他们是懂得的，但是这些知识并没有左右他们的行为，左右他们行为的是"明知山有虎，偏向虎山行"的思想素质，是忠于职守、见义勇为的中华民族文化铸就的文化素质。

据报道，20 世纪 80 年代，某边防部队新分配来了一个大学生，团长让他在团部广播站工作。早晨，这位大学生在播送完起床号之后，放起了流行音乐《军港之夜》，受到了团长的严厉批评。大学生辩解说，这首歌很美，情真意切，当年苏小明第一次唱的时候许多水兵都流泪了，你不懂音乐。当然，团长是对的。在音乐知识修养上，团长可能不如大学生，但是长期的军旅文化使得团长懂得在早晨出操时应该播什么样的音乐。也就是说，团长的文化素质的水平比大学生高。

《妖魔化中国的背后》的作者们，当他们还在南京大学读书的时候，总觉得中国这也不好，那也不好。可是当他们后来到了他们向往的美国，看到了一系列的事实之后，谁也没有叫他们写作，他们自己联合起来，写作出版了《妖魔化中国的背后》，揭露西方媒体妖魔化中国的行径。这是典型的中华文化在他们身上的表现，是文化素质在产生作用。

（3）心理素质

心理素质指的是人的个性心理品质。由于管理过程总是伴随着管理者的心理活动过程，所以管理者的个性心理品质，也就直接制约着管理者的管理行为，影响着管理活动的质量和水平。

对管理活动影响和制约较大的个性心理品质有兴趣、注意、情感和情绪，以及意志过程。

第一，兴趣。

兴趣是力求认识某种事物或爱好某种活动的倾向，并且总是和一定的情感相联系。它是因需要而产生的，并在生活和实践过程中形成、发展并稳定下来的。

兴趣又分为直接兴趣和间接兴趣。直接兴趣是由于对事物本身感到需要而产生的兴趣，对主体行为有较大的直接推动作用。间接兴趣是虽然对事物本身不感到需要，却对该事物产生的某一结果感到需要而产生的兴趣，由于是一种被动的接受，对主体行为的推动作用很小。

直接兴趣和间接兴趣是可以互相转化或迁移的。因此，对于原来只有间接兴趣的事情，不必担心，只要你愿意努力，你是可以将间接兴趣转化为直接兴趣的。对于原来有直接兴趣的事情，不能大意，如果不注意，有可能在不经意间转化为间接兴趣，以致影响工作。

比如某位同学，不喜欢"管理学"这门课，认为自己是工程专业的，学管理学干什么。但是由于学校研究生院规定"管理学"是必选课，没有办法为了要这门课的成绩，只好来上这门课。这表明该同学对"管理学"这门课只有间接兴趣。但是，他上课之后，老师精彩的讲课、课程的实用内容，使他感到非常需要，喜欢上这门课了。也就是说，他的间接兴趣转化为直接兴趣了。

相对应的，那些原来喜欢"管理学"这门课的学生，可能会因为缺课较多，或者是老师讲课效果不好，只是照本宣科，渐渐地也就不喜欢这门课了。但是，由于研究生院的管理规定，还需要这门课的成绩，不得已还得来听课。这就是直接兴趣转化为间接兴趣了。

直接兴趣和间接兴趣互相转化迁移的理论，既可以帮助我们树立成功迁移兴趣的信心，也向我们提出警告，警惕自己兴趣的负面迁移。

优秀的兴趣品质是：稳定、广泛和积极。

广泛的兴趣可以保证管理者在信息调研、处理问题时考虑的范围足够大，为自己科学地决策提供广阔的空间，增加成功的概率。稳定的兴趣，可以保证管理者管理活动的持久性，可以帮助管理者维持高质量的"有意注意"心理品质，去争取可能争取到的成果。积极的兴趣，可以保证管理者在管理过程中处于良好的情绪状态，从而充分发挥出自己最大的潜力，使管理活动顺利进行下去。

在管理活动中，管理者兴趣品质对管理行为的作用，主要表现为对管理对象的范围控制和对管理行为的推动作用和持久控制。

本来，管理者对于自己职权范围内的事情，应该都要一一管到位才是。可是事实并非如此，不少管理者在工作中对自己感兴趣的事就管得多一些、勤一些、细一些，不感兴趣的事就管得少一些、粗一些，甚至不管，之所以会出现这种情形，就是兴趣的范围控制作用。

所以，管理者在负责某一项工作时，应该分析自己的兴趣范围与工作的范围是否一致。如果一致，当然很好；如果不一致，管理者就应该及时迁移自己的兴趣，使兴趣范围与管理工作的范围保持一致。

管理者对管理对象（员工、工厂、信息等）的热爱，则使其产生做好管理工作的直接兴趣。这种直接兴趣可以直接推动管理者的行为，不知疲倦地工作。如果这种直接兴趣能够稳定下来，又是管理者进行管理活动的力量源泉。它会使管理者经常沉浸在满足之中，不断产生克服困难追求更好成绩的欲望，推动管理行为持久地、有效地进行下去。

许多优秀的领导干部工作起来，废寝忘食，如醉如痴，就是强烈的直接兴趣品质在起作用。这体现了兴趣对管理行为的推动作用和持久性控制。

所以，管理者应该经常分析自己对本职工作有无直接兴趣，如果有，当然很好；如果没有，就应该及时确立对本职工作的积极、稳定的直接兴趣。

第二，注意。

注意是人们对客观事物的一种定向反射的心理现象，即人的心理活动指向或集中于某一确定的事物。

注意分为有意注意和无意注意。有意注意是自觉的、有预定目标的注意，在必要时，主体必须做出一定的意志努力、加以控制的注意。换句话讲，就是自我强制的注意。管理者要在喧闹、繁忙或情绪矛盾等不良环境中从事管理工作，就要做出有意注意。要完成每一次管理活动的具体目标，也要做出有意注意。

无意注意是事先没有任何准备、不加任何努力的注意，是由主体附近出现的非预料的信息刺激引起的。无意注意是短暂的，若引起注意的刺激与主体有关，在主体的控制下，就会转化为有意注意或形成兴趣，若与主体无关，就会很快消失。

本书第七章案例 7.11 介绍的重庆某橡胶股份有限公司叶先生出差昆明，能够在事先毫无思想准备的情况下，把从一张废弃的旧报纸上发现的商机转变为现实的商机，就是无意注意转化为有意注意的表现。

优秀的有意注意品质是专注性、持久性和独立性。

专注性是有意注意的强度，专注性越强，表明主体在纵向领域中越深入，"自我强制"越有效。持久性是有意注意的时效，持久性越强，表明主体"自我强制"的效果越好。独立性是有意注意的方式，具备独立性，说明有意注意完全是"自我"强制的，没有外界压力，是一种自觉行为。独立性越强，主体的管理活动越不易受干扰，越有利于获得成功。

优秀的无意注意品质是敏感性和灵活性。敏感性，指的是自信息出现到该信息引起主体产生感知的时间间隔，间隔越小为越敏感。灵活性，是指将刚刚注意到的新信息与自身需要联系起来的本领，联系得越快、范围越广为越灵活。

在管理过程中，诸如开会、视察、调研、谈话等，随时都可能出现能够引起无意注意的信息，管理者若具备敏感性和灵活性，就能及时发现这些信息或者蕴涵着丰富的内容、新颖的观点，或者与管理活动无太大关联，从而迅速做出决策，要么进行有意注意，要么立即放弃。

在管理活动中，管理者注意品质对管理行为的作用，主要表现为对管理行为的指向控制。

这就是说，管理者在某个时期的有意注意在哪个方面，管理者的行为就会下意识地趋向于那个方面，而且是管理者自己没有意识到之前就去行为的。当然，如果有意注意的对象正是自己应该做的工作，这个"指向控制"就会产生良好的作用。如果有意注意的对象不在本职工作的范畴内，这个"指向控制"就发生问题了。比如，某个同学迷恋网络游戏，这样的有意注意就会将主体"指向"网络游戏，严重影响课程学习了。

所以，管理者应该保持与本职工作有关的有意注意，学会自我控制，提高有意注意水平，学会从无意注意中发现有用的信息，及时转化，为己所用。

第三，情绪和情感。

情绪和情感是由于客观事物符合人的需要、愿望和观点的程度而产生的一种个人主观体验。这是心理学中两个难以分割而又区别的概念，本书就不介绍了。

心理学中，将情绪划分为心境、激情、应激三种状态。情感则包括道德感、责任感、事业感、义务感、美感、理智感等。在实际工作中，管理者的情绪，常常表现为喜悦、兴奋、发怒、紧张、急躁、消沉、抑郁或其他不良情绪。

优秀的情绪、情感品质是稳定、积极和健康。

首先，管理者处于稳定、积极和健康的情绪平衡状态时，就能冷静、清醒而又热忱地面对自己所从事的具体的管理活动，使管理活动顺利进行下去，有利于任务的完成。反之，精神不振、意志消沉、抑郁不乐、烦躁不安等消极情绪就会干扰管理活动的展开和进行。

其次，稳定、积极而高尚的情感十分有利于管理活动。道德感可以使管理者自觉地遵循社会道德规范，自觉遵守职业道德；事业感、责任感可以使管理者长时间自觉对管理对象保持有意注意，认真细微，不用督促也会自觉地学习和工作；尤其是理智感，这种由人在智力活动中认识、探求或维护真理的需要、意愿是否获得满足而产生的情感体验，在管理过程中的作用十分重要。在管理过程中，对新方案、新技术的好奇心、求知欲，对不明问题的寻根究底，对尚不理解的问题的惊奇，对论证问题的浓厚兴趣，对于事业成功的喜悦，对巨大失误的临危不乱等，都是理智感对主体的作用。

积极的情绪、情感活动，是管理者从事管理活动的内在动力，是提高管理者注意品质和意志品质的内在因素。

在管理活动中，管理者的情绪、情感品质对管理行为的作用，主要表现为对管理活动的行为控制。

这就是说，管理者在产生情绪波动时，会直接影响管理者的行为。本来应该这么做的事，由于情绪的干扰，可能决定那么做。

比如，早晨，小两口在家吵了一架，到了办公室后，还愤愤不平："今天早上的事根本不怪我，跟我吵？吵什么！"这时有人来请示工作，可能说得啰嗦一点，要是在平时也能听得下去，这时就不行了，很快就不耐烦了："好了，你这件事不能同意！"很显然，由于非管理因素引起的情绪波动影响管理工作了。

在管理现实中，诸如"今天咱们头的脸色好难看，一定在生气，今天什么事情都不要去汇报"，或者"嘿，今天咱们头好高兴啊，有什么事赶紧去请示，保证能批准"一类的说法，是常常能听到的。这说明管理者的情绪对决策影响的存在。

所以，管理者应该学会发现自己情绪的变化，学会控制自己的情绪，避免情绪对工作的影响。

第四，意志。

意志是自觉地确定目标，并根据目标来支配、调节自己的行为，克服困难，实现目标的心理活动过程。

一次成功的管理过程，实际上就是管理者的一次意志过程。管理过程的每一个环节，有各自的目标，因此每个环节的结束，实际上也都是一次意志过程。若干个分意志过程的依次实现，就是总意志过程的完成。

优秀的意志品质包括自觉性、果断性、坚持性和自制性。与这个四个品质相对应的不良意志品质是独断盲从、优柔寡断、动摇执拗、自流放纵。

在管理活动中，管理者意志品质对管理行为的作用，表现为对管理活动的过程控制。

自觉性可以保证管理者的管理活动不间断地进行下去；果断性可以保证在遇到困难时能勇往直前，克服困难，完成工作目标；坚持性是保证工作目标稳定不变所不可缺少的；自制性则是保证在出现失误时能自己纠正过来的重要条件。可见，意志虽然不直接参与管理，但又确实是成功的管理过程须臾不可缺少的。

在管理活动中，意志品质直接决定着活动的结果，意志品质高，管理活动的质量也就高，意志薄弱者难以完成复杂而艰巨的管理任务。如果管理者把"提高管理能力"自觉地确定为奋斗目标，而进行"意志活动"，则会十分有利于提高管理水平。所以，管理者要学会在无人监督的情况下完成工作任务，要能够在遇到困难的情况下坚持完成任务。

（4）身体素质

身体素质，是指人在先天生理素质的基础上，经过后天的体育锻炼所具备的身体条件。在管理中，管理者如果没有充沛的精力、强健的体魄，就难以应付复杂繁重的管理工作。

综上所述，思想素质、文化素质、心理素质和身体素质在管理者的精神世界和生理世界中是客观存在的，我们不能回避它们。它们是可塑的，后天形成的，是可以提高的。我们可以有意识地进行素质的自我锻炼，以求获得较高水平的素质。

综上所述，管理者个体素质的内容构成可用图 8.2 表示。

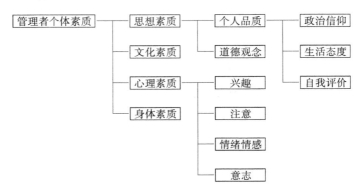

图 8.2　管理者个体素质结构体系

3. 管理者群体素质的内容构成

管理者群体的素质，是该群体在长期社会实践中形成的、在处理各项事务中显露出来的态度和方式。

管理者群体素质具体包括政治素质、文化素质、行为素质和群体心理。

（1）政治素质

这是指管理者群体作为一个整体表现出来的政治态度、政策思想、法律意识、道德规范。它保证管理工作的政治方向。

比如，在 2005 年发生的几起煤矿矿难事故中，大部分都是由于置国家有关煤矿安全生产的法规于不顾，甚至对政府发出的停止生产的通知也不予理睬而造成的。这就是这些煤矿管理者群体政治素质太差的表现。

（2）文化素质

这是指管理者群体作为一个整体在运用文化、知识时表现出来的总的态度和方式。

文化素质是管理者群体中所有成员共有的历史沉淀和审美情趣、文化品位、格调，是在共同的管理活动中提出、形成，并得到每一个成员公认和实行的。

企业组织中管理者群体文化素质与企业文化有联系，但并不是一回事。管理者群体的文化素质可以成为企业文化的一部分，在内容范畴上，二者并不一定相等；有的要素，可能二者都具备，有的要素就不一定二者都具备。管理者群体文化素质中已经形成的要素在企业内可能并没有被员工普遍接受；企业内被普遍接受的要素，管理者群体中可能并不需要。

管理者群体文化素质与群体文化修养不同。管理者群体文化素质是群体内每一个成员所公认和实行的。群体文化修养则不同，它并不要求群体内每个成员都必须具备相同的文化修养。

（3）行为素质

这是指管理者群体作为一个整体在各种管理活动中表现出来的态度和方式。诸如信息灵通、反应迅速、运转灵活、言行一致、稳定连续和良好的人际关系等，就是优秀的群体行为素质。

其中，稳定连续是指一个群体处事的态度和方式是连续不变的，它在由同一批人组成的时候是不变的，即使是群体中的成员有了更换乃至全部更换后，仍旧是连续不变的。

全国闻名的"雷锋班"、"好八连"、"硬骨头六连"等，构成这些群体的人早已不是当年创立这一群体的那些人了，但是当年那些人处事的态度和方式仍旧存在，这就是群体素质中行为素质的反映。

管理者群体素质自然也是这个道理。如果搞"一朝天子一朝臣"，那就难以创立并保持优秀的群体素质了。

（4）群体心理

虽然心理一般是针对个体而言的，但是群体也有自己独有的心理现象，如舆论、默契、士气、情绪气氛、风尚、社会助长现象和从众现象等，常常被看成是群体心理。

个体心理是头脑的机能，是外部世界的主观映像，决定个体的行为；群体心理是普遍存在于每个群体成员头脑中、反映群体社会关系的共同心理状态与心理倾向，决定群体的行为。

群体素质并不是组成该群体的每个个体的素质之和。它更多的是与该群体决策指挥者的个体素质密切相关。因为群体指挥者如同是这个群体的"大脑"，群体中的个体行为是在他的指挥下行为的。所以，群体的行为方式体现了群体指挥者个人的素质水平。

但是，群体素质又不等同于群体指挥者的素质。因为群体指挥者在决策时，总是要接受群体内每个个体的信息，因此总比自己一个人想得周全；行为时又总是派群体中最擅长某事的个体去办某事，因此就总是比自己去行为有更好的效果。这是指挥者个体所不能企及的。

因此，决定群体素质的水平，一个是该群体决策指挥者的个人素质，另一个是该群体有一个合理的群体结构。管理者群体也应该是如此。

二、管理者的修养及其内容构成

1. 修养的概念

（1）修养的含义

修养一词，《辞源》说："儒家指通过内心反省，培养完善的人格。"刘少奇的《论共产党员的修养》即取的这一含义，指共产党人通过批评和自我批评，培养完善的共产党员的人格。1947年中华书局出版的《辞海》（一卷本）中也取此意，谓之"陶炼身心"，"且含自动之意为多"。

新中国成立后，修养一词的含义渐有扩展。1980年出版的《辞海》（缩印本）认为，修养是"指个人在政治、思想、道德品质和知识技能方面，经过长期锻炼和培养所达到的一定的水平。如：政治修养，文学修养。"从此定义出发，个人修养包括政治修养、思想修养、道德修养、文化修养、知识修养、技能修养。

（2）修养的性质

修养完全是后天形成的，是通过教育、学习，不断地得到培养和提高的。

修养具有客观性的特征。修养的内容，政治、思想、知识等，是客观的，是独立于人的主观意识之外的，当我们谈及修养时，不是修养本身有没有的问题，而是行为主体掌握的多少（量）的问题。

修养只能为主体的行为提供依据，而且这种提供还不是自动完成的，是在主体需要时，由主体从大脑里存储的信息中搜索并检出，才能完成提供过程的。当然，依据提供得越多越广越深，则修养水平越高。

（3）素质与修养的区别

从素质和修养的定义我们已经可以看出两者的区别：素质是人们处理事务时行为的"态度和方式"，修养则是人在政治、思想、知识等方面达到的"一定的水平或一定的量"。素质的作用是在主体的下意识中制约主体的行为，修养的作用是在主体的有意识需求中提供行为依据。素质是针对主体的"每一次行为"来说的，修养是针对主体的"整体"来说的。素质反映的是"主体行为过程的水平"，修养反映的是"主体行为结果的水平"（表8.1）。

表 8.1　素质和修养概念的比较

素　　质	修　　养
态度和方式	达到的水平
在主体下意识中制约主体行为	在主体有意识需求中提供行为依据
针对管理主体每一次行为	针对管理主体的整体
反映行为过程的水平	反映行为结果的水平

案例8.4　电影《烈火中永生》中有这样一段情节：中共重庆地下党负责人许云峰到沙坪书店后，发现书店里多了一张床，立即向店员陈松林询问，当听到书店新收的店员郑克昌的极"左"表现，又发现郑当晚反常不归、来电话说到11点才能回店，马上就意识到郑克昌是特务，书店已经暴露，并立即决定撤离书店。于是，许云峰与陈松林离开了重庆，作为重庆地下党联络员的甫志高没有走，但他将信将疑，不听许云峰不能回书店、也不能回家的忠告，结果一进家门就被捕了，后来成了叛徒。

在这里，三个人关于地下工作的知识修养是相同的，为什么许云峰能够发现问题并解决问题？起作用的不是地下工作的知识修养，而是"遇到问题就自动化式地一问到底"的处理问题的态度和方式。

因为许云峰做出决定所依据的这些信息，都是陈松林提供的。在此之前，许云峰并不知道。许云峰之所以能够知道这些信息，是因为他"发现多了一张床铺"，这是无意注意的心理素质。然后从"多了一张床"，知道新增了一名店员，到问是否了解此人，问其政治表现，再问平时几点回店，今晚为何未归，他能"自动"地这么一连串地问，并且他在这样问之前并没有"多了一个人，这个人怎么样？"、"要问这个人的表现，是不是革命青年"等一系列的思考，而是一种下意识的行为，这是他个人生活态度素质的典型表现。

案例8.5　1986年一篇关于"在金属氧化物中可能获得高温超导体"的论文在国际上发表，全世界的超导研究者，包括我国许多超导研究工作者都看到了。可是，甲读了不以为然，乙读了将信将疑，丙读了去做但没抓紧，中国科学院物理研究所的赵忠贤等人得知后立即去做并抓紧研究，结果率先于1987年2月24日宣布获得了临界温度为100K的高温超导体，一下子将我国超导研究推向世界前沿。

在这里，在超导知识修养方面他们是一样的，他们看到的是同一篇文章。赵忠贤等人之所以能获得成功，起作用的显然是"不论做什么事，要做就立即、抓紧去做"的处理问题的态度和方式。

案例8.6　安徽某科普期刊发表的一篇稿件中有一段话原文是："新发现的围绕天琴座运行的这一云状物延展80个天文单位，由于冥王星到太阳的距离是40个天文单位，所以它的面积是太阳系的2倍。"这段话有两处错误。可是物理系毕业的责任编辑没有看出来。中文系毕业的主编在审读时，虽然不懂，但他去请教别人，才明白：星座是人为划定的，同一星座的星体相距遥远，任何星体不可能绕星座运行。同时，半径为2倍的，其面积应为4倍。于是主编做了修改。

这里，责任编辑对这一科技知识的修养比主编还要强，可是他没有发现问题，主编之所以能发现问题，靠的不是知识，是靠他"自己不清楚就请教他人"和"对工作的高度责任感"的处理问题的态度和方式。

（4）素质与修养的联系

素质与修养具有十分紧密的相互依赖的关系。

首先，素质对修养的依赖性。素质要依靠修养的手段来不断提高，素质是修养内化和升华的结果，当修养的"量"达到一定的程度时，修养的内容在主体的大脑中形成一种思维定势时，修养就升华为素质。没有修养做基础，素质的养成和提高便不具备现实性和目标性。这同时也说明，修养仅仅是素质形成或提高的基础，单纯具有修养不等于具有一定的素质。

素质形成的两个方面，先天禀性和后天实践，先天禀性已无法改变，后天实践却是可以主动设计和有意识地安排的。某一方面修养水平较高，持续时间越长，就越容易在管理者大脑中形成新的思维定势，即产生处理某一事务必然采取的态度和方式，也就是提高了这方面素质的水平。

其次，修养对素质的依赖性。修养社会功能的发挥，必须依靠素质才能得以实现。修养的客观性特征虽然表明它不受行为主体的影响，但是它"为主体的行为提供依据"的社会功能却是受行为主体的主观控制的，决定于行为主体在需要时能够从自身的存储中提取多少，而这种提取是受主体素质支配的。

比如，在"非典"时期，有些单位领导人在单位内宣讲预防知识时，滔滔不绝地说随地吐痰的危害，甚至可以说出一口痰里有多少细菌之类，可是走在街上，他会"啪"的一声把痰吐在大街上。可见，他只懂得"不要随地吐痰"的知识，还不具备"不随地吐痰"的素质。这说明，知识通过记忆产生作用，表现为修养。

在"非典"之前，一般的人从户外回家并不洗手。经过"非典"时期，人们懂得"预防传染病，从户外回家要洗手"的道理，所以都养成了这一习惯。现在，人们回到家中第一件事就是去洗手间洗手，但是所有洗手的人，并没有经过"因为要预防传染病，洗手可以预防传染病，所以要去洗手"这样一个思维过程，洗手的行为是一种下意识的行为。就是说，"洗手可以预防传染病"的知识，已经变成处理问题的态度和方式，下意识地产生作用了。这说明，知识下意识地产生作用时，便升华为素质。

在实际生活中，有的人在待人处事方面显示出很高的品位、格调，我们也称之为"很有修养"。《辞海》里也注释有一条："特指逐渐养成的在待人处事方面的正确态度"。这与上面的分析并不矛盾。这种"很有修养"的人能做出这些实际行为来，首先表明它具有很高的修养。如果他在做出这些行为的时候，不是有意识地做作，而是一种下意识地行为，自然也是他高素质的表现。

2. 管理者个体修养的内容构成

在管理活动中，对管理者行为有影响和制约作用的修养，主要有理论修养、业务修养、知识修养、语言和艺术修养。

（1）理论修养

理论修养是管理者对客观对象进行分析、评论，对自己的思想观念加以理论表述时所表现出来的水平。管理者是面对复杂的现代社会进行管理工作的，要能够识别、采集和处理各种各样的信息，必须以理论修养做保证。

理论修养再细分，还可分为哲学理论修养、逻辑理论修养、管理理论修养和政治理论修养。哲学理论修养影响管理者的理论思维水平，逻辑理论修养影响管理者的思辨能力，管理理论修养是管理者的"理论工具"，政治理论修养在管理中表现突出的是政策、法规理论修养，管理工作以此保证自己正确的政治方向。

（2）业务修养

这是指管理者对于组织内的业务工作知识及其运用技能的掌握所达到的水平和一定的量。不同的组织有不同的业务。比如，企业组织的业务，有采购、设计、生产、仓储、运输、营销等业务，政府组织的业务，有处理政务、协调沟通、发文收文、信访接待、后勤保障等。作为一个管理者，应该对自己所在组织的业务知识有较全面的了解。因为这里的业务知识，不仅有书面的也有口头的，不仅有显性的也有隐性的，对于管理者是必须的，不是可有可无的，与下文所说的文化知识修养不同，所以我们将他独立为修养的一大类别。

（3）知识修养

又称文化修养，指的是行为主体掌握文化知识的内容和量，在深度、广度、复杂度方面的量。掌握的知识量越大，知识修养越高。知识修养是管理者进行思维的工具、管理行为的前提、决策论证的依据。它是修养体系构成中的主要内容。

知识修养是一个庞大的体系，不同的人所需要的知识修养结构是不相同的。对管理者来说，所需要的知识修养包括管理知识修养，信息管理知识修养，法规知识修养，自然科学技术知识修养、公共关系知识修养、写作知识修养，文学历史知识修养，美学知识修养以及其他一般常识修养。

管理知识、信息管理知识和法规知识的修养，对管理者最为重要。如果我们的管理者，不知道信息只有在激活之后才可能产生作用，仅仅满足于"信息就是资源，信息就是金钱"一类的口号；不知道人员的调动和跳槽·会导致企业机密信息的泄漏，仅仅满足于强调保密；不知道使用专利法、合同法、商标法、著作权法、计算机软件保护条例等法律法规保护企业的利益，是不可能做好管理工作的。

案例 8.7　在中央电视台曾经播过的广告中，有一些令人啼笑皆非的广告。有一则广告，画面上显示的唐僧和孙悟空，化妆得也不像常人习惯的形象，只听孙悟空说："师傅，眼看就要到印度了，没有翻译怎么办？"唐僧在马上回答："没关系，我们有×××（一种电子翻译产品）。"

小说《西游记》中，唐僧到西天见到如来佛并没有设置翻译，如来佛说的也是中国话。而历史上的唐僧：陈玄奘，是我国翻译史上的著名翻译家，中国第一个笔译外国文献的人。这则广告是对翻译史知识不了解造成的。

　　还有一些广告，为了显示自己的柴油机产品的动力强大，或者显示自己的小汽车的功能强，竟然在电视画面上，让一台柴油机把龙卷风拉住了，又让那辆小汽车从龙卷风的风眼下穿了过去。做出这种荒唐的设计，显然是对有关龙卷风的物理学知识一无所知。

　　上述广告中的问题，固然是广告设计者的错误。但是，这些广告显然是要经过管理者批准后才会播出的，这说明企业管理者们也没有看出这些广告的问题。

　　（4）语言和艺术修养

　　语言和艺术修养是指管理者对于语言、文字、文学、艺术的知识及其运用技能的掌握所达到的水平和一定的量。语言修养在管理信息的传播和沟通中的作用最大。语言修养高的管理者才可能准确地把管理意图传达给员工。

　　管理者提高艺术修养并不是为了进行艺术创作，主要是因为在管理过程中，经常会遇到有关文学、艺术方面问题需要解决或审查。比如，企业经营中使用最多的广告，其本身就是一种艺术品；企业产品的造型，也涉及艺术性的问题。如果缺乏艺术修养，在对广告和产品造型设计的审查中就有可能出现失误。

　　管理者个体修养的内容如图 8.3 所示。

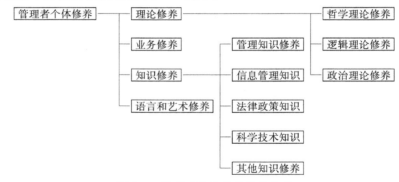

图 8.3　管理者个体修养结构体系

　　3. 管理者群体修养的内容构成

　　管理者群体的修养，是该群体通过长期的社会实践在政治、思想、道德、知识、文化、技能方面所达到的水平和一定的量。

　　管理者群体修养的内容、范畴和所达到的量等于组成该群体每一个个体修养的总和。在群体内，这一个体缺乏的修养另一个体具备，从而相互弥补；另一个体具备的修养这一个体也具备，从而相互增强，因而从整体上看修养的水平比较高。

　　管理者群体修养在计划制定、方案论证、决策选择等方面作用较为突出。这些环节上集体讨论的方式比较多，在讨论中遇到各种问题进行论证时，需要某一修养时，张三不具备，可能李四具备，或者大多数人都具备，就有可能将这些问题讨论清楚，修养高的群体，可以相互弥补或容易达成一致。

　　具体地说，管理者群体修养的内容也是理论修养、知识修养、业务修养、语言艺术修养。在进行群体修养的培养时，不必要求每个人都要修养全面，只要从整体上看是全面的就可以了；从整体上看不全面时，只要求少数人或个别人补上所缺乏部分也就可以了。

三、管理者的能力及其内容构成

1. 能力的概念

（1）能力的含义

能力是人类认识世界并运用知识、技能解决实际问题或完成其一活动的本领。

能力是在人的活动过程中显示出来的。它直接影响活动的效率，或者说，完成活动的效率是衡量能力的指标，效率越高，能力越大。

在管理学领域，对能力概念的定义，尚未发现有不同的表述。

（2）能力与修养、素质的区别和联系

能力与素质的区别，争议比较大。从本节开头所引述的管理学著述中，大部分学者认为能力是素质的一个内容，并称之为"能力素质"。

其实，能力和素质不是一回事。这从比较二者的定义可以看出来（表8.2）。

表 8.2　素质和能力概念的比较

素　　　质	能　　　力
解决问题的态度和方式	解决问题的本领
在主体下意识中制约主体行为	在主体有意识的需求中发挥
针对管理主体每一次行为	针对管理主体的每一类行为
反映行为过程的水平	反映行为结果的水平

素质是人们处理事务时行为的"态度和方式"，能力则是人们认识问题、解决问题的"本领"。素质是在主体的下意识中制约主体的行为，能力是在主体的有意识需求中发挥作用。素质是针对主体的"每一次行为"来说的，能力是针对管理主体的"每一类行为"来说的。素质反映的是"主体行为过程的水平"，能力反映的是"主体行为结果的水平"。

再从上面论述修养时所举的三个实例中也可以看出能力和素质的区别。

在案例8.4中，许云峰能够迅速地发现问题，果断地做出决策，这是他能力的表现。从他到了沙坪书店，发现多了一张床铺，到知道新增了一名店员，到问是否了解此人，问其政治表现，再问平时几点回店，今晚为何未归，到最后做出郑克昌不是革命青年的判断和撤出书店的决策，可以说他具有快速发现问题的能力、准确判断能力和果断决策能力。许云峰做出决定所依据的这些信息，都是陈松林提供的，但是在这之前陈松林并没有得出这一结论，说明两人的能力的不同。

案例中，许云峰能够"自动化"地这么问，则是由他处理问题的态度和方式（素质）决定的。这里的逻辑是：因为许云峰有这种处理问题的态度和方式，所以他就能够了解到原来不了解的情况；由于了解了情况，他所具有的处理问题的"本领"就显示出来了。很显然，这里的素质和能力不是一回事。

在案例 8.5 中，"在金属氧化物中可能获得高温超导体"的论文发表后，全世界的超导专家们，都在研究这篇论文提出的寻找高温超导材料的思路，甲、乙、丙、丁（因涉及好坏评价问题，故此使用代号）都在研究。在如何制作"镱钡铜氧化物"的超导单晶体材料这一点上，他们都知道应该怎样做。就是说，他们的能力是一样的。但是，为什么是赵忠贤等人首先获得了成功，是因为他们处理问题的态度和方式（素质）是："不论做什么事，要做就立即、抓紧去做"。很显然，这里的素质和能力也不是一回事。

从理论上分析，素质是能力的前提，能力只有在素质条件适当的情况下才能发挥出来；素质是潜在的，看不见摸不着的，只有通过能力的发挥才会表现出来。同时，并不是每一个能力可以对应一种素质，同一个素质可以在不同的能力中体现。所以，素质和能力不是相同的概念。

许多地方把能力说成是素质，可能是因为通常情况下，能力强的人，素质都比较高。所以，也就认为能力就是素质了。

至于，能力与修养的区别，好像没有异议，尚未见到有关能力和修养等同的说法。但是，缺乏修养，能力也是显示不出来的，或者就要出错。某一方面修养可能给主体在这方面的能力有帮助，也可能并无帮助。

比如，案例 8.7 里提到的那个唐僧取经需要翻译的广告设计，其构思应该说还是难能可贵的，可以相信广告设计者的设计能力和想像力是很强的，但是他缺乏中国翻译史知识，结果闹出了笑话，该广告在中央电视台只播了两次就停播了。

再如，前面给我们提到的谚语："茶壶装元宵，有货倒不出"，说的是素质制约能力的发挥，反映了知识修养和表达能力的区别。

还有，案例 8.6 提到的某科普期刊的责任编辑，他既然是大学物理系毕业的，就应该具有"半径是 2 倍的圆，其面积应该是 4 倍"的知识修养，但是他们没有发现稿件中"2 倍"的错误。可见，这一知识修养并没有帮助责任编辑提高发现稿件中错误的能力。

2. 管理者个体能力的内容构成

管理者要完成一系列复杂的管理活动，就必须具备一系列的能力。各种能力相互影响、相互配合，保证管理活动的顺利完成。管理者应该有一个合理的、有效的能力结构。

管理者的能力结构包括获取和处理信息的能力、思维能力、管理能力、表达能力和社会交际能力等。

（1）获取和处理信息的能力

这包括信息获取能力、信息整序能力、信息激活能力、信息处理能力、信息设备使用能力等。

信息获取能力又包括观察考察能力、调查采访能力、实验动手能力、文献检索能力。这是管理者感知客观世界、采集信息、进行管理的主要手段。它决定了信息采集的质量和数量，直接制约着管理工作的过程。

（2）思维能力

思维贯穿于管理活动的全过程，思维质量的好坏决定着管理活动的成败。

思维能力若做具体划分还可划分为发散思维能力、收敛思维能力、灵感思维能力，或者划分为逻辑思维能力、形象思维能力。前三种能力合在一起就是常说的创造性思维能力。从思维对象来看，还可以分为以管理客体为对象的工作思维和以管理者自我为对象的自我意识思维。

此外，有些管理学著述中还提到政治判断能力、信息鉴别选择能力、创新能力、策划能力等，其实都是思维能力，只不过是具有不同内容和功能的思维能力。

（3）管理能力

这是管理者最主要的能力，它所包容的内容很多，有计划能力、决策能力、预测能力、组织能力、沟通能力、用人能力、指挥能力、协调能力、控制能力、应变能力等。

（4）表达能力

这包括口头表达能力和书面表达能力。口头表达能力主要用于社会调查、组织管理、管理沟通、社会交际、演讲报告等活动中。书面表达能力主要用于各类管理文件的起草和审读。

（5）社会交际能力

社会交际能力是一种社会活动能力，包括管理者与本单位员工交际的能力，与外单位人员的交际能力，与本单位各部门的领导、同事的交际能力。

在社会交际中，管理者并不是单纯的个人身份，而是一种行业社会角色身份，因此，管理者应该按角色行事。因为交际的对方，总是以角色的眼光来看待你并与你相处的。

有一点必须说明的，所有的能力都是后天的，是人们在长期的实践中逐步锻炼和培养出来的。

根据上面的分析，我们得到如图 8.4 所示结构体系。

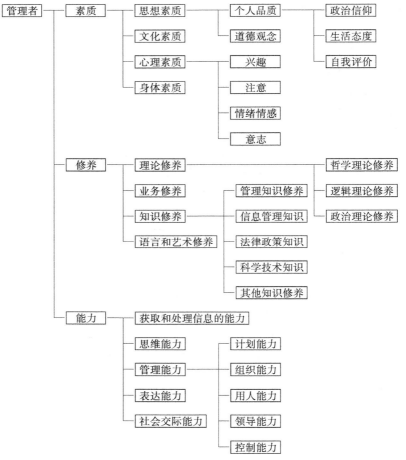

图 8.4　管理者个体的素质、修养、能力结构体系

3. 管理者群体能力的内容构成

管理者群体的能力，是具有一定社会功能的群体认识世界和运用知识、技能解决实际问题或完成某一活动的本领。

群体能力和群体修养、群体素质分别具备相似的特征。

在能力的内容范畴和所达到的水平上，群体能力等于组成该群体每一个个体能力的总和。群体内这一个体缺乏的能力，可能另一个体具备，从而相互弥补；另一个体具备的能力，这一个体可能也具备，从而相互增强；因而从整体上看，能力的水平是较高的。这一特征和群体修养、个体修养之间的关系相似。

在群体能力的实现上，群体能力与该群体的决策指挥者的个人能力密切相关。因为群体能力是群体在处理事务的过程中显示出来的，而群体处理事务的行为是在群体决策指挥者指挥下的行为。所以，群体的行为能力，反映了该群体决策指挥者个人的能力。

但是，群体能力又不等于群体决策指挥者的能力，因为决策时他是综合了大家的意见，是代表群体去决策的；而行为时又不是他自己去行为，总是派群体中最具承办某事能力的人去承办某事，因此，就总是比他自己去行为有更好的效果。这是指挥者个人所不及的。这一特征和群体素质、个体素质之间的关系相似。

管理者群体能力，体现在管理过程的各个环节中。社会对管理者群体的认识，并不是看每个管理者的工作如何，而是看该群体对社会所做的贡献如何。管理者群体能力包括获取和处理信息的能力、思维能力、管理能力、表达能力、社会交际能力。这里的能力自然不是说管理者群体会思维、会表达，而是指群体中每个人能力的总和。

此外，管理者群体作为一个独立的部分，要维持自身的运转还需有一些能力，诸如自身内部机制对客观外界环境的反应以及针对反应做出决策、执行决策的运转能力；维持群体优良结构的吐故纳新能力；对上下左右群体间关系的处理能力等。

四、管理者素质、修养、能力的作用机制

管理者的素质、修养、能力是三个不同的概念，它们既相互区别又相互联系，互为依存又互为提高。它们统一在管理者的身上，制约和决定着管理者的行为。

素质、修养、能力三者与主体行为之间的作用机制是：以素质为先导，借助于修养，表现为主体的行为能力。

所谓"先导"，是主体行为的起点，是主体行为能力的基础。主体依靠素质发现问题、提出问题，素质高，提出的问题意义大，具有创造性；主体依靠素质去行为，素质高，解决问题的办法多，表现为能力强。素质低，就提不出创造性问题，或有现成的问题却拿不出办法，表现为能力弱。

所谓"借助"，指修养在管理行为中的地位。它并不是创造性行为的决定性因素，但是所有的创造性行为都是有具体内容的，涉及的具体内容是理论的，或知识的，或艺术的等，这些内容就是修养。没有相应的修养，由素质产生的创造性问题，仍旧不能表现为主体的创造性能力。因此，修养的好坏，影响解决问题的能力。但是，修养再好，如果素质不够，仍旧不会有较高的能力，因为他最多只能达到修养对象本身的水平。

著名美籍物理学家、诺贝尔物理学奖得主丁肇中教授在访问中国科学技术大

学少年班时，有个少年班学生说："我们少年班学生就是厉害，在美国不管在哪个大学考试都是前三名。"丁教授说："前三名又怎么样，考得好只能说明你书念得好，你就是把书都背下来了，也没有超过写书人。你们应该创新，超过写书人。"很显然，素质低、不能创新的人，书读得再多，其能力也只是一般。

作为管理者也是如此，你可以读很多很多的管理学的书，知道得很多，但是如果你不能创新，也只是一般的管理者。如同一个老师，照着课本讲，即使其表达能力很强，课也讲得很好，那也只是一个教书匠，他还不是一个创新的学者。他应该敢于提出自己的独立见解，能够批判或者发展书中的观点。

还有，素质不高，提不出创造性问题，表现出能力不强；但素质高，修养不足，并不一定会影响能力的表现，因为高素质的主体会立即意识到缺什么修养，并指挥自己去补什么修养，修养补充后，就可以解决提出的问题，表现为较强的能力来。

案例 8.8　1973 年 3 月的一天早晨，日本东京三菱公司信息分析人员松山起床后，一边洗漱，一边听着早间电视新闻。突然一条简讯吸引了他，赶忙走到屏幕前，简讯已经播完了。于是他赶紧吃完早餐，一边嘀咕着"扎伊尔发生了叛乱"，一边急匆匆驾车直奔公司。一到公司，松山拿着刚在路上买的一份早报，径直向公司总裁办公室跑去。总裁笑嘻嘻地说："扎伊尔与我们相隔万里，它发生叛乱能与公司有什么关系？"松山喘吁吁地说："不！有关系！同扎伊尔相邻的是赞比亚，那是世界上最重要的产铜基地。如果扎伊尔的叛军一旦向赞比亚移动，进而切断交通，就必然影响世界市场上铜的数量和价格……"总裁没等松山把话讲完，激动地站了起来说："有道理！"立即拨通了三菱公司驻赞比亚首都卢萨卡分公司的长途电话，命令他们密切注视扎伊尔叛军的动向。

不久，叛军果然向赞比亚铜矿地区移动，而这时世界各新闻机构和商界都还没有反应，市场上铜价也没有波动，于是三菱公司趁此机会买进大批铜材。随着扎伊尔局势的变化，世界市场上铜价猛涨。当每吨铜价涨了 60 多英镑时，三菱公司将所购之铜抛出，轻易地赚了一大笔钱。

在这个案例中，给人们的印象就是日本东京三菱公司善于利用外部环境的变化为企业赢利服务，就是说它具有很强的利用环境的能力。然而，这只是外在的表现形式，还有其内在的素质和修养的原因。不然的话，当年扎伊尔叛乱全世界都知道，为什么只有三菱公司一家获利呢？

首先，信息分析人员松山，"一边洗漱，一边听着早间电视新闻"，这表明了他对本职工作的直接兴趣，忠于职守的道德素质。"突然一条简讯吸引了他"说明他无意注意心理素质很好；"赶忙走到屏幕前"，"刚在路上买的一份早报"，显然已经是由无意注意转化为有意注意了。"同扎伊尔相邻的是赞比亚"，"那是世界上最重要的产铜基地"，这是地理知识；"叛军一旦向赞比亚移动"，"必然影响世界市场上铜的数量和价格"这是政治动乱与市场联动关系的知识，松山借助于这两条知识，知道"叛乱"信息的潜在资源意义。总裁的素质很高，但是由于他缺乏地理知识的修养，所以最初并不感到"叛乱"信息的重要，但是当松山一说，没等说完，他就说"有道理"，这说明素质高的人，只要修养一弥补，马上就会表现出能力强。在这里，一个普通的信息人员可以直闯总裁办公室，总裁可以当着员工的面马上接受员工的建议，反映了这个企业群体的行为素质的优秀。接下来的，"立即拨通赞比亚首都卢萨卡分公司的长途电话"、"密切注视扎伊尔叛军的动向"、"趁此机会买进大批铜材"等表现出企业的很强的运作能力。

在这个例子中，素质、修养、能力三者之间的关系，确实是以素质为先导，借助于修养，表现为主体的行为能力。

因此，要提高管理者的能力，应该从根本上入手，这就是努力提高管理者的素质，同时加强修养，并进行能力的自我培养，才可能见到成效。

把全部管理能力统称为修养显然不妥，说素质就是修养也不妥，就能力抓能力也会收效不大，必须把素质、修养、能力分开，从三个方面进行自我提高，才能真正提高管理者的管理水平。

第三节　管理者自我提高的方法

一、管理者素质的自我锻炼

管理者的素质包括思想素质、文化素质、心理素质和身体素质。这四大素质对管理者的管理行为都具有影响和制约作用。要提高管理者的管理水平，必须首先从素质的提高做起。这四类素质都可以通过自我锻炼得到提高。

1. 身体素质的自我锻炼

身体素质，是管理者胜任工作的前提，没有健康的体魄就无法承担繁重复杂的管理工作。在现实中，许多人只顾工作，体质日趋衰落，英年早逝者不乏其人。许多人在这个问题上，埋怨这，埋怨那，其实最该埋怨的是自己。自己的身体有没有问题只有自己知道，自己的身体只有自己来照顾。一个只会工作，不会休息的管理者，不是好的管理者。

身体素质中包含有先天的成分，这部分因素，作为个人自然无法改变，但是个人可以在先天的基础上，通过后天的体育锻炼和自我保养，不断地提高自己的身体素质。至于体育锻炼，可供使用的方法很多，可供阅读的书也很多。至于保养的方法，更需要读书，北京医科大学附属医院的教授齐国力大声疾呼："千万不要死于无知！"说得非常好。我们的管理者要懂得保护自己，要了解自我保养、自我锻炼的知识。详细的内容这里就不多说了。

2. 思想素质的自我锻炼

思想素质，包括政治信仰、生活态度、自我评价和道德观念。这四个方面，对于在学的研究生和在职的工程硕士研究生们，虽然不可以说已经定型，也可以说已经基本形成了，要想在这方面有一个明显的提高，不是在短期内可以完成的。当然，这也不是说就不能改变了。

要解决这个问题，至少要做以下三个方面的思考：

一是进一步提高从事管理工作需要良好思想素质的认识，提高思想素质自我提高的自觉性。尤其是在经济组织、社会团体中工作的管理者，不能认为自己现有的思想素质就够用了。

二是加强马克思主义理论的学习，加强辩证唯物主义学习，提高政治理论修养，以修养促进思想素质的提高，积极参加党和政府号召和组织的各种政治学习，自觉地从中接受政治理论的教育。在反复学习的过程中，有意识地把学到的政治理论、法律法规、道德规则用到自己的实践中，逐步地从有意识地强制自己去做，向下意识地自动去做，完成知识向素质的内化和升华过程。

三是要提高自我意识的水平，经常有意识地思考自己的生活习惯、观念态度、自我评价等方面是怎样进入管理活动之中并影响管理行为的，检讨存在的问题，区分哪些是积极的影响，哪些是消极的、有害的影响。通过自我约束，逐步加以改进，只要能够逐步地、一件一件地改变那些产生消极影响的因素，自己的思想素质就会得到明显提高。

3. 文化素质的自我锻炼

文化素质的提高是潜移默化的，不是一朝一夕可以达到满意要求的。它一是需要通过大量阅读古今中外的优秀文化作品，尤其是了解古今中外的管理发展史、著名政治家、企业家传略等，接受熏陶，逐步提高。二是提高自我意识水平，自觉地实现文化知识修养向文化素质的升华。

4. 心理素质的自我锻炼

心理素质的提高，与思想素质、文化素质的提高不同，是可以很快奏效的，而且心理素质的提高，还有益于思想素质和文化素质的提高。

(1) 兴趣的自我激发

管理者的兴趣心理品质不好，主要表现是指其对管理工作本身没有兴趣或者是对管理的对象没有兴趣。其原因，一是本来不想从事管理工作，后来由于种种原因不得不来到管理岗位上，因而对管理活动没有兴趣。二是管理水平低，管不好。越是管不好，就越不想管，形成恶性循环。三是由于对某些管理对象不熟悉，又不想去熟悉，因而在管理过程中涉及这些对象时没有兴趣。

管理者要提高自己的兴趣，可采用以下办法：

第一，明白兴趣迁移的道理，确立实现目标兴趣的自信心。

因为兴趣是由需要而产生的，在实践中形成和发展的，那么，就应当从理论上承认没有改变不了的兴趣，只要方法得当，人的兴趣是可以从一处一物迁移到另一处另一物的。这就是通常人们所说的"干一行，爱一行"的道理。

既然如此，当自我确定应该培养什么兴趣（目标兴趣）时，就应当相信这个目标兴趣是可以实现的，从而树立起自我激发兴趣的信心。

第二，以"成功的喜悦"自我激发和稳定兴趣。

有了自我激发兴趣的信心之后，还要讲究自我激发的方法。

"成功的喜悦可以激发行为主体对成功之事的兴趣，稳定行为主体已有的同类兴趣"，这是教育学的一个原则。

管理者可以据此设计一些活动，使自己能经常获得"成功的喜悦"。诸如制定工作计划时，要切实可行，不要过高，这样每次计划完成时就会有一种成就感、满足感，沉浸在"成功的喜悦"中。找出过去管理工作中的成果、奖状、文稿和群众的表扬信、感谢信等，也可以使自己沉浸在过去曾经有过的"成功的喜悦"之中。初入管理岗位的新手，争取一切可能的机会参与工作，一旦经自己之手做出了成果，也会由衷地产生喜悦。只要这成功的喜悦不断到来，管理者就会逐步地形成对管理工作的兴趣。

第三，提高意志水平，以意志力维持兴趣的稳定。

管理者提高对管理工作兴趣的认识和理解，从理论上约束自己，提高有意注意质量，提高意志水平。认识提高了，能从内心感到自己对管理工作的需要，有了需要就会形成做好管理工作的动机，形成瞬时兴趣或暂时兴趣，这时自我意识强的管理者可以以意志行为来保证并维持住暂时兴趣，只要一进入兴趣领域，就会逐步形成稳定的兴趣。

良好的意志品质可以保证管理者将原来不感兴趣的事转变为感兴趣，良好的兴趣又可以帮助管理者较长时间去喜欢某件事，这恰恰又是对意志的锻炼。

第四，以间接兴趣激发直接、稳定的兴趣。

在平时的管理工作中，有许多不得不做的事情，这种事情往往就是属于间接兴趣的事情，管理者可以强制自己去做，在做的过程中熟悉这些事情了，就有可能转化为直接兴趣的事。

比如，有些管理者对计算机技术不太熟悉，觉得很神秘，因而也就没有直接兴趣。不过，作为管理者又不能不闻不问，就是说还是有间接兴趣的。往往在参与用计算机管理之后，熟悉了计算机的一些内容，也会喜欢上这方面的内容，即把间接兴趣转化为直接兴趣了。

（2）注意的自我锻炼

管理者注意心理品质不好，主要表现为办事不专心，对身边的事熟视无睹、充耳不闻。其原因是有意注意不能持久，无意注意不能及时转化。

要克服有意注意不能持久的毛病，则依赖于优秀的兴趣和意志品质。激发兴趣，提高意志水平，有意注意不能持久的问题就迎刃而解了。

许多人不懂得有意注意和无意注意可以相互转化的规律，在无意注意出现的时候，无动于衷、熟视无睹、充耳不闻，忽视了对产生无意注意的信息进行分析。以致由于无意注意不能及时转化而丧失许多信息和机会。

其实，无意注意的出现，是产生刺激的信息与管理者内心世界的一种真实的交流和碰撞，是下意识的，是管理者在主观上尚未意识之前就产生的，因此它很可能与管理者已有的知识储备和心理需求相一致，或者说它本来就是一种潜在的需求。如果管理者能及时地加以分析，就很可能发现自己需要的、平时没有意识到的一些有用的信息。

所以，在无意注意出现的时候，不要马上放弃，应该抓住不放，稍微做一下分析，如果引起无意注意的信息确实与自己无关，就及时地予以放弃；一旦发现有用的信息，就及时转化为有意注意，盯住不放。必须明白，并不在于每次对无意注意的转化是否有用，而在于每次都这么思考，这样久而久之，无意注意的品质就会明显的提高。

（3）情绪的自我调控

管理者情绪心理品质不好，主要表现是管理者在管理中情绪波动的幅度大，持续时间长，影响管理工作。其原因，主要是对所做之事的期望值过高，以致到时没有能够达到期望值，而产生情绪波动；加之情绪自我调控能力弱，以致情绪持续时间长，影响管理工作。管理者自我调节和控制情绪的方法有以下几种：

第一，学会及时地意识到自己情绪的变化。

管理者在工作中，应当学会一旦出现情绪波动，马上能够意识到。这一点是很不容易的。因为人处在过激、激情的状态下往往并不自知。还有的人自暴自弃，消极悲观，抑郁烦躁，也不能自知。不自知，当然谈不上自我调控了。所以，及时意识到自己的情绪失常，是进行情绪自我调控的前提。

第二，以信息或理智控制情绪发生的强度。

情绪是由于现实不能满足主体意愿和需求而发生的，只要产生情绪刺激的事实一出现，情绪的发生已不可避免，所以，剩下的问题，就变成了能否及时意识到情绪的发生和怎样控制并减小情绪的强度。

通常的方法是以信息或理智提醒自己，控制情绪的发展和强度，或者回忆自己过去因情绪不当带来的不愉快和教训，或者回想某人善于自制的形象，以这些信息及时地把刚刚出现的不当情绪控制住，制止情绪的发展和恶化。

第三，用极端思维法调控情绪。

管理者情绪发生波动，往往是对即将发生的事做了错误的"估计"而出现的。"估计"得过好，会盲目乐观，忘乎所以；"估计"得过坏，会盲目自卑，以至抑郁不乐，甚至愤怒至极，不可抑制。这个时候采取极端思维法，很有好处。

所谓极端思维，就是索性把"估计"推到极端，推到最好，看看能好到什么程度；推到最坏，看看能坏到什么地步。如果这种极端的结局也是自己可以接受的，那么现在这种"估计"又有什么值得高兴或愤怒的呢？想到这些，情绪也就会自然平静下来了。

第四，用多角度思维法调控情绪。

在管理实践中，有时一个问题发生后，从某一个角度来看可能会引起情绪波动，从另一个角度去看，可能就能够接受，也就不会"动肝火"了。有人又称这种方法为"焦点转移法"。

案例8.9 有一则寓言故事，一个老太太有两个儿子，大儿子是卖伞的，二儿子是晒盐的。天晴的时候，老太太担心大儿子的伞卖不出去。下雨的时候，老太太担心二儿子的盐晒不出来。所以，一年到头没有心情好的时候。后来一位智者告诉她，天晴的时候想想二儿子，可以晒很多盐了。下雨的时候想想大儿子，可以卖很多伞了。果然不错，老太太从此就天天都很高兴了。

这就是多角度思维法调控情绪。在组织与组织间的交往中也是如此。这一次，对方可能会有某些不到之处，要能够予以谅解。不要对方答应合作就高兴，不答应合作就不高兴，还可以交个朋友，下次再合作嘛。

第五，端正情绪体验，防止不当情绪再度发生。

情绪体验，指的是在某一信息的刺激下产生了某种情绪，以后每次出现这一信息刺激时都会产生同样的情绪反应。所谓"一朝被蛇咬，十年怕草绳"，就是情绪体验不当造成的。

端正情绪体验，是指某种情绪在第一次结束之后，及时地予以总结，分析这次情绪波动的原因，诱发因素是什么，有些什么教训等。这样，当产生本次情绪刺激的信息再次出现时，就能理智地控制自己而不会再产生情绪波动了。

通过上述五个方法，管理者的情绪是可以自我调节和控制的。

此外，需要强调的是，这里说的情绪波动，不只是指同管理工作有关的情绪变化，而且是指管理者的一切情绪变化。因为，不论是什么原因引起的情绪都会影响管理者的管理行为。

（4）意志的自我磨炼

管理者意志心理品质不好，并不是说管理者没有意志，也不是说管理者有了"坏意志"，而是说管理者的意志水平不高，诸如自觉性不强，持续时间短，决策不果断，自制力不够等。意志的自我磨炼可以从以下几个方面入手：

第一，从培养自觉性入手，提高意志力。

自觉性是四大意志品质之一。因为意志，意味着自觉、坚持，那么不解决为谁坚持、为什么坚持的问题，是坚持不下去的。坚持不了，也就谈不上自觉。只有确立了正确的行为目标，才会克服困难，自觉地坚持做下去。

那么，管理者如果能清楚地认识管理工作的意义、目的，也就可以提高从事管理工作的自觉性。有了自觉性，坚持、果断、自制的意志品质也就会相应得到磨炼。

第二，提高自我意识水平是磨炼意志的重要方法。

因为意志是人们"自觉地组织自己行为"的心理过程。这个过程完全靠自我意识来保证。行为主体自身不意识到行为的目的和意义，就谈不上自觉地组织自己的行为；不意识到存在的困难就谈不上去克服这些困难。

如果在实际的管理过程中，行为主体能够意识到某一行为过程需要意志心理活动过程来保证的话，就能果断地决策，就能自我控制自己的行为。

第三，向先进人物学习。

向古今中外的名人、伟人、专家、学者们学习，通过将自己和这些人做比较，寻找自己的不足，确立"别人能做到的我也能做到"的理念，从而激励自己把工作做下去。

或者就在自己的身边寻找"先进人物"，只要在某一方面比自己先进，就可以向他学习。还可以经常用古今中外的名人警句、名言、语录来对照自己，检查自己，也属此类性质的方法。

第四，按计划行事。

管理者可按月，或按季，或按半年一次地制定自己的工作计划。拟定计划方案时量力而行，既有目标又有进度。最关键的是目标的确定，目标应该是经过努力可以实现的。

计划一旦确定之后，就不轻易变动，坚持按计划行事。这就是磨炼意志的一种方法。这里的关键是计划目标，定得太低，容易实现，磨炼意志的效果不大；定得太高，难以实现，会半途而废，对磨炼意志不利。

综合上述四条方法可知，高度的意志水平，积极的情感体验，浓厚的兴趣和注意，以及强烈的自我意识，随时使自己处于最佳的心理状态，是一个管理者高水平心理素质的体现。

二、管理者修养的自我提高

管理者的修养包括理论修养、业务修养、知识修养、语言和艺术修养。这四大修养对管理者的决策行为都具有很大的支撑作用。要提高管理者的管理水平，修养的提高不能忽视。

修养是后天形成的。所以，修养都可以通过管理者的自我努力得到提高。修养自我提高的方法，主要是读书，但不只是读书，还要辅以其他方法。在读书的过程中，还必须注意对所读内容的思考，真正理解知识的内容，只有理解了才可能对管理者的行为产生作用。

记忆，是提高修养的关键环节。读过的、见过的、听过的，只有记住了，才可能成为自己的修养储备。当然，这里的记忆是广义的。如果大脑能够记得住，当然很好；但是一个人大脑的记忆功能是有限的，所以要有辅助记忆的方法。记笔记，编制所学知识的索引，届时需要某一知识，你知道到什么地方去查，并且可以查到也就足够了。

下面，再说一说四大类修养的自我提高的方法。

1. 理论修养的自我提高

要提高理论修养水平，必须加强学习，学习马克思主义哲学理论，学习历史唯物主义和辩证唯物主义，学习形式逻辑和辩证逻辑，学习管理学理论等，不断充实自己，日积月累，以求提高。

要提高理论修养水平，还在于应用，将学到的理论马上用于实践，比如，一项工作做完之后，试着从理论上来分析和解释它，并注意收集应用的反馈信息，向社会学习，向被管理者学习，以求提高理论修养水平。

2. 业务修养的自我提高

业务修养与文化知识修养不同，文化知识修养有所欠缺，工作还可照做；业务修养欠缺，管理工作就会受到损失。

由于不同组织有不同的业务，而且业务知识的存在方式又是多种多样的，仅靠读书并不能解决全部问题。

有关机关、企业、团体业务工作的专门书籍很少，书面的资料主要是岗位说明书、政策性文件，大量的业务知识存在于口头交流中、实际运作中，这需要管理者积极参与，在参与中有心去观察、去倾听；还有一些存在于上级领导和老员工的脑袋里，需要管理者有心去询问。

所以，业务修养的自我提高，需要管理者通过阅读、观察、参与去获得，并且要能够在参与中自悟。

3. 知识修养的自我提高

知识修养的一个明显特征在于它的形成和提高全部依赖后天的学习，上学、培训或自学，即所谓"学而知也"。但是，也不能盲目，不能死读书、读死书，在读书的过程中，必须注意对所读内容的思考，真正理解知识的内容。

（1）急用先学

知识修养自然是越全越好，但是总不能等全部学完了之后才去应用，所以应该是急用先学，结合管理工作的具体任务，有目的地首先选读那些与管理任务相关的知识资料。

由于马上要用，容易形成有意注意，读后记得较牢固。如果每次工作任务都能如此做，时间一长，知识修养就会得到丰富和提高。

（2）同步更新

当今社会已进入信息社会，各种信息量猛增，新成果日新月异，知识的更新周期比以往任何历史时期都要短得多，这就要求管理者在进行知识修养时不能墨守成规，要与时俱进，利用各种手段去采集新信息，不断开拓视野和补充新知识。

（3）系统有序

这一点包括两层含义，一是要使获得的知识能够形成从基础理论知识、技术基础知识和专业知识的系统结构，二是能够形成以本专业知识为核心的不断向四周扩充的知识网络体系。不论哪种体系，可以是反映学科内在结构的客观系统，也可以是根据管理者需求自行设计的有序系统。

4. 语言和艺术修养的自我提高

语言修养的提高，主要方式就是"阅读、观看、聆听"。它和理论修养、知识修养的提高不同，它不可"急用先学"，因为无法确定急用的是语法还是修辞，是用词还是造句；它不需要理性思维、抽象思维，它依赖于大量的阅读、观看和聆听，而且主要是阅读文艺作品、中外古典名著、现代佳作，多看电影、电视剧、绘画、书法作品，多听一些经典音乐作品，并伴随着对语言和艺术进行思考。

此外，管理者还应注意管理领域的术语、符号、常数、公式等，平常就加以注意，久而久之，也就熟悉了。

三、管理者能力的自我培养

管理者的能力包括获取和处理信息的能力、思维能力、管理能力、表达能力和社会交际能力。这五大能力对管理者都是至关重要的。

我们说素质很重要，是因为素质是能力提高的前提和基础。我们说修养重要，是因为修养是能力发挥的条件和依据。这里都是从"能力"角度提出问题的。所以，要提高管理者的管理水平，归根结底是要提高管理者的能力。

所有的能力都是后天形成的，能力可以通过管理者的自我努力得到提高。

1. 获取和处理信息能力的自我培养

（1）提高对获取和处理信息的认识

提高认识，确立工作责任感，提高对信息采集的有意注意，培养对信息工作的兴趣，使自己的一系列心理素质得到提高，就会获得敏锐的观察力，如果思维能力能同时提高，则信息敏感能力、信息激活能力、信息利用能力等就会大大提高。

（2）学习和掌握获取和处理信息的方法

和做任何事情一样，没有方法是不行的。获取和处理信息的方法很多，诸如社会调查法、现场观察法、文献阅读法等。管理者可以找一些信息管理方面的书来读。现在有了互联网，查找信息方便得多。管理者应该学会使用。

（3）在实际中学习

获取和处理信息的能力只能是在管理的过程中边干、边学、边掌握。比如，企业管理者如何通过参加展销会来获取竞争对手的信息，不可能有个专门培训"怎样参加展销会"的训练班，也不可能等你学好了才去工作，而是应该在参加展销会的过程中学习，通过展销会来获取需要的信息。

2. 思维能力的自我培养

思维是智力的核心，尤其是抽象的逻辑思维能力，更是管理者智力水平的首要标志。思维的物质基础是大脑，但是思维能力的提高是后天可以实现的。下面是几种提高思维能力的方法：

（1）四面发散，广开思路

这是思维能力自我培养的基本方法。其他方法只有在这个方法学会之后才好进一步学习。

"四面发散"，指的是发散思维，就是充分发挥自己的想像力，从需要解决的问题出发，向四面八方想开去。诸如，到底能有几种方案可以使用？这一种方案为什么是最好？那一种方案为什么最差？每种方案都有些什么环节？每个环节在现有条件下是否可行？能否获得结果？会是什么样的结果？这种结果是否正确？既无一定方向限制，也无一定范围限制，海阔天空、异想天开、标新立异都可以，把一切和该问题相关联的方方面面，正面的、反面的、表面上有联系的、内容上有联系的，都一一思考到，并一一记录下来，直到思路枯竭，实在想不出来时才停止"发散"。

只有这样"发散"，才可能拓宽思路。很显然，只有最初"发散"得越广越多，最后获得的结果才可能越满意。

发散思维结束后，即可转入收敛思维，将发散思维时想到的方方面面进行归类，从而可以获得若干个平行的解决该问题的方案，然后再将这些方案加以比较，挑出最佳的方案。

如果能够在每次遇到问题时都能这样"发散"一通，虽然每次具体内容并不相同，发散的效果也不尽相同，但思维的方式相同，次数一多，时间一长，发散思维能力就会大大提高，遇事就会思绪活跃，思路大开。

(2) 克服障碍，疏通思路

在管理决策实践中，常常会出现思路阻塞的情况。导致思路阻塞的一般有两种障碍：心理定势障碍和修养不足的障碍。要疏通思路就要设法克服这两种障碍。

第一，心理定势障碍的克服。关于心理定势，本书在第二章的决策中已经做过介绍，不过，只讨论了心理定势对决策的影响，没有介绍克服定势障碍的方法。

对思维能力有影响的主要是知觉定势和思维定势。

知觉定势并不一定造成思维障碍。当后一感知对象和前一感知对象属于同类同一性质时，则知觉定势有利于感知的进行。如果后一对象和前一对象不属于同类事物，则对后一对象的感知可能会产生误导，从而形成思维障碍，阻塞思路。

在实践中，人们听到的信息往往是他想听到的，看到的事物往往是他想看到的，就是知觉定势造成的。管理者的需要、价值观、情绪、习惯都可能造成知觉定势。

同知觉定势一样，思维定势也不一定造成思维障碍。当后一思维对象和前一思维对象属于同类同一性质时，则思维定势可以加快思维的进程。相反，如果后一思维对象和前一思维对象不属同类事物，则对后一思维对象可能会产生误导，使思维结论错误或百思不得其解。

要克服心理定势障碍，方法有三：

一是既要破除对专家权威的迷信，又不要过分自信，管理者在管理工作中应该抛开一切已有知识、观念的束缚，从客观存在事实出发来思考问题。

二是当左思右想不得结果，或不明白结果的道理时，做冷处理，暂时放一放，以消除刚刚发生的经验对正在进行的思维活动的影响。

三是当发觉自己思路阻塞时，应立即分析是否是心理定势所致。若确实是定势所致，就要改用他法，提高思维的灵活性。

第二，修养不足障碍的克服。修养的类别不同，形成的障碍也不同。由于理论修养不足，难以思考到问题的本质，甚至张冠李戴；或者过多地相信经验，以致以点代面。由于业务修养不足，对管理对象了解不全面，会导致决策失误。由于知识修养不足，或者对知识的理解不全面，或者掌握的信息量不足，都会导致思维结论的错误。

克服修养不足的障碍比较简单了，当明白自己缺哪一方面的修养时，尽快补上即可。不过，难的是管理者能否意识到自己的思路阻塞确实是修养不足造成的，并能进一步意识到是什么修养不足。这里要求管理者具备很强的自我意识。

（3）拟写提纲，理顺思路

思维是在大脑中进行的，看不见，摸不着，瞬息即逝，思维一结束只留下一丝记忆。无论是在发散思维或收敛思维中，还是在排除了障碍的悬思中，都具有这种瞬息即逝的特点。只有用文字把每一次思维的过程和内容记载下来，才好比较若干次思维的优劣，才能逐渐地把思路理顺。

那么拟写提纲是记录思维的最好办法。提纲拟写，简单易行，费时不多，改动起来也很方便，很适合记录思维过程中思维结构顺序的变化。当用提纲把前一次思维记录下来后，就可以通过审读、修改提纲来修改前一次思维，从而获得新的更合理的思维。

因此，提纲最能帮助人理顺思路。经常拟写提纲的人，思路就比较清晰顺畅，而且也富有逻辑性。

（4）虚心学习，记录思路

思维能力的自我培养，包括学习别人的思维方式和过程，诸如听老师讲课、听专家作报告、听领导讲话，都可以从学习他人思路的角度去听，想一想别人为说明问题是采用怎样的思路，有什么独特的可供借鉴的地方，并记录下来，这对提高自己的思维能力很有用。

自己坚持写"思维日记"，就是以日记的形式记录每天有代表性的一两个思维过程，是进行思维自我锻炼的好方法。作为一个管理者，能把管理过程中发现问题、解决问题的过程写下来，这实际上就是一次思维的记录。这些记录，不仅在记的时候，其本身就是一种思维的锻炼，而且记录的内容，对以后的工作还有参考意义，有时在记录时还会产生顿悟，获得新颖的结论。

3．管理能力的自我培养

本书的全部内容都是管理业务的基本功。要掌握这些基本功，一方面要学习这些业务知识，另一方面要在管理实践中做有心人，随时总结提高，加深对管理业务的理解，以求提高管理能力。

4．表达能力的自我培养

表达能力包括口头表达能力和书面表达能力。培养口头表达能力并不困难，在日常的管理工作中，讲话时尽可能地不用讲话稿，事先只把要讲的内容写成提纲，然后看着提纲演讲。在说的过程中不用担心讲不好，讲的次数多了就可讲好了。

要培养书面表达能力，要做到以下两条：

第一，学习写作知识。写作知识是前人在写作实践中总结提高而得到的。在写作知识的指导下学习写作，提高书面表达能力，可以少走弯路，提高较快。

第二，"多读、多写、多修改"。

多读。就是读范文，而且要学会善于读，即解决读什么、怎样读的问题。读什么，就是要学会选范文，只有读的是范文，是精品，读了才能有收益，有所借鉴。怎样读，是说读的方法。为学习写作读范文，不是读内容情节，而是读文章的格式、表达手法、构思技巧、语言风格，从中吸取对写作有用的东西。反复阅读，细心揣摩，才会有所得。

多写。写作能力是在写作实践中提高的，只有坚持多写，才有提高的可能。

多修改。多写有益于写作能力的提高，是以多修改为前提的。要想使多写真正产生作用，必须在每次写作之后进行修改。不愿修改的人，写得再多也没有用，若有毛病，只会一犯再犯，不得改正，不能提高。修改，可以是自己改，也可以请别人改，尤其是请别人改，最容易暴露自己的毛病，提高也就会快些。

5.社会交际能力的自我培养

社会交际能力对于管理者十分重要。要培养社会交际能力，主要从三个角度来思考：

一是注意树立自身的形象，除了自身清洁整齐之外，要注意态度，在同员工或同事谈话，特别是与合作伙伴打交道时，不能盛气凌人，不能居高临下、目空一切，应注意文明、礼貌、谦逊、诚挚、热情。

二是努力增加同对方的相似性因素，这样可以融洽关系、沟通情感，作为管理者，应该懂得业务，必要时应使用行业术语，增加对方的"知音感"。

三是一视同仁，不论是什么样的交际对象，都要尊重对方，语言得体，不说无关的闲话、套话，不露烦躁神情。

[思考题与案例分析]

1.什么是管理者？什么是管理者类型的相对性？什么是管理者群体？管理者群体结构包括哪些内容？

2.什么是自我管理？自我管理包括哪些类型？管理者自我管理的内容范畴包括哪些？管理者自我管理有哪些基本的方法？

3.你对管理者素质、修养、能力方面的研究现状有什么看法？你认为这方面的成果能不能解决你在管理实践中遇到的问题？应该如何进一步深入研究？

4.管理者素质、修养、能力的结构各包括哪些内容？三者之间有什么区别和联系？三者之间的作用机制是什么？

5.有人已经"读书破万卷"，却为什么不能"下笔如有神"？

6."茶壶装元宵，有货倒不出"说明了修养和能力间的什么关系？

7. 为什么一个人在校学习成绩与他事业上的成功无关?

8. 阅读下面的案例,回答案例后面的问题:

案例　1924 年的一天,美国著名企业家哈默准备结束在苏联的商务活动回国,在前往机场的路上,因为手头没有铅笔,就停车在路边的文具店买一枝铅笔。营业员说:"50 戈比一支。"哈默大吃一惊,脱口而出地说:"这价格相当于美国的 10 倍。"于是他故意地又要买一支那种擦不掉笔迹的化学铅笔。营业员说:"这种铅笔货源紧张,照规矩只卖给老主顾,看你是外国人,或就卖一支给你。两个卢布一支。"哈默买了铅笔后,上车前行到另一家文具店,让送行的苏联官员去买,也还是这个价格,于是他掉转车头就直奔外贸人民委员会,申请到一张铅笔生产许可证。因为哈默在访问期间,就已经掌握了苏联政府要求每个公民都要读书写字的信息,现在又获得了市场上铅笔严重缺货的信息,从而看出苏联潜藏着一个巨大的铅笔市场。事实证明哈默的决策是正确的。到 1962 年时,哈默的铅笔厂成了世界上最大的铅笔厂之一。

问　哈默这次在苏联的经营活动中,表现出哪些素质、修养和能力? 这些素质、修养和能力又是怎样对这次经营活动的成功产生作用的?

[推荐阅读书目和文献]

读者如果对本章的内容感兴趣,还可以阅读以下文献:

艾伯特·伯恩斯坦.2005.情绪管理.范雷译.北京:中国水利水电出版社

崔卫国,刘学虎.2005.管理学故事会.北京:中国工商联合出版社

郭海龙.2003.自我管理视野中的可持续发展.理论与改革,12

司有和.2003.企业信息管理学.北京:科学出版社

司有和.2003.行政信息管理学.重庆:重庆大学出版社

司有和.2001.信息管理学.重庆:重庆出版社

托马斯·巴克霍尔兹.2000.明天的面孔:信息水平——开启后信息时代的钥匙.黄瑾等译.北京:北京工业大学出版社

王众托.2001.企业信息化与管理变革.北京:中国人民大学出版社

参 考 文 献

艾伯特·伯恩斯坦.2005.情绪管理.范雷等译.北京：中国水利水电出版社

崔卫国，刘学虎.2005.管理学故事会.北京：中华工商联合出版社

戴淑芬.2005.管理学教程（第2版）.北京：北京大学出版社

杜栋.2004.信息管理学教程（第2版）.北京：清华大学出版社

顾锋.2004.管理学.上海：上海人民出版社

海因茨·韦里克，哈罗德·孔茨.2004.管理学——全球化视角（第11版）.马春光译.北京：经济科学出版社

李金，孙兴民，付俊红.2004.管理学原理.北京：北京工业大学出版社

李品媛.2005.管理学.大连：东北财经大学出版社

刘正周.1998.管理激励.上海：上海财经大学出版社

娄策群.2005.信息管理学基础.北京：科学出版社

莫寰.2005.新编管理学.北京：清华大学出版社

潘开灵，邓旭东.2005.管理学.北京：科学出版社

司有和.2003.企业信息管理学.北京：科学出版社

司有和.2003.行政信息管理学.重庆：重庆大学出版社

司有和.2001.信息管理学.重庆：重庆出版社

孙荣，徐红.2001.行政学原理.上海：复旦大学出版社

滕佳东.2005.信息管理学教程.大连：东北财经大学出版社

王积俭，魏新.2005.管理学.广州：广东经济出版社

王众托.2001.企业信息化与管理变革.北京：中国人民大学出版社

韦克难.2004.现代管理心理学.成都：四川人民出版社

夏书章.1998.行政管理学（第2版）.广州：中山大学出版社

徐国华，张德，赵平.1998.管理学.北京：清华大学出版社

许庆瑞.1997.管理学.北京：高等教育出版社

杨文士，焦叔斌，张雁，李晓光.2004.管理学原理（第2版）.北京：中国人民大学出版社

杨志.2005.企业信息管理.北京：清华大学出版社

喻晓航，齐善鸿.1997.管理学原理.天津：南开大学出版社

张广钦.2005.信息管理教程.北京：北京大学出版社

张玉利.2004.管理学（第2版）.天津：南开大学出版社

周健临，唐如青等.1999.管理学教程.上海：上海财经大学出版社

周三多，陈传明，鲁明泓.2004.管理学——原理与方法（第4版）.上海：复旦大学出版社

T.普罗克特.1999.管理创新.北京：中信出版社